Projekt „Netzwerke im Stadtteil" (Hrsg.)

Grenzen des Sozialraums

Kritik eines Konzepts – Perspektiven für Soziale Arbeit

VS VERLAG FÜR SOZIALWISSENSCHAFTEN

Bibliografische Information Der Deutschen Bibliothek
Die Deutsche Bibliothek verzeichnet diese Publikation in der Deutschen Nationalbibliografie; detaillierte bibliografische Daten sind im Internet über <http://dnb.ddb.de> abrufbar.

1. Auflage Oktober 2005

Lektorat: Stefanie Laux

Der VS Verlag für Sozialwissenschaften ist ein Unternehmen von Springer Science+Business Media.
www.vs-verlag.de

Umschlaggestaltung: KünkelLopka Medienentwicklung, Heidelberg
Druck und buchbinderische Verarbeitung: MercedesDruck, Berlin
Gedruckt auf säurefreiem und chlorfrei gebleichtem Papier
Printed in Germany

ISBN 3-8100-4021-5

Inhalt

Einleitung 7

A: Konturen eines sozialwissenschaftlichen Sozialraumkonzepts

Benno Werlen
Raus aus dem Container!
Ein sozialgeographischer Blick auf die aktuelle
(Sozial-)Raumdiskussion 15

Lothar Böhnisch, Wolfgang Schröer
Entgrenzung und die räumliche Transformation sozialer
Probleme – zum bürgerschaftlichen Regieren der Sozialräume 37

Eric van Santen, Mike Seckinger
Sozialraumorientierung ohne Sozialräume? 49

Florian Straus
Soziale Netzwerke und Sozialraumorientierung –
Gemeindepsychologische Anmerkungen zur Sozialraumdebatte 73

Christian Reutlinger
Gespaltene Stadt und die Gefahr der Verdinglichung des
Sozialraums – eine sozialgeographische Betrachtung 87

B: Perspektivenwechsel in der Sozialen Arbeit

Hans Thiersch
Lebensweltorientierte Soziale Arbeit im städtischen Milieu 109

Fabian Kessl
Wer regiert den Sozialraum? Zur Kritik der pädagogischen Illusionen nahräumlicher Selbstbestimmung 125

Werner Schefold
Sozialräumlichkeit von Hilfeverfahren 145

Ulrich Deinet
Sozialräume von Kindern und Jugendlichen als subjektive Aneignungsräume verstehen! 165

C: Konkretisierungen für Sozialpolitik, Soziale Arbeit und sozialpädagogische Forschung

Susanne Maurer
Zur konkreten und metaphorischen Bedeutung von (Sozial-)Raum als Genderd space 185

Susanne Lang
Zum Verhältnis von Raumkonzepten und Ethnizität – eine Annäherung an ein Modell sozialräumlicher Differenzierung 205

Stephan Sting
Geselligkeitsformen, soziale Bildung und sozialer Raum 223

Hartmut Brocke
Soziale Arbeit als Koproduktion 235

Arno Heimgartner
Bürgerschaftliches Engagement trifft Sozialraum 261

Chantal Munsch, Maren Zeller
Die Bedeutung des Stadtteils für Jugendliche
Ein rekonstruktiver Zugang zur Belebung des Diskurses um sozialraumorientierte Erziehungshilfen 277

Autorinnen und Autoren 289

Einleitung

Sozialraumorientierung wird als Konzept Sozialer Arbeit vielerorts diskutiert. Das Interesse am Sozialraum speist sich aus mehreren Quellen und Motiven: Der sozialräumliche Ansatz wird erstens konzeptionell im Umkreis des Paradigmas der Lebensweltorientierung Sozialer Arbeit diskutiert. Die Orientierung an Sozialräumen scheint dabei als Konkretisierung, als neuer Zugang zu den Lebenswelten der Adressatinnen und Adressaten Sozialer Arbeit. In Bezug auf die Strukturen der Kinder- und Jugendhilfe wird zweitens mit dem Konzept der Sozialraumorientierung versucht, eine Antwort auf Planungs- und Steuerungsprobleme zu finden. Eine stärker dezentrale Neuorganisation der Jugendhilfe, in der Funktionen zentraler Einrichtungen in Stadtteile oder Stadtbezirke verlagert und fachbereichsübergreifend in bürgernahen Servicezentren zusammengeführt werden, eine neue Regelung der Zuständigkeiten von Trägern für bestimmte Stadtteile oder Bezirke und neue Modelle der Finanzierung der Leistungen der Jugendhilfe werden dabei unter dem Signum von Sozialraumorientierung verhandelt. In Bezug auf die Traditionen Sozialer Arbeit kann Sozialraumorientierung drittens als Fortschreibung und Reformulierung von Ansätzen der Gemeinwesenarbeit gesehen werden. Dabei werden allerdings auch Unterschiede zwischen den neueren Vorstellungen von Sozialraumorientierung und den älteren der Gemeinwesenarbeit hervorgehoben.

Sowohl in der Diskussion als auch in der Praxis Sozialer Arbeit bleiben Vorstellungen von Sozialraum, entgegen der zunächst euphorischen Begeisterung für den Begriff und dessen inflationären Gebrauch, bisher weitgehend unscharf und diffus. Notwendig erscheinen deshalb konzeptionelle und begriffliche Klärungen. Mit der Frage nach den „Grenzen des Sozialraums“ wird in diesem Band ein Versuch der theoretischen Klärung, konzeptionellen Präzisierung und praktischen Umsetzung unternommen. Es geht, mit anderen Worten, um eine Ortsbestimmung in mehrfacher Hinsicht:

Eine Klärung theoretischer Vorstellungen und empirischer Zugänge war in der ersten Phase der wissenschaftlichen Begleitung des Programms „Entwicklung und Chancen junger Menschen in sozialen Brennpunkten“ (E & C) des Bundesministeriums für Familie, Senioren, Frauen und Jugend (BMFSFJ) erforderlich, die am Deutschen Jugendinstitut von 2000 bis 2003 durchgeführt worden ist. E & C bezieht sich auf die für das Bund-Länder-Programm „Soziale Stadt“ ausgewählten Programmgebiete. Es handelt sich dabei um Stadtteile oder Straßenzüge, die in Bezug auf ihre bauliche und materielle Infrastruktur unterversorgt und erneuerungsbedürftig sind, die mit Blick auf die Sozialstruktur in der Regel alle Kriterien für soziale Benachteiligung erfüllen, in denen Arbeitslosigkeit und Bezug von Hilfen zum Lebensunterhalt weit höher als im städtischen Durchschnitt sind, in denen soziale Probleme der Bewohnerinnen und Bewohner das Klima im Viertel und das Zusammenleben belasten oder deren dominante Kommunikationsmuster, nach innen zwar anerkannt und stabilisierend, ihre Bewohnerinnen und Bewohner von der städtischen Gesellschaft um sie herum kollektiv ausgrenzen – Stadtteile oder Quartiere also, in denen Prozesse sozialer Exklusion besonders deutlich beobachtet werden können. Auf diese Gebiete des Programms „Soziale Stadt“ bezieht sich das Programm E & C; es versucht, zu einer Verbesserung der Verhältnisse in diesen Quartieren beizutragen und sie aus der „kollektiven Abwärtsspirale“ (Häußermann) herauszulösen, indem zusätzliche Ressourcen für diese Gebiete erschlossen und neue Netzwerke geschaffen werden, die stabilisierend und fördernd neue Strukturen aufbauen, um so langfristig Kindern, Jugendlichen und deren Familien Perspektiven für eine soziale Inklusion zu eröffnen.

Mit dem Programm E & C verbunden ist eine klare Erwartung an die Jugendhilfe, ihre Aktivitäten in diesen benachteiligten städtischen Gebieten stärker auszubauen. Öffentliche und freie Träger sollen sich untereinander und mit anderen Institutionen außerhalb der Jugendhilfe, die für ihre Arbeit von Belang sind, stärker vernetzen und ein aufeinander abgestimmtes Konzept für diese Gebiete entwickeln. Mit den Programmgebieten sind zunächst städtische Räume als Bezugspunkte für Planung, Verwaltung und Anbieter sozialer Dienstleistung bestimmt. Dies kann eine neue Bestimmung von Zuständigkeiten zur Folge haben, da sich in den meisten Fällen die Gebiete der Programme „Soziale Stadt“ und E & C nicht mit den Planungs- und Verwaltungsbezirken decken, die der Jugendhilfe sonst vertraut sind. Damit geht es zunächst um eine neue Ordnung von Strukturen und Zuständigkeiten in den als Programmgebieten definierten Räumen. Mit dieser Neudefinition von Gebieten und Zuständigkeiten ist noch keine Sozialraumorientierung im sozialwissenschaftlichen Sinne erreicht. Dazu müssen Kriterien entwickelt und festgelegt werden, anhand derer Aussagen über Sozialräume und ihre mögliche territoriale Form gemacht werden können. Geht man von der Annahme aus, dass Sozialräume durch das Handeln von Akteuren konstruiert werden, stellt sich die Frage nach den räumlichen Handlungseinheiten in neuer Form.

Für die Projektgruppe am DJI ergab sich deshalb die Herausforderung, genauer zu bestimmen, was als Sozialraum zu definieren ist, an die sich das Programm E & C richtet. Programmgebiete als konkrete räumliche Einheiten stellen die Basis für die wissenschaftliche Begleitung des Programms E & C dar. Sie sind Wohnorte für Menschen, deren Lebensräume in der Regel nicht mit diesen Gebieten identisch sind. Sie bewegen sich innerhalb und außerhalb dieser Gebiete. Diese Gebiete sind auch Orte, an denen Menschen zusammenkommen, die in anderen Gegenden wohnen. Diese „Sozialräume“ sind somit in Bezug auf potentielle Adressaten Sozialer Arbeit keine homogenen Gebiete, sie können weder ausschließlich als Wohnort, noch als Ort ihres regelmäßigen Aufenthalts, als Arbeits- oder Ausbildungsort gewertet werden. Als Sozialraum bleiben sie deshalb diffus und unbestimmt. Dieses Problem stellte sich allerdings nicht nur für die wissenschaftliche Begleitung des Programms E & C, damit hat auch jede sozialräumlich orientierte Praxis der Jugendhilfe zu tun, sei es in Bezug auf Jugendhilfeplanung oder in Bezug auf die Bestimmung von notwendigen Leistungen für einen bestimmten „Sozialraum“.

Will sich Soziale Arbeit an die Sozialräume ihrer Adressatinnen und Adressaten annähern, benötigt sie eine Vorstellung davon, was Sozialräume sind, wie sie aussehen, wo und wie sie zu finden sind. Sie braucht eine Vorstellung davon, wie gesellschaftliche Verhältnisse den Sozialraum bestimmen, wie sich im Sozialraum Machtstrukturen und soziale Hierarchien abbilden, wie Inklusions- und Exklusionsprozesse ablaufen, wie das Gesellschaftliche ein räumliches Gesicht bekommt und welche gesellschaftlichen Grenzen dabei in den Räumen markiert werden. Anders formuliert: Wie kann der mit dem Konzept der Sozialraumorientierung verbundene Anspruch, sich auf die Sozialräume der Menschen zu beziehen, die Adressatinnen und Adressaten Sozialer Arbeit sind, eingelöst werden? Wie können mit diesem Konzept Zugänge zu den Sozialräumen eröffnet werden, indem z.B. spezifische Bedürfnisse wahrgenommen werden, ohne Adressatinnen und Adressaten Sozialer Arbeit entlang vorgegebener räumlicher Grenzen und entlang von bestehenden Strukturen, die auch Ergebnis von Macht und Herrschaft sind, auszuschließen? Damit geht es also auch um Fragen, welche neuen Begrenzungen unter der Hand mit dem Konzept der sozialräumlichen Orientierung eingekauft und welche unerwünschten Nebenwirkungen damit ausgelöst werden.

Der Band will dazu beitragen, Möglichkeiten und Grenzen des Sozialraumkonzepts zu klären. Notwendig sind theoretisch fundierte konzeptionelle Vorstellungen von Sozialraum und Sozialraumorientierung, die nicht in naturalistischen Raumvorstellungen verfangen bleiben. Diese Herausforderungen stellen den Ausgangs- und Bezugspunkt der Beiträge dieses Bandes dar. Sie versammeln sozialpädagogische, soziologische und sozialgeographische Auseinandersetzungen mit dem Anspruch und dem Konzept der Sozialraumorientierung. Gemeinsam ist ihnen, dass sie die Herausforderungen aufgreifen, soziale Ungleichheit, Inklusion und Exklusion und ihre Folgen, Lebenslagen von Menschen, Formen von Benachteiligung und Bewältigungshandeln nicht mehr nur in den klassischen sozialstrukturellen Dimensionen wie Klasse, Schicht, Geschlecht, Alter und Ethnie zu fassen, sondern sozialräumlich zu buchstabieren und zu bearbeiten. Ihnen gemein ist auch das Ringen um ein tragfähiges Konzept von Sozialraumorientierung, das nicht alte Konzepte nur mit einem neuen Etikett versieht und das die Schwachstellen des neuen Konzepts nicht erkennt. Somit geht es darum, zunächst die Grenzen des Sozialraums zu vermessen, um dadurch neue Wege für die Soziale Arbeit eröffnen und erschließen zu können.

Der Band ist in drei Teile gegliedert. In den Beiträgen des ersten Teils werden aus unterschiedlichen sozialwissenschaftlichen Perspektiven Grundlagen für ein Konzept der Sozialraumorientierung entwikkelt. Sie thematisieren die Fallstricke, in die ein objektivistisches Verständnis von Sozialraum führt, das die Differenz zwischen geographischen Räumen und sozialen Räume ignoriert. Dabei werden Konturen eines neuen Sozialraumkonzepts sichtbar, das die konstruktivistische Leistung von sozialen Akteuren betont, die Sozialräume definieren und als Bezugspunkte für ihr Handeln gestalten.

Die Beiträge des zweiten Teils markieren den mit dieser Vorstellung von Sozialraum und Sozialraumorientierung möglichen Perspektivenwechsel Sozialer Arbeit. Dabei werden konzeptionelle Verbindungen zwischen Sozialraumorientierung und dem Konzept der Lebensweltorientierung sichtbar. Sozialraumorientierung bedeutet demnach Kritik an hegemonialen Ansprüchen auf Sozialräume, bedeutet einen Aufbau regionalisierter und basisorientierter Strukturen Sozialer Arbeit und die Übernahme der Sichtweisen der in den Sozialräumen handelnden Personen.

Im dritten Teil werden Konkretisierungen für Sozialpolitik, Soziale Arbeit und sozialpädagogische Forschung vorgenommen. Geschlecht, Ethnizität und Bildung stellen Zugänge für diese Konkretisierungen dar, vorgestellt werden konkrete Projekte Sozialer Arbeit, die Perspektiven für Praxis und Forschung eröffnen.

Projektgruppe „Netzwerk im Stadtteil"

Susanne Lang
Wolfgang Mack
Christian Reutlinger
Franziska Wächter

A: Konturen eines sozialwissenschaftlichen Sozialraumkonzepts

Benno Werlen

Raus aus dem Container!

Ein sozialgeographischer Blick auf die aktuelle (Sozial-)Raumdiskussion

Es ist bemerkenswert, in welchen argumentativen Zusammenhängen im letzten Jahrzehnt räumliche Begriffe zunehmend auftauchen, in alltäglichen wie in wissenschaftlichen Kontexten. Der amerikanische Sozialgeograph Edward Soja (1989) bezeichnet die Verräumlichung der Weltdeutung als „spatial turn". Von anderen Beobachtern der Entwicklung wird diese Entwicklung auch als „geographische Wende" in den Sozial-, Kultur- und Wirtschaftswissenschaften bezeichnet. Im Vollzuge dieser Wende, werden zunehmend alle möglichen Lebensbereiche sprachlich verräumlicht. Formulierungen wie „Jugendräume", „Menschen in sozialen Brennpunkten", „soziale Problemräume" sind im sozialen Kontext ebenso Ausdruck davon wie „Kulturraum" (Huntington 1993; 1996) im Kontext der Kulturwissenschaften.

Interessanterweise ging dieser Wende in der Sozialgeographie rund ein weiteres Jahrzehnt früher eine sozialwissenschaftliche Wende voraus, in deren Vollzug gerade die unkontrollierte Verräumlichung gesellschaftlicher Gegebenheiten zuoberst auf der Prioritätenliste der Rekonstitution des geographischen Tatsachenblicks stand. In dieser Konstellation gelangte Anthony Giddens (1988, S. 427) im letzten Satz seines einflussreichen Werkes „Die Konstitution der Gesellschaft" zu der Einschätzung, dass es „keine logischen und methodologischen Differenzen zwischen Humangeographie und Soziologie" gibt. Diese Einstufung kann aber nur dann zutreffend sein, wenn die Sozialwissenschaften beim Einbezug räumlicher Aspekte nicht genau in jene Raumfalle tappen, aus der sich die Sozialgeographie eben erst so mühsam befreit hat. Kann dies nicht vermieden werden, lädt man sich jene Probleme auf, die sowohl für empirische Raumforschung als auch für unterschiedliche Spielformen der traditionellen Geopolitik[1] charakteristisch sind.

---

1 Vgl. dazu Haushofer 1935; 1940; Kjellen 1917; Lacoste 1990.

Es ist nicht nur für eine wirkungsvolle Sozialpolitik, sondern auch für jede Art der sozialwissenschaftlichen Erschließung sozialer Praxis von grundlegender Bedeutung, neben der zeitlichen auch der räumlichen Dimension gesellschaftlichen Zusammenlebens angemessen Rechnung zu tragen. Denn räumliche Konstellationen des sozialen Lebens sind ebenso von fundamentaler Bedeutung wie historische Konstellationen. Konsequenterweise hat jede Auseinandersetzung mit sozialen, kulturellen und wirtschaftlichen Aspekten menschlichen Handelns den räumlichen Dimensionen Rechnung zu tragen. Das bedeutet für die Sozialwissenschaften, sich im umfassenden Sinne von der Raumvergessenheit zu verabschieden.

Um räumlichen Kontexten und Bezügen sozialen Handelns angemessen Rechnung tragen zu können, sind diese – so lautet die hier vertretene Kernthese – jedoch selbst als Elemente sozialer Praxis zu begreifen und nicht als physisch-materielles Behältnis. Das ist die Lehre, die man aus der über hundertjährigen Geschichte der Sozialgeographie, der Wissenschaft der Gesellschafts-Raum-Analyse, ziehen kann. Um die Implikationen und die möglichen Gewinne aus dieser Lehre für die Sozial(raum)politik verdeutlichen zu können, sind zuerst die Grundzüge räumlicher Darstellungen des Sozialen und die Implikationen der Containerisierung des Sozialen zu verdeutlichen.

1. Gesellschaftliches in räumlicher Darstellung

Als übergeordnetes Problemfeld aller Fragen nach „sozialen Räumen" ist das Verhältnis von Gesellschaft und Raum und dessen Bearbeitung in geographischen und soziologischen Perspektiven zu betrachten. Es ist bemerkenswert, dass die meisten der bisherigen Versuche, soziale und räumliche Dimensionen des menschlichen Handelns theoretisch-konzeptionell zu fassen, in aller Regel zu reduktionistischen Repräsentationen des Sozialen führten. Diese Tendenz ist einerseits in fachhistorischen Entwicklungen angelegt, andererseits in den naturwissenschaftlichen Bezügen bei der sozialwissenschaftlichen Thematisierung des Räumlichen. Beiden Aspekten soll hier nachgegangen werden.

Fragen nach dem Verhältnis von Gesellschaft und Raum sind seit Beginn des 20. Jahrhunderts mit zunehmender Konsequenz aus der soziologischen Forschungsperspektive ausgeblendet worden. Für den deutschsprachigen Kontext ist dies an die Durchsetzung des Verständnisses der Soziologie als *verstehende Wissenschaft* gebunden, wie es von Max Weber in seinem Vortrag auf dem ersten deutschen Soziologentag von 1910 in Frankfurt am Main, in seiner Diskussionsrede auf dem zweiten Deutschen Soziologentag 1912 und in späteren Schriften (Weber 1913) betont und vor allem von Ferdinand Tönnies unterstützt wurde.[2] Bildeten zuvor – wie Weingarten (2003, S. 9ff.) zeigt – Konzepte wie „Volk", „Dorf" und „Familie" den Schwerpunkt, sind es nun „Gesellschaft", „Gemeinschaft" und „subjektiv gemeinter Sinn".

Bei der fachhistorischen Entwicklung geht es im deutschsprachigen Kontext deshalb um die Ausblendung von „Raum", weil derart jeder Bezug zu vulgären Materialismen vermieden werden soll. Damit ist gemeint, dass Erklärungen sozial-kultureller Verhältnisse durch biologisch-materielle Konstellationen, insbesondere der „Natur" einer Erdgegend, eine Absage erteilt wurde. Doch durch diese strikte Trennung von sinnhaft konstruierter sozialer Wirklichkeit und den räumlichen Bedingungen des Handelns muss in Kauf genommen werden, dass wichtige Aspekte der sozialen Praxis von der argumentativen Zugänglichkeit abgeschottet werden. Konsequenterweise besteht eine der großen Herausforderungen der sinnzentrierten Sozialtheorie im nicht reduktionistischen Einbezug der räumlichen Komponente.

Wie begründet die Abneigung gegen jede Form der platten Verräumlichung durch die sinn-orientierte Soziologie war, zeigt der humanökologische Ansatz der Chicagoer Stadtsoziologie.

Die Beobachtung der Pflanzenökologie von Johannes Eugenius Warming, dass verschiedene Pflanzenarten dazu neigen, permanente Gruppen in bestimmten räumlichen Konstellationen zu bilden, reichte Park (1974, S. 90) offensichtlich für eine Orientierung an biologistischen Analogien aus. Die Raumzentrierung sozialer Analysen und Erklärungen wurde mit dem beobachteten räumlichen Mosaik gesellschaftlicher Formationen gerechtfertigt. So wird es als möglich erachtet, „all die Dinge, die wir normalerweise als sozial bezeichnen, schließlich in den Begriffen von Raum und Positionsveränderung (...) zu fassen und zu beschreiben" (Park, 1974, S. 96). Räumliches wird konsequenterweise zum Index für Erklärungen des Sozialen.

Diese Argumentation ist Ausdruck einer fatalen argumentativen Verwerfung, die für zahlreiche morphologische Folgerungen typisch ist. Dabei wird die beobachtete Äußerungs*form* zum Element der Erklärung erhoben, ohne dass der Zusammenhang zwischen Form und

---

2 Vgl. Weber 1980.

gestalterischer „Kraft“ bzw. gestalterischem Prozess zuvor differenziert geklärt worden ist. Diese Unterlassung, so könnte man hypothetisch postulieren, eröffnet dann der Beliebigkeit der Analogien – so beispielsweise biologische Analogien für soziale Wirklichkeiten – ein breites Feld problematischer Kreativität.

Das Problematische daran ist, dass die biologische Komponente sozialer Prozesse und Konstellationen, die in aller Regel in der Körperlichkeit der Handelnden besteht, nicht das Soziale selbst ausmachen kann. Sie ist die notwendige Bedingung des Sozialen, aber weder das Soziale selbst, noch dessen Ursache. Da die traditionellen Raumbegriffe lediglich auf die Repräsentation ausgedehnter, körperlicher Gegebenheiten „zugeschnitten“ sind, erlangen die physisch-materiellen/ biologischen Gegebenheiten bei der sozialräumlichen Analyse von Situationen des Handelns eine reduktionistische Überbetonung.

Das Reduktionistische liegt darin begründet, dass mit der einseitigen räumlichen Repräsentation lediglich die materielle Komponente mit ihrer Verortung berücksichtigt wird, nicht jedoch deren sinnhafte Komponente, die in sozialer Hinsicht jedoch gerade von vorrangiger Bedeutung wäre. So erlangt das Materielle argumentativ (mindestens implizit) sinnstiftenden Gehalt. Dementsprechend schließen die Versuche der räumlichen Erklärungen des Sozialen eine argumentative Überstrapazierung des Materiellen ein. Folglich geraten räumliche Erklärungen des Sozialen (zwingend) in die Nähe vulgär-materialistischer Argumentationsmuster.

2. Sozialräume und Sozialpolitik

Damit ist eine der problematischen Seiten der Redeweise von *„Sozialräumen“* im Kontext erdräumlicher Verortung angesprochen. Ganz im Sinne der traditionellen Sozialgeographie wird hier eine Geographie des Gesellschaftlichen propagiert, welche „Sozialräume“ als Orte des Sozialen bzw. sozialer Probleme betrachten. Weil die räumlich beobachtbare Äußerungsform des Sozialen nicht der Grund oder gar die Ursache eines gesellschaftlichen Prozesses sein kann, darf sie auch nicht zum zentralen Element einer sozialen Erklärung gemacht werden. Ebensowenig kann der Äußerungsort einer sozialen Problemlage das soziale Problem selbst sein. Dieser Zusammenhang müsste aber gegeben sein, wenn die Maßnahmen der Problembeseitigung – wie im Konzept „soziale Brennpunkte“ – orts- und raumzentriert erfolgen sollen.

Das Kernproblem jeder Sozialforschung, welche räumliche Kontexte als eine wichtige Komponente sozialer Praxis betrachtet, besteht darin, die Bedeutung des Physisch-Materiellen mit seiner räumlichen Ordnung in die Analyse einzubeziehen, ohne dass Kulturelles und Soziales auf erdräumlich lokalisierbare Materie reduziert werden. Die zu beantwortende Frage lautet demgemäß: Wie kann das Verhältnis von sozialem Zusammenhang und räumlicher Dimension befriedigend geklärt werden, ohne dass man unangemessenen Reduktionen verfällt? Daran schließt die Frage an, in welchem Sinne und Maße über soziale Raumpolitik auch Gesellschaftspolitik betrieben werden kann.

In aller Regel ist die feststellbare Logik bisheriger Versuche dieselbe, wie sie bereits skizziert wurde: Die politischen Interventionen richten sich auf die räumliche Äußerungsform des Sozialen, jedoch nicht auf die Bedeutung räumlicher Konnotationen als Mittel der Durchsetzung einer bestimmten Politik. Diesem argumentativen Szenario entsprechen offensichtlich auch große Teile der sozialraumzentrierten Praktiken der deutschen Jugendpolitik. Ist man jedoch bestrebt, soziale Brennpunkte mit raumzentrierten Maßnahmen zu sanieren, kommt dies einer Symptombekämpfung gleich, der – wie Häußermann (2001, S. 38) zu Recht betont – ähnlich wenig Erfolg beschieden sein kann, wie der Erwartung, die Feuerwehr könne die Ursachen des Brandes beseitigen.

Dies ist aber gerade einer der charakteristischen Züge des E & C-Programms. Die im Rahmen der „Sozialen Stadt" ausgewiesenen „Stadtteile mit besonderem Entwicklungsbedarf" werden als Brennpunkte sozialer Konflikte bezeichnet. Gemeint sind damit Wohngebiete, „in denen Faktoren, die die Lebensbedingungen ihrer Bewohner und insbesondere die Entwicklungschancen von Kindern und Jugendlichen negativ bestimmen, gehäuft auftreten" (Deutscher Städtetag 1979, S. 12). Wie zuvor im allgemeinen Zusammenhang beschrieben, werden hier Äußerungsort und (räumliche) Äußerungsform mindestens implizit als kausale Instanzen betrachtet. Ansonsten würde es wohl wenig Sinn machen, die Bemühungen um die Entwicklung der Ressourcen und Chancen junger Menschen im Sinne des Instituts für soziale Arbeit (2001, S. 11) *raumzentriert* auf die drei Kernpunkte „Gemeinwesenarbeit", „Lebenswelt-" und „Dienstleistungsorientierung" zu richten. Diese Ausrichtung der Maßnahmen kann als räumliche Sozialpolitik charakterisiert werden und ist in dem hier entwickelten Argumentationsmuster als Konsequenz eines doppelten Trugschlusses zu qualifizieren: sowohl eines morphologischen als auch eines reduktionistischen.

Es ist bemerkenswert, dass zur angemessenen Erschließung dieser Zusammenhänge auch jene Theorien der sozialen Praxis wenig hilfreich sind, welche der räumlichen Komponente besondere Aufmerksamkeit zukommen lassen.

3. Grundzüge und Implikationen der Containerisierung

Die bisherigen Versuche, die räumliche Komponente in die theoretische Perspektive des Blicks auf soziale Praktiken einzubeziehen, gehen davon aus, „Raum" weitgehend als vorgegeben zu betrachten und sich dabei – mehr oder weniger unbemerkt – auf physikalische Raumkonzeptionen zu beziehen.[3] Konsequenterweise entwickeln auch neuere sozialwissenschaftliche Arbeiten – wie die zusammenfassenden Darstellungen bei Konau (1977) und Löw (2001) zeigen – die Überlegungen zur Integration des Räumlichen in die Sozialtheorie wie selbstverständlich im Rückgriff auf die newtonsche Physik und die entsprechenden philosophischen Vorleistungen bei Descartes.[4] Diese Problematik ist letztlich sowohl für Bourdieus „Theorie der Praxis" als auch für Giddens „Theorie der Strukturierung" charakteristisch.

Der wichtigste Aspekt jeder Form von Containerisierung, der mit der Bezugnahme auf den newtonschen Raumbegriff in Kauf genommen werden muss, besteht darin, dass irgendeine Gegebenheit als Inhalt eines Behältnisses thematisiert wird. Dabei wird dem Behältnis „Raum" ein eigenständiger Status zugewiesen, der neben den Gegenständen an und für sich existiert und auf diese Gegenstände eine besondere Wirkkraft ausübt. Hat sich dieses Raumverständnis in der mechanischen Physik erstaunlich lange halten können,[5] ist es für es für sozialweltliche Gegebenheiten nicht nur wegen des zentralen Postulats der Vertreter einer substantialistischen Raumkonzeption, „Raum" stelle eine kausale Instanz dar, problematisch, sondern auch noch aus anderen Gründen.

Bei Bourdieu (1984, 1985, 1991) äußert sich die Containerisierung des Sozialen darin, dass er die zuvor erarbeitete Differenzierung des sozialen Raums über die Praxis undifferenziert im physisch-materiellen Kontext bzw. im Erdraum lokalisieren will. Ausgangspunkt bildet

3 Vgl. dazu Weingarten 2003.

4 Vgl. dazu ausführlicher Werlen 1995.

5 Vgl. dazu Jammer 1960.

dabei die Kritik der marxistischen Theorie bei der Konstruktion des sozialen Raumes. Gemäß Bourdieu reduziert die marxistische Klassentheorie das Gesellschaftliche auf die ökonomische Dimension bzw. auf eine eindimensionale Sozialwelt. Demgegenüber müsste jedoch von einem mehrdimensionalen Raum des Sozialen ausgegangen werden, der über die verschiedenen Kapitalsorten konstituiert wird. Neben dem ökonomischen Kapital identifiziert Bourdieu (1991, S. 4ff.) das kulturelle, soziale und symbolische Kapital. Jeder dieser Räume wird durch spezifische Dimensionen gebildet, hinsichtlich denen jeder Akteur jeweils unterschiedliche Positionen einnehmen kann (und nicht nur eine ökonomische).

Diese Ausdifferenzierung, die in gewisser Hinsicht auf der Konzeptualisierung des sozial-kulturellen Raumes von Sorokin (1964)[6] aufbaut, weist gegenüber dem ökonomistischen Reduktionismus der marxistischen Klassentheorie große Vorteile auf. Bourdieu unterliegt aber in den Anweisungen zur Fruchtbarmachung seiner Konzeption selbst einem (geographischen) Reduktionismus. Dieser äußert sich darin, dass mit seiner theoretischen Konstruktion nicht klar zwischen sozialem und physisch-materiellem Kontext des Handelns unterschieden bzw. diese Unterscheidung von ihm nicht konsequent durchgehalten wird. Einerseits geht Bourdieus Theorie der Praxis davon aus, dass (körperliche) Akteure im sozialen Raum lokalisiert werden können. Andererseits ist er bestrebt, die sozialen Räume *im* Erdraum zu lokalisieren. Damit eröffnet sich mindestens eine doppelte Problematik:

- *Erstens* öffnen die Dimensionen der Räume des ökonomischen, kulturellen, sozialen und symbolischen Kapitals keine Möglichkeit der Positionierung körperlicher Gegebenheiten. Denn die Kategorien, die Bourdieu den verschiedenen Kapitalsorten zur Konstruktion der unterschiedlichen sozialen Räume ableitet, sind für immaterielle, sinnhafte Gegebenheiten, nicht aber Körperlichkeiten konzipiert. Personen können für bestimmte Praktiken zwar auf bestimmte ökonomische, soziale, kulturelle und/oder symbolische Merkmale rekurrieren bzw. ihren Tätigkeiten entsprechende Gehalte verleihen. Doch das körperliche Subjekt selbst weist die dafür notwendigen Eigenschaften nicht auf.

6 Vgl. dazu Werlen 1987, S. 146ff.

– *Zweitens* ist es streng genommen unmöglich, anhand der Dimensionen des chorischen Raumbegriffs (Erdraum) die Positionierung sozial-kultureller Gegebenheiten vorzunehmen; denn die Kategorien des chorischen Raumes sind für die Darstellung immaterieller Gegebenheiten streng genommen untauglich. Da sozial-kulturelle Gegebenheiten keine Ausdehnung aufweisen, der chorische Raum mit den beiden Dimensionen „Länge" und „Breite" sich aber nur auf Dinge beziehen kann, die diese Eigenschaften auch haben, ist konsequenterweise eine Lokalisierung nicht möglich. Die erdräumliche Lokalisierung immaterieller Gegebenheiten erscheint letztlich dann als plausibel, wenn Letztere verdinglicht bzw. über die Gleichsetzung von Bedeutungsträger und Bedeutung objektiviert werden.

Dieser Zusammenhang war bereits Gegenstand der mittelalterlichen Engelslehre, der Angelologie. Christian Morgenstern verdeutlicht in seinem Gedicht „Scholastikerprobleme" die verschiedenen theoretischen Positionen zur Frage, wie viele (immaterielle) Engel auf einer (materiellen) Nadelspitze sitzen können. „Alle" behauptet die eine Position mit der Begründung, sie wären Geister und ob auch ein „noch so feister, Geist bedarf schier nichts zum Sitzen". Die andere Position behautet: „Keiner! Denn die nie Erspähten, können einzig nehmen Platz auf geistlichen Lokalitäten".

Damit sollte offensichtlich geworden sein, dass die Zusammenhänge zwischen sozialen und chorischen Räumen eigentlich eine zentrale Frage sozialwissenschaftlicher Forschung darstellen und nicht im Sinne einer ontologischen Setzung vorab als gegeben postuliert werden sollten. Dass die von Bourdieu vorgenommenen (quasi axiomatischen) Setzungen nicht unproblematisch sind, bringt er in dem abschwächenden Satz zum Ausdruck, dass geographischer und sozialer Raum nie vollständig übereinstimmten.[7] Trotzdem sieht er innerhalb seiner (stark) strukturalistischen Argumentation ausreichend Übereinstimmung, um davon auszugehen, dass sowohl die Position im sozialen Raum als auch im erdräumlichen Kontext hohe deterministische Kraft aufweisen würde. Sozial Schwache nehmen in dieser Sprachregelung sowohl in erd- als auch in sozialräumlicher Hinsicht eine periphere Position ein. Darin ist die implizite Argumentation enthalten, dass der soziale Raum selbst ein Element des erdräumlichen Contai-

7 Vgl. Bourdieu 1984, S. 4. Die genaue Formulierung im Original lautet: „Ces deux espaces ne coincident jamais complètement."

ners ist und im geographischen Raum angesiedelt werden kann. Diese These zu bestätigen dürfte ebenso schwierig sein, wie die Positionierung eines Körpers im sozialen Raum.

Ein ähnliches Problem kann bei Giddens – einer der Schlüsselfiguren bezüglich der Sensibilisierung der Soziologie für die Raumproblematik – festgestellt werden. Giddens (1979, S. 2) stellt zur Überwindung der Raumblindheit der Sozialwissenschaften folgende Forderung auf: „An adequate account of human agency must (...) situate action *in* time and space." Auch hier kündigt sich die Containerisierung sozialen Handelns an, und zwar nicht nur eine räumliche, sondern auch noch eine zeitliche. Dies kann im Wesentlichen darauf zurückgeführt werden, dass Giddens zur Überwindung der Raumblindheit der Soziologie und Sozialtheorie ausgerechnet in der „Zeitgeographie" des schwedischen Sozialgeographen Torsten Hägerstrands (1970, 1977, 1982, 1984) das geeignete Modell sieht. Dessen Raumkonzeption baut jedoch unmittelbar auf Newtons Mechanik bzw. dem Containerraum auf.

Damit neigt Giddens in den ersten Publikationen dazu, dem Raum eine substantialistische Eigenschaft zuzuschreiben. In dieser Form wird dem Raum dann argumentativ eine konstitutive Kapazität bzw. eine das Soziale prägende Kraft zugewiesen. Begreift man jedoch – wie Giddens (1988) das macht – die Subjekte mit ihren Handlungen als die zentrale Instanz der „Konstitution der Gesellschaft", dann muss man tief greifende Widersprüche in Kauf nehmen.

So ist auch Giddens' „Raumtheorie" von einem ungeklärten Verhältnis zwischen physisch-weltlichem Raum und seiner sozial konstituierten Bedeutung für menschliches Handeln geprägt. Dies findet insbesondere auch in seiner Definition von „Gesellschaft" Ausdruck: „A society is a group of people who live *in* a particular territory" (Giddens 1995, S. 746, Hervorhebung B. W.). Mit dieser Definition werden zwei Problemaspekte der Containerisierung des Sozialen (nochmals) offengelegt: „Raum" muss *erstens* als natürlich-objekthaft, jedem sozialen Handeln vor-gegeben „gesetzt" werden und *zweitens* wird ihm eine Kraft zugewiesen, die sozialem Handeln nicht nur unzugänglich ist, sondern auf dieses konstitutiv wirkt. Beide Aspekte sind hochgradig problematisch. Sie verunmöglichen es, die räumliche Dimension alltäglicher Praxis als Medium – nicht aber als Ursache – der Konstitution gesellschaftlicher Wirklichkeit zu begreifen.

Im Sinne einer ersten Zwischenbilanz kann festgehalten werden, dass sowohl die von Bourdieu als auch die von Giddens angebotenen

Lösungen einen befriedigenden Beitrag dazu leisten, die Bedeutung des Physisch-Materiellen und seiner räumlichen Ordnung sozialtheoretisch systematisch zu erschließen. Von Bourdieu wird wohl die Notwendigkeit erkannt, für verschiedene Wirklichkeitsbereiche spezifische Raumbegriffe verfügbar zu machen. Das Verhältnis zwischen sozial-kulturellen Räumen und dem chorischen Raum (Erdraum) kann aber nicht befriedigend gelöst werden. Giddens „entdeckt" die Notwendigkeit, die räumliche Dimension mindestens ebenso stark in die Sozialanalyse einzubeziehen, wie die historische. Bei diesem Einbezug lädt er sich aber wiederum genau jene Probleme auf, die Weber aus der Soziologie verbannt haben wollte.

Dass räumliche Aspekte für jedes soziale Handeln und für jede Art von Sozialpolitik von zentraler Bedeutung sind, ist sicher unbestritten. Ziel soll eine Sozialpolitik sein, welche der räumlichen Komponente sozialer Praxis Rechnung trägt, ohne dass dies jedoch eine reduktionistische Containerisierung von Problemsituationen und Lagen impliziert.

4. Perspektivenwechsel

Nimmt man Giddens' (1988, S. 424) Maßgabe ernst, die Aufgabe der Sozialgeographie solle darin bestehen, die (alltäglichen) Praktiken der (alltäglichen) Regionalisierungen zu analysieren, und verallgemeinert diese für den Einbezug der räumlichen Komponente in die Sozialtheorie, dann können die Probleme, die aus der vorschnellen Containerisierung resultieren, zumindest gemindert werden. Denn damit wird der Akzent von der (Sozial-)Raumanalyse auf die Praxisanalyse verschoben. Dies ist als erster Schritt in Richtung des notwendigen Perspektivenwechsels zu betrachten. Denn so kann auch das Problem behoben werden, „Raum" als etwas jedem Handeln Vorausgehendes setzen zu müssen. „Raum" kann mit diesem Perspektivenwechsel ebenfalls als eine sozial konstituierte Gegebenheit verstanden werden.

Die sozialen Praktiken der Regionalisierung, d.h. der sozialen Begrenzung physisch-materieller Kontexte für soziales Handeln, verweisen auf das Verhältnis von Handeln, Körper und physisch-materiellem Kontext und nicht auf einen vorausgesetzten Container-Raum. Der Ausgangspunkt für diese Systematisierung besteht in der Überlegung, dass sich die Bedeutung von „Raum" für die sozialen Prozesse aus der Körperlichkeit der Handelnden ergibt bzw. der Bedeutung der

Körperlichkeit der Handelnden für soziale Kommunikation und Interaktion einerseits und soziale Produktion und Reproduktion andererseits. Die von Giddens entwickelte Begrifflichkeit ist für diese praxiszentrierte Sichtweise allerdings zu reinterpretieren.

Ausgangspunkt der weiteren Konzeptualisierung bildet für Giddens (1988) die Setzung, dass jeder Schauplatz („locale“) des Handelns[8] von den Handelnden regionalisiert wird. Mit „locale“ ist ein bestimmter tätigkeitsspezifischer physisch-materieller Kontext gemeint, der bereits ein bestimmtes Anordnungsmuster von materiellen Gegebenheiten und Interagierenden aufweist. Das heißt, dass der materiellen Konstellation des Handelns auf intersubjektiv gleichmäßige Weise eine spezifische soziale Bedeutung zugewiesen wird. Je nach Handlungskontext kann ein Schauplatz ein Haus sein, eine Straßenecke, ein Stadtquartier oder eine Stadt usw. Die Typisierung als „Schauplatz“ ist somit nicht von der Größe oder der räumlichen Ausdehnung abhängig, sondern von der Art der Ausrichtung des Handelns.

Jeder „Schauplatz“ wird im Sinne von Giddens (1981, S. 40) regionalisiert und ist natürlich selbst auch das Ergebnis einer (übergeordneten) Regionalisierung. „Regionalisierung“ ist dabei zu verstehen als eine *soziale Definition* von physisch-materiellen Kontexten bzw. Schauplätzen *in Bezug auf bestimmte Handlungsweisen.* Dabei steht die Kombination von sozialen und räumlichen Kategorien bzw. Merkmalen im Zentrum.

So gesehen ist unter einer *Region* ein sozial definierter und räumlich begrenzter Ausschnitt der Situation bzw. des Handlungskontextes zu verstehen. Über symbolische *Markierungen* wird dieser für bestimmte Handlungen zur normativen Setzung. Als „Platzhalter“ für die normativen Setzungen können physisch-materiellen Gegebenheiten (Mauern, Straßenzügen usw.) verwendet werden. In sozialer Hinsicht ist sinngemäß die Übereinkunft zu erwähnen, im Esszimmer nicht zu schlafen, oder die Trennlinie in der regionalen Differenzierung der vorherrschenden sozialen Merkmale positionierter Personen einer Be-

8 In den deutschen Übersetzungen wird für „locale“ der Begriff „Ort“ verwendet, was in Bezug auf Giddens Definitionen und Begriffsdifferenzierungen insofern als problematisch einzustufen ist, als eine klare Abgrenzung von „place“ (Ort) angestrebt wird. Es erweist sich als weniger problematisch, „locale“ mit „Schauplatz“ zu übersetzten. Denn gleichzeitig verweist „Schauplatz“ implizit auch auf ein soziales „Ereignis“ mit einem bestimmten Bedeutungsgehalt, was der Absicht Giddens' (1979, S. 207) besser entspricht.

völkerung, wie etwa die Jugendlichen und Erwachsenen eines Quartiers.

Regionen variieren nicht nur in Bezug auf die erdräumliche, sondern auch in Bezug auf die zeitliche Spannweite. In beiderlei Hinsicht ist festzuhalten, dass sie nur über und in Handlungsregelmäßigkeiten, insbesondere über institutionalisierte Kontexte des Handelns aufrechterhalten oder unter Kontrolle gehalten werden können. Das macht darauf aufmerksam, dass die wichtigste Begrenzung von Regionen über soziale Kategorien in Vollzügen des Handelns erfolgt.

Grenzen von Regionen werden somit durch symbolische und/oder materielle Markierungen gebildet. Doch die physischen Markierungen stellen in sozialer Hinsicht nichts anderes dar als materielle Repräsentationen symbolischer Begrenzungen des Gültigkeitsbereichs normativer Standards. Physisch-materielle Bedingungen können folglich keine sozialen Zwänge darstellen. Solche können letztlich nur normative Festlegungen bilden. Räumliche Aspekte des Handelns können per se konsequenterweise weder Ursachen noch Gründe des Handelns sein. Konsequenterweise können sie auch keinen erklärenden Status erlangen. Räumliche Konstellationen sind vielmehr unter Rückbezug auf die Handlungsweisen, aus denen sie hervorgegangen sind, zu erklären. Daran anschließend ist zu fragen, welche Handlungsweisen sie ermöglichen (Ermöglichung) und welche sie verhindern (Zwang).

In sozialer Hinsicht bestehen erdräumliche Konstellationen nur in der Form, wie sie als Mittel der (sozialen) Kategorisierung und symbolischer Repräsentation als Elemente des Handelns mobilisiert werden. Ihre Bedeutung für die lokalen Lebenszusammenhänge kann am besten entlang der Analyse der Handlungsweisen erschlossen und verdeutlicht werden.

Daraus folgt, dass die zentrale Bedeutung von Regionalisierungen nicht in der Begrenzung und Unterteilung von Schauplätzen bzw. räumlichen Ausschnitten liegt, sondern vielmehr in der Aneignung. In diesem Punkt stimmen Giddens und Bourdieu (1972, 1987, 1991) weitgehend überein.[9] Ein wichtiges Merkmal der Bemühungen beider Theoretiker bei der Berücksichtigung des Räumlichen besteht – wie gezeigt – aber darin, dass sie davon ausgehen, diesen Mangel dadurch zu überwinden, indem man soziale Praktiken als *im* Raum situiert begreift und analysiert. Wenn man die praxiszentrierte Sicht jedoch voll durchhält und nicht unter der Hand wieder subtilen Verräumlichun-

9 Vgl. dazu auch Deinet 1990.

gen unterliegen will, wird auch ein neues Verständnis von „Regionalisierung“ notwendig.

5. Alternative Konzeptualisierung

Setzen bisherige sozialwissenschaftliche Ansätze „Raum“ größtenteils als gegeben voraus, ist in praxiszentrierter Sicht demgegenüber das Räumliche als ein Medium des Handelns begriffen. So kann nicht „Handeln im Raum“ zentraler Gegenstand sein, sondern die räumlichen Bezüge des Handelns. Auf einen kurzen Nenner gebracht: In praxiszentrierter Perspektive leben wir nicht *in* der Welt, nicht in Räumen, sondern wir leben *die* Welt in unterschiedlichen Praktiken des Geographie-Machens. Mit diesem Ausgangspunkt können die erdräumlichen Bezüge sozialer Praktiken systematisch erschlossen werden.

Cassirer hat „Region“ bereits 1931 als Sinnbereich charakterisiert.[10] Damit meinte er jedoch nicht, dass die traditionellen geographischen, erdräumlichen Regionen als Container sozial-kultureller Sinnwelten zu verstehen sind, sondern vielmehr, dass es *Ordnungen der symbolischen Bedeutungen* gibt, die einerseits für das Handeln der Subjekte konstitutiv sind, andererseits aber auch von diesem konstituiert werden. So wie Sinnordnungen hergestellt werden und gleichzeitig die Grundlage für Sinnzuweisungen bilden, so verhält es sich auch mit den sozialen Regionalisierungen der Alltagswelt. Sie sind in erdräumlichen Bezügen auf alltäglicher Ebene einerseits Ausdruck einer – meist politischen – Herstellung der Ordnung der Zuständigkeiten. Dieser Prozess ist aber auf umfassendere Sinnordnungen bezogen. Die politische Territorialordnung in Form von Nationalstaaten, Ländern, Kreisen, Stadtquartieren u.Ä. ist symbolisierender Ausdruck der Regelung von Zuständigkeiten. Die symbolischen Sinnordnungen werden mit einem territorialen Ausschnitt verbunden

Verallgemeinert man dieses Prinzip, kann man jede Form der Regionalisierung als eine Art der Welt-Bindung begreifen. *„Welt-Bindung“* soll in diesem Sinne heißen: die soziale Beherrschung räumlicher und zeitlicher Bezüge zur Steuerung des eigenen Tuns und der Praxis anderer. Dies impliziert Praktiken der allokativen Aneignung von materiellen Gütern ebenso wie Praktiken der autoritativen „Aneignung“ bzw. Kontrolle von Subjekten über Distanz sowie die symbolische

---

10 Vgl. dazu Cassirer 1931, S. 93ff.

Aneignung von Objekten und Subjekten auf der Basis des verfügbaren Wissensvorrates.

Nicht die „Raumbildung“ steht im Zentrum des Interesses, sondern die Formen der Aneignung der Welt der physisch-materiellen Gegebenheiten, der erdräumlich angeordneten Objekte und Körper. „Raum“ ist als ein wichtiges Mittel zu verstehen, anhand dessen die verschiedenen Formen der Welt-Bindung verwirklicht werden. Um diese Praktiken empirisch erschließen und darauf aufbauend hilfreiche Strategien der Sozialpolitik ableiten zu können, ist eine Verabschiedung von reifizierten und reduktionistischen Raumverständnissen die erste Voraussetzung

Dazu bildet die Einsicht, dass „Raum“ eine Art der Darstellung und Erfahrung ist – allerdings nicht der Erfahrung eines besonderen Gegenstandes „Raum“ sondern vielmehr der Koexistenz von Gegebenheiten mit einer bestimmten Ordnung. Demzufolge ist „Raum“ dinglich ein Nichts, insbesondere auch kein Behältnis, das einen besonderen Forschungsgegenstand abgeben könnte – und unter gar keinen Umständen ein Behältnis sozialer Gegebenheiten und schon gar nicht von Jugendlichen oder Problemlagen.[11]

Weil häufig eine sehr enge Beziehung zwischen Materialität, Körper der Handelnden und symbolischer Bedeutung bzw. symbolischer und normativer Aneignung besteht, ist es auch verständlich, dass in den entsprechenden sozialen Zusammenhängen eine Tendenz erstens zur Containerisierung des Sozialen Oberhand gewinnen und zweitens zur Raumanalyse entwickelt werden kann. Drittens kann man gar nach der kausalen Kraft des Raumes selbst Ausschau halten. Aber selbst dann, wenn es auf den ersten Blick eine große empirische Evidenz für die räumliche Existenz sozialer Tatsachen oder gar für deren räumliche Bestimmtheit geben mag: Die Vergegenständlichung von „Raum“ als Container und konsequenterweise als materialisierter Sozialraum ist nichts anderes als das Ergebnis einer „fatalen Verwechslung“ (Zierhofer 1999, S. 163) – und zwar der Verwechslung einer bestimmten Konstellation des Handelns – vorwiegend der Kommunikation – und deren Beschreibung in räumlichen Kategorien mit den Wirkungen eines objektivierten, allen Handlungen vorausgehenden Raumes. Diese Konfusion ist nicht nur die Basis aller raumwissenschaftlichen Forschungsansätze, sondern auch der Containerisierung von Gesell-

11 Vgl. dazu ausführlicher Reutlinger 2001, 2003.

schaften in Form von „Sozialräumen" und von Kulturen in Form von „Kulturräumen".[12]

6. Handlungskompatible Raumkonzeptionen

Was also kann „Raum" im Rahmen einer tätigkeitszentrierten Perspektive heißen, wenn es sich dabei nicht um ein objekthaftes Behältnis des Sozial-Kulturellen handeln kann? Wie ich an anderer Stelle gezeigt habe,[13] gibt es gute Gründe, „Raum" als nichts anderes als einen Begriff zu verstehen, allerdings auch als einen ganz besonderen Begriff: nicht einer, der einen besonderen Gegenstand bezeichnet – wie dies insbesondere Descartes und Newton behauptet haben – aber auch nicht einer, der jeder Erfahrung vorausgeht, wie dies von Kant postuliert wurde.

Wenn man die Argumente ernst nimmt, die in der Philosophie des Raumes in den letzten Jahrhunderten zusammengetragen wurden, dann erscheint es folgerichtig, „Raum" als einen formal-klassifikatorischen Begriff zu verstehen, nicht als einen empirischen Begriff und auch nicht bloß als ein Apriori. Er kann nicht ein empirischer Begriff sein, weil es keinen Gegenstand "Raum" gibt. Er ist *formal,* weil er sich nicht auf inhaltliche Merkmale von materiellen Gegebenheiten bezieht. Er ist *klassifikatorisch,* weil er Ordnungsbeschreibungen von materiellen Objekten und die Orientierung in der physischen Welt – unter Bezugnahme auf die Körperlichkeit der handelnden Subjekte – erlaubt.

„Raum" ist mehr als ein *Apriori,* weil er tatsächlich auf Erfahrung beruht – allerdings nicht auf der Erfahrung eines besonderen und mysteriösen Gegenstandes „Raum", sondern auf der Erfahrung der eigenen Körperlichkeit, deren Verhältnis zu den übrigen ausgedehnten Gegebenheiten (inklusive der Körperlichkeit der anderen Subjekte) und deren Bedeutung für die eigenen Handlungsmöglichkeiten und -unmöglichkeiten. Erst diese Ausgangslage eröffnet die Perspektive für die Entwicklung eines handlungszentrierten Verständnisses von „Raum". Denn mit ihr wird es ermöglicht, jede Form von verkapptem Materialismus zu vermeiden und sich von allen Spielformen – auch den subtilsten – geo-

12 Ein aktuelles Beispiel für die Verräumlichung von „Kultur" als „Kulturraum" stellen Huntingtons (1993, 1996) einflußreiche Publikationen dar.

13 Vgl. Werlen 1995, S. 206ff.; 2000, S. 327ff.

deterministischen Denkens verabschieden zu können. Gleichzeitig kann die seit Weber bestehende Ausklammerung räumlicher Bezüge des Handelns überwunden werden, ohne dabei einer biologistischen Argumentation verfallen zu müssen. Diese Ausgangslage ist nun zu präzisieren. Freilich kann auch dies nur eine Skizze bleiben.

Dabei ist davon auszugehen, dass je nach dem praktisch oder theoretisch thematisierten Typus des Handelns sowohl die formale als auch die klassifikatorische Dimension des Raumbegriffs eine je besondere Konnotation erfahren kann. Das bedeutet, dass je nach Interessehorizont sowohl die Orientierung als auch die klassifikatorische Ordnung unterschiedlich ausfallen. Je nach der Art der Handlungsorientierung wird konsequenterweise eine andere Raumkonzeption artikuliert, um die entsprechende Beziehung zu physisch-materiellen Kontexten herzustellen. Oder mit anderen Worten ausgedrückt: Je nach Handlungsorientierung wird ein anderer Raumbegriff *als Medium der ökonomischen, sozialen und kulturellen Aneignungen physisch-materieller Kontexte* artikuliert. Die formalen und klassifikatorischen Dimensionen des Raumbegriffs – wie dies Abb. 1 im Überblick darstellt – sind Ausdruck unterschiedlicher *Modi* der Relationierung von Bedeutung, Körper und physisch-matriellem Kontext.

Abb. 1: Handeln und Raum

	Formal	Klassifikatorisch/ relational	Beispiele
Zweckrationalität	Metrisch Kalkulation	klassifikatorische Präskription	Boden- und Immobilienmarkt
Territorialität	Metrisch körperzentriert	klassifikatorische relationale Präskription	Verwaltungseinheiten, Back-/Front Region
Signifikation	körperzentriert	relationale Signifikation	Heimat Fremde

Ökonomie – Modus der Zweckrationalität:

Im Modus „Zweckrationalität" ist die eben genannte Relationierung an die Metrisierung der Ausdehnungen bezogen. In der Beziehung von Ausdehnung und zweckrationaler Kalkulation erfährt die handlungszentrierte Raumkonzeption im Sinne eines formal-klassifikatorischen Begriffes ihre primäre Interpretation. Der formale Aspekt äußert sich in der Entleerung von fixen Bedeutungskonnotationen, der klassifikatorische in der Metrisierung bzw. der darauf „aufbauenden" Kalkulationen, welche beispielsweise den Bodenmarkt erst ermöglicht.

Gesellschaft: Modus der Territorialität

Im normzentrierten Bezug stehen Formen von präskriptiven, räumlich gebundenen Festlegungen im Zentrum bzw. das Verhältnis von Normorientierung, Regionalisierung und Territorialisierung. Dieses Verhältnis kann sowohl in privater wie in öffentlicher Hinsicht verwirklicht werden. Territorialisierungen fixieren die Handlungserwartungen in räumlicher Hinsicht auf bestimmte (normative) Art: „Hier darfst Du dieses tun, dort aber nicht." Zudem implizieren sie einerseits die normative Regelung des Zugangs zu Nutzungen oder den territorial definierten Ausschluss davon; bei Missachtung ist im Allgemeinen mit Sanktionen zu rechnen. Andererseits sind normative Aneignungen ein wichtiges Mittel, Zugehörigkeit und Nicht-Zugehörigkeit zu definieren, sei es auf der Ebene von jugendlichen Treffpunkten oder auf nationalstaatlicher Ebene.

Normative Aneignungen sind auf staatlicher und kommunaler Ebene für vielfältige Formen von Alltagshandlungen relevant, insbesondere aber für *Territorialisierungen*, über welche die Kontrolle über Personen und Mittel der Gewaltanwendung organisiert ist. Bei beiden Formen der Kontrolle bildet der menschliche Körper der Handelnden den Fokus des Interesses. Die wohl prominenteste Form der Kombination von Norm, Körper und Raum ist der Nationalstaat mit seiner territorialen Bindung von Recht und Rechtsprechung; diese Kombination von Norm, Körper und Raum liegt aber letztlich wohl auch dem zugrunde, was als Sozialräume Jugendlicher bezeichnet wird.

Das *relationale Orientierungskriterium* dient dazu, physische Situationselemente für bestimmte Handlungen und in Bezug auf bestimmte Normen und kulturelle Werte mit spezifischen Bedeutungen zu belegen. Dadurch stellt das Subjekt eine Bedeutungsrelation zwischen Handlungsziel und physischen Objekten der Situation her.

Beim *klassifikatorischen Orientierungskriterium* wird – im Gegensatz zum relationalen – die räumliche Dimension in besonderem Maße relevant, und zwar immer vom territorialen Standort des Handelnden aus. Alle, die einen Orte aufsuchen und entsprechende Objekte in ihre Handlungen integrieren wollen, können auf die entsprechenden normativen Standards verpflichtet werden.

Kultur: Modus der Signifikation

Das Verhältnis von Verständigung und Raum bzw. *Verständigungsorientierung* und räumlichen Bedingungen der Kommunikation ist ebenfalls aufs Engste an die Körperlichkeit der Subjekte gebunden. Geht man davon aus, dass die kommunikative Funktion des Körpers zunächst in der Vermittlung zwischen erlebendem Bewusstseinsstrom und der physisch-materiellen Welt zu sehen ist, dann wird erkennbar, dass der eigene Körperstandort per definitionem über die Mittelbarkeit und Unmittelbarkeit des Erlebens und Erfahrens mitentscheidet. Als „Durchgangsort" von Erkenntnis und Handlung ist die Erreichbarkeit von Informationen an die Körperlichkeit (und deren Kontrolle) gebunden, ohne aber Informationsgehalte selbst zu bestimmen.

Sowohl die *relationale* wie *klassifikatorische* Dimension werden hier im symbolisierenden und symbolischen Sinne interpretiert. Sie geben auch emotionalen Aspekten und Elementen des praktischen Bewusstseins breite Bedeutung. Das so genannte Heimweh könnte dann als Verlust der auf dieser Bewusstseinsebene angelegten Relationierung interpretiert werden. Jedenfalls ist zu erwarten, dass in diesem Bereich zahlreiche klassifikatorisch-relationale Orientierungskriterien nicht jene Offensichtlichkeitsstufe erlangen, die sie im Modus der Zweckrationalität und der Territorialität haben.

7. Folgerungen

Mit dieser Skizzierung eines handlungs- und praxiszentrierten Verständnisses von „Raum" dürfte offensichtlich geworden sein, dass für das Verständnis von „Sozialräumen" bzw. jener Zusammenhänge, die bisher mit diesem Begriff bezeichnet werden, jede Form der Reduktion und Vergegenständlichung als Container-Raum zu vermeiden ist. „Sozialräume" können – wenn damit nicht bloß ein erdräumlicher Bereich von Körperbewegungen gemeint ist – in dieser Perspektive als Ausdruck von präskriptiver Relationierung und Klassifikation verstanden werden. Diese Zusammenhänge können konsequenterweise über die Praxisanalyse, bestimmt aber nicht vermittels Raumanalyse erschlossen werden. Konsequenterweise muss auch jede Raumpolitik zur Behebung sozialer Problemsituationen ins Leere greifen. Dieser Zusammenhang besteht höchstwahrscheinlich für jede Art raumzentrierter Politik. Zumindest lassen dies die geringen Erfolge dieser Politikorientierung erahnen.

Erdräumliche Formen so genannter „sozialer Brennpunkte“ sind konsequenterweise nicht als räumliche Probleme zu behandeln. Alle Arten von Raumproblemen erweisen sich bei genauerer Betrachtung letztlich als Probleme des Handelns. Im Rahmen der hier skizzierten Perspektive sind sie als Ausdruck der höchst unterschiedlichen Vermögensgrade der Kontrolle sowohl physischer Konstellationen als auch anderer Personen zu begreifen. Für die entsprechenden Aneignungen werden von den Akteuren zwar unterschiedliche räumliche Konzepte als Medien der Handlungsorientierung und Durchsetzung in Anschlag gebracht. Es gibt aber keinen Anlass, diese Medien für die Gegenstände oder gar die Ursachen sozialer Konflikte zu halten und politische Maßnahmen auf diese auszurichten.

Geht man davon aus, dass die in Anschlag gebrachten Raumkonzepte von der (thematischen) Ausrichtung der Praxis abhängen, dann wird auch verständlich, weshalb bestimmte Ausschnitte physisch-materieller Welt gleichzeitig unterschiedliche Zuschreibungen erlangen können. Was für die einen ein „sozialer Brennpunkt“ ist, auf den die sozialpolitischen Maßnahmen zu richten sind, wird von Immobilienhändler als Ort des Wertverlustes und von Jugendlichen als Ort der Begegnung mit bestimmten, territorial gebundenen Regeln des Handelns interpretiert. Bereits das Bestehen dieser Möglichkeiten sollte genügen, von jeder thematisch eindimensionalen Containerisierung Abstand zu nehmen und freilich auch von jeder räumlichen Vergegenständlichung sozialer Gegebenheiten. Ein Kernproblem, das mit der Konzeption „soziale Brennpunkte“ verbunden zu sein scheint, liegt offensichtlich darin begründet, dass Lösungen gesucht werden für etwas, was man als Problem definiert, das aber nicht als das existiert, wofür man es hält: als ein Raumproblem, das mit räumlichen Maßnahmen behoben werden kann.

Literatur

Bourdieu, P. (1972): Esquisse d’une théorie de la pratique. Genève

Bourdieu, P. (1984): Espace sociale et genèse de classe. In: Actes de la recherche en sciences sociales, vol. 52-3, S. 3-12

Bourdieu, P. (1985): Sozialer Raum und Klassen. In: Bourdieu, P.: Sozialer Raum und ‚Klassen‘. Leçon sur la leçon. Zwei Vorlesungen. Frankfurt a.M., S. 7-46

Bourdieu, P. (1987): Die feinen Unterschiede. Kritik der gesellschaftlichen Urteilskraft. Frankfurt a. M.

Bourdieu, P. (1991): Physischer, sozialer und angeeigneter physischer Raum. In: Wentz, M. (Hrsg.): Stadt-Räume. Frankfurt a.M., S. 25-34.

Bruhns, K./Mack, W. (Hrsg.) (2001): Aufwachsen und Lernen in der sozialen Stadt. Kinder und Jugendliche in schwierigen Lebensräumen. Opladen

Bundesministerium für Familie, Senioren, Frauen und Jugend (BMFSFJ) (2000): Entwicklung und Chancen junger Menschen in sozialen Brennpunkten. Berlin

Bundesministerium für Familie, Senioren, Frauen und Jugend (BMFSFJ) (2002): Elfter Kinder- und Jugendbericht. Bericht über die Lebenssituation junger Menschen und die Leistungen der Kinder- und Jugendhilfe in Deutschland. Berlin.

Cassirer, E. (1931): Mythischer, ästhetischer und theoretischer Raum. In: Ders.: Symbol, Technik, Sprache. Hamburg, S. 93-119

Deinet, U. (1990): Raumaneignung in der sozialwissenschaftlichen Theorie. In: Böhnisch, L./Münchmeier, R.: Pädagogik des Jugendraums. Zur Begründung und Praxis einer sozialräumlichen Jugendpädagogik. Weinheim/München, S. 57-70.

Deinet, U. (2001): Sozialräumliche Orientierung – Mehr als Prävention! In: Deutsche Jugend, 49. Jg., Heft 3, S. 117-124

Deutscher Städtetag (Hrsg.) (1979): Hinweise zur Arbeit in sozialen Brennpunkten. DST-Beiträge zur Sozialpolitik, Reihe D, 10. Köln.

Ecarius, J./Löw, M. (1997) (Hrsg.): Raumbildung, Bildungsräume. Über die Verräumlichung sozialer Prozesse. Opladen

Giddens, A. (1979): Central Problems in Social Theory. London

Giddens, A. (1981): A Contemporary Critique of Historical Materialism, vol. 1: Power, Property and the State. London

Giddens, A. (1988): Konstitution der Gesellschaft. Frankfurt a.M.

Giddens, A. (1995): Sociology. Cambridge

Hägerstrand, T. (1970): What about people in regional science? In: Papers of the Regional Science Association, vol. 27, S. 7-21

Hägerstrand, T. (1977): The time impact of social organization and environment upon the time-use of individuals and households. In: Kulinski, A. (Hrsg.): Social issues in regional policy and regional planning. Mouton, S. 59-67

Hägerstrand, T. (1982): Diorama, Path and Project. In: Tijdschrift voor Economische en Sociale Geographie, vol. 73, Nr. 6, S. 323-339

Hägerstrand, T. (1984): Time-Geography: Focus on the Corporality of Man, Society and Environment. In: Papers of the Regional Science Association, vol. 31, S. 193-216

Haushofer, H. K. (1935): Die raumpolitischen Grundlagen der Weltgeschichte. In: Müller, K. A. v./Rhoden, R. P. (Hrsg.): Knauers Weltgeschichte. Berlin, S. 11-43

Haushofer, H. K. (1940): Friedrich Ratzel als raum- und volkspolitischer Gestalter. In: Haushofer, H. K. (Hrsg.): Friedrich Ratzel. Erdemacht und Völkerschicksal. Stuttgart, S. ix–xxvii

Häußermann, H. (2001): Aufwachsen im Ghetto? In: Bruhns, K./Mack, W. (Hrsg.): Aufwachsen und Lernen in der sozialen Stadt. Kinder und Jugendliche in schwierigen Lebensräumen. Opladen, S. 37-51

Huntington, S. (1993): Clash of Civilizations? In: Foreign Affairs, vol. 72. Nr. 3, S. 22-49

Huntington, S. (1996): Der Kampf der Kulturen. Wien

Institut für soziale Arbeit e. V. (ISA) (2001): Expertise. Sozialraumorientierte Planung. Begründungen, Konzepte, Beispiele. Im Auftrag der Regiestelle E & C der Stiftung SPI. Münster

Jammer, M. (1960): Das Problem des Raumes. Die Entwicklung der Raumtheorien. Darmstadt

Kjellen, R. (1917): Der Staat als Lebensform. Jena

Konau, E. (1977): Raum und soziales Handeln. Studien zu einer vernachlässigten Dimension soziologischer Theoriebildung. Göttinger Abhandlungen zur Soziologie, Bd. 25. Stuttgart

Lacoste, Y. (1990): Geographie und politisches Handeln. Perspektiven einer neuen Geopolitik. Berlin

Löw, M. (2001): Raum-Soziologie. Frankfurt a.M.

Park, R. E. (1974): Die Stadt als räumliche Struktur und sittliche Ordnung. In: Atteslander, P./Hamm, B. (Hrsg.): Materialien zur Siedlungssoziologie. Köln/Berlin, S. 90-100

Reutlinger, C. (2001): Unsichtbare Bewältigungskarten von Jugendlichen in gespaltenen Städten. Sozialpädagogik des Jugendraumes aus sozialgeographischer Perspektive. Dissertation TU Dresden. Dresden

Reutlinger, C. (2003): Jugend, Stadt und Raum. Sozialgeographische Grundlagen einer Sozialpädagogik des Jugendalters. Opladen

Soja, E. (1989): Postmodern Geographies. The Reassertion of Space in Critical Social Theory. London/New York

Sorokin, P. A. (1964): Sociocultural causality, space, time. New York

Weber, M. (1913): Über einige Kategorien der verstehenden Soziologie. In: Logos. Internationale Zeitschrift für Philosophie der Kultur, Bd. 4. Heft 3, S. 253-294

Weber, M. (1980): Wirtschaft und Gesellschaft. Tübingen (5. Aufl.; 1. Aufl. 1922)

Weingarten, M. (2003): Von der Beherrschung der Natur zur Strukturierung gesellschaftlicher Naturverhältnisse. Ringvorlesung Stuttgart-Hohenheim

Werlen, B. (1987): Gesellschaft, Handlung und Raum. Grundlagen handlungstheoretischer Sozialgeographie. Stuttgart

Werlen, B. (1992): Regionale oder kulturelle Identität? Eine Problemskizze. In: Berichte zur deutschen Landeskunde, Bd. 66, Heft 1, S. 9-32

Werlen, B (1995): Sozialgeographie alltäglicher Regionalisierungen. Bd.1: Zur Ontologie von Gesellschaft und Raum. Stuttgart

Werlen, B. (1997): Sozialgeographie alltäglicher Regionalisierungen. Bd.2: Globalisierung, Region und Regionalisierung. Stuttgart

Werlen, B. (2000): Sozialgeographie. Eine Einführung. Bern

Zierhofer, W. (1999): Die fatale Verwechslung. Zum Selbstverständnis der Geographie. In: Meusburger, P. (Hrsg.): Handlungszentrierte Sozialgeographie. Benno Werlens Entwurf in kritischer Diskussion. Stuttgart, S. 163-186

Lothar Böhnisch, Wolfgang Schröer

Entgrenzung und die räumliche Transformation sozialer Probleme – zum bürgerschaftlichen Regieren der Sozialräume

„Der Raumbegriff scheint zunächst völlig unproblematisch zu sein. Er scheint einen vorsozialen Sachverhalt zu markieren, gewissermaßen das Korrelat von res extensae, die ja qua definitionem ausgedehnt sind, also eine räumliche Dimension haben. Soziologisch von Interesse wäre dann ausschließlich die Frage, wie soziale Ordnung räumliche Extensionen benutzt, man könnte sagen, es gehe dann um soziale Anordnung." (Nassehi 2003, S. 219)

Die theoretischen, politischen und pädagogischen Diskussionen um den Sozialraum sind inzwischen an einem Punkt angelangt, der es notwendig macht, nach den historisch-gesellschaftlichen Rahmenbedingungen zu fragen, die zu der Sozialraum-Hochkonjunktur in den 90er Jahren des 20. Jahrhunderts geführt haben. Denn seitdem der Boom etwas abzuflachen scheint, wird gerade offensichtlich, dass die Rede vom Sozialraum nicht für sich ein soziales Programm oder eine soziale Politik beinhaltet, sondern erst durch den sozialhistorischen Kontext und die sozialpolitische Gestaltungsrichtung eine soziale Kontur bekommt.

Die Spannung zwischen der lokalen Vergegenständlichung, der konkreten Bewältigung sozialer Probleme vor Ort und der sozialstrukturellen Verteilungspolitik einschließlich der Öffnung gesellschaftlicher Mitbestimmungs- und Beteiligungsräume hat die Entwicklung des Sozialstaates im 20. Jahrhundert entscheidend mitgeprägt. Entsprechend war die räumliche Transformation sozialer Probleme in der Geschichte der Sozialpolitik und Sozialpädagogik ein zentraler Kristallisationspunkt ihrer gegenseitigen Verhältnisbestimmung und Auseinandersetzung. Zu betrachten wäre somit, wie soziale Herausforderungen gegenwärtig ins Sozialräumliche hineindrängen und sich sozialräumlich umsetzen. So ist aus sozialpolitischer und sozialpädagogischer Perspektive insbesondere zu analysieren, wie soziale Probleme räumlich transformiert werden.

In den 20er und 70er Jahren des 20. Jahrhunderts verwiesen Sozialpädagogen beispielsweise die Sozialpolitik auf ihre Alltagslücke. Die sozialpolitischen Strategien übersahen demnach die Vergegenständlichung sozialer Probleme vor Ort, die sich für die Menschen als alltägliche Bewältigungsherausforderungen darstellten. Es ging den Sozialpädagogen nicht darum, den Stadtteil als neuen Ort sozialer Gestaltung zu erfinden und gegen die wohlfahrtsstaatlichen Perspektiven ins Feld zu führen, sondern den Blickwinkel auf die Bewältigung des Alltags in den Arbeiterviertel zu lenken. Im Alltagsleben sollten demokratische sowie sozial gesicherte Aushandlungs- und Bildungsspielräume im Gegendruck zu den kapitalistischen Vergesellschaftungsformen gefördert werden, die es erst möglich machen, dass sich die Menschen an der sozialen Gestaltung von Gesellschaft beteiligen. Die Transformation sozialer Probleme in lokale Brennpunkte sollte thematisiert und die sozialen Widersprüche sollten an die strukturelle Ebene zurückverwiesen werden, um die Stadtteile als Sozialräume menschlicher Gegenwelten neu zu entdecken.

Insgesamt ist diesen – hier grob skizzierten Ansätzen – des 20. Jahrhunderts gemeinsam, dass der Sozialraum in einer Spannung von industriekapitalistischer Vergesellschaftung moderner Lebensführung und allokativer Vergegenständlichung sozialer Probleme gesehen wurde. Der Sozialstaat wurde in dieser Spannung zum Regulationsmedium und Gestaltungsprinzip zwischen den Alltagsräumen der Menschen und den gesellschaftlichen Konflikt-, Verteilungs- und Gestaltungsräumen.

In den vergangenen Jahren haben sich dagegen im Strukturwandel hin zum digitalen Kapitalismus die historisch-gesellschaftlichen Rahmenbedingungen grundlegend geändert: Ausgelöst durch die Entgrenzungstendenzen in der Arbeitsgesellschaft ist die räumliche Transformation sozialer Probleme gegenwärtig in einen *Allokationssog* geraten, der soziale Ungleichheit mitunter zum Regulationsproblem lokaler Bürgerarbeit werden lässt. Darum werden in den aktuellen Diskussionen um die Zukunft der Bürgergesellschaft und des Sozialstaates soziale Probleme häufig allein phänomenologisch an die Orte gebunden, an denen sie zu Tage treten. Bezug genommen wird dabei z.B. auf das antike Ideal des Aktivbürgers, das zwar „in der modernen, komplexen, vernetzten mobilen Gesellschaft nicht mehr trägt", aber für den „überblickbaren, politischen Raum" (Thürer 2000, S. 206) als zukunftsfähig erkannt wird. Dieser Gegenentwurf zu den Modellen, die sich im 20. Jahrhundert vor allem auf gesellschaftliche Großgebilde – wie eben den Sozialstaat – bezogen, kann aber die sozialen Spannungen zwischen den Vergesellschaftungsprozessen im digitalen Kapitalismus und den allokativen Vergegenständlichungen sozialer Probleme, wie sie sich auch in der Ökonomie des 21. Jahrhunderts deutlich abzeichnen, nicht regulieren.

1. Entgrenzung und der neue Allokationssog

Die Ausbreitung und ökonomische Durchsetzung des digitalen Kapitalismus und die Art seines Einwirkens auf die sozialstaatlich regulierten Gesellschaften sind mit Entgrenzungsprozessen verbunden, die nicht mehr mit dem bisher gebräuchlichen sozialwissenschaftlichen Begriff der „Entstrukturierung", der vor allem die Pluralisierung sozialstaatlich regulierter Gesellschafts- und Lebensbereiche beschreiben sollte, erfasst werden kann (vgl. Böhnisch/Schröer 2002). Entstrukturierung meint, dass sich die sozialen und institutionellen *Formen* der Vergesellschaftung gewandelt haben, dass ihre grundlegenden Strukturprinzipien aber dennoch weiter erhalten bleiben. Das grundlegende Strukturprinzip der fordistisch-sozialstaatlichen Gesellschaft des 20. Jahrhunderts war in diesem Sinne ein System der Arbeitsteilung, in dem die Funktionssphären von Produktion und Reproduktion gleichzeitig voneinander getrennt und aufeinander bezogen sind.

Wenn in diesem Kontext von Entgrenzungsprozessen gesprochen wird, richtet sich die Analyse in erster Linie auf die Entgrenzung von Arbeit und damit auf die fordistische Arbeitsteilung. Gemeint ist, dass die soziale, räumliche und zeitliche *Entgrenzung von Arbeit* im digitalen Kapitalismus die Normalität des Normalarbeitsverhältnisses mit lebenslanger Berufs- und Arbeitsplatzsicherheit und tariflicher und sozialer Absicherung außer Kraft setzt und eine „Biographisierung von Arbeit" hervorbringt. Diese findet – glaubt man euphorischen Zeitdiagnosen – in der Figur des „Arbeitskraftunternehmers" oder „souveränen Arbeitsgestalters" ihre entsprechende Vergesellschaftungsform individueller Lebensführung (vgl. Mutz 2001). Unternehmergeist und die – mitunter auch bürgerschaftlich zu nutzenden – Leadership-Qualitäten sind die besonderen Qualitäten dieser Sozialform. Zudem werden „freie" Vertrags- und Aushandlungsmodelle vor Ort – folgt man diesem Bild – die alltägliche Lebensführung zwischen Erwerbsarbeit und Familienarbeit bestimmen.

Grundsätzlich kann allerdings erst einmal allein festgehalten werden, dass die in diesem Bild gebündelten Arbeitsanforderungen „empirisch und konzeptuell das idealtypische Modell zweier ‚Sphären' mit unterschiedlichen Handlungslogiken, Zeiten und Orten, verteilt auf zwei Geschlechter (sprengen). Indem sich sowohl Beruf als auch Familie jeweils vom fordistischen Modell weg entwickelt haben, ist auch ihr Verhältnis zueinander nicht mehr entsprechend komplementär konstruiert. In den sich umwälzenden Arbeits- und Lebensverhältnissen geht es nicht mehr um Vereinbarkeit, denn die ursprünglichen Grenzlinien sind nicht mehr scharf und der Zugriff auf die Individuen und ihre Familien ist umfassender und subtiler zugleich geworden. Es geht vielmehr um immer wieder neu auszutarierende Balancen von unterschiedlichen Tätigkeits- und Lebensformen an unterschiedlichen Orten der Gesellschaft" (Jurczyk/Lange 2002, S. 12-13). Mit den Entgrenzungsprozessen verschwimmen somit die vormals abgegrenzten und in dieser Abgrenzung aufeinander bezogenen Strukturen, wie sie bisher in der sozialstaatlich-fordistischen Gesellschaft prägend waren. Unterschiedliche „Rationalitätssemantiken" (vgl. Kocyba/Schumm 2002) lösen die zweckrationale Logik fordistischer Ökonomie und Lebensführungsmodelle ab.

Betrachtet man diese Entwicklung nun aus der Perspektive der Bewältigungsherausforderungen der Menschen, so erscheint der Arbeitskraftunternehmer oder souveräne Arbeitsgestalter in erster Linie als eine exklusive Sozialform des digitalen Kapitalismus, die wir auch als *abstract worker* bezeichnen können. Die Ambivalenzen, die schon Max Weber für die ersten Freisetzungsprozesse der industriellen Moderne beschrieben hat (vgl. Weber 1972), tauchen in den neuen Kontexten des digitalen Kapitalismus wieder auf. Je mehr sich die systemischen Prozesse von Ökonomie und Gesellschaft ins Abstrakte bewegen, sozial entbettet sind, desto stärker steigt der Allokationsdruck und wächst das Bedürfnis nach dem Konkreten, nach sozial erreichbaren und fassbaren Zugehörigkeiten, nach Orten der Sicherheit.

Insgesamt wird mit dem Begriff *abstract worker* darauf verwiesen, dass der Arbeitskraftunternehmer jenseits der ökonomischen Verwertungslogik sozial nicht verortet und kaum an gesellschaftliche Sozialisations- oder Erreichbarkeitsstrukturen gebunden ist. Offensichtlich ist, dass der Mensch in dieser Szenerie unter dem Druck steht, vor Ort im jeweiligen lokalen Nahraum die von ihm verlangte ‚Souveränität' zu erreichen. Dieser Allokationsdruck bringt das Bedürfnis nach befriedeten und abgeschotteten Gemeinschaften hervor, wie sie

Jeremy Rifkin bereits für die amerikanische Gesellschaft beschrieben hat (vgl. Rifkin 2000). Jenseits der entgrenzten Aushandlungs- und Mediationskultur wächst so die Sehnsucht nach einer lokalen Gemeinschaft, wird Nähe in den Möglichkeiten gesucht, die man noch hat: in der Familie, in der Idee, aber auch in der Ideologie der community, in der Sehnsucht nach Zugehörigkeiten und Anerkennung.

In dem Maße, in dem dies verwehrt scheint, entstehen entsprechende Bedürftigkeiten, welche die Suche nach Orientierung und Handlungsfähigkeit steuern. Als eine Form der Bewältigung dieser Bedürftigkeit bietet uns die Psychoanalyse das Modell des intersubjektiven Narzissmus an: „Nicht das Subjekt wird aufgelöst, sondern in der Welt der ‚inneren Objekte' verschwindet die Außenwelt, die lediglich als Externalisierung, Projektion und projektive Identifizierung wieder auftaucht" (Altmeier 2000, S. 213). Das traditionelle Identitätskonzept der psychosozialen Balance zwischen Innen und Außen wird in das „unbewusste Selbstregulativ" des Narzissmus integriert (ebd., S. 230).

Doch nicht nur dieser Allokationssog verstärkt eine Tendenz zur lokalen und selbstbezogenen Abschottung, sondern gleichzeitig erzeugt der digitalen Kapitalismus selbst neue Grenzen und Formen der Abschottung. Indem die Ökonomie in ihrem Magnetfeld von Rationalisierung und Globalisierung nur einen Teil des Humankapitals anzieht, den anderen aber abstößt, ökonomisch unter Druck setzt, entsteht eine Segmentierung der Arbeitsgesellschaft, die kaum mehr über offene Übergangsstrukturen verfügt. Große Bevölkerungsteile in den Industriegesellschaften haben keine Aussicht mehr, in die ökonomisch-gesellschaftlichen Kernbereiche der Erwerbsarbeit zu gelangen, für viele bedeutet die Formel vom souveränen Arbeitsgestalter ein Leben in prekären und flexibilisierten Arbeitsverhältnissen und andere bleiben in den Trainingsprogrammen zur Selbstorganisationsfähigkeit hängen.

Von diesen Segmentierungen bleibt auch die sozialstaatliche Politik nicht unberührt. Die Stimmen in Politik und Öffentlichkeit mehren sich, dass man endlich von der sozialstaatlichen Politik der sozialen Chancengleichheit zur Politik der Chancengerechtigkeit übergehen sollte: Wenn es ohnehin aussichtslos sei, so ist die Argumentation zu verstehen, dass die Masse der Bevölkerung angesichts der Segmentierung der Arbeitsgesellschaft sozial aufsteigen könne, solle doch die Sozial- und Bildungspolitik daran ausgerichtet sein, sie in ihren segmentierten sozialen Umgebungen selbstorganisationsfähig zu machen. Gerade in der Praxis der Bildungspolitik zeichnet sich in diesem Sinne eine Schere zwischen einer Bildung ab, die auf sozial entbettete Eliten zielt und einer Bildung, die die Mehrheit der Bevölkerung in ihren jeweiligen sozialen Umgebungen ökonomisch anpassungsfähig, flexibel und sozial handlungsfähig machen will.

2. Doing community und die Gemeinschaft als Ware in der Bürgergesellschaft

Zwar beziehen sich die neueren sozialräumlichen und bürgergesellschaftlichen Diskussionen – vor allem die wiederentdeckte Trennung der sozialräumlichen und territorialen Perspektive – immer wieder auf die Entgrenzungstendenzen, doch nur selten nehmen sie dabei Bezug auf die ökonomische Hintergrundstruktur. Beschrieben wird allein, dass globale und lokale Faktoren kaum voneinander getrennt werden können oder nationale kulturelle Grenzen verwischen und nicht mehr „den „Ausgangspunkt und substanziellen Kern politischer Wir-Gruppen" bilden (Leggewie 2003, S. 16). Es bleibt dann häufig bei einem Plädoyer für ein dynamisches Kulturverständnis und einer quasi konstruktivistischen Position in Bezug auf die Gestaltung des sozialen Nahraums im Sinne eines „doing community".

Diese gestaltungseuphorische Perspektive geht in vielen bürgerschaftlichen und sozialraumbezogenen Programmatiken mit der Formel einher, dass die sozialen Probleme dort zu lösen seien, wo sie auftreten. Die neue Formen des Regierens vor Ort und die Verantwortungsgemeinschaft der Bürger erscheint dann als Antwort auf den Allokationsdruck in der entgrenzten Arbeitsgesellschaft. So gibt es in der neueren Hegemonialsprache z.B. keine sozialen Brennpunkte mehr, sondern nur noch Stadtteile „mit sozialem Erneuerungsbedarf". Ihnen ist – folgt man dieser Modernisierungsideologie – ein sozialpolitisches Entwicklungsmoratorium zu gewähren, in denen die Ökonomien und Bürger aktiviert werden müssen, bis sie in der abstrahierenden Welt handlungs- und regierungsfähig sind.

Nicht die Thematisierung der gesellschaftlichen Hintergründe, sondern die schnelle Intervention „vor Ort" soll die neue Kraft der lokalen Regierungsgemeinschaft bestätigen. Deshalb wird der soziale Konflikt, der meist auf überregionale Zusammenhänge verweist, als die am wenigsten geeignete Ressource angesehen: Soziale Konflikte erscheinen im lokalen Kampf um *ökonomische Souveränität* als ineffizient. Damit gerät die bürgergesellschaftliche Praxis in das ökonomische Fahrwasser des digitalisierten Denkens und Machens: Das jeweils Nützliche und Machbare ist das Fortschrittliche. Die Suche nach den schnellen Lösungen, nach der Machbarkeit in der Gegenwart übt gleichsam einen strukturellen Zwang auf die neuen sozialen Diskurse aus (vgl. Munsch 2003)! Der sozialpolitische Diskurs, wie er sich im 20. Jahrhundert entwickelt und gestaltet hat, erscheint dagegen überholt. Es ist *kein* Diskurs der schnellen und lebensweltlichen Lösungen, sondern ein gesellschaftlich rückgebundener Konfliktdiskurs, in dem historische Perspektiven eröffnet und *in Bezug zu ihnen* Lösungen gesucht werden.

Die strukturelle – nicht intentionale – Verstrickung von Bürgerperspektive, Sozialraumorientierung und ökonomischer Nutzenperspektive enthält dagegen ein Bewältigungsmodell, das allein denen zugänglich ist, welche die Autonomie des Bürgerstatus für sich ökonomisch und sozial absichern können. Dies wird u.a. in den kritischen Betrachtungen zum sog. sozialen Kapital deutlich. In Anspielung an Putnams Standardwerk *bowling alone* (1995) zieht z.B. Robert Reich die integrierende Kraft der lokalen Gemeinschaften, so wie sie in den Sog der neuen Arbeitsrhythmen geraten, in Zweifel. Nicht nur, dass die Intensivierung der Arbeit an dem Surplus zerrt, das notwendig ist, um sich auch um die Belange anderer zu kümmern, folgenreicher für die gesellschaftliche Integration sei vielmehr der Umstand, dass sich der Charakter der Gemeinschaft gewandelt hat, ökonomisiert worden ist: „Wir schließen uns immer noch zusammen, um Kinderbetreuung, Altenfürsorge, Schulen, Gesundheitswesen, Versicherungen, Gesundheits-, Investment- und Shoppingklubs, Erholungseinrichtungen, private Sicherheitskräfte und alles andere bezahlen zu können, was für einen allein viel zu teuer wäre. Doch wir schließen uns nicht als Partner zusammen, sondern als Konsumenten. (...) Und wie auch in anderen Bereichen unseres neuen Lebens, können wir auf unserer Suche nach noch besseren Geschäften die Gemeinschaften, die wir uns ausgesucht haben, gleich wieder verlassen und zu einer anderen wechseln. Ebenso wie persönliche Zuwendung wird auch die Gemeinschaft zu einer Ware“ (Reich 2002, S. 294). Das Engagement für den Stadtteil oder die lokale Gemeinschaft wird in diesem Sinne zur Ressource, die man abschätzt, die eine biographisch-ökonomische Passung haben muss. Wohlfahrt wird so vor dem Hintergrund nicht hinterfragter sozialstruktureller Bedingungen modularisierbar, man kann seine eigenen Wohlfahrtspakete schnüren.

Über die „Gemeinschaft als Ware“ wird in bürgergesellschaftlichen und sozialräumlichen Diskussionen kaum gesprochen. Es wird zudem die in der Stadtforschung immer wieder zu hörende Mahnung übergangen, dass „die kommunale Kraft nicht für beide Ziele der Pflege des Wirtschaftsstandortes *und* des sozialen Ausgleichs" ausreicht: „Im Gegenteil, eine erfolgreiche Verfolgung der ersten Zielsetzung verschärft Belastungen des zweiten Ziels, für das immer seltener angemessene Kompensationsmittel bereitgestellt werden" (Dangschat 1996, S. 46).

Dagegen werden – so z.B. in dem Bericht der Enquête-Kommission zum bürgerschaftlichen Engagement – nur „passungsfähige" Beispiele für die Bestätigung der Vereinbarkeit von ökonomischen Interessen, Selbst- und Gemeinschaftsbezug herausgestellt. Es wird suggeriert, dass lokale Governancenetzwerke in ihrer ökonomische Orientierung gleichzeitig kohesive Effekte erzeugen und die Entgrenzungstendenzen ebenso die Chance beinhalten, dass auch die Tätigkeitsfelder der Sorge und Pflege in den Bereich des Wirtschaftens und der Erwerbsarbeit hineinwirken könnten (vgl. Enquête-Kommission 2002). Auf diesem Pfad werden dann die regionalen Unternehmen als neue Verantwortungsträger für das soziale Kapital entdeckt und zur *Corporate Social Responsibility* und *Corporate Citizenship* übergeleitet. Doch das für das soziale Kapital sorgende Unternehmen ist eine patrimonale Gestalt. Diese als Grundstruktur in das hiesige Sozialsystem einzubeziehen, ist nicht nur ambivalent. Als wenn den Care-TheoretikerInnen „ein kleiner Marsch durch die Unternehmen" gelingen könnte.

Die bisher angeführten Beispiele deuten nicht nur darauf, dass die bürgergesellschaftlichen Perspektiven vielfach im Lokalen stecken bleiben, sondern dass in diesem begrenzten Rahmen kein Spannungsfeld zwischen lokalen Initiativen und gesellschaftlichen Erreichbarkeiten entstehen kann. In dieser lokalen Begrenzung haben die Ansätze keine gesellschaftlich intermediäre Perspektive. Das neue bürgerschaftlich-sozialräumliche Regieren verbleibt damit als Medium innerhalb der lokalen politischen Regulation und der Gestaltung der lokalen Lebensräume. Es ergibt sich daraus das Bild, dass die Entgrenzungstendenzen und die damit entstehenden Prozesse der Entbettung in der lokalen Gemeinschaft der Bürger neu gebunden werden sollen.

Unter dem sozialökonomischen Blickwinkel wird damit die Problematik sichtbar, dass auch die sozialräumlichen Diskurse Gefahr laufen, einen Verdeckungszusammenhang aufzubauen. Mit der Setzung, dass alle Akteure als Bürger a priori gleich seien, wird verdeckt, dass der Bürgerstatus erst in der sozialen Wirklichkeit der Gesellschaft gemacht wird und dass gerade die Kräfte, in deren Magnetfeld sich der bürgerschaftliche Diskurs immer wieder bewegt, die sozialen Voraussetzungen für die Gleichheit des Bürgers aushöhlen. Angesichts der Art und Weise, wie sich die neue Ökonomie indirekt (aber auch zunehmend direkt) auf der Suche nach der ihr gemäßen Sozialform des Bürgers bemächtigt, ist es notwendig, die Statuskonstitution des Bürgers aus der Privatisierung in den sozialen Diskurs hereinzuholen und damit wieder ein sozialpolitisches Magnetfeld aufzubauen, das immer noch mehr – weil historisch tradierte – Vergesellschaftungskraft besitzt als die bloße Setzung eines Bürgerbegriffs. In diesem sozialpolitischen Magnetfeld kann auch die Spannung des sozialen Konflikts wieder erzeugt werden, zu deren Verlust die begrenzte Grundorientierung eines „*doing community*" beträgt.

Dieser sozialpolitische Zugang passt aber nicht in eine politische Landschaft, in der Gesellschaft fast nur noch lokal und wenn überlokal, dann im nationalen und europäischen *gouvernemental* wahrgenommen wird. Gesellschaftliche Bezüge, die quer dazu liegen – soziale Segmentierungen, neue soziale Ungleichheit, wachsende Kluft zwischen Ökonomischem und Sozialem – werden immer weniger als für die eigenen sozialen und biographischen Bezüge relevant empfunden. Gleichzeitig inszenieren die Medien eine Arena der biographischen Erreichbarkeiten, die den Bürgern suggeriert, diese reichten ins Gesellschaftliche hinein, weil eben die Medien überlokal und überregional ins Haus kommen. Die neue Ethik heißt dann *political correctness*, die auf der Oberfläche der lokalen Problemlösung gehegt wird und glauben macht, dass alles seine Ordnung hat, wie es vor Ort ist.

3. Ausblick: Wildes Lernen und sozialräumliche Aneignung – Herausforderungen für die Kinder- und Jugendhilfe

Auffällig ist nun, dass die neue Fixierung auf das Lokale kaum mehr die Jugend als eigenständige Lebensphase wahrnimmt. In der lokalen Bürgergesellschaft sind Jugendliche entweder kleine Erwachsene, die an einem Kinder- oder Schülerparlament teilnehmen oder sich bei der Organisation des Stadteilfestes über frühmanageriale Attitüden auszeichnen. Kaum wird noch die informelle lebensalterstypische sozialräumliche Aneignung gesehen (vgl. Deinet/Krisch 2002), die das Stadtteilfest eher stört oder dem lokalen Raum eine bisher nicht gekannte jugendgemäße Funktion verleiht. Bürgergesellschaftliche Konzeptionen, so könnte man verallgemeinern, suchen den Bürgerstatus außerhalb der Arbeitsgesellschaft und damit den ‚erwachsenen' Bürger. Dies steht im Gegensatz zum Status des Menschenbildes im 20. Jahrhundert, in den eine entsprechende Sozialisation durch Bildung und Ausbildung eingelassen ist.

Vor dem Hintergrund der jugendpolitischen Erfahrungen im vergangenen Jahrhundert wird nun aber auch argumentiert, dass ein Übergehen der informellen sozialräumlichen Aneignungsformen junger Menschen in den neuen lokalen Verantwortungsgemeinschaften den Jugendlichen selbst zugute kommen könne, da die Jugend im 20. Jahrhundert immer wieder politischen Instrumentalisierungen ausgesetzt war, die ihr Streben nach Selbstbestimmung unterdrückten. In dieser Logik erscheint Jugend heute von den sozialen und politischen Instrumentalisierungen befreit, die immer wieder zur Pädagogisierung der Jugendräume führten.

Diese Perspektive übersieht die Entgrenzungstendenzen in der Arbeitsgesellschaft und den Wandel der sozialstaatlichen Einbettung von Jugend. Informalisierungsbestrebungen von Jugendlichen im 20. Jahrhundert richteten sich immer wieder gegen das formelle Bild von Jugend, um Freiräume für jugendliches Eigenleben einzufordern und letztlich eine Öffnung und generative Anpassung der institutionalisierten Vergesellschaftung von Jugend zu erreichen. Im gegenwärtigen Diskurs schwindet dieses Sozialisationsmodell. Für viele Jugendliche ist die Lebensphase bereits der Beginn eines „dauerhaft-transitorischen Zustandes" oder einer „permanenten Zwischenposition" (Castel 2000, S. 377; vgl. auch Galuske 2002). Die Jugendlichen spüren, dass die Jugend nicht mehr an transparente Übergangs- und Erreichbarkeitsstrukturen gebunden ist (Kreher/Oehme 2003). So werden auch die informellen Aneignungsformen von Jugendlichen nicht mehr als Aufforderung zur Öffnung der Bildungs- und Übergangsstrukturen begriffen, die Bildungsprozesse Jugendlicher nicht in einer Dynamik von formellem und informellem Lernen gesehen (vgl. Reutlinger 2003).

Die neuen bürgerschaftlichen Regierungen des Lokalen und die weiterhin versäulte schulzentrierte Bildungsstruktur lassen die sozialräumliche Aneignung von Jugendlichen zu Formen des ‚wilden Lernens' werden (vgl. Böhnisch/Schröer 2001). Die Problematik besteht darin, dass diese Formen des ‚wilden Lernens' sich nicht nur dem institutionellen Blick des Bildungswesens entziehen, sondern eben auch nicht als ‚Lernen' erkannt und anerkannt werden. So verfällt dieses Lernen dem Verdikt des Abweichenden und ist damit der Pathologisierung und Stigmatisierung preisgegeben.

Vor diesem Hintergrund wird auch verständlich, warum die sozialpädagogischen Einrichtungen der öffentlichen Erziehung, Jugendarbeit und Beratung, die es mit Jugendlichen zu tun haben, in der Logik der lokalen Bürgergesellschaften wenig Chancen haben, als biographische Lernorte und -kontexte anerkannt und entsprechend gefördert zu werden. Sie stehen vielmehr unter dem Druck, sich weiterhin als Gefährdetenpädagogik auszuweisen und kontrollorientiert statt lernorientiert zu arbeiten. Dabei hätten gerade sie angesichts der Entgrenzungstendenzen in ihrem Handlungsverständnis einer bewältigungsorientierten Kinder- und Jugendhilfe die Möglichkeit, über ihr Repertoire des pädagogischen Bezugs und der Sozialraumorientierung biographie-orientierte Lernprozesse zu initiieren.

In einem solchen übergreifenden Bezugsrahmen könnte dann auch die Kinder- und Jugendhilfe in den jeweiligen Regionen aus ihrem aktuellen Legitimationsdilemma herauskommen. In der sozialen Wirklichkeit ist sie längst in die Mitte der Gesellschaft gerückt und hat es nicht mehr nur mit sozial Randständigen zu tun. Denn die ambivalente Ein- und Ausschlussdynamik der segmentierten Arbeitsgesellschaft mit ihren Entgrenzungstendenzen bis ins innere Kernsegment hinein führt der Kinder- und Jugendhilfe ein Klientel zu, das nicht deshalb sozial benachteiligt ist, weil es individuelle Defizite hat, sondern weil die Ausrichtung der Bildungs- und Übergangsstrukturen nicht an den Bewältigungsherausforderungen der Jugend in der entgrenzten Arbeitsgesellschaft anknüpfen. Dies ist insbesondere da sichtbar, wo Jugendliche zu Tätigkeiten begabt sind, die außerhalb des Kompetenzverständnisses der traditionellen Bildungsinstitutionen liegen, die sich häufig in der sozialräumlichen Aneignung ihres Umfeldes zeigen.

Literatur

Altmeier, M. (2000): Narzissmus und Objekt. Ein intersubjektives Verständnis der Selbstbezogenheit. Göttingen

Böhnisch, L./Arnold, H./Schröer, W. (1999): Sozialpolitik. Weinheim/München

Böhnisch, L./Schröer, W. (2001): Pädagogik und Arbeitsgesellschaft

Böhnisch, L./Schröer, W. (2002): Soziale Bürgergesellschaft. Weinheim/München

Castel, R. (2000): Die Metamorphosen der sozialen Frage. Konstanz

Dangschat, J. S. (1996): Lokale Probleme globaler Herausforderungen in deutschen Städten. In: Schäfers, B./Wewer, G. (Hrsg.): Die Stadt in Deutschland. Opladen, S. 31-60

Deinet, U./Krisch, R. (2002): Der sozialräumliche Blick. Opladen

Enquête-Kommission „Zukunft des Bürgerschaftlichen Engagements“ (2002): Bürgerschaftliches Engagement: auf dem Weg in eine zukunftsfähige Bürgergesellschaft. Berlin

Galuske, M. (2002): Flexible Sozialpädagogik. Elemente einer Theorie Sozialer Arbeit in der modernen Arbeitsgesellschaft. Weinheim/München

Jurczyk, K./Lange, A. (2002): Familie und die Vereinbarkeit von Arbeit und Leben. In: Diskurs 12. Jg., Heft 3, S. 9-16

Kocyba, H./Schumm, W. (2002): Begrenzte Rationalität – entgrenzte Ökonomie. Arbeit zwischen Markt und Betrieb. In: Honneth, A.: Befreiung aus der Mündigkeit. Frankfurt a.M.

Kreher, T./Oehme, A. (2003): Arbeit und Ausbildung für Jugendliche im Osten. In: Andresen, K. u.a.: Vereintes Deutschland – geteilte Jugend? Ein politisches Handbuch. Opladen

Leggewie, C. (2003): Die Globalisierung und ihre Gegner. München

Munsch, C. (Hrsg.) (2003): Sie engagieren sich doch. Lokales Engagement und soziale Benachteiligung. Weinheim/München

Mutz, G. (2001): Der souveräne Arbeitsgestalter in der zivilen Arbeitsgesellschaft. In: Aus Politik und Zeitgeschichte 21, S. 14-21

Nassehi, A. (2003): Geschlossenheit und Offenheit. Studien zur Theorie moderner Gesellschaft. Frankfurt a.M.

Putnam, R. D. (1995): Bowling alone. In: Journal of Democracy 6

Reich, R. (2002): The Future of Success. Wie wir morgen arbeiten werden. München/Zürich

Reutlinger, C. (2003): Jugend, Stadt und Raum. Sozialgeographische Grundlagen einer Sozialpädagogik des Jugendalters. Opladen

Rifkin, J. (2000): Access. Das Verschwinden des Eigentums. Frankfurt a.M./New York

Thürer, D. (1972): „Citizenship“ und Demokratieprinzip: „Förderative“ Ausgestaltungen im innerstaatlichen, europäischen und globalen Rechtskreis. In: Brunkhorst, H./Kettner, M. (Hrsg.): Globalisierung und Demokratie. Wirtschaft, Recht, Medien. Frankfurt a.M.

Weber, M. (1972): Wirtschaft und Gesellschaft. Tübingen

Eric van Santen, Mike Seckinger

Sozialraumorientierung ohne Sozialräume?

Eine große fachliche Herausforderung für die Kinder- und Jugendhilfe besteht darin, Angebote bedarfsorientiert vorzuhalten und auf individuelle Problemkonstellationen angemessen zu reagieren. Hierzu ist eine punktgenaue Steuerung in der Kinder- und Jugendhilfe wünschenswert, die dazu beiträgt, einen effektiven und effizienten Mitteleinsatz zu gewährleisten. Eine Überversorgung ist hauptsächlich aus finanzpolitischen und eine Unterversorgung aus fachlichen Gründen unerwünscht. In Zeiten, in denen aufgrund schwieriger Haushaltslagen bei Kommunen noch zusätzlich ein großer Druck zum Sparen auf der Kinder- und Jugendhilfe lastet und deshalb Aktivitäten und Maßnahmen einen immer größer werdenden Begründungsaufwand erfordern, erscheinen Konzepte, die scheinbar objektive Kriterien für die Vorhaltung eines Angebotes an sozialen Unterstützungsleistungen liefern, besonders attraktiv. Sozialraumorientierung scheint in diesem Zusammenhang in gewisser Weise einen Ausweg aus der schwierigen Lage zu bieten. Denn mit ihr können verschiedene Anforderungen gleichzeitig bedient werden. So bezieht sie sich erstens auf scheinbar objektive Kriterien, die auch für Menschen außerhalb der Sozialen Arbeit eine gewisse Einsicht in die Notwendigkeit von Ausgaben ermöglicht. Soziale Räume können anhand von so genannten sozialen Indikatoren beschrieben werden, von denen bekannt ist, dass sie in einem engen Zusammenhang mit Hilfebedürfnissen stehen. Problemkonstellationen werden also mittels Indikatoren objektiviert und damit wird der Einsatz von Mitteln legitimiert: Sie können dort eingesetzt werden, wo sie am dringendsten gebraucht werden. Zweitens – so die Theorie – kann Problemen besser bzw. adäquater begegnet werden, weil die Hilfen auch die Entstehungszusammenhänge und die sozialen Bezüge, ihre Wirkungen, Ressourcen und Defizite, allgemeiner gesprochen das soziale Umfeld, miteinbeziehen. Drittens bestehen auch Hoffnungen, die Selbstorganisationskräfte der Betroffenen zu mobilisieren und das Gemeinwesen stärken zu können (vgl. z.B. Marquard 2000). Alle drei Aspekte zusammengenommen versprechen viertens einen effizienteren, sparsameren Einsatz der Ressourcen, weil die Hilfen nunmehr zielgenau und effektiv eingesetzt werden. Aber was ist denn nun eigentlich gemeint, wenn von sozialraumbezogener Kinder- und Jugendhilfe die Rede ist, und wie sind die Verbindungslinien zu den Konzepten in der Sozialen Arbeit, die schon immer die Bedeutung des Raumes für die Möglichkeiten der Alltagsgestaltung und der individuellen Entwicklung betont haben?

Eine wirklich umfassende Antwort auf diese Fragen ist in einem solchen Beitrag natürlich nicht möglich, aber wir werden hier nach einigen theoretischen Überlegungen den Versuch wagen, anhand empirischer Befunde Grenzen und Fallstricke einer zu instrumentell gedachten Sozialraumorientierung aufzuzeigen und zur Diskussion zu stellen. Ziel des Beitrags ist es, die Idee sozialraumorientierter Strategien, die als gemeinsamer Bezugspunkt für unterschiedliche Akteure bei der Verbesserung von Lebensbedingungen und der Problembearbeitung dienen können, zu festigen. Ein möglicher Vorteil sozialraumorientierter Strategien liegt darin, objektive Gegebenheiten in ihrer subjektiven Bedeutung für den Einzelnen würdigen und unter Einbezug des Einzelnen verändern zu können.

1. Die Differenz von Sozialraum und Lebenswelt

Lebenswelten und von Planern festgelegte Sozialräume stimmen nur in Ausnahmefällen wirklich überein – eine Tatsache, die zwar offenkundig ist, der aber nur in den seltensten Fällen bei der Umsetzung von sozialraumorientierten Ansätzen als Organisationsprinzip einer lebensweltorientierten Sozialarbeit wirklich Rechnung getragen wird. Eine Aufteilung einer Kommune in künstlich gebildete Sozialräume erschwert es, Angebote und ihre Infrastruktur auf die Lebenswelten der AdressatInnen zuzuschneiden, zumal auch diese Lebenswelten keine statischen Gebilde sind, sondern sich vielmehr in ihrer Gestalt im Laufe der Zeit verändern und selbst für eine einzelne Person eindeutig abgegrenzte und voneinander unabhängige Räume eine Bedeutung haben können (Stichwort Verinselung). Der Raum, in dem sich der Freundeskreis befindet, muss sich nicht mit dem Raum dekken, in dem man normalerweise seine Einkäufe tätigt oder kulturelle Aktivitäten entfaltet, um nur ein paar Bezüge zu nennen, die jeweils in einem konkreten Raum verortet werden können. Das heißt, je nachdem mit welchen Lebensbezügen die Sozialarbeit es zu tun hat, muss sie sich unter Umständen auf einen anderen Raum beziehen. Die Vorstellung, innerhalb eines Raumes alle lebensweltrelevanten Faktoren anzutreffen, erscheint illusorisch. Eine auf einen spezifischen Raum Bezug nehmende Soziale Arbeit macht nur dann Sinn, wenn möglichst viele AdressatInnen in diesem Raum wohnen, die jeweils einen Hilfebedarf mit einem Raumbezug haben, der den Raumbezug der SozialarbeiterInnen nicht überschreitet.

Des Weiteren ist zu hinterfragen, ob die Bedeutung der unmittelbaren räumlichen Umgebung für die Lebenswelt der meisten AdressatInnen nicht eher im Abnehmen begriffen ist, weil die Dimension Raum in der Moderne neu definiert wird. Am deutlichsten wird dies am Beispiel des Internets. Dieses Medium führt zu Formen der Vergesellschaftung, in der die Dimension Raum kaum mehr eine Rolle spielt. Nach Lindner verschwindet die Bedeutung des Raums aber nicht nur im Internet, sondern es findet bei Jugendlichen eine „Ent-Räumlichung von Lebenswelten" zu Gunsten „virtueller und symbolischer Welten" (Lindner 1998, S. 155) statt, die einen geringen realen Raumbezug haben. Für viele Jugendliche (u.a. abhängig von Bildung, regionalen Möglichkeiten, verfügbarem Geld, Alter) gilt schon lange nicht mehr, dass ihr Freundeskreis vor allem aus Leuten aus der unmittelbaren Nachbarschaft besteht, sondern dass darin auch Freundinnen und Freunde enthalten sind, die sie aus anderen Zusammenhängen (z.B. Sportverein, (Hoch-)Schule, Musikunterricht, Angebote der Kinder- und Jugendhilfe) kennen. Die zunehmende Diversität der Milieus und Lebensstile impliziert weitere Wege. Natürlich hat dies Folgen für die räumliche Verortung sozialer Netze und lebensweltlicher Bezüge. Die Wirtschaft, der (globale) Arbeitsmarkt stellt sich die modernen flexiblen Menschen als Personen vor, die dort einsatzfähig sind, wo sie gerade benötigt werden (vgl. Sennett 1998).[1] Auch dies hat eine veränderte Bedeutung des Raums für die Lebensführung zur Folge. Die Beispiele verdeutlichen, dass grundsätzlich überlegt werden muss, was sozialraumorientiertes Arbeiten für die Soziale Arbeit und

---

1 So wird z.B. eine zur Erlangung eines Arbeitsplatzes erforderliche vorübergehend getrennte Haushaltsführung (sprich der zeitweise Umzug) vom Arbeitsamt nicht als Ablehnungsgrund der Arbeitssuchenden akzeptiert (§ 121 (5) SGB III).

hier speziell für die Kinder- und Jugendhilfe unter veränderten Lebensbedingungen bedeutet bzw. wie es gestaltet werden kann.

2. Planungsdilemmata

Auch in einer vom Institut für Soziale Arbeit zu sozialraumorientierter Planung erstellten Expertise wird zwischen einer Sozialraumorientierung, die sich auf klar abgegrenzte geographische Räume bezieht und deren infrastrukturelle Bedeutung für die Bewohner thematisiert, und einer Lebensweltorientierung, bei der die individuellen sozialen und räumlichen Bezüge analysiert werden, unterschieden (ISA 2001, S. 19). Lebenswelten sind räumlich flexibel zu fassen, weil sie sich an den tatsächlichen Raumnutzungen der einzelnen Individuen orientieren; wohingegen Sozialräume als Planungsräume starre Grenzen brauchen, „weil nur in räumlichen Grenzen Analysen und Handlungsperspektiven konzipiert werden können“ (ebd.). Bezogen auf die Praxis der Kinder- und Jugendhilfe, in der Sozialräume häufig nichts anderes sind als die Unterteilung eines Jugendamtsbezirkes in kleinere geographische Einheiten, die sich an politischen „Grenzen“ wie denen von Stadtvierteln oder kreisangehörigen Gemeinden orientieren, erscheint die eben zitierte Unterscheidung sinnvoll. Ob jedoch aus theoretischen Überlegungen heraus die Aussage, dass nur für klar umgrenzte Regionen geplant werden könne, richtig ist, darf in dieser formulierten Grundsätzlichkeit angezweifelt werden, auch wenn politische und geographische Grenzen (z.B. kommunale Grenzen, Länder- oder Staatsgrenzen) Zuständigkeiten begrenzen und damit Planungsprozesse beeinflussen.

Denn *erstens* gibt es in vielen Zusammenhängen entwickelte Kooperationsformen, die gerade die für eine übergeordnete Raumgestaltung zu kleinteiligen Planungsgrenzen überwinden, wie regionale Planungsverbände, in denen eine Vielzahl von Kommunen gemeinsam über Leitlinien für Flächennutzung, Landschaftsverbrauch, regionale Wirtschaftsförderung oder auch regionale Verkehrspolitik diskutieren und entscheiden.

Zweitens werden bei Bedarf Grenzen auch materiell verändert, so zum Beispiel die Fusion der Stadt Hannover mit dem Landkreis Hannover zur Region Hannover, um so Planungsgebiete den veränderten Lebensweisen und damit auch den veränderten Lebensbedingungen anzupassen.

Drittens bezieht sich Planung in der Sozialen Arbeit auf Menschen und ihre Bedürfnisse, diese muss zwar vor dem Hintergrund der „räumlichen Situation" erfolgen, darf aber nicht von dieser dominiert werden.

Viertens – und dies ist vielleicht der wichtigste Punkt in diesem Zusammenhang – macht es keinen Sinn, in geographischen Räumen zu planen, wenn diese nicht mit den Lebenswelten vieler Menschen in einer Region überstimmen. Diese Menschen sind schließlich die Zielgruppe, die AdressatInnen der geplanten Hilfen. Die Ergebnisse einer Befragung von über 4.000 Jugendlichen und jungen Erwachsenen in vier Regionen zeigt zum Beispiel, dass 50% der befragten 16- bis 26-Jährigen zum Zwecke der Ausbildung oder der Arbeit ihren Wohnort vorübergehend verlassen (vgl. Tully 2002, S. 30). Zu einem wesentlichen Zeitanteil befinden sie sich also außerhalb des planerisch definierten Sozialraumes. Die Missachtung solcher Differenzen führt unweigerlich zu Fehlplanungen. Alle kennen Infrastrukturangebote, die von der Bevölkerung nicht angenommen werden. Das Festhalten an einer planungstechnisch einfachen, aber der Lebenswelt der Menschen nicht entsprechenden Perspektive ist oft ein Grund dafür.

Ein *fünfter Grund*, warum eine starres Verständnis von Sozialraum als geographisch klar abgegrenztem und durch Bauwerke, Straßen und andere Infrastruktureinrichtungen gekennzeichnetem Raum, der durch seine Qualitäten die Entfaltungs- und Entwicklungsmöglichkeiten der Wohnbevölkerung beeinflusst und so dazu beiträgt, Hilfebedarf zu generieren oder zu vermeiden, nicht hilfreich ist, liegt in der Mobilität sowie der Heterogenität der Bevölkerung in den Sozialräumen. Ein Beispiel für innerstädtische Mobilität sind die seit mindestens 20 Jahren jährlich ähnlich hohen Anteile der Wohnbevölkerung in der Stadt München, die von einem Stadtteil in einen anderen ziehen. Hinzu kommen – ebenfalls über die Jahre hinweg ziemlich gleich bleibend – Zu- und Wegzüge über die Stadtgrenzen hinaus in einem ähnlichen Umfang (vgl. Landeshauptstadt München 1986, 2002). Durchschnittlich verändert sich pro Jahr zwischen einem Fünftel und einem Viertel der Bevölkerung innerhalb der Stadtteile. Ähnliche Zahlen gibt es beispielsweise auch für Stuttgart oder Köln. Hier stellt sich die Frage, was dies für eine sozialraumorientierte Arbeit bedeutet. Eine hohe Mobilität der Wohnbevölkerung muss nicht automatisch zur Folge haben, dass Stadtbezirke oder Sozialräume sich ständig in allen möglichen Dimensionen wandeln. Zum Beispiel können Mobilitätsprozesse Ausdruck von Statusgewinn oder Statusverlust sein, die durch einen Wechsel der Wohnumgebung dokumentiert werden (sollen). Per Saldo verändert sich vielleicht der Sozialstatus eines Viertels auch bei hohen Zu- und Fortzugsquoten kaum. Allerdings bedingt die hohe Bevölkerungsmobilität eine Diskontinuität der sozialen Beziehungen innerhalb eines Viertels, und dies erschwert die Anwendung eines Ansatzes wie den der Sozialraumorientierung, der auch auf die Nutzung vorhandener Beziehungsstrukturen setzt. Neben dieser Diskontinuität, deren Implikationen bisher im Zusammenhang mit dem Konzept der Sozialraumorientierung kaum diskutiert wurden, wird auch die vorhandene Heterogenität in den Vierteln und deren Folgen für sozialraumorientierte Strategien ausgeblendet. Niemand wird bestreiten, dass es in Stadtteilen bzw. Quartieren einzelne Wohngebiete gibt, die zum Beispiel hinsichtlich des Sozialstatus der Bevölkerung sehr homogen sind und wo die Sozialarbeiter fast von Haustür zu Haustür gehen können, allerdings haben diese nie die Größe der bislang in der Praxis festgelegten Sozialräume. Die Vielzahl von Sozialraumdatenatlanten zeigt, dass sich einzelne Bezirke tatsächlich voneinander unterscheiden, aber diese Unterschiede beschreiben nie eine homogene oder weitgehend homogene Zusammensetzung einzelner Stadtteile. So konnten Bauereiß/Bien bei einer Analyse von Nachbarschaftsdaten zeigen, dass auch in so genannten sozialen Brennpunkten eine große und mit anderen Stadtteilen vergleichbare Heterogenität der Bewohner gegeben ist. Die AutorInnen kommen in ihrer Analyse der zu Marktforschungszwecken erhobenen Daten zu dem Schluss, dass auch in sozialen Brennpunkten die meisten Personen der sozialen Mittelschicht zugerechnet werden können (Bien/Bauereiß 2002). Berger/Hildenbrand/Somm (2002) wiederum identifizierten in einem prekären Wohnquartier mit ca. 40.000 EinwohnerInnen sieben Milieutypen – mit unterschiedlichen Ursachen ihrer prekären Situation sowie jeweils sehr unterschiedlichen Ausprägungen z.B. in Bezug auf das Normalisierungs- oder Stabilisierungshandeln in ihrem Wohnquartier. Diese Ergebnisse sind Hinweise darauf, dass auch innerhalb von Sozialräumen mit heterogenen Bedürfnissen zu rechnen ist, die planerisch zu beachten sind.

Sechstens ist bei einer sozialräumlichen Konzeption zu bedenken, dass die Wirksamkeit der sozialräumlichen Bedingungen immer auch ein Ergebnis sozialer Konstruktionsprozesse ist. Die Zuschreibungen können deshalb unabhängig von den konkreten Gegebenheiten eines Wohnquartiers sein, da sie von Ausstrahlungseffekten von relativ nahe gelegenen, allgemein bekannten Einrichtungen (z.B. Strafvollzugsanstalten, psychiatrische Krankenhäuser, Obdachlosenunterkünfte) geprägt werden oder auch von allgemeinen Vorurteilen, wie sie sich mit folgendem Satz umschreiben lassen: „In so zentraler Lage, bei den teuren Geschäften rundherum muss es teuer sein. Wer hier lebt, hat Geld". Solche Dimensionen eines Sozialraumes werden jedoch bei den bisherigen Konzepten sozialraumbezogener Ansätze nicht berücksichtigt. Es erstaunt also nicht, wenn in dem einen oder anderen Jugendamtsbezirk der Hilfebedarf in den Sozialräumen steigt, in denen dies aufgrund der sozialraumbezogenen Planung nicht erwartet wurde.

Siebtens werden in den bisher diskutierten Konzepten von sozialraumorientierter Sozialer Arbeit zu wenig Stadt-Land-Unterschiede thematisiert. Die bereits aus städtischer Perspektive problematische Beschränkung auf kleine, klar abgegrenzte Räume verliert in ländlichen Regionen endgültig den Bezug zu den tatsächlichen Lebensräumen der Menschen. Denn wo befindet sich der entscheidende Sozialraum für ein Grundschulkind in Ganztagesbetreuung in einer Schule, die zehn Kilometer vom Wohnort entfernt ist? Sicher nicht innerhalb der Verwaltungsgrenzen des Wohnortes und vielleicht auch nicht innerhalb der Landkreisgrenzen.

Vor dem Hintergrund dieser vielen potentiellen Fallstricke und theoretischen Unklarheiten, die mit dem Begriff Sozialraumorientierung verbunden sind, erscheint es dringend notwendig, zumindest innerhalb der Kinder- und Jugendhilfe so etwas wie Konzeptklarheit zu entwickeln, damit die in der Sozialraumorientierung liegenden positiven Impulse auch genutzt werden können.

3. Sozialräumliche Organisationsanforderungen und ihre Umsetzung

Nach dem Konzept der Sozialraumorientierung wird von den sozialpädagogischen Fachkräften erwartet, dass diese das unmittelbare Umfeld der AdressatInnen bei der Ausgestaltung ihres Unterstützungsangebots mit berücksichtigen und einbeziehen. Kooperation mit anderen Akteuren und Institutionen stellt in diesem Zusammenhang sicher ein wichtiges Handlungskonzept dar. Ein Gelingen sozialraumorientierter Ansätze hängt somit eng mit der Kooperationsbereitschaft anderer, oftmals nicht der Kinder- und Jugendhilfe zugehöriger Akteure zusammen, die nicht immer vorausgesetzt werden kann. Gerade die systemübergreifende Kooperation gestaltet sich bekanntlich nicht immer einfach, wie zum Beispiel die vielen Kooperationsversuche zwischen Kinder- und Jugendhilfe und Schule zeigen. Die Vorstellung, dass eine solche Zusammenarbeit funktionieren und für alle von Vorteil sein könnte, ist bestechend. Ob sich dieser Vorteil im Alltag aber auch realisieren lässt, kann angezweifelt werden. Inkompatible Handlungslogiken, mangelndes Wissen über das Funktionieren anderer Institutionen, nicht vorhandene Verbindlichkeiten, Statusdifferenzen etc. (vgl. van Santen/Seckinger 2003; Seckinger 2001) stehen in vielen Fällen einer fruchtbaren Kooperation im Wege. Sozialraumorientierung setzt Kooperation voraus, aber dies zeigt auch, dass das Gelingen sozialraumorientierter Ansätze nicht nur in der Verantwortlichkeit und Zuständigkeit der Kinder- und Jugendhilfe liegt, sondern auch andere Akteure und Institutionen im Umfeld der AdressatInnen gefragt sind. Sozialraumorientiertes Arbeiten heißt deshalb auch, den eigenen Verantwortungsbereich und die eigenen Grenzen zu erkennen, Zuständigkeiten verorten zu können, Hilfe anderer einzufordern, zu delegieren und sich nicht selbst für alles zuständig zu fühlen.

Eine weitere Schieflage in der Diskussion besteht darin, dass eine Forcierung von Sozialraumorientierung getrennt für einzelne Arbeitsbereiche der Kinder- und Jugendhilfe diskutiert wird. Eine solche Perspektive widerspricht jedoch grundsätzlich dem Versuch, über eine Sozialraumorientierung eine stärkere Anknüpfung an die tatsächliche Lebenssituation der Kinder, Jugendlichen und ihrer Personensorgeberechtigten zu erreichen. Es stellt sich die Frage, ob es Sinn macht, die Diskussionen über eine stärkere Sozialraumorientierung der Kinder- und Jugendhilfe weiterhin so unverbunden zwischen den einzelnen Arbeitsfeldern zu führen, wie dies zur Zeit den Anschein hat. Jugendarbeit – sei sie offen oder verbandlich organisiert – wird in dieser Diskussion ebenso wie andere Angebote, die sich an alle Kinder und Jugendlichen richten, häufig nur noch in ihrer unterstellten Präventionsfunktion für den Bereich der Hilfen zur Erziehung thematisiert und ihre eigenständige sozialisatorische Funktion, z.B. als informeller Lernort, gerät dabei ins Hintertreffen (Deinet 2001).

Auch wenn nicht nur in diesem Beitrag eine Reduktion von Sozialraumorientierung auf eine rein geographische Unterteilung eines Jugendamtsbezirk kritisch betrachtet wird (vgl. Meyer/van Rennings 2003; Schröder 2003), wird genau dieses in der Praxis als ein wichtiger, wenn nicht gar als unabdingbarer Schritt für die Realisierung einer an dem Gemeinwesen orientierten Arbeit gesehen. Wir wollen an dieser Stelle der Frage nachgehen, ob enge geographische Zuständigkeitsräume wirklich notwendig sind. Anhand von Beispielen aus drei Arbeitsbereichen der Kinder- und Jugendhilfe werden wir auf einer praxisnahen Ebene versuchen zu veranschaulichen, was Sozialraumorientierung de facto impliziert und der Frage nachgehen, welche Voraussetzungen und welche Strukturen für die Umsetzung einer Sozialraumorientierung notwendig sind.

3.1 Jugendarbeit

Auch wenn bislang die Diskussion um eine sozialraumorientierte Jugendarbeit weniger lautstark und intensiv geführt wird als im Bereich der Hilfen zur Erziehung (vgl. z.B. Schumann 1995; Deinet/Sturzenhecker 2000; Pleiner 2001), so ist gerade die Jugendarbeit das Arbeitsfeld der Kinder- und Jugendhilfe, in dem wahrscheinlich am häufigsten sozialraumorientiert gearbeitet wird. Streetwork und mobile Jugendarbeit sind gute Beispiele für eine Sozialarbeit, die sich an den Räumen der AdressatInnen orientiert. Sie findet an dem Ort statt, der von den AdressatInnen bestimmt wird. Die Zuständigkeit ist zielgruppenorientiert und endet nicht zwangsläufig mit dem Überschreiten von Stadtteil- oder Gemeindegrenzen. Wenn sich aus der Arbeit mit den Jugendlichen die Notwendigkeit ergibt, sich mit der Schule oder dem Elternhaus in Verbindung zu setzen, dann erscheint es nicht zweckdienlich, die Zuständigkeit der Fachkraft zu wechseln, nur weil sich die Schule oder die Eltern womöglich in einem anderen „Sozialraum“ befinden. An dem Beispiel der mobilen Jugendarbeit lässt sich aber auch gut zeigen, dass es Grenzen der Organisierbarkeit einer konsequenten Lebensweltorientierung gibt. Ziehen Gruppen über die Zuständigkeitsgrenzen eines Jugendamtsbezirks hinweg, kann die Sozialarbeiterin/der Sozialarbeiter nicht immer folgen; und wechselt die Gruppe von einem Ende der Stadt zum anderen, ändern sich auch für die sozialarbeiterischen Fachkräfte z.B. die Wegezeiten, die wiederum die Frage nach dem Verhältnis von Aufwand und Ertrag ins Spiel bringen und häufig zu einem Zuständigkeitswechsel führen.

Das Beispiel der offenen Jugendarbeit eignet sich besonders gut zu zeigen, dass eine räumliche Abgrenzung von Einzugsbereichen fachlich kontraproduktiv ist. Ein Merkmal von Jugendzentren ist, dass sie im Prinzip für alle Kinder und Jugendlichen offen stehen. Es sollte also egal sein, woher sie kommen, wenn dies nicht Ausdruck einer Unterversorgung in einer bestimmten Region ist. Gerade bei Jugendlichen kann erwartet werden, dass sie sich in ihrer Freizeit auch in anderen als ihren eigenen Wohnbezirken aufhalten. Durch eine Zentralisierung von Ausbildungseinrichtungen, durch eine Pluralisierung von Freizeitaktivitäten,[2] durch eine ausgeprägte Mobilität über den unmittelbaren sozialen Kontext hinaus, die im Jugendalter Ausdruck einer „biographischen Notwendigkeit" (vgl. Tully 2002, S. 15) ist, durch den Verlust an öffentlichen Räumen, in denen Kinder und Jugendliche toleriert werden oder auch aufgrund der Notwendigkeiten des Arbeitsmarktes sind Jugendliche vielfach motiviert, Zeit außerhalb ihres engeren Wohnumfeldes zu verbringen. Dies führt jedoch auch dazu, dass eine Sozialraumorientierung in der Jugendhilfeplanung, die hauptsächlich auf eine statistische Gleichverteilung von Angeboten über alle Regionen hinweg setzt, zu kurz greift. Es kann nämlich aufgrund der veränderten Lebensweisen durchaus sein, dass eine gute Anbindung eines Wohnviertels mit öffentlichen Verkehrsmittel, um z.B. das Schwimmbad oder den Jugendtreff im regionalen Zentrum zu erreichen, bedeutsamer und lebensweltnäher ist, als ein Jugendzentrum in unmittelbarer Wohnortnähe. Aus fachlicher Perspektive ist dies alles unumstritten. Auch MitarbeiterInnen des Stuttgarter Jugendamtes, das bundesweit bekannt ist als ein Vorreiter in Sachen Sozialraumorientierung, betonen, wie schwierig eine angemessene Interpretation ihrer seit Jahren gesammelten quantitativen Daten ist (Bolland/Herweg 2001, S. 97). Wenn es aber um die Finanzierung von Jugendzentren geht, stellt sich dann doch immer wieder die Frage, wer bezahlt. So ist in Bayern zum Beispiel die Zuständigkeit und damit auch Finanzierung für die Jugendarbeit auf die kreisangehörigen Gemeinden dezentralisiert. Man könnte auch sagen, die Finanzierung hat einen starken „Sozialraumbezug". Der Landkreis beteiligt sich nur dann an einer Finanzierung, wenn das Jugendzentrum eine überörtliche – also über die Gemeindegrenzen hinweg – Bedeutung hat. Darüber, ob diese überörtliche Bedeutung gegeben ist, lässt sich trefflich streiten, weil niemand im Detail weiß, woher die Jugendlichen genau kommen. Zudem ändert sich die Zusammensetzung und damit auch die Herkunft der BesucherInnen eines Jugendzentrums von Zeit zu Zeit. Gerade

2 So hat beispielsweise für den Sportbereich die so genannte Bravo-Studie 2000 (http://www.bsj.org/bjs.html) ergeben, dass inzwischen bei den Jungen und Mädchen zwischen 12 und 18 Jahren Inline-Skaten (neben Tanzen, Schwimmen und Fußball) zu den vier beliebtesten Sportarten zählt.

der Wohnort der BesucherInnen stellt oftmals ein Problem zwischen Ämtern mit verschiedenen örtlichen Zuständigkeiten dar. Dieses Problem lässt sich wohl nicht vermeiden, wenn man die örtliche Zuständigkeit der Kinder- und Jugendhilfe nicht in Frage stellen will. Je stärker die Zuständigkeiten jedoch dezentralisiert sind, seien es Gemeinden oder auch Sozialräume innerhalb eines Jugendamtsbezirks, desto öfter wird man sich auf Finanzierungsstreitigkeiten einstellen müssen. Eine zu kleinteilige Zuständigkeitsverteilung für solche infrastrukturellen Angebote erhöht den Verwaltungsaufwand und damit auch die Schwelle, diese Angebote bedarfsgerecht auszubauen. Solche Entwicklungen stehen im Widerspruch zu der auch aufgrund der demographischen Entwicklung immer geringer werdenden Chance, selbst organisierte oder zumindest nicht für diesen Zweck bereitgestellte Treffpunkte zu finden.

Als Fazit kann festgehalten werden, dass eine Betrachtung der Jugendarbeit sowohl aus der Perspektive jugendtypischer Entwicklungsaufgaben – nämlich der Ablösung vom Elternhaus und einer damit verbundenen Ausweitung des eigenen Aktionsradius – als auch aus allgemein fachlichen Überlegungen heraus zeigt, dass eine Reduktion von Jugendarbeit auf geographische Räume einer Lebensweltorientierung widerspricht (vgl. auch Deinet 2001).

3.2 Kindertagesbetreuung

Die Kindertagesbetreuung wird neuerdings mancherorts als ein wichtiger Standortfaktor für die kommunale Wirtschaftspolitik erkannt. Ein vorausschauender Blick lässt erkennen, und in einigen Bereichen der Wirtschaft ist dies jetzt bereits der Fall, dass eine gute Kinderbetreuung eine Voraussetzung zur maximalen Mobilisierung von Arbeitskräften darstellt. Wenn die Vereinbarkeit von Kindern und Erwerbstätigkeit ohne allzu große Hürden ermöglicht wird, können vorhandene Arbeitskraftpotentiale erschlossen werden. Hier schließt sich die Frage an, welcher Standort für Kindertageseinrichtungen dem Zweck der Vereinbarkeit am ehesten dienlich ist: möglichst nah am Arbeitsplatz oder an der elterlichen Wohnung. Die Beantwortung wird für Eltern einmal so, einmal anders ausfallen, je nachdem welche Lösung am besten ins Konzept der Bewältigung des Alltags hineinpasst. Mit der Umstellung von einer einrichtungsbezogenen auf eine kindbezogene Förderung der Kindertagesbetreuung durch Gutscheine, wie sie beispielsweise in Hamburg ab August 2003 eingeführt wurde (vgl. Freie und Hansestadt Hamburg o.J.), wird unabhängig von allen auch damit verbundenen Risiken und Nachteilen unter anderem genau der Entwicklung, dass der Wohnort allein keine ausreichende Bestimmung der relevanten Räume darstellt, Rechnung getragen. Eltern können sich rein theoretisch frei für die Betreuungseinrichtung entscheiden, die ihren Wünschen entspricht. Bisher gibt es ähnlich wie bei Schulen eine klare, an geographischen Kriterien orientierte Zuordnung von Kind zu Einrichtung.

Aber was bedeutet dies für einen sozialraumorientierten Ansatz? Wie realistisch ist in diesem Zusammenhang das Ideal der Verknüpfung von „lebensweltrelevanten Institutionen", zumal nicht alle Eltern eines Sozialraumes denselben Arbeitsort haben? Bedeutet dies nicht letztendlich, dass die AdressatInnen in den Räumen unterstützt werden müssen, in denen sie sich de facto bewegen? Aber selbst hier stellt sich die Frage, wessen Lebenswelt rekonstruiert werden muss, weil veränderte institutionelle Settings und Konstellationen Auswirkungen haben für den Alltag der Eltern *und* der Kinder. Diese müssen sich nämlich nicht immer parallel entwickeln und verändern. Angebote, die für die Eltern zur Organisation ihres Alltags hilfreich sein können, haben diese Qualität nicht unbedingt auch für Kinder. Soziale Beziehungen, die sich aus den Kontakten in Institutionen ergeben, können womöglich für Kinder nicht so leicht außerhalb der jeweiligen Einrichtung aufrechterhalten werden, weil die Kinder in weit auseinanderliegenden Regionen wohnen. Das Beispiel zeigt, dass selbst innerhalb von Familien eine Heterogenität von Lebensbedingungen zwischen Kindern und Eltern vorhanden sein kann.

3.3 Hilfen zur Erziehung

Wie bereits angedeutet, hat die Perspektive der Ressourcennutzung im Umfeld der AdressatInnen insbesondere im Bereich der Hilfen zur Erziehung deutlich an Relevanz gewonnen. Dies ist eine der Perspektiven, auf die sozialraumorientierte Arbeitsansätze Bezug nehmen, wenn sie von fallübergreifender Arbeit sprechen: Auch wenn die Situation noch so schlecht sein mag, sie beinhaltet nicht nur Belastungen, sondern auch positiv zu bewertende Ressourcen. Bis vor nicht allzu langer Zeit wurden stationäre Unterbringungen weit weg von der ursprüngliche Lebenswelt häufig mit der Notwendigkeit begründet, eine Distanz zum mit negativen Einflüssen behafteten Herkunftsmilieu zu schaffen. Hieran hat sich nach den Diskussionen, wie sie im 8. Kinder- und Jugendbericht zum Ausdruck gekommen sind, und mit dem Bedeutungsgewinn des Empowermentkonzepts (vgl. z.B. Lenz/Stark 2002) einiges geändert. Man hat neben den Belastungen in der Lebenswelt, denen es zu entkommen gilt, auch die Ressourcen in der unmittelbaren Lebenswelt entdeckt und möchte diese nutzen.

Wichtigstes Kriterium für eine lebensweltorientierte Hilfe ist die Anschlussfähigkeit der Hilfen bei den AdressatInnen. Sie müssen die Hilfen annehmen können. Auch bei den erzieherischen Hilfen kann sich eine Diskrepanz zwischen Lebenswelt und Sozialraum ergeben (vgl. auch Schröder 2001). Was nun, wenn die Lebenswelt und damit die vermuteten Ressourcen nicht im Sozialraum enthalten sind? Wie soll eine sozialräumlich orientierte Fachkraft reagieren, wenn sie feststellt, dass alle oder Teile der wichtigen sozialen Beziehungen des Adressaten bzw. der Adressatin außerhalb des eigenen bzw. des von ihr betreuten Sozialraumes liegen? Man kann sich fragen, warum es bisher so wenig Probleme mit diesen wohl zumindest manchmal notwendigen Grenzüberschreitungen (rein geographischer Art) gibt. Zumindest wird darüber nie berichtet. Liegt dies vielleicht auch daran, dass man im Grunde nie dazu kommt, tatsächlich die Ressourcen der Lebenswelt zu aktivieren. Die Erfahrungen mit den intensiven sozialpädagogischen Einzelbetreuungen (ISE) und den modellhaften Versuchen der ambulanten intensiven Betreuung (AIB) zeigen (Hoops/Permien 2002), dass allein schon die Bestimmung potentieller Ressourcen eine sehr aufwändige Angelegenheit ist, die bei der durchschnittlichen Fallbelastung sozialpädagogischer Fachkräfte (vgl. van Santen/Mamier/Pluto/Seckinger/Zink 2003) gar nicht zu leisten ist.

Die bisherige Argumentation beinhaltet eine Einzelfallperspektive, die vor allem Bezug auf eine sozialräumlich orientierte fallübergreifende Arbeit nimmt, die in der Fallbearbeitung die Ressourcen der Lebenswelt nutzt. Das Konzept der Sozialraumorientierung bezieht sich jedoch auch auf die fallunspezifische Arbeit, die

> „zu einem Zeitpunkt [geschieht], da die Fachkräfte noch nicht absehen können, ob und für welchen späteren Fall sie die jeweilige Ressource benötigen. Hierzu zählen insbesondere Aneignung von Kenntnissen über den sozialen Raum, die Einbindung in das Netz der Fachkräfte im Wohnquartier, der Aufbau von Kontakten zu Institutionen außerhalb des sozialen Bereiches, zu Vereinen, Bürgergruppen usw.“ (KGSt 1998, S. 28).

Die fallunspezifische Arbeit stellt jedoch keinen Selbstzweck dar, sondern soll das soziale Netz stärken, damit Problemkonstellationen gar nicht erst zum Fall für erzieherische Hilfen werden. Darüber hinaus können so Ressourcen entwickelt werden, die dann bei einer fallübergreifenden Arbeit genutzt werden. Das heißt, auch diese Arbeit hat natürlich letztendlich einen Bezug zu den AdressatInnen der erzieherischen Hilfen und damit stellt sich auch bei dieser Arbeit die Frage nach der Relevanz des vernetzten Sozialraums für die Lebenswelt der AdressatInnen.

4. Strukturelemente der Kinder- und Jugendhilfe und ihre Sozialraumverträglichkeit

Welche Fragen stellen sich an die Organisation der Kinder- und Jugendhilfe, um eine Sozialraumorientierung zu ermöglichen bzw. zu unterstützen? Die Kinder- und Jugendhilfe kennt verschiedene Strukturelemente und Verfahren, die eine Sozialraumorientierung absichern helfen. Im Folgenden werden wir die Strukturelemente und Verfahren, die in der Diskussion am häufigsten mit einer Sozialraumorientierung zusammengebracht werden bzw. werden sollten, wie Jugendhilfeplanung, Kinder- und Jugendhilfeausschuss, Fortbildungen, Finanzierungsformen und Regionalisierung, näher betrachten und auf ihren (möglichen) Beitrag hin diskutieren.

4.1 Jugendhilfeplanung

Die im KJHG verankerte Jugendhilfeplanung soll eine bedarfsgerechte Angebotsstruktur gewährleisten. Betrachtet man sowohl den quantitativen Stand der Jugendhilfeplanung in den Jugendamtsbezirken (vgl. van Santen/Mamier/Pluto/Seckinger/Zink 2003) als auch die aus vielen Regionen kommenden Berichte über fachfremde Faktoren (wie Letztentscheidung beim Landrat oder dass ab September bestimmte kostenintensive Maßnahmen nicht mehr bewilligt werden etc.), die Einfluss auf die Hilfeentscheidung und Struktur des Angebots haben, entstehen Zweifel daran, ob Jugendhilfeplanung dieser Aufgabe gerecht werden kann.

Eine sozialraumorientierte Jugendhilfeplanung ist in den letzten Jahren quasi zum Gütekriterium geworden. Eine aktuelle Erhebung zu diesem Thema zeigt, dass die überwiegende Mehrheit der Jugendämter

(75%) angibt, ihre Jugendhilfeplanung sozialräumlich auszurichten (van Santen/Mamier/Pluto/Seckinger/Zink 2003). Häufig geschieht dies in Form der Erarbeitung eines Sozialraumatlas, in dem für verschiedene Sozialräume im Jugendamtsbezirk diverse Kennzahlen zur Bedarfssituation und zur vorhandenen Infrastruktur zusammengetragen sind und miteinander in Beziehung gesetzt werden. Eines der vielen Probleme hierbei ist jedoch, dass gerade die sozialräumlichen Ressourcen, wie zum Beispiel ehrenamtliches Engagement und Unterstützungsangebote, die Kernbestandteil der Vision eines funktionierendes Gemeinwesens sind, sich in der Regel einer statistischen Erfassung verschließen oder aber es werden zumindest keine Versuche unternommen, diese zu erheben. Es reicht also nicht aus, Jugendhilfeplanung mit einigen Daten des Einwohnermeldeamtes und des Arbeitsamtes aufzupeppen, sondern es bedarf einer Erweiterung der Jugendhilfeplanung um partizipative Aspekte, da nur so die Lebenswirklichkeit der Kinder, Jugendlichen und Personensorgeberechtigten Einfluss auf die Bedarfsbestimmung gewinnen kann. Auch die Verbindlichkeit der Steuerung durch Jugendhilfeplanung müsste nach wie vor wachsen.

4.2 Kinder- und Jugendhilfeausschuss

Vernetzung ist eines der zentralen Konzepte im Rahmen einer Sozialraumorientierung, auch wenn Kooperation und eigene arbeitsfeldübergreifende Formen von Kooperation bereits früher üblich waren. Die Konstruktion des Kinder- und Jugendhilfeausschusses trägt diesem Gedanken Rechnung. Im Kinder- und Jugendhilfeausschuss sollten entsprechend den Ausführungsgesetzen der Länder die für Kinder, Jugendliche und ihre Personensorgeberechtigten wichtigsten Institutionen (Schule, Arbeitsamt, Polizei, Gesundheitsdienste, Kirchen) zumindest mit beratender Stimme vertreten sein. Allerdings stimmen bislang alle publizierten Erfahrungen darin überein, dass die Bedeutung der beratenden Mitglieder in der Regel gegen Null konvergiert (van Santen/Seckinger 2003). Obwohl in dieser institutionalisierten Konstellation sehr gute Voraussetzungen für eine Vernetzung von relevanten Institutionen für die Bewältigung von schwierigen Problemlagen enthalten sind, wird dieses Potential unzureichend genutzt und eine Chance vertan. Im Kinder- und Jugendhilfeausschuss müssten bei einer konsequenten Lebensweltorientierung Passungsprobleme zwischen den verschiedenen Systemen in grundsätzlicher Weise thematisiert und bearbeitet werden.

4.3 Finanzierungsformen

In der Diskussion um Sozialraumorientierung wird bemängelt, dass die bisherigen Finanzierungsmodelle keinen Anreiz bieten, die Soziale Arbeit sozialräumlich auszurichten. Die so genannten Sozialraumbudgets genießen in diesem Zusammenhang große Aufmerksamkeit und wohl auch eine zunehmende Beliebtheit, sind sie doch die scheinbare Verknüpfung moderner Finanzierungskonzepte mit modernen sozialpädagogischen Ansätzen. Hauptargument in dieser Diskussion ist die Möglichkeit, Spielräume für fallunspezifische, gemeinwesenorientierte und unterstützende Arbeit zu schaffen und den Mechanismus vom „Fall zum Geld" zu durchbrechen und vom „Feld zum Geld" zu kommen (vgl. Hinte/Litges/Springer 1999). Bei diesen Modellen werden dezentrale Zuständigkeiten mit einem Finanzierungsmodus verknüpft, der im Bereich der Pflichtaufgaben im KJHG höchst umstritten ist (vgl. Münder 2001) und nur selten das hält, was er verspricht (vgl. Mamier/Seckinger/Pluto/van Santen/Zink 2002); Flexibilität und Eigenverantwortlichkeit sind in den seltensten Fällen gewährleistet. Ein sozialräumliches Arbeiten unter den Bedingungen von Sozialraumbudgets birgt die Gefahr in sich, dass nicht nur die Leistungen, sondern durch die Budgets auch Zuständigkeiten dezentralisiert werden, was eine Kooperation mit anderen oder die Nutzung von Infrastrukturangeboten außerhalb dieser Zuständigkeitsräume erheblich erschwert. Das heißt, das Arbeiten in kleineren regionalen Einheiten kann auch die spezifische Problemlösungskompetenz verringern, weil die Möglichkeiten der gegenseitigen Unterstützung durch den Finanzierungsmodus beeinträchtigt werden. Dieses Phänomen ist zwischen verschiedenen Arten von Kostenträgern sowie zwischen verschiedenen Kommunen hinlänglich bekannt, gewinnt aber gerade in kleineren Zuständigkeitsräumen wie etwa bei Jugendämtern kreisangehöriger Gemeinden an Bedeutung (vgl. Seckinger/van Santen/Pluto 2000). Schröder (2003) argumentiert zudem, dass die ökonomische Logik der Sozialraumbudgets sowohl kurz- als auch mittel- bis langfristig negative fachliche Folgen haben kann, weil sie zum Beispiel schnelle, aber fachlich nicht unbedingt adäquate Lösungen, die zu Drehtüreffekten führen, provoziert.

Die Grundidee bei dieser neuen Finanzierungsform, fachlich richtige Ansätze strukturell zu fördern und zu verankern, ist nach wie vor sinnvoll. Allerdings besteht diese Möglichkeit auch bei anderen Finanzierungsformen wie der Fachleistungsstunde oder gar bei Entgeltvereinbarungen, auch wenn diese ihrerseits eine (andere) fachlich negative Dynamik auslösen können. Nichts hält ein Jugendamt davon ab, prinzipiell bei der Übertragung sozialstaatlicher Leistungen nur die Einrichtungen und Träger in Betracht zu ziehen, die auch fallübergreifende und fallunspezifische Arbeit leisten, wie dies in einer immerhin bei den stationären erzieherischen Hilfen gesetzlich geforderten Qualitätsentwicklungsvereinbarung festgehalten und mit entsprechenden Controlling-Verfahren abgesichert werden könnte. Die Tatsache, dass die Höhe der neu eingeführten Sozialraumbudgets sich an der Höhe vergangener Ausgaben orientiert, spricht nicht unbedingt für einen wirklichen Neuanfang, wenn man bedenkt, dass die bisherigen Kosten nahezu ausschließlich auf fallbezogene Arbeit zurückzuführen sind. Budgets erlauben wohl eher die Illusion, dass hiermit auch die so notwendige fallübergreifende und fallunspezifische Arbeit geleistet wird. Letztendlich sind Sozialraumbudgets wie auch andere Finanzierungsformen Instrumente, aber keine Garantie, dass ein bestimmter Handlungsansatz verfolgt wird.

4.4 Qualifizierungen für eine Sozialraumorientierung

Fort- und Weiterbildung ist ein wichtiges Mittel, die Prozessqualität innerhalb von Einrichtungen und Trägern zu verbessern. Wie unsere Erhebung bei Einrichtungen im Bereich der erzieherischen Hilfen zeigt, haben Fortbildungen zum Thema Sozialraumorientierung nur eine geringe Priorität. Lediglich 10% der Einrichtungen im Bereich der erzieherischen Hilfen geben an, Fortbildungen zu diesem Thema anzubieten. Dieser Prozentsatz erscheint angesichts der breit geführten Diskussion über die Notwendigkeit, Hilfen zur Erziehung stärker sozialraumorientiert zu gestalten, niedrig und wird auch kaum von dem von den Einrichtungen selbst formulierten Bedarf an Fortbildungen übertroffen. Lediglich 15% der Einrichtungen sehen für solche Fort- und Weiterbildungen einen Bedarf. Dieses Ergebnis kann auch als Hinweis darauf gelesen werden, dass der Eindruck, den die Fachdiskussion vermittelt, sich nur bedingt im Alltag der Einrichtungen widerspiegelt. Ein Blick in praxisnahe Veröffentlichungen bestätigt diese Interpretation insofern, als dort zwar von einer Sozialraumorientierung die Rede ist, de facto aber beispielsweise eine etwas flexiblere Gestaltung der Hilfen und ihre Konsequenzen auf das Verhältnis von Jugendamt und freien Trägern thematisiert werden (Schmid 1999).

4.5 Regionalisierung der Jugendämter

Die Tendenz, regionale Einheiten innerhalb der Jugendamtsbezirke zu schaffen, die jeweils für einen Sozialraum zuständig sind, ist ein Indikator für den Vormarsch einer sich zur Sozialraumorientierung bekennenden Kinder- und Jugendhilfe, auch wenn die Überschneidung von Lebensräumen und Sozialräumen eher zufällig als zwingend ist.[3] Diese regionalen Einheiten sollen für die AdressatInnen besser sichtbar, damit niedrigschwelliger und leichter erreichbar sein. 53% der Jugendämter arbeiten mit irgendeiner Form von regionalen Einheiten (Mamier/Seckinger/Pluto/van Santen/Zink 2002, S. 299). Oftmals werden in diesen regionalen Einheiten (32%) auch andere Dienste und Hilfeleistungen als die der Kinder- und Jugendhilfe angeboten. Natürlich gibt es Grenzen der Machbarkeit der Regionalisierung; insbesondere eigenverantwortliche dezentrale Organisationseinheiten brauchen eine gewisse Mindestgröße, um arbeits- und angemessen leistungsfähig zu sein. Die Größe manches Jugendamtsbezirks erlaubt jedoch unter diesen Gesichtspunkten keine Regionalisierung von Zuständigkeiten (vgl. Pluto/van Santen 2001). Was veranlasst nun zu der Annahme, dass eine regionalisierte Struktur für einen stärkeren Lebensweltbezug der Sozialen Arbeit unabdingbar ist oder diesen zumindest unterstützt? Zumindest physisch macht die Kinder- und Jugendhilfe durch eine Regionalisierung einen Schritt in Richtung der AdressatInnen. Die Wege für die AdressatInnen dürften in der Regel kürzer werden und die Chance besteht, dass solche regionalen Einheiten auch eher wahrgenommen werden. Die Schwelle zum ersten Kontakt könnte sich bei den AdressatInnen herabsetzen. Die in der Regel räumlich orientierte Zuständigkeitszuordnung der Fachkräfte zu den AdressatInnen erhöht die Chancen, dass die Fachkräfte sozialräumliche Kenntnisse über den Wohnort der AdressatInnen haben. Diese Kenntnisse sind aber nicht mit Kenntnissen über die Lebenswelt der AdressatInnen gleichzusetzen. Ob die sozialräumlichen

3 Die Begriffe Dezentralisierung und Regionalisierung werden in der Diskussion nicht immer trennscharf verwendet. Nach unserem Verständnis impliziert der Begriff „Dezentralisierung“ nicht unbedingt mehr Präsenz vor Ort, weil er auf den (hierarchisch) organisierten Ablaufprozess mit seinen spezifisch verteilten Zuständigkeiten und Verantwortlichkeiten Bezug nimmt. Der Begriff „Regionalisierung“ dagegen impliziert nicht unbedingt eine Verlagerung von Entscheidungskompetenz in die Region, den Sozialraum, weil er sich auf räumliche Zuständigkeiten bezieht.

Kenntnisse auch genutzt werden, steht auf einem anderen Blatt. Zur Nutzung der sozialräumlichen Kenntnisse und der vielleicht vorhandenen Bezüge zur Lebenswelt der AdressatInnen bietet aber die Struktur an sich – abgesehen vielleicht von den kürzeren Wegen – keine Anreize. Vielmehr zwingen engere und kleinere Zuständigkeitsräume dazu, Teile der Lebenswelt von AdressatInnen auszublenden, da diese Teile in die Zuständigkeit einer anderen Fachkraft fallen. Selbst Umzüge innerhalb des örtlichen Zuständigkeitsbereichs eines Jugendamtes oder auch seiner regionalen Einheiten können bereits zu einer anderen zuständigen Fachkraft führen. Da die Möglichkeiten der AdressatInnen mobil zu sein sowie das tatsächliche Mobilitätsverhalten nicht mit den Grenzen der Sozialräume kompatibel sein müssen, kann es zu Fällen kommen, in denen eine Adressatin/ein Adressat, wohnhaft im Zuständigkeitsgebiet A, aus Gründen der besseren Erreichbarkeit oder Kompatibilität mit der alltäglichen Lebensführung (dezentrale Einheit B liegt z.B. auf dem Weg zur Arbeit oder gleich neben dem Kindergarten der Kinder oder das eigene Zuhause ist mittels einer öffentlichen Verkehrsverbindung direkt mit der dezentralen Einheit B verbunden) die dezentrale Einheit B bevorzugt. In solchen Situationen folgt die Struktur nicht den AdressatInnen, sondern die AdressatInnen müssen der Struktur folgen, auch wenn diese nicht den Anforderungen der Lebenswelt entspricht. Im Zuständigkeitsgebiet eines Jugendamtes verteilte Anlaufstellen ohne einen festgelegten Zuständigkeitsraum würden eine höchstmögliche Kompatibilität mit der Lebenswelt ermöglichen und zudem das Prinzip der Dienstleistungsorientierung unterstützen. Diese „Abstimmung mit den Füßen“, die allerdings auch eine gewisse Verbindlichkeit von Seiten der AdressatInnen verlangen müsste, würde eine Flexibilität auch der Standorte regionaler Einheiten erfordern, da sich einzelne auch als unrentabel oder gar überflüssig erweisen könnten. Freilich gilt aber auch bei dieser Zuständigkeitszuordnung, dass dies alleine noch keine Lebensweltorientierung fördern würde, sie würde aber die Diskrepanz zwischen Lebensweltorientierung und Sozialraumorientierung etwas auflösen können.

5. Fazit

Sozialraumorientierte Arbeit muss mit der Differenz von Lebenswelt der AdressatInnen und extern definierten Sozialräumen zurechtkommen. Am einfachsten geschieht dies, indem man die Zuständigkeitsräume nicht unnötig verkleinert und damit die Differenz zwischen Lebenswelt und Sozialraum vergrößert. Gerade aber in größeren Städten sieht man sich mit dem Problem konfrontiert, den geographischen Raum zu definieren, auf den sich die fallunspezifische Arbeit richten soll. Ein zentrales Kriterium hierfür sollte die Häufigkeit und Qualität (Dichte) der Bezüge zwischen den für die AdressatInnen jeweils wichtigen Institutionen sein, die es zu ermitteln gilt. Entlang einer solchen Analyse von institutionellen Netzen wäre eine auf die AdressatInnen abgestimmte und sinnvolle Strukturierung der Dienstleistungsorganisation möglich. Ob die Annahme richtig ist, dass die Dichte der Bezüge in den Sozialräumen bisheriger Prägung tatsächlich am höchsten ist, wird nicht überprüft und kann angezweifelt werden. Wir plädieren dafür, die Dichte der Bezüge der lebensweltrelevanten Organisationen der AdressatInnen zu erfassen und die Schneidung der Sozialräume nach diesen auszurichten, um damit das Verhältnis der Organisation sozialer Dienstleistungen und der AdressatInnen umzudrehen und die Organisationsstruktur in den Dienst der Bedürfnisse der AdressatInnen zu stellen.

Die Kinder- und Jugendhilfe sieht sich verpflichtet „junge Menschen in ihrer individuellen und sozialen Entwicklung [zu] fördern und dazu bei[zu]tragen, Benachteiligungen zu vermeiden und abzubauen" (KJHG § 1 (3) 1). Dies impliziert einen Auftrag zur gesellschaftlichen Integration. Die Fixierung auf Sozialräume kann aber genau diesem im Wege stehen. Das Beispiel der Jugendarbeit (vgl. Reutlinger 2002) aber auch das der Jugendberufshilfe zeigt dieses Spannungsverhältnis zwischen Sozialraumorientierung und Integration auf. Die Jugendberufshilfe soll die Integration auf dem Ausbildungs- und Arbeitsmarkt erleichtern und fördern. Diese Aufgaben kombiniert mit einer Sozialraumorientierung würden ein Hineintragen von Möglichkeiten der Integration in den Sozialraum bedeuten. Jugendhilfe kann aber keine Standortpolitik bezüglich Ausbildungs- und Arbeitsstellen machen. Natürlich kann versucht werden, die vorhandenen Möglichkeiten in einem bestimmten Raum voll auszuschöpfen; allerdings kann es auch gerade in sozialen Brennpunkten Sinn machen, diese Statuspassage zu einem gesellschaftlichen Statusgewinn zu nutzen und aus den vorhandenen Strukturen auszubrechen. Sozialraumbezug über alles muss also nicht immer das erstrebenswerte Ziel sein. Vielmehr zeigen die Beispiele das bislang ungelöste Verhältnis des Sozialraumkonzeptes zwischen den verschiedenen Arbeitsbereichen der Kinder-

und Jugendhilfe. Was in dem einen Bereich mindestens vom Ansatz her vernünftig erscheint, stellt sich in anderen Bereichen schlichtweg als ein fachlich unerwünschtes Hindernis heraus.

Eine Einengung der Handlungsmöglichkeiten Jugendlicher oder auch eine Förderung individueller Netzwerke ausschließlich oder hauptsächlich bezogen auf diesen behördlich definierten Sozialraum wäre zudem fachlich kontraproduktiv, da eine der wichtigen Entwicklungsaufgaben von Jugendlichen gerade darin besteht, sich aus den bisherigen Bezügen zu lösen und neue, eigene Bezüge zu generieren. Dazu ist gerade in modernen Gesellschaften, in denen lokale und soziale Mobilität einen hohen Wert besitzen, eine Überschreitung der bisherigen räumlichen Grenzen notwendig. Eine formale Fixierung auf planerisch einfach handhabbare Sozialräume würde Jugendliche in dieser notwendigen Entwicklung behindern und nicht unterstützen.

Eine Orientierung an der Lebenswelt der Kinder, Jugendlichen und Eltern, die wir unabhängig von den damit verbundenen Umsetzungsproblemen für ausgesprochen wichtig erachten, erhöht die Komplexität von Planung und führt scheinbar zu einer „Individualisierung" von Planungsprozessen. Planung wird somit schwieriger. Im Zentrum einer umfassenden Jugendhilfeplanung kann also weniger die konkrete Ausgestaltung einzelner Hilfeformen stehen, sondern es müssen vielmehr die Strukturen geschaffen und Ressourcen erschlossen werden, Organisationen – seien es beispielsweise der ASD oder ein Kinderhaus – zu ermöglichen, flexibel in einer mit den AdressatInnen abgestimmten Weise auf die Anforderungen der Lebenswelten zu reagieren. Das heißt beispielsweise, die innerinstitutionellen Bedingungen für Kooperationen so zu gestalten, dass Kooperationen auch tatsächlich erfolgbringend sein können (vgl. van Santen/Seckinger 2003). Das heißt auch, MitarbeiterInnen zu motivieren, sich auf die Lebenswelt anderer einzulassen und im Zweifel die Grenzen ihres Zuständigkeitsgebietes gemeinsam mit den AdressatInnen zu überschreiten.

Literatur

Berger, Ch./Hildebrand, B./Somm, I. (2000): Die Stadt der Zukunft. Leben im prekären Wohnquartier. Opladen

Bien, W./Bauereiß, R. (2002): Regionalisierung von Umfragen (Vortrag) http://www.dji.de/2_rdb/RWS/1024_orig640/

Bolland, M./Herweg, O. (2001): Leitlinien für die stadtteilorientierte Weiterentwicklung der Jugendarbeit in Stuttgart/Sozialraumorientierte Versorgungsanalyse. In:

Pleiner, G. (Hrsg.): Jugendarbeit in Großstädten. Leitlinien, Schwerpunkte, Praxismodelle. Opladen

Deinet, U. (2001): Sozialräumliche Orientierung – Mehr als Prävention! In: deutsche jugend, 46, S. 117-124

Deinet, U./Sturzenhecker, B. (Hrsg.) (2000): Jugendarbeit auf dem Land. Ideen, Bausteine und Reflexionen für eine Konzeptentwicklung. Opladen

Freie und Hansestadt Hamburg (o.J.): Entwurf zum Gesetz zur Angebotsentwicklung und Finanzierung der Kindertagesbetreuung in der Freien und Hansestadt Hamburg (Download über http://www.hamburg.de/fhh/behoerden)

Hinte, W./Litges, G./Springer, W. (1999): Soziale Dienste: Vom Fall zum Feld: Soziale Räume statt Verwaltungsbezirke. Berlin

Hoops, S./Permien, H. (2002): Evaluation des Pilotprojekts Ambulante Intensive Begleitung (AIB). München

Institut für Soziale Arbeit (ISA) (2001): Sozialraumorientierte Planung. Begründungen, Konzepte, Beispiele. Münster

Kommunale Gemeinschaftsstelle für Verwaltungsvereinfachung (KGSt) (1998): Kontraktmanagement zwischen öffentlichen und freien Trägern in der Jugendhilfe. KGSt-Bericht 12/1998, Köln

Landeshauptstadt München (Hrsg.) (2002): Statistisches Jahrbuch 2002

Landeshauptstadt München (Hrsg.) (1986): Statistisches Jahrbuch München 1985/86

Lenz, A./Stark, W. (Hrsg.) (2002): Empowerment. Neue Perspektiven für psychosoziale Praxis und Organisation. Tübingen

Lindner, W. (1998): Von der „Unwirtlichkeit“ zur „Unwirklichkeit“ der Stadt. Die Pädagogische Vermittlung zwischen jugendlicher Stadt- und Medienerfahrung. In: neue praxis, 28 Jg., Heft 2, S. 150-162

Mamier, J./Seckinger, M./Pluto, L./Santen, E. van/Zink, G. (2002): Organisatorische Einbettung von Jugendhilfeaufgaben in der Kommunalverwaltung. In: Sachverständigenkommission 11. Kinder- und Jugendbericht (Hrsg.): Strukturen der Kinder- und Jugendhilfe. Eine Bestandsaufnahme. Materialien zum 11. Kinder- und Jugendbericht, Band 1. München S. 265-318

Marquard, P. (2000): Sozialraum und Jugendhilfe. Ein Sozialraumbudget widerspricht nicht der Einheit und Identität der Jugendhilfe. In: Schröder, J.: Sozialraumorientierung und neue Finanzierungsformen. Bonn

Meyer, K./Rennings, H. van (2003): Soziale Arbeit im Spannungsfeld von Professionalisierung und Ökonomisierung. In: Sozialmagazin, 28. Jg., Heft 1, S. 26-34

Münder, J. (2001): Sozialraumorientierung und das Kinder- und Jugendhilferecht. Rechtsgutachten im Auftrag von IGfH und SOS-Kinderdorf e.V. In: Sozialpädagogisches Institut im SOS-Kinderdorf (Hrsg.): Sozialraumorientierung auf dem Prüfstand. Rechtliche und sozialpädagogische Bewertungen zu einem Reformprojekt in der Jugendhilfe. München, S. 6-124

Pleiner, G. (Hrsg.) (2001): Jugendarbeit in Großstädten. Leitlinien, Schwerpunkte, Praxismodelle. Opladen

Pluto, L./Santen, E. van (2001): Jugendamtsbezirke – zu klein für Sozialräume? In: KOMdat, 4. Jg., Heft 3, S. 4

Reutlinger, Ch. (2002): Vom Aneignungshandeln zum Schreiben von unsichtbaren Bewältigungskarten – aktueller sozialräumlicher Fokus in der Jugendarbeit. In: unsere jugend, 2, S. 363-374

Santen, E. van/Mamier, J./Pluto, L./Seckinger, M./Zink, G. (2003): Kinder- und Jugendhilfe in Bewegung – Aktion oder Reaktion? Eine empirische Analyse. München

Santen, E. van/Seckinger, M. (2003): Kooperation: Mythos und Realität einer Praxis. Eine empirische Studie zur interinstitutionellen Zusammenarbeit am Beispiel der Kinder- und Jugendhilfe. München

Santen, E. van/Seckinger, M./Pluto, L./Pothmann, J. (2002): Sozialindikatoren, Fremdunterbringung und Sozialraumorientierung – ein Bermudadreieck für Fachlichkeit? In: Archiv für Wissenschaft und Praxis der sozialen Arbeit, 2, S. 101-134

Schmid, P. (1999): Integrierte, flexible und sozialraumbezogene Erziehungshilfen aus der Sicht eines freien Trägers. In: Koch, J./Lenz, S. (Hrsg.): Auf dem Weg zu einer integrierten und sozialräumlichen Kinder- und Jugendhilfe. Frankfurt S. 67-98.

Schröder, J. (2001): Mit dem richtigen Ziel auf falschen Weg? Ein Wegweiser zu Lebenswelt, Sozialraum, Region und geeigneten Finanzierungsformen. In: NDV, (5, S. 150-154

Schröder, J. (2003): Die Reize des Sozialraum-Budgets. Frage an ein fachlich motiviertes Konzept. In: Sozialmagazin, 28. Jg., Heft 1, S. 16-25

Schumann, M. (1995): Sozialraumanalyse und Ethnographie in der Jugendhilfe und Jugendarbeit. In: deutsche jugend, 43. Jg., S. 210-216

Seckinger, M. (2001): Kooperation – eine voraussetzungsvolle Strategie in der psychosozialen Arbeit. In: Praxis der Kinderpsychologie und Kinderpsychiatrie, 50. Jg., Heft 4, S. 279-292

Sennet, R. (1998): Der flexible Mensch. Die Kultur des neuen Kapitalismus. Berlin

Tully, C. J. (2002): Bewegte Jugend – kommunikativ und mobil. Ein Kommentar aus jugendsoziologischer Sicht. In: Hunecke, M./Tully, C. J./Bäumer, D. (Hrsg.): Mobilität von Jugendlichen. Psychologische, soziologische und umweltbezogene Ergebnisse und Gestaltungsempfehlungen. Opladen

Florian Straus

Soziale Netzwerke und Sozialraumorientierung – Gemeindepsychologische Anmerkungen zur Sozialraumdebatte

1. Einleitung – Eine gemeindepsychologische, netzwerkfokussierte Perspektive

Die gemeindepsychologische Perspektive

Zu den Kernfragen einer gemeindepsychologischen Perspektive gehört diejenige, wie eine psychosoziale Praxis Menschen dabei unterstützen kann, mit den Problemen ihres Alltags besser fertig zu werden. Als Kind der Reformära und der sozialen Bewegungen (Keupp 1987, S. 190) versteht sie sich nicht als distanzierter Beobachter gesellschaftlicher Entwicklungen, sondern als participant-conceptualizer (Bennett u.a. 1966). In dieser Rolle will sie aktiv an Veränderungsprozessen beteiligt sein. Sie bemüht sich um den Aufbau und die Erprobung alternativer psychosozialer Praxisformen, die möglichst bürgernah und alltagsbezogen arbeiten. Aus dieser Haltung und den Erfahrungen in zahlreichen Praxisvarianten heraus ergibt sich eine große Nähe und Sympathie mit der Idee einer an den Bedürfnissen der Menschen niedrigschwellig ansetzenden Regionalisierung psychosozialer Arbeit.

Doch diese historische und konzeptionelle Nähe darf nicht dazu verleiten, den Blick unkritisch auf das zu wenden, was sich derzeit als Sozialraumorientierung präsentiert. Unter einer gemeindepsychologischen Perspektive lassen sich eine Reihe von Qualitätsstandards formulieren, die als Prüfsteine für eine gelungene Sozialraumorientierung gelten können. Drei dieser zentralen Prüfsteine sind:

- *Partizipation:* Gelingt es mit den Konzepten und in den Umsetzungspraxen der Sozialraumorientierung, die Beteiligungsmöglichkeiten für die Betroffenen qualitativ weiterzuentwickeln (d.h. „höherwertige" Partizipationschancen zu ermöglichen, die Chancen benachteiligter Gruppen in Partizipationsprozessen zu verbessern usw.)?
- *Empowerment:* Wie stark unterstützt und ermöglicht eine Sozialraumorientierung Prozesse der aktiven Selbstorganisation der Betroffenen, d.h. ihre Selbstbemächtigung und kollektiven Lernprozesse?

– *Netzwerk-/Ressourcenorientierung:* Inwiefern berücksichtigen und nutzen Umsetzungspraxen der Sozialraumorientierung die Strukturen und Veränderungen der sozialen Netzwerke bzw. allgemeiner formuliert: Verbessern sie das Ressourcenpotential und die -nutzung der Bürger?

Die letztere Frage steht im Mittelpunkt dieses Artikels. Im Weiteren soll aus einer Netzwerkperspektive heraus das Konzept der Sozialraumorientierung kritisch hinterfragt werden.

Netzwerke als „moderne" Analysekategorie

Netzwerk – eine einfache relationale Metapher erobert die Welt. In dieser werden komplexe Strukturen als Knoten und Linien begriffen und in einen relationalen Bezug gebracht. Die Netzwerkperspektive ist attraktiv, da sie „Flexibilität, Modernität und Innovationskraft suggeriert" (Diller 2002, S. 48). Netzwerkanalysen boomen heute in fast allen humanwissenschaftlichen Disziplinen. Dieser massiv gestiegene Stellenwert der Netzwerkperspektive wird damit erklärt, dass wir am Beginn einer durch Netzwerke strukturierten Gesellschaft stehen (Dinter 2001, S. 3).[1] Netzwerke gelten als neuer Modus der Vergesellschaftung (Castells 1996) bzw. als Schlüsselkategorie gesellschaftlicher Analyse. Unterstellt, dass es gesellschaftliche Veränderungen gibt, die nicht als stetige Differenzierung vorhandener Strukturen zu begreifen sind, könnte gerade die Netzwerkperspektive zu jenen analytischen Werkzeugen gehören, die helfen, die Veränderungen moderner Gesellschaften nicht nur auf der Makroebene besser zu verstehen (Straus 2002).

Aus gemeindepsychologischer Sicht besonders interessant ist dabei die Analyse und Veränderung der sozialen Beziehungsgeflechte unter der Frage der sozialen Verortung, d.h. von Zugehörigkeit und Verwurzelung, wie sie beispielsweise schon früh im Konzept des psychological sense of community (Sarason 1974) angelegt war. Für die Sozialraumorientierung stellt sich damit die Frage, ob und wie die mit ihr angestrebte Neuorientierung psychosozialer Strukturen und Diens-

---

1 Folglich gibt es auch zunehmend mehr Zusammenhänge, die nicht mehr eine klassische Organisationsform annehmen, sondern als Netzwerke strukturiert sind. Insofern ist Netzwerk Wirklichkeit und (als Netzwerkperspektive) Erkenntniswerkzeug zugleich.

te mit dem Wandel sozialer Netze und Verortungsstrategien konform geht.

Dieser Frage möchte ich in drei Schritten nachgehen. Im ersten geht es zunächst um begriffliche Klärungen. Im zweiten werden einige Ergebnisse aus der Netzwerkforschung vorgestellt, die dann in den folgenden Abschnitten in ihren Konsequenzen für die Sozialraumorientierung diskutiert werden.

2. Soziale Netzwerke, Lebenswelt und Sozialraum

Soziale Netzwerke beschreiben den Beziehungsraum, in dem Menschen leben und agieren. Je nach biographischer Lebenslage und Passung finden sich Freundes-, Partner-, Familien-, Arbeits- und die diversen Freizeitnetzwerke in unterschiedlichen Konstellationen und Schneidungen. Jenseits der früher (zumindest auf den ersten Blick und idealtypisch gedacht) geschlechtsspezifisch klar unterschiedlichen Konstellation (Männer hatten einen zentralen Arbeitskontext und ein außengerichtetes Freizeitnetzwerk, Frauen ein familiendominiertes und vom Freizeitbereich eher innengerichtetes Freizeitnetzwerk) gibt es heute eine Vielzahl unterschiedlichster Netzwerkfigurationen, beispielsweise in Bezug auf

- die Abgrenzung/Nichtabgrenzung von Lebenswelten,
- die personellen Überschneidungen (geringe/hohe Multiplexität),
- das Neben-, Mit- oder Gegeneinander von Teilnetzwerken im biographischen Lebenslauf und
- die unterschiedlichen räumlichen Dimensionen der Teilnetzwerke.

Wer Netzwerke verstehen will, muss dreierlei tun (vgl. auch Wellman/ Frank 2000): Er muss die Strukturen (die Muster) analysieren, die sie bilden, er muss die Qualität der Beziehungen zwischen den Personen verstehen und er muss wissen, was die Subjekte in und mit diesen Beziehungen wollen. Eine Netzwerkanalyse, in deren Mittelpunkt Personen stehen (und nicht technische Objekte), braucht damit immer auch einen lebensweltlichen Zugang. Ohne die lebensweltlichen Deutungs- und Handlungsmuster (vgl. Thiersch 1998, S. 84) der agierenden Personen blieben die sozialen Bezüge quasi äußerlich, die Netzwerke würden zu bloßen topographischen Beschreibungen von Beziehungen. Umgekehrt gilt Ähnliches: Einer Lebensweltanalyse ohne Bezug auf die diese Lebenswelten konstituierenden Netzwerke fehlt das relationale und dynamische Element in der Interaktion der beteiligten Personen.

Im ersten Moment könnte man nun eine ähnlich starke Konvergenz des Netzwerks zum Begriff des Sozialraums sehen. Soziale Beziehungen sind nicht virtuell, sondern an konkrete Orte/Räume gebunden. Der Sozialraum beschreibt demnach die räumliche Dimension eines sozialen Netzwerks. Menschen agieren allerdings, auch dies ist offensichtlich, in unterschiedlichen räumlichen Bezügen. Während die einen in räumlich überschaubaren und auf den lokalen Nahraum begrenzten Netzen leben, gibt es andere, die weitverzweigte und räumlich sehr ausgedehnte Beziehungsnetze pflegen (vgl. Albrow 1998). Eine lebensweltliche, sozialräumliche Netzwerkperspektive würde demnach versuchen, die Beziehungen, die Menschen haben, in ihren subjektiven, sozialen wie auch geografischen Verortungen zu verstehen.

Dem widerspricht jedoch eine Verwendung des Begriffs des Sozialraums, in dem dieser sich auf einen zumeist institutionell definierten, sozialgeographisch abgegrenzten Lebensraum bezieht. Ob man damit eine Sozialregion, einen Stadtteil, das Dorf oder einen durch die Grenzen des Programms „Soziale Stadt“ definierten lokalen Raum meint, immer sind es objektive Kriterien, die die Grenzen des jeweiligen Sozialraums bestimmen.

Damit werden zwei sehr unterschiedliche Varianten einer sozialräumlichen Netzwerkanalyse denkbar:

- Die eine beschreibt die sozialen Beziehungsnetze, die sich innerhalb der objektiv definierten Grenzen der Sozialregion befinden (und blendet den Rest aus).
- Die andere analysiert die räumlichen Bezüge, die Personen (Personengruppen) in ihren Netzwerkbeziehungen entwickeln, gerade auch über „objektiv gesetzte“ sozialräumliche Grenzen hinweg.

Eine lebensweltlich begründete Netzwerkanalyse muss letzteren Weg gehen (vgl. auch Deinet und van Santen/Seckinger in diesem Band), weil sie es ja den von den Subjekten gesteuerten Vernetzungs- und Handlungsmustern überlässt, an welchen Orten diese stattfinden. Die Frage ist, welche Orte sich heute entwickelt haben und ob die Sozialraumorientierung diesen Entwicklungen auch gerecht wird.

3. Die Veränderung der sozialen und räumlichen Bezüge in Netzwerken

Die Netzwerkforschung hat sich in zahlreichen Studien mit den sozialen Bezügen der Menschen und ihrer räumlichen Verankerung beschäftigt. Die wichtigsten Ergebnisse sind dabei (zum Überblick vgl. Keupp 1988; Wellman 1999, 2001):

- *Gemeinschaftsbezüge sind beschränkte, spezialisierte Beziehungen, die nicht breitflächig unterstützend sind.* Die verschiedenen Arten der sozialen Unterstützung verteilen sich auf unterschiedliche Gruppen und Sektoren. Dies bedeutet, dass Menschen unterschiedliche Beziehungen pflegen müssen, um eine Bandbreite an Ressourcen zu sichern.
- *Menschen sind nicht (mehr) in traditional dichte, eng gebundene Gemeinschaften eingebunden.* Sie bewegen sich in der Regel in dünnen, weitmaschigen Netzwerken mit starkem Wechsel. Generell gilt, dass große, heterogene und zugleich dichte Netzwerke am meisten Unterstützungspotential bieten. Nur wenige Menschen haben heute stabile Netzwerke. Falsch wäre es, daraus zu schließen, dass Gemeinschaften mit dieser Entwicklung verschwinden; deutlich wird aber, sie sind im Fluss: Es gibt viele multiple soziale Arenen und die Menschen machen von diesen verzweigten Bezügen auch Gebrauch. Damit ist nicht gesagt, dass die Bezüge heute eher zufälliger Natur sind. Nach wie vor gilt das Sprichwort „Gleich zu gleich gesellt sich gern". Vor allem aber kann man sich in den meisten Netzwerken heute nicht abwartend und passiv verhalten, sondern muss kontinuierlich aktive Beziehungsarbeit leisten.
- *Gemeinschaften haben sich aus nachbarschaftlichen Bezügen zu weiter verstreuten Netzwerken verändert, die (dennoch) unterstützend und gesellig bleiben.* Viele der Beziehungen haben die konkrete Örtlichkeit längst verlassen. Die Möglichkeiten der Telekommunikation haben auch enge Beziehungen über weite Strecken ermöglicht.
- *Private Intimität hat die öffentliche Geselligkeit ergänzt und teilweise ersetzt.* Die starke Bedeutung von öffentlichen sozialen Räumen nimmt ab, wobei es sich in vielen Ländern um stark männlich dominierte Räume handelt(e). Heute haben sich zumindest in vielen westlichen Gesellschaften die Muster verändert: Beide Geschlechter kommen gleichermaßen nach Hause (d.h. in immer weniger Fällen wartet die Frau auf den Mann, um ihn zu versorgen), und ein großer Teil ge-

meinschaftlichen Lebens findet zu Hause statt (als Treffpunkt mit Freunden, als Ausgangsort von Telefonaten, E-Mails, usw.).

Dies erklärt auch, warum (in Nordamerika stärker als in Europa) öffentliche Plätze heute überwiegend Verkehrsverbindungen sind, um von einem zum anderen Ort zu kommen oder/und Einkaufsorte, aber nicht mehr als lokale Treffpunkte gekennzeichnet werden können. Dies hat Konsequenzen für das Gefühl der Verantwortlichkeit und der informellen Hilfe für andere. Es erklärt auch, warum heute immer weniger Leute einfach so helfen beziehungsweise sich in der Folge im öffentlichen Raum nicht mehr sicher fühlen.

Historisch betrachtet sieht Wellman, der sich in der Netzwerkforschung am intensivsten mit diesen Fragen beschäftigt hat, das lebensweltliche Zusammenleben der Menschen vor allem von zwei markanten Veränderungen geprägt (Wellman 2001):

- *Übergang von der door-to-door zur place-to-place community:* Erstere war bis ins 19. und teilweise auch bis ins 20. Jahrhundert dominierend. In dieser Gemeinschaft gab es dichte Bezüge. Wenn man sich besuchen wollte, ging man in aller Regel zum nächsten Gemeinschaftsmitglied, da man Tür an Tür wohnte. Gemeinschaft, der Wohnort und die Nachbarschaft fielen weitgehend zusammen. Mit der Weiterentwicklung der Transportmittel und der Erfindung neuer Kommunikationsmedien (wie beispielsweise dem Telefon) verändert sich Gemeinschaft. Die Orte bleiben wichtig, neu ist aber, dass wichtige Orte auch weit weg von der eigenen Wohnung liegen können. Die unmittelbaren Kontakte zu den Nachbarn verlieren an Bedeutung. Umgekehrt gewinnt der Haushalt an Bedeutung. Wellman spricht von der ersten Etappe der Verhäuslichung der Gemeinschaft. Wichtig werden vor allem die Transportmöglichkeiten, mit denen man schnell von Ort A nach Ort B kommt.
- *Vom Übergang von der place-to-place zur person-to-person (and role-to-role) community:* Wellman macht ein typisches Merkmal für diesen Übergang am Beispiel des Handys deutlich. Während das Telefon stets nicht nur zwei Personen, sondern auch zwei Orte verband, löst sich mit dem Handy die Ortsgebundenheit komplett auf. Person A ist mit der Person B verbunden, wo immer diese Person B oder umgekehrt die Person A sich auch befinden. Auch andere mobile Geräte (CD-Spieler, Kassettenrecorder) führen schrittweise zu einem „Identitätsverlust" von konkreten Orten. Der Mensch kann immer Dinge tun und hören, egal wo er sich gerade befindet. Diese Orts-

ungebundenheit wird zunehmend auch durch die Möglichkeiten des Computers (Internet etc.) verstärkt. Damit gekoppelt gibt es eine zweite markante Veränderung: Gerade über die Möglichkeiten der computerunterstützen Kommunikationswege begegnen sich Personen immer stärker nur in partialen Rollen und Interessen.[2] Die Folge ist „The Rise of Personalized Networking“ sowie möglicherweise die Gefahr, dass wir ein Milieu voller Unsicherheit kreieren, in dem jede/r nur Ausschnitte des anderen und niemand mehr den anderen genau kennt. Doch Wellman warnt auch vor einseitigen Prognosen. Einerseits sieht er viele Menschen in beiden, dem cyberspace und dem physical space agieren. Mit der Verstärkung des einen geht die Bedeutung des anderen Bereichs nur teilweise zurück. Deutlich jedoch wird aus seiner Sicht, dass in diesen komplexen Konstellationen Netzwerke noch wichtiger werden als früher. Damit wächst auch die Bedeutung des Netzwerkkapitals. Es gehört ebenso wie das finanzielle, menschliche und kulturelle Kapital zu den erstrebenswerten und überlebensnotwendigen Ressourcen.

4. Konsequenzen für Sozialraumorientierung – zwei Beispiele

Was bedeutet diese Entwicklung sozialräumlicher Netzwerke für Idee und Umsetzung der Sozialraumorientierung? Zum einen dominiert heute weniger der Raum das darin entstehende Netzwerk, als vielmehr umgekehrt Netzwerke unterschiedliche und flexible Räume definieren. Diesem Verständnis entspräche auch ein Regionsbegriff, der keine starren Grenzen kennt und sich aus wechselnden Interaktionen definiert (Diller 2002, S. 44). Ich möchte diese Frage jedoch nicht abstrakt diskutieren, sondern versuchen, an zwei Beispielen die Herausforderung für dergestaltige lebensweltliche Orientierung der Sozialraumdebatte zu skizzieren.

Beispiel 1: Sozialraumorientierung und das Programm Soziale Stadt

Das 1998 ins Leben gerufene Bund-Länder-Programm Soziale Stadt hat zum Ziel,

---

2 „Many interpersonal ties are based only on the specialized roles that people play – not the whole persons. These relationships are between fragments of selves, rather than between whole selves" (Wellman 2001, S. 16).

> „das eigenständige Stadtteilleben wieder aufzubauen, den sozialen Verbund wieder herzustellen, alle vorhandenen örtlichen Potentiale zu stärken und die Bewohner zu motivieren, in Initiativen und Vereinen mitzuwirken und sich dauerhaft selbst zu organisieren. So soll erreicht werden, dass die Stadtteile schrittweise wieder als selbständige Gemeinwesen funktionieren" (ARGEBAU 2000, S. 6f.).

Mit dieser Programmatik werden mehrere ebenso aktuelle wie fortschrittliche Prinzipien benannt (Eigenständigkeit und Selbstorganisation, Partizipation und Empowerment sowie Vernetzung). Letzteres Ziel ist es,

> „die Fähigkeit der Bewohnerinnen und Bewohner im Stadtteil zur Zusammenarbeit und sozialen Vernetzung (‚Sozialkapital') zu stärken. Dabei geht es nicht darum, die Zahl und Dichte von Zusammenarbeit und sozialer Vernetzung um ihrer selbst willen zu erhöhen. Vielmehr soll das kooperative Verhalten gewinnbringend sowohl für den Einzelnen als auch für das Gemeinwesen genutzt werden. Es geht darum, eine positive Grundstimmung zu schaffen nach dem Motto: ‚Mir ist es nicht egal, was aus diesem Stadtteil wird. Ich bleibe hier und tue etwas!'„ (Wagner 1995. S. 15).

Selbsthilfe und Eigenverantwortung sowie nachbarschaftliche Kontakte und Netzwerke sollen gestärkt werden; damit soll der zunehmenden Abkopplung der Bewohnerinnen und Bewohner von gesellschaftlichen Institutionen wie Familie, Freundeskreis, Verein und Initiative entgegengewirkt werden. Es gilt, das Neben- und Gegeneinander von Bevölkerungsgruppen durch ein Miteinander zu ersetzen (Böhme/Schuleri-Hartje 2002).

Im Mittelpunkt der inzwischen über 250 ausgewählten Gebiete stehen Stadtteile mit besonderem Entwicklungsbedarf. Betrachtet man Programmatik und Umsetzung aus einer Netzwerkperspektive, fällt auf, dass

- erfreulicherweise nun auch im Städtebau nicht nur primär investive Ziele einen zentralen Stellenwert erhalten haben,
- gerade in Zeiten knapper Ressourcen über das Programm Soziale Stadt noch vielfältige und keineswegs kleine Projekte möglich werden,
- mit dem Prinzip der Ressourcenbündelung und diverser Steuerungsformen auch Prinzipien netzwerkorientierter Organisationsformen akzeptiert werden und man darauf bezogen neue Kooperationsformen zu generieren versucht.[3]

---

3 Mit u.a. der Erkenntnis, dass deutlich wird, wie schwierig die Harmonisierung von Förderprogrammen ist: „dass es an Zusammenstellungen der integrierbaren

Mit dem Blick auf die oben beschriebene Entwicklung der Netzwerkorientierung von Menschen wird aber auch deutlich, dass es sich bei der Auswahl der Gebiete oft um künstliche Schneidungen, in einem doppelten Sinne handelte.

Zum einen sind die Gebiete immer ein Ausschnitt aus einem lokalen Nahraum. Was unter einer klassischen bauplanerischen Sanierungsperspektive sinnvoll sein mag (bestimmte Blocks mit besonderem Modernisierungsbedarf herauszunehmen), ist unter einer Netzwerkperspektive eher schwierig, weil diese Räume nur teilweise dem subjektiven Empfinden der Bewohner und den gewachsenen Netzen der Institutionen entsprechen.

Zum anderen werden über die Strukturen der Sozialen Stadt explizit neue Netze geschaffen. Abgesehen von der Frage, ob es sich hier tatsächlich um Netze (und nicht wieder um organisationsnahe Formen von Gremien) handelt, fällt auf, dass diese neuen Netze zum Teil parallel zu den alten Netzen agieren, die sich in den historisch gewachsenen Stadtteilen entwickelt hatten.

Die neue durch die Soziale Stadt gesetzte Sozialraumorienterung schafft damit zwei Herausforderungen, die vielfach noch ungelöste Probleme darstellen

- Wie gelingt die Integration von alten und neuen Strukturen (Gremien, Netzwerken, Organisationszuständigkeiten)?
- Wie geht man mit Ungleichzeitigkeit und Ungleichgewichten um? Nicht selten entsteht Neid bei jenen Teilen eines Stadtteilnetzwerks, die nicht innerhalb des Bemessungsgebiets der Sozialen Stadt liegen. Während die einen gerade heute unter knappen Ressourcen leiden, erscheinen die ausgewählten Regionen der Sozialen Stadt „geradezu reich". Wie gelingt es, diesen „Reichtum" für ein breiteres Netz an sozialräumlichen Bezügen zu nutzen?

Hier braucht es eine sensible Schneidung und Steuerung von Angeboten, soll nicht das Gegenteil des Gewünschten bewirkt werden: Statt Netze zu stärken, geraten diese in eine unproduktive Konkurrenz.

Förderprogramme mangelt oder aber entsprechende Übersichten unzureichend oder nicht aktuell sind" (Rolf-Peter Löhr/Verena Rösner: Ressourcenbündelung im Programm Soziale Stadt. In: Soziale Stadt – info 9. Berlin: Deutsches Institut für Urbanistik, Juni 2002, S. 2-9.

Beispiel 2: Sozialraumorientierung und Streetwork

Bei Streetwork handelt es sich um eine spezifische Form mobiler Jugendarbeit. Deren typische Kennzeichen sind Niedrigschwelligkeit, Mobilität und Flexibilität. Streetworker arbeiten zudem auf der Basis von Anonymität, Vertrauen und persönlicher Beziehung. Ein unter der sozialräumlichen Perspektive besonderes Kennzeichen ist, dass Streetwork/mobile Jugendarbeit Jugendliche und junge Erwachsene in ihren selbst gewählten sozialen Räumen (Straße, Park etc.) sowie an deren Treffpunkten aufsucht.[4] Nur so können Jugendliche und Erwachsene erreicht werden, die bisher nicht oder nur unzureichend von den herkömmlichen Angeboten ambulanter sozialer Dienst oder einrichtungsgebundener Jugend- und Sozialarbeit erreicht wurden bzw. die eben aus jenen Einrichtungen/Treffpunkten herausgefallen sind.

In einigen Großstädten werden derzeit unter Bezug auf Prinzipien der Flexibilisierung und Sozialraumorientierung zentrale Felder der ambulanten und teilstationären Jugendhilfestruktur umstrukturiert. Ziel der Flexibilisierungsstrategie ist die Auflösung der Versäulungsstruktur der unterschiedlichen Angebotsformen (Erziehungsbeistandschaften, Streetwork, Schulsozialarbeit, Sozialpädagogische Familienhilfe usw.). Ziel der Regionalisierungsstrategie ist es, sowohl die Zentralisierung bestimmter Dienste aufzulösen wie auch bereits regionalisierte Dienste neuen Regionen zuzuordnen. In der Praxis bedeutet dies, dass Sachgebiete oder/und bisherige Angebotsträgerschaften abgeschafft und deren MitarbeiterInnen neuen interdisziplinären Teams zugeführt werden. Dies ist ein anspruchsvolles Unternehmen, das jedoch nur solange Sinn macht, wie es den tatsächlichen Bedürfnissen und lebensweltlichen Orientierungen der Bürgerinnen und Bürger näher kommt.

Dies mag für bestimmte Felder zutreffen, am Beispiel der Streetworker zeigen sich jedoch typische Grenzen. So erfordert eine lebensweltorientierte Sozialraumorientierung im Bereich Streetwork/mobile Jugendarbeit das Er-Spüren und Erkennen jener Sozialräume, in denen sich diese Jugendlichen bewegen sowie ein mobiles Mitgehen in und zu diesen Treffpunkten. Würde man die Streetworker in Sozialregionen festzurren, könnten sie ihrem Klientel nicht mehr folgen und keine kontinuierlichen Beziehungen aufbauen, da sie ja ihre Ju-

4 Hinzu kommen – von der Zielgruppe akzeptierte – eigene Anlaufstellen/Büros von Streetworkern.

gendlichen, wenn diese die Sozialregion verlassen an andere Streetworker übergeben müssten – eine offensichtlich mehr als kontraproduktive Praxis.

Ginge es wirklich um eine netzwerkorientierte lebensweltliche Sozialraumorientierung, müsste diese die organisatorischen Veränderungen den jeweiligen Netzwerken (hier der Jugendlichen und ihrer Streetworker) anpassen und nicht umgekehrt die Streetworker den räumlichen Vorgaben der Jugendhilfeadministration. Dort wo Letzteres zutrifft, liegt der Verdacht nahe, dass das Konzept der Sozialraumorientierung entweder technokratisch und nicht lebensweltlich angewandt wird, oder/und noch andere Interessen über das Vehikel Sozialraumorientierung transportiert werden (beispielsweise die Auflösung ehemals zu eigenmächtiger Strukturen oder die Durchsetzung von Sparinstrumenten etc.).

5. Ausblick – Perspektiven

Beide Beispiele zeigen Gefahren einer Sozialraumorientierung, die eher territorial und statisch als lebensweltlich und mobil konzipiert ist. Gerade eine Netzwerkperspektive macht deutlich, dass heute „vernetzte soziale Räume“ ohne territoriale Grenzen gedacht werden müssen und je nach Zielgruppe variieren können (d.h. unterschiedliche Herangehensweisen und Mobilitäten erfordern). Mit der durch informationstechnologische Prozesse fortschreitenden Veränderung hin zu „personalized networks“ wird diese Herausforderung noch zunehmen.

Hier könnte man einwenden, dass es aber auch Anhaltspunkte dafür gibt, dass es als Gegenbewegung zu den Globalisierungsprozessen (Castells 1997) zu einer Stärkung lokaler Prozesse kommt. Gibt es also doch noch eine Art Renaissance der Orientierung am lokalen Sozialraum? Abgesehen davon, dass in den seltensten Fällen die neu geschaffenen Sozialregionen diesem Bedürfnis nach Überschaubarkeit und Rückzug entsprechen, ist zu erwarten, dass die hinter dieser Gegenbewegung zur Globalisierung stehenden Verortungsprozesse aus komplexen Teilprozessen bestehen, in denen Zugehörigkeit, Anerkennung und Vertrauen in einer Mischung aus heterogenen sozialen und dinglichen Bezügen hergestellt werden (Straus 2002). Über diese Mixtur wird es m. E. zu keinem direkten und einfachen Bezug zu einem Sozialraum kommen. Eher gibt es, wie man am Beispiel der Entstehung von gewaltbereiten Jugendgruppen sehen kann, anlassbezogene Räume, die aufgesucht und wieder verlassen werden oder/und die unterschiedlichsten Räume, die als Rückzugsmilieu gesucht und gefunden werden: von den eigenen vier Wänden, über imaginierte Wunsch- und Visionsräume bis hin zu den erinnerten Kindheitsräumen – vergleiche dazu die moderne Heimatforschung (Mitzscherlich 1997). Die Wiederentdeckung des Sozialraums in der Form behördlich definierter Sozialräume wird dieser Komplexität sichtbarer und unsichtbarer Raumkonstruktionen von Menschen (Reutlinger 2003) in keiner Form gerecht. Bedenkt man dies, versteht man auch besser die Probleme, die jene Partizipationsverfahren haben, die letztlich auf eng umrissene Orte von Nachbarschaft und Begegnung beschränkt bleiben. So paradox es klingen mag: Die eigentliche Herausforderung der Sozialraumorientierung ist es, sich von Ort(sgrenzen) zu lösen und mit den unterschiedlichsten Formen von Partizipation und Empowerment neue lokale multiple Identitäten zu schaffen.

Literatur

Albrow, M.: Abschied vom Nationalstaat. Staat und Gesellschaft im Globalen Zeitalter. Frankfurt: Suhrkamp, 1998

ARGEBAU. (Hrsg.): Leitfaden zur Ausgestaltung der Gemeinschaftsinitiative „Soziale Stadt“, 2. Fassung, Stand: 1. 3. 2000. In: Wohnungspolitische Informationen. Beilage (2000)13, S. 5-13

Bennett, C. C./Anderson, L. S./Cooper, S./Hassol, L./Klein, D. C./Rosenbaum, G. (Hrsg.) (1966): Community psychology. Bosten

Böhme, C./Schuleri-Hartje, U-K. (2002): Zusammenleben in Stadtteilen mit besonderem Entwicklungsbedarf. In: Soziale Stadt – info 8. Berlin: Deutsches Institut für Urbanistik, S. 2-13

Castells, M. (1996): The Rise of the Network Society. Oxford, deutsche Übersetzung: Die Netzwerkgesellschaft. Opladen 2001

Castells, M. (1997): The Power of Identity. Oxford, deutsche Übersetzung: Die Macht der Identität. Opladen 2002

Deinet, U. (2002): Der ‚sozialräumliche‘ Blick der Jugendarbeit – ein Beitrag zur Sozialraumdebatte. In: Neue Praxis 2, S. 285-296

Diller, C. (2002): Zwischen Netzwerk und Institution – eine Bilanz regionaler Kooperation in Deutschland. Opladen

Dinter, S. (2001): Netzwerke: eine Organisationsform moderner Gesellschaften? Marburg

Keupp, H. (1987): Psychosoziale Praxis im Umbruch. Bonn

Keupp, H. (1988): Soziale Netzwerke – Eine Metapher des gesellschaftlichen Umbruchs. In: Keupp, H. (Hrsg.): Riskante Chancen. Das Subjekt zwischen Psychokultur und Selbstorganisation. Heidelberg, S. 97-130

Mitzscherlich, B. (1997): „Heimat ist etwas, was ich mache“. Eine psychologische Untersuchung zum individuellen Prozeß von Beheimatung. Pfaffenweiler

Reutlinger, C. (2003): Jugend, Stadt und Raum. Opladen

Sarason, S. B. (1974): The psychological sense of community. Prospects for a community psychology. San Francisco

Straus, F. (2002): Netzwerkanalysen. Gemeindepsychologische Perspektiven für Forschung und Praxis. Wiesbaden

Thiersch, H. (1998): Lebensweltorientierte soziale Arbeit und Forschung. In: Rauschenbach, Th./Thole, W. (Hrsg.): Sozialpädagogische Forschung. Weinheim/München, S. 81ff.

Wagner, P. (1995): Soziologie der Moderne. Frankfurt/New York

Wellman, B. (1999): The Network Community. In Wellman, B. (Hrsg.): Networks in the global village. Colorado/Oxford, S. 1-48

Wellman, B. (2001): Physical Place and CyberPlace: The Rise of Personalised Networking. International Journal of Urban and Regional Research, 25/forthcoming: Internetversion, S. 1-29

Wellman, B./Frank. K. (2000): Network Capital in a Multi-Level World: Getting Support from a Personal Communities. In: Lin, N./Burt, R./Cook, K. (Hrsg.): Social Capital: Theory and Research (Bd. forthcoming Internetversion 4.9.2000). Chicago, S. 1-33

Christian Reutlinger

Gespaltene Stadt und die Gefahr der Verdinglichung des Sozialraums – eine sozialgeographische Betrachtung

Folgt man der aktuellen Sozialraumdiskussion in der Kinder- und Jugendhilfe, so scheint eines der Hauptprobleme darin zu liegen, wie man das diffuse Gebilde ‚Sozialraum' denn am besten mit Zahlen messbar und damit handhabbar machen kann. Es geht darum, wie man die Städte bzw. die territorialen Einheiten der Jugendhilfeintervention (beispielsweise als Sozialregionen) neu schneiden soll, damit die einzelnen Akteurinnen und Akteure kostengünstiger und effektiver arbeiten. Das heißt, in den Mittelpunkt gerät die Frage um die quantitative Ausdehnung des ‚Sozialraums': „So bewegen sich die Vorstellungen eines für die Sozialraumorientierung geeigneten Umfanges des Sozialraumes zwischen 30 000 und 80 000 Einwohnern" (Münder 2001, S. 13). Wolfgang Hinte, als einer der sich am meisten exponierenden Vertreter der Debatte, schreibt zur Größe des Sozialraums, dass

> „soziale Arbeit in Institutionen zu organisieren und methodisch zu praktizieren [ist] – und zwar immer mit Blick auf den Stadtteil (eine überschaubare sozialräumliche Einheit mit ca. 4.000 – 10.000 BewohnerInnen) als den sichtbaren Ort der Folgen gesamtgesellschaftlicher Prozesse und Versäumnisse" (Hinte 2001, S. 234).

Auch die Konzeptionen von Sozialraum wie von Jordan u.a. (2001), Wendt (1989) oder Elsen (1998) versuchen, geographische Einheiten messbar zu machen.

> „Typischerweise werden dafür anhand sozialökonomischer (und kriminalstatistischer) Daten Sozial- (und Kriminalitäts-)atlanten erstellt, um auf der Basis einer solchen ‚Sozialkartographie' möglichst präzise Instrumente der sozialpädagogischen und sozialarbeiterischen Intervention erarbeiten zu können. (Kessl 2001, S. 41f.)

Hinter dieser Idee eines in Quadratmeter messbaren Raums steckt aus sozialgeographischer Perspektive die Gefahr der *Verdinglichung des Sozialraums*. Oftmals wird im aktuellen Sozialraumdiskurs die stadtsoziologische Logik des Schneidens von Territorien anhand von strukturellen ‚objektiven' Daten übernommen, ohne dass hinterfragt wird, was dies für Konsequenzen für die Adressatinnen und Adressaten der Kinder- und Jugendhilfe hat. Hinter der stadtsoziologischen Vorgehensweise steht ein Prozess der Verräumlichung bzw. Verdinglichung des Sozialen: Es wird so getan, als ob die räumlichen Einheiten der Stadt, in denen soziale Phänomene (insbesondere in Form einer Massierung von Problemlagen) auftreten, selbst die Eigenschaft dieser Phänomene besitzen würden. Durch die Verdinglichung der Sozialen Räume als Behälterräume (vgl. ausführlich Werlen in diesem Band) drohen biographischen Bewältigungsaufgaben von Kindern, Jugendlichen und deren Familien, die ihren Wohnsitz *in* solchen ‚Sozialraumcontainern' haben, in der *Unsichtbarkeit* zu versinken (vgl. Reutlinger 2003). Deshalb muss vor jeglicher Verdinglichung des Sozialraums gewarnt werden.

Aus diesem Grund soll in diesem Artikel nicht das Schneiden eines einzigen Territoriums betrachtet, sondern es soll die ganze Stadt bzw. es sollen die strukturellen gesamtgesellschaftlichen Bedingungen in den Blick genommen werden.

> „Noch ein weiterer Tatbestand verdeutlicht die Notwendigkeit, den Sozialraum Stadt verstärkt zu thematisieren: die Tatsache, dass wir viel zu wenig wissen über die sozialstrukturelle Entwicklung und Veränderung von Lebenslagen verschiedener Bevölkerungsgruppen in den Städten und ihren Teilräumen (Schmid-Urban 1997, S. 233).

Aus sozialgeographischer Perspektive soll deshalb im vorliegenden Artikel auf die Raumlogik des stadtsoziologischen Diskurses hingewiesen werden. Diese wird in der Regel im aktuellen Sozialraumdiskurs unreflektiert übernommen und steckt hinter der Idee der Dingfestmachung von sozialen Räumen als quantitativ messbaren Einheiten in der Stadt. Die Vermischung von stadtsoziologischem Diskurs und dem Umbau der Jugendhilfe hat gerade in der Sozialraumdebatte gravierende Konsequenzen für die Bewohnerinnen und Bewohner bestimmter Stadtteile, indem deren Bewohner in physisch-materielle Raumsegmente eingeschlossen und dadurch weiter sozial- und auch räumlich ausgegrenzt zu werden drohen. Dabei ist gerade die unreflektierte Übernahme der sozialräumlichen Logik der Stadtsoziologie als Raumlogik (das gesellschaftliche Abgehängtsein wird territorial festgeschrieben – siehe unten) besonders brisant. Oft wird übersehen, dass der in der Stadtsoziologie parallel geführte Diskurs nicht als Sozialraum-, sondern als „Quartierdiskurs" (vgl. Alisch 1997) geführt wird – die Gleichsetzung von Quartier und Sozialraum ist nicht ohne Weiteres zulässig, was aufzuzeigen ist. Anhand der ‚gespaltenen Stadt', als Symbol für die aktuelle urbane Realität in Westeuropa, soll die dahinter liegende territoriale Idee nachgezeichnet werden. Aufbauend auf den Kenntnissen der Segregationsforschung fokussieren so auch aktuelle städtebauliche Programme wie *‚Stadtteile mit besonderem Entwicklungsbedarf – Die Soziale Stadt'*[1] (kurz ‚Die Soziale Stadt') im Unterschied zu früheren Programmen nicht bestimmte Zielgruppen bzw. AdressatInnen, sondern bestimmte Territorien in der Stadt (vgl. beispielsweise Walther 2002). Jugendhilfepolitische Programme wie *‚Entwicklung und Chancen junger Menschen in sozialen Brennpunkten'*[2] (E & C) beziehen sich auf diese Territorien und bezeichnen sie als ‚Sozialräume'. Somit laden sich diese Programme auch die ähnlichen Probleme auf: Der ‚Verdinglichungsprozess' kann anhand der Idee, diese Territorien als ‚soziale Räume' zu bezeichnen, nachgezeichnet werden. Abschließend sollen die Gefahren aufgezeigt und Perspektiven aus dem verdinglichten Sozialraum hinaus aufgemacht werden.

1. Die Folgen des Strukturwandels der kapitalistischen Arbeitsgesellschaft – die gespaltene Stadt

Bislang galt die Stadt als ‚Integrationsmaschine' (Heitmeyer 1998), in welcher Menschen mit verschiedener sozialer und kultureller Herkunft eine Möglichkeit fanden dazuzugehören.

> „Herausragendes Merkmal der europäischen Stadt des 20. Jahrhunderts war und ist, dass sich zwischen soziale Ungleichheit und Wohnbedingungen ein Puffer schob, der die Verdoppelung von Benachteiligung durch sozialräumliche Ausgrenzung verhinderte" (Häußermann 1998, S. 162).

---

1 Aufgelegt durch das deutsche Bundesministerium für Verkehr, Bau- und Wohnungswesen; siehe http://www.soziale-stadt.de

2 Aufgelegt durch das deutsche Bundesministerium für Familie, Senioren, Frauen und Jugend; siehe http://www.bmfsfj.de sowie http://www.eundc.de

Im Strukturwandel der Arbeitsgesellschaft im Rahmen des „digitalen Kapitalismus"[3] (Böhnisch/Schröer 2001) – in Abgrenzung zum industriellen Kapitalismus – geht es immer mehr um Zugänge zur Arbeit (vgl. Rifkin 2000). Damit droht die Stadt die integrative Kapazität zu verlieren, da der Mithaltedruck für immer mehr BewohnerInnen ständig ansteigt und immer mehr Menschen überflüssig werden. Die Konfliktpotentiale, welche sich aus der Entwicklung ergeben, bewirken eine Spaltungstendenz der Städte.[4] Der wirtschaftliche Strukturwandel führt zu einer Polarisierung von Regionen und Städten in solche,

> „in denen weiterhin die Wachstumsperspektive dominiert, und in solche, wo Tendenzen ökonomischer Stagnation und sozialer Marginalisierung deutlicher hervortreten; zum anderen führt der Strukturwandel zu einer Polarisierung innerhalb der Städte, indem sich soziale Unterschiede verschärfen und sozialräumlich deutlich sichtbar werden" (Häußermann 1991, S. 93).

Im Zuge der globalen wirtschaftlichen Verflechtung orientieren sich sowohl Wirtschaft als auch Politik an den konsumkräftigen Bewohnern einer Stadt. Es kommt zunehmend zu einer räumlichen und sozialen Polarisierung der Bevölkerung der Städte und letztlich der Stadt selbst. Das (im Falle von Deutschland seit den 1970er Jahren) erneute Auseinanderdriften von Chancen im Arbeits- und Wohnungsmarkt, der Erreichbarkeit öffentlicher Einrichtungen und des Angebots an (Aus-)Bildungschancen führt zu einer Spaltung der Bewohner einer Stadt (vgl. Dangschat 1999: 27f.). Aus dieser Tendenz heraus wird für die Zukunft ein Versagen der bisher funktionierenden ‚Integrationsmaschine' Stadt nachgesagt.

Anhand des aktuellen stadtsoziologischen Diskurses um Städtespaltung gilt es in der Folge, die unterschiedlichen urbanen Realitäten (Stadt der Gewinner vs. Stadt der Verlierer) und die damit verbundenen räumlichen Vorstellungen darzustellen.

---

3 Die Tendenz des „digitalen Kapitalismus" führt nicht mehr zu einem Diskurs „zur sozialen Emanzipation und Autonomie tendenziell aller Menschen einer Gesellschaft, sondern – nach dem postmodernen Prinzip der segmentierten Arbeitsteilung – zur sozial erweiterten Freisetzung eines Teils und sozial regressiven Freisetzung des anderen Teils (der ‚nichtproduktiven' Gruppen) der Bevölkerung" (Böhnisch/Schröer 2001, S. 228).

4 In diesem Zusammenhang wird auch von „dual cities" oder „two cities" gesprochen (vgl. dazu Alisch/Dangschat 1998, S. 87).

Stadt der Gewinner

In einer globalen Wirtschaft geht es um die internationale Konkurrenz der Produktionsstandorte. Damit muss sich eine Stadt auf dem internationalen Markt behaupten und sich auf den internationalen Wettbewerb einlassen. Nach Sassen (1996) erhalten die Städte innerhalb des Geflechts der globalisierten Ökonomie die Rolle von Katalysatoren, indem sich transnationale Firmen in den Städten niederlassen können, um die internationalen Personal-, Kapital- und Warenströme zu organisieren. Die Stadt ist dafür verantwortlich, eine Umwelt bereitzustellen, die für Unternehmensgründungen und -ausdehnungen förderlich ist. Es geht dabei um die Frage, was die Städte für die Unternehmen leisten. Die Stadt

> „…muss Dienstleistungsunternehmen für alle Bürger der Stadt sein. Sie kann nur dann ein guter Wirtschaftsstandort sein, wenn sie die Anforderungen der Arbeiter wie der Unternehmer, der älteren wie der jüngeren Menschen, wenn sie die Ansprüche der unterschiedlichen sozialen Gruppierungen zu erfüllen trachtet" (Eichel 1991, S. 88).

Die so genannte ‚unternehmerische Stadt' ist nicht mehr eingebunden in eine größere (territoriale oder soziale) Einheit, sondern ist unter globalen Bedingungen der Wirtschaft vielmehr zu sehen als eine Konkurrentin anderer Kommunen, Städte und Regionen in einem globalen Wettbewerb. Die Stadt muss sich auf dem internationalen Markt behaupten und sich als erfolgreiches Produkt anpreisen und verkaufen. Um dies möglichst erfolgreich und gewinnbringend zu tun, wird eine Politik zur Steigerung der Standortqualität verfolgt. In der heutigen Stadtpolitik geht es darum, ‚den Herausforderungen durch die Globalisierung' zu begegnen, indem durch Deregulierungen und Flexibilisierungen, Wirtschaftsförderungsprozesse und Anreizpläne ein wirtschaftsfreundliches Klima geschaffen wird (nach Dangschat 1999, S. 29).

Bei der Umsetzung der Standortpolitik lassen sich nach Berger/ Schmalfeld (1999, S. 320) die folgenden drei neuen Formen lokaler Wirtschaftspolitik unterscheiden:

– *Public-private-partnership:* Während in den 1960er und 1970erJahren traditionelle Formen der Kooperation zwischen dem öffentlichen Sektor der Stadt und den privaten Unternehmen bestanden und es darum ging, durch Anreize wie zum Beispiel Steuererleichterungen, billigeres Land und andere Subventionen die Firmen an die Standorte zu binden, bestimmen heute vermehrt wachstumsversprechende Formen und bestimmte Kooperationsleistungen dieses Verhältnis. Die Stadt schließt sich mit den Unternehmen zusammen, und es kommt zur Privatisierung traditionell öffentlicher Bereiche. Dies beginnt beispielsweise damit, dass die Stadtreinigung von einer privaten Firma übernommen wird und geht soweit, den privaten Sektor damit zu beauftragen, soziale Probleme möglichst effizient und kostengünstig zu lösen.[5]

– *Förderung ‚weicher' Standortfaktoren:* In einer erfolgreichen Stadtpolitik zur Herstellung eines positiven Geschäftsklimas müssen nach Häußermann/Siebel zunehmend die ‚weichen' Standortfaktoren[6] gefördert werden. Bei weichen' Standortfaktoren geht es um die Steigerung der Attraktivität eines Standortes. Hierzu zählen beispielsweise Bemühungen um die Ansiedlung privater Kultur- und Freizeiteinrichtungen, welche als ‚Inszenierung' von ‚Kultur', resp. ‚Kulturalisierung' der Politik beschrieben wird. Investitionen in Kunst, Subventionen für Theater und Musicalanbieter, die Unterstützung von kulturellen Großereignissen wie internationalen Kongresse, Ausstellungen, Festivals usw. steigern die Attraktivität einer Stadt (vgl. Häußermann/Siebel 1993).

  Im Zusammenhang mit der Förderung der ‚weichen' Standortfaktoren ist die Ästhetisierung des Stadtbildes entscheidend. In diesem Zuge werden Innenstädte saniert, alte leer stehende Fabrikanlagen auf originelle Weise umgebaut und multifunktional genutzt; es entstehen neue moderne Bauten, die die Attraktivität der Städte für Touristen und Geschäftsleute steigern sollen.

  Sowohl die Inszenierung von ‚Kultur' als auch die Ästhetisierung des Stadtbildes sind beim Aufbau eines Images entscheidend. Bei der Vermarktung des Produktes ‚Stadt' geht es um eine erfolgreiche Werbung und um den Verkauf des Images. Oft beruft man sich

---

5 Dabei geht es z.B. bei einem Drogenproblem nicht mehr darum, dass das Sozialamt einer Stadt Sozialarbeiter anstellt und ein Interventionsplan erstellt wird, sondern mit der Lösung wird eine Privatfirma beauftragt. Dies spart Kosten, welche für die soziale Sicherheit der Beamten ausgegeben werden müssten. Meistens wird der Auftrag der kostengünstigsten Firma übertragen, was wiederum Konsequenzen auf die Arbeitsbedingungen der Angestellten dieser Firmen hat.

6 „Weich heißt, dass diese nicht so knallhart von den Betrieben kalkuliert werden wie z.B. Lohnkosten, Transportkosten, Bodenpreise usw. Sie können nicht mit einem Investitionsplan hergestellt werden und wirken eher aufs Gemüt. Die unverbrauchte Landschaft gehört dazu, das Wetter und das schöne Ambiente" (Häußermann/Siebel 1995, S. 124).

beim Aufbau dieses Images auf Traditionen, was sich in den Worten von Giddens (1996) als „Ambivalenz reflexiver Modernisierung" zusammenfassen lässt.
– *Strategien der Verdrängung:* Bei der Schaffung von hochwertigen Zonen für Geschäfte im IT- und Dienstleistungsbereich kommt es zur massiven Ausdehnung dieser Gebiete innerhalb der Stadt. Die erneute Ausdehnung der städtischen Zentren führt in vielen Fällen zu Konflikten, da sie lange Zeit vernachlässigte Quartiere und Bevölkerungsschichten betrifft. Bei dieser Art der Stadtpolitik geht es verstärkt um die Macht des einen Teils der Bevölkerung, der seine Interessen wahrnehmen und sich breit machen kann, während der andere weichen muss. Architektur und Raumplanung sind auf diese Verdrängung ausgerichtet und es kommt im Rahmen des postmodernen Städtebaus zur ‚Expandierung und Eroberung' von neuen Gebieten der Stadt für Unternehmen und deren Angestellte. Die neuen Formen der Architektur setzen „wachsende gesellschaftliche Macht in die Beherrschung neuen städtischen Territoriums um" (Rodenstein 1992, S. 65).

Standortpolitik der Ausgrenzung und Unsichtbarmachung sozialer Probleme

Bei einem großen Teil der Stadtentwicklungspolitik geht es, wie im letzten Abschnitt dargestellt wurde, um die Förderung des Standortes im globalen Wettbewerb. Wie weiter unten aufgezeigt wird, gibt es – wie im Beispiel der ‚Sozialen Stadt' – Stadtentwicklungspolitiken, die bemüht sind, sich auch um die Verlierer der beschriebenen gesellschaftlichen Entwicklungen zu kümmern. Der hauptsächliche Teil der Energien und Ressourcen wird jedoch auf die Verfolgung der Ziele, die zur Förderung des Standortes dienen, ausgerichtet. Bei der Umsetzung einer Stadtpolitik im aufgezeigten Sinne kommt es zu einer Öffnung der Schere zwischen Arm und Reich.

> „Die Verdrängungsprozesse von einkommensschwachen Gruppen aus den Altbaugebieten der großen Städte (‚Gentrification'[7]), die mit Steuererleichte-

7 Es wird zwischen dem Begriff der ‚Gentrification' (als Zustand) und ‚Gentrifizierung' (als Prozess) unterschieden. Dabei wird der Begriff ‚Gentrification' verwendet „zur Beschreibung eines schnellen Ansteigens des Anteils an Bewohnern der (oberen) Mittelschicht in ehemaligen Arbeiterwohnquartieren bzw. in zuletzt von Arbeitern bewohnten Gebieten. Dieser Vorgang geht einher mit einer Mo-

> rungen und häufig auch durch städtische Planungsmaßnahmen unterstützt werden, sind Anzeichen dafür, dass sich mit dem ökonomischen Strukturwandel in den Städten auch die politischen Prioritäten verschieben (Häußermann 1991, S. 97).

Die Ursachen der neuen Spaltungstendenz werden oft übergangen. Es kommt zur Ausgrenzung sozialer Probleme, da sie die BewohnerInnen der ‚unternehmerischen Stadt' nicht interessieren. Die konsequente soziale und räumliche Ausgrenzung von sozialen Problemen bzw. von den Menschen mit sozialen Problemlagen ist notwendig und hilfreich für die Umsetzung der Standortpolitik, da sie das Leben innerhalb der Zentren stören. Wer mag beim ‚Shoppen' schon über einen Landstreicher steigen, der sich auf einem Karton vor einer Designerboutique zum Betteln hingelegt hat? So ist auch zu verstehen, dass sich der Wohlstand auf Kosten der Armut ausbreitet, dass heute nicht mehr von ‚Armut im Wohlstand', sondern von ‚Armut durch Wohlstand' (vgl. Dangschat 1999) die Rede ist.[8] Nach Dangschat (1999) ist die soziale und räumliche Ausgrenzung hilfreich für die Sicherung, dass es keinen ernsthaften Widerstand gegen die Interessen des Kapitals gibt. Die soziale Ausgrenzung gelingt durch die immer größeren Einschränkungen der Leistungen und Absicherung des Sozialstaates. Die räumliche Ausgrenzung ist wiederum

> „Voraussetzung dafür, Wohlstand und Reichtum in Seelenfrieden genießen zu können (segregierte und bewachte Wohnviertel, Sicherung des ‚Erlebniseinkaufs' und Kommerzialisierung insbesondere des mit moderner Architektur gestylten öffentlichen Raumes)" (Dangschat 1999, S. 14).

---

dernisierung des Wohnungsbestandes sowie der Umwandlung von Miet- in Eigentumswohnungen" (Blasius 1993, S. 14). „Gentrifizierung ist die Verdrängung der ehemaligen Bewohner durch jüngere, besser ausgebildete und in der Regel mit höherem Einkommen versehene Haushalte in innenstadtnahen Wohngebieten. Mit Verdrängungen sind Auszüge aufgrund von Mietsteigerungen oder Umwandlungen ehemaliger Mietwohnungen in Eigentumswohnungen gemeint. Damit einher geht in einem Wechselwirkungsprozess eine Veränderung des Wohnungsbestandes in Richtung überdurchschnittlicher Modernisierung, Mietpreissteigerung und der Umwandlung von Miet- in Eigentumswohnungen resp. eine Veränderung der Infrastruktur, die zunehmend den Bedürfnissen der neu Hinzuziehenden entspricht" (Dangschat 1991, S. 32).

8 Die neuere Armutsforschung geht von dem direkten Zusammenhang der Steigerung der Armut durch den verbreiteten Wohlstand aus (vgl. u.a. Alisch/Dangschat 1993, 1998; Dangschat 1999).

Durch die ungleiche Verteilung von Macht und Einfluss droht die Stadtentwicklungspolitik sich hauptsächlich auf die so genannte ‚erste Stadt' zu konzentrieren. Häußermann und Siebel (1995) sprechen im Rahmen der sozialen und räumlichen Ausgrenzung von einer Dreiteilung der Stadt. Die ‚erste Stadt' ist dabei „organisiert hin auf die Konkurrenz mit anderen Metropolen und deshalb ausgerichtet auf die Anforderungen und Bedürfnisse einer international orientierten Schicht von Geschäftsleuten, Kongress- und Messebesuchern. Auf diesen Teil der Stadt konzentriert sich die Entwicklungspolitik der Stadtregierung zunehmend" (Häußermann/Siebel 1995, S. 138). In diesem Zusammenhang wird die so genannte zweite Stadt als „Versorgungs- und Wohnstadt" der Mittelschicht gesehen. Schließlich ist die dritte Stadt „die marginalisierte Stadt der Randgruppen, der Ausgegrenzten, der dauerhaft Arbeitslosen, der Ausländer, der Drogenabhängigen und der Armen" (ebd.d, S. 138f.).

Die Entwicklung der ersten Stadt geht auf Kosten der dritten, marginalisierten Stadt, und in der Stadtpolitik geht es lediglich darum, dass diese Gebiete nicht so groß werden, dass sie eine Bedrohung für die erste Stadt werden könnten. Konflikte, die den ‚sozialen Frieden' stören könnten, sollen vermieden werden.[9] In der ‚Aus den Augen, aus dem Sinn'-Taktik geht es aber nicht um ein wirkliches Lösen der Probleme, sondern lediglich um kosmetische Maßnahmen. Der Irrtum besteht „im Glauben, Benachteiligung sei geringer, wenn sie nicht so gut sichtbar ist" (Häußermann/Oswald 1996, S. 96). Es wäre zu prüfen, ob es durch die neuere Tendenz von Stadtentwicklungspolitiken wie die ‚Soziale Stadt' wirklich gelingt, den Bewohnerinnen und Bewohnern der ‚dritten Stadt' mehr Zugänge zu verschaffen, oder ob „das Politikfeld ‚soziale Stadt'" nicht zu einem „Forum der blumigen Rhetorik, des ineffizienten Aktivismus und der symbolischen Politik" zu werden droht, wovor beispielsweise Schnur warnt (Schnur 2003, S. 347).

9 Berger/Schmalfeld beschreiben die Strategien, die zur Beibehaltung des sozialen Friedens dienen. In diesem Zusammenhang wird von der „sozialen Großstadtstrategie" gesprochen (Berger/Schalfeld 1999, S. 329ff.).

Aufbau einer unsichtbaren Mauer – Räumliche Konsequenzen der Spaltung der Städte

Die soziale und räumliche Ausgrenzung der Randgruppen führt mehr und mehr zur Entstehung und Verstärkung einer unsichtbaren Mauer, entlang welcher es zu einer Spaltung der Stadt kommt.

> „Durch Architektur und Infrastruktur wird eine unsichtbare Mauer gebaut, die sozial benachteiligte Menschen aus der ‚ersten' Stadt verdrängt – ästhetische Codes und dominante Verhaltensweisen symbolisieren in diesen Räumen, wer ‚dazu' und wer ‚nicht dazu' gehört" (Berger/Schmalfeld 1999, S. 326).

Es kommt zur sozialen Ausgrenzung einer immer breiter werdenden Bevölkerungsschicht durch städtebauliche Maßnahmen, die auf die komplette Verdrängung dieser Menschen abzielen. Die Architektur der in den Innenstädten neu entstehenden Gebäude und räumlichen Ausschnitte (beispielsweise Einkaufspassagen der City, Bahnhöfe, öffentliche Plätze) ist gekennzeichnet durch eine ‚Innenwendung'. Diese Bauten sprechen mit ihren glatten und gestylten Fassaden eine abweisende Sprache nach außen hin, drinnen laden sie jedoch zum Einkaufen, Konsumieren oder zum Flanieren ein. Durch eine abweisende und pompöse Architektur soll die Zugangsschwelle erhöht, der Zugang für ‚Unerwünschte' oder ‚Ausgegrenzte' beschränkt werden. In diesem Zusammenhang wird von der Tendenz zur Privatisierung öffentlichen Raumes gesprochen. In diesen räumlichen Ausschnitten gilt das Hausrecht des jeweiligen Verwalters oder (Geschäfts-)Besitzers. Störende Personen werden durch die Polizei oder immer mehr durch private Sicherheitsfirmen ‚entfernt' oder gar nicht erst eingelassen.

> „Obdachlose, bettelnde oder sonst wie ‚abweichende' Menschen können – wenn sie durch die Ästhetisierung nicht ohnehin abgeschreckt werden – aus diesen Räumen verbannt und ausgegrenzt werden, um den Aufenthalt und das ‚Erlebnis' derjenigen nicht zu stören, die durch ihre Umsätze für die notwendige Rentabilität dieser Räume sorgen (Berger/Schmalfeld 1999, S. 325).

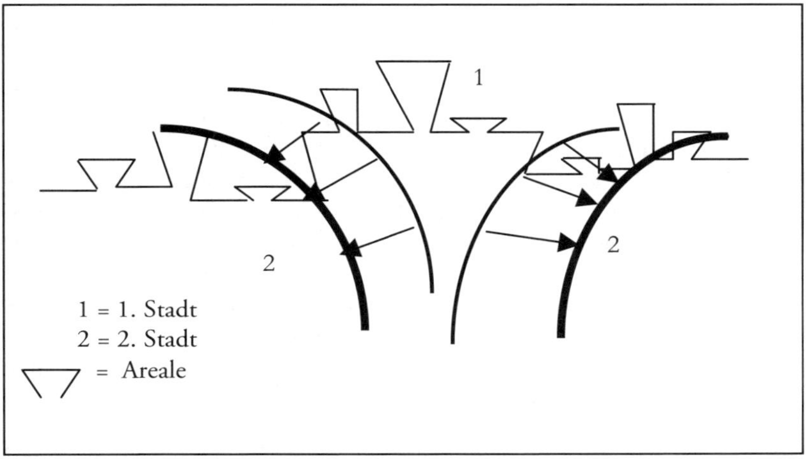

Abb. 1: Aufbau einer unsichtbaren Mauer in der gespaltenen Stadt

In der ersten Stadt haben sozial benachteiligte Menschen nichts zu suchen, sie ist zugänglich für die ‚Erfolgreichen', die so genannten ‚global player' oder ‚Lebensstiltypen', welche die sozialen resp. ökonomischen Möglichkeiten besitzen, sich den räumlichen Zugang zu diesen Orten zu erkaufen. Aus der Sicht der ersten Stadt bzw. der damit zusammenhängenden Stadtpolitik geht es vorrangig darum, die ‚Abgehängten', ‚Unerwünschten' oder ‚Verlierer' dieser Entwicklung von diesen Orten fernzuhalten.

Die unternehmerischen Strategien der Stadt orientieren sich an der Erfolgsgruppe der aufstrebenden Dienstleistungsklasse: „Hochgebildet, kinderlos, mit hohem Einkommen versehen, innenstadtnah wohnend, mit protestantischem Arbeitsethos und zugleich mit einem ausgeprägten Hedonismus versehen" (Dangschat 1998, S. 70). Diese Gruppe der Gewinner wird in der Standortpolitik berücksichtigt.

> „Gegenwärtig findet in Städten und Stadtregionen eine zunehmende distinktiv eingesetzte Form der Besitznahme von Raum durch die Sieger ökonomischer Umstrukturierung bei gleichzeitiger Einengung der Verlierer in wenig attraktiven und benachteiligten Räumen statt. Diese Räume sind ihrerseits durch räumliche Konzentrationen weiter struktureller Nachteile gekennzeichnet (Wohnungsnot, Obdachlosigkeit, Unterversorgung in der Nahrungsversorgung, der Bildung und der Gesundheit). Damit ist die Basis für eine weitergehende stadtgesellschaftliche Desintegration und stadtstrukturelle Erosion gelegt" (Dangschat 1998, S. 70f.).

Eine unsichtbare Mauer wird aufgebaut, die die Orte der ‚insider' von denjenigen der ‚outsider' abriegelt und trennt. Die ‚Verdrängten' befinden sich sozial und räumlich in der dritten Stadt, welche die erste Stadt und ihre Bewohner, solange die ‚unternehmerische Stadt' nicht bedroht ist, nicht interessiert bzw. für sie unsichtbar ist. In dieser ‚überflüssigen' oder ‚störenden Stadt' konzentriert sich die sozial benachteiligte Bevölkerung, die gerade durch ihre räumliche und soziale Ausgrenzung ständig an Möglichkeiten verliert, jemals in die erste Stadt hineinzukommen und somit in die Gesellschaft integriert zu werden. Die Ausgrenzung aus dem größten Teil städtischer Raumsegmente, aber auch die symbolische Ausgrenzung aus öffentlichen Räumen führt dazu, dass immer mehr Menschen am kulturellen und sozialen Leben nicht teilhaben können.

> „Räumliche Ausgrenzung ist so zweifach wirksam. Zum einen schränkt sie den Zugang zu Orten ein, zum anderen führt sie gleichzeitig zu einer geringeren Beteiligung am sozialen städtischen Leben" (Friedrichs 1999, S. 277).

Die Polarisierungstendenzen innerhalb der Sozialstruktur führen zum vermehrten Auseinanderdriften der ersten oder ‚unternehmerischen Stadt' und der dritten ‚abgehängten Stadt'. Diese Spaltung erhöht sich weiter durch die laufende Einschränkung der Möglichkeiten von sozialen Gruppen aus der ‚überflüssigen Stadt', sich den Raum anzueignen. Es kommt zu einer Verstärkung der sozialen Segregation[10], da Nutzen und Aneignungsmöglichkeiten von Orten, (Definitions-) Macht über räumliche Ausschnitte der Stadt sowie die Verfügung von sozialen, ökonomischen und kulturellen Ressourcen auseinander driften und immer ungleichmäßiger verteilt sind. Aus diesem Grund werden die sozialen und räumlichen Unterschiede der Städte immer größer. Die Spaltung der Städte schreitet so stetig voran.

> „In den letzten Jahren erleben wir deshalb eine Verstärkung der sozialräumlichen Unterschiede zwischen Stadtgebieten, die besonders der sozialen Segregation einen neuen Stellenwert gibt: Es kommt zu einer anwachsenden Polarisierung zwischen Stadtgebieten. Gebiete, die von einer Bevölkerung mit hohem Einkommen geprägt sind, werden zudem wohlhabender, und Stadtge-

10 Meistens wird unter Segregation die ungleiche Verteilung der Wohnbevölkerung in einer Stadt verstanden; man spricht dann auch von der residentiellen Segregation. Für die vorliegende Arbeit soll die Segregation weiter gefasst werden: Unter Segregation soll allgemein die ungleiche Verteilung von Einheiten (z.B. sozialen Gruppen, unterschiedlichen Handlungsformen) im Raum verstanden werden.

biete mit Bewohnern mit geringerem Einkommen weiten sich in der Fläche aus und werden ärmer“ (Friedrichs 1999, S. 265).

Stadt der Verlierer

Durch ungleiche Verteilung von Ressourcen sind auch die Chancen der Menschen in der Stadt ungleich verteilt. Diejenigen Bevölkerungsgruppen, die nicht zum Kern von Unternehmern, Managern und hochqualifizierten Fachkräften zählen, lassen sich als Bewohner der ‚Stadt der Verlierer‘ bezeichnen.

> „Diese Schicht, die sich in erster Linie durch ihre Nichtteilhabe am ökonomischen Kern der städtischen Wirtschaft (also durch eine fehlende Beteiligung an der Macht und einen erschwerten Zugang zu den Informationsströmen der Weltwirtschaft) charakterisieren lässt, ist stark fragmentiert und umfasst die unterschiedlichsten Wertvorstellungen, Lebensstile und Kulturen“ (Schnur 2003, S. 3).

Neben einer zusätzlichen Benachteiligung durch die Wohnbedingungen (wie z.B. eine hohe Belegungsdichte, schlechte Ausstattung, hohe Kosten, ein einschränkender Grundriss der Wohnung sowie Wohnungsmängel wie Feuchtigkeit, Dunkelheit, Belästigung durch Lärm etc.) und Wohnumfeldbedingungen (benachteiligende Sozial- und unzureichende Infrastruktur, mangelnde Erreichbarkeit, starke Immissionen, schlechtes Image, eingeschränkter Zugang zu öffentlichem und halböffentlichem Raum: vgl. Dangschat 1999, S. 17) sind sozial benachteiligte Stadtgebiete oft von einer schleichenden Abwertung betroffen, die die Situation der Bewohner weiter verschlechtert. Das führt zu einem vermehrten Auftreten von sozialen Problemen. Hinzu kommen kulturelle Ausgrenzungsformen, die die räumliche Ausgrenzung zusätzlich verstärken.

> „Je stärker sich Stadtteile nach dem sozialen Status differenzieren, die räumlichen Partizipationsmöglichkeiten ungleich verteilt sind und benachteiligte Menschen sich in bestimmten Stadtgebieten konzentrieren und sich ihre Lebenswelt stärker in diesen Gebieten abspielt, weil sie weder über finanzielle, soziale oder kulturelle Ressourcen verfügen, andere Orte zu nutzen, desto mehr greifen die Folgen dieser Ausgrenzung. Die räumliche Ausgrenzung in ihrer Gesamtheit wird selber zu einem Faktor, der soziale Ungleichheit und Benachteiligung erzeugt und die Lebenslage von Betroffenen nachhaltig verschlechtert. Besonders weil räumlich bedingte Ausgrenzungsformen zur sowieso schon durch Mangel gekennzeichneten Lebenssituation erschwerend hinzu kommen“ (Friedrichs 1999, S. 282).

Die in den letzten Abschnitten aufgezeigte Tendenz der Spaltung der Städte ist nicht nur im traditionellen Sinne zu verstehen, indem sich um ein homogenes Zentrum einer entwickelten Stadt schlecht kommunizierte und unterprivilegierte Satellitenstädte[11] herausbilden, wie dies in traditionellen Stadtentwicklungsmodellen der Fall ist. Eine flexibilisierte räumliche Hierarchie löst vielmehr die fordistische Zonierungslogik auf (Schnur 2003, S. 23), und eine Fragmentierung tritt an die Stelle konzentrischen Aufbaus der Metropolen; gegenläufige Prozesse verlaufen in der Stadt oft gleichzeitig; die bisher meist monozentrischen Agglomerationen werden zu diffusen polizentrischen Gebilden (vgl. Soja 1990, 1995). Bei der Städtespaltung geht es deshalb darum, die sozialen Probleme durch Prozesse der ‚Invisibilisierung' (vgl. Reutlinger 2003) aus dem Blickfeld zu schaffen. Wie dies konkret funktioniert, beschreiben Berger/Hildenbrand/Somm anhand des Drogenproblems der Stadt Zürichs. Durch die „Unsichtbarmachung" verspricht man sich „ein Ende der Konfrontation" (Berger/Hildenbrand/Somm 2002, S. 179). Dahinter liegt eine „klassifikatorische Strategie", die zu neuen Formen sozialer Ungleichheit und zu einem modernisierten Klassenbildungsprozess beiträgt.

> „Dabei handelt es sich um einen Stigmatisierungs- und Exklusionsprozess gegenüber denjenigen, die dem neuen Leistungs- und Produktionsmodell nicht gerecht werden, wie etwa Migranten, Asylbewerber, Drogenkranke und -händler, Jugendbanden oder Obdachlose" (Schnur 2003, S. 24).

Die Mauern sind nicht sichtbar, sondern versteckt. So entstehen erneut ‚Ghettos ohne Mauern' (Hess/Mechler 1972). Heute wird die alte räumliche Zentrum-Peripherie-Struktur der Städte zunehmend durch kleinteilig polarisierte Gebiete abgelöst, die nicht physisch-räumlich, sondern versteckt die Bewohner einer Stadt voneinander abgrenzen. Es entsteht ein Raumgefüge, das mehrfach geteilt ist, wie ein Mosaik oder Leopardenfell (vgl. Berger und Schmalfeld 1999, S.

11 Diese Tendenz ist aber weiterhin in modernen Städten zu beobachten. Dies zeigen auf eindrucksvollste Weise die von der französischen Rechtsregierung unter Le Pen geführten Stadtpolitiken im Süden von Frankreich, in denen sämtliche Kommunikationsmöglichkeiten von Bewohnern von Satellitenstädten, meistens marokkanische resp. algerische Einwanderer, abgeschnitten werden (vgl. Loch 2000). Sie bleiben in diesen Satellitenstädten isoliert und haben gar nicht die Möglichkeit, ins Zentrum zu gelangen. „Die räumliche Ausgrenzung verhindert häufig (...) die Teilhabe an und die Erreichbarkeit von Ausbildungseinrichtungen und Arbeitsplätzen, angemessenem Wohnraum und gut ausgestatteten Wohnquartieren sowie öffentlicher und privater Infrastruktur" (Dangschat 1999, S. 14).

317). Durch diese Entwicklungstendenz liegen Armut und Reichtum (kausal und räumlich) eng beieinander. Auch bei der Beschreibung der städtischen Spaltungstendenzen besteht die Gefahr einer Verräumlichung bzw. Verdinglichung durch die Sprache: Durch die Darstellung gibt es mit einem Mal so etwas wie eine ‚erste' bzw. ‚dritte' Stadt. Es scheint so, als ob man die Gewinner und die Verlierer räumlich festmachen könnte. Dieses Dilemmas bewusst, plädiere ich dafür, die hier beschriebenen idealtypischen Darstellungen der ‚unternehmerischen vs. abgehängten' Stadt rein symbolisch und auf keinen Fall physisch-materiell festschreibbar zu verstehen. Es geht nicht um die Territorien *in* welchen die Menschen mit verschiedenen Voraussetzungen leben und handeln. Es geht vielmehr um die Handlungen der Menschen unter unterschiedlichen, sich ständig in ihren Möglichkeiten differenzierenden Voraussetzungen. Damit können die räumlichen Bezüge von den Konstitutionsleistungen bzw. Handlungen der Menschen her aufgeschlossen werden. Das handelnde Subjekt konstituiert demnach die räumlichen Bezüge vor dem Hintergrund seiner biographischen Bewältigungsaufgaben und der Bedeutungen, welches es der physisch-materiellen, subjektiven und sozialen Welt beimisst.

2. Politik der Kleinräumigkeit am Beispiel der ‚Sozialen Stadt' – Kritische Anmerkungen aus sozialgeographischer Perspektive

Fasst man die Ausführungen des letzten Kapitels zusammen, so ist die Einsicht der sozialräumlichen Segregation und der damit verbundenen Städtespaltung eine durchgängige Diagnose der aktuellen stadtsoziologischen Diskussion. Ausgangspunkt ist die Einteilung der Menschen und letztlich auch der Stadt in Gewinner und Verlierer, in Abgehängte und Integrierte. Die Stadtforschung geht nun weiter davon aus, dass es räumlich lokalisierbare Territorien gibt, die eine bestimmte physisch-materielle Ausprägung haben und die auch sozial von entsprechenden Merkmalen belegt sind (Prozess der Verräumlichung). Das heißt, dass es nach dieser Logik physische Räume in der Stadt gibt, an denen das Abgehängtsein sich verdinglicht.

> „Gesellschaftliche Strukturen und deren Veränderungen schlagen sich räumlich nieder, bringen ... sozialräumliche Muster hervor. (...) Es beginnen sich insbesondere in den Quartieren vielfältige und oft schon verfestigte Problemlagen zu konzentrieren, in denen bereits zuvor der Anteil von sozial benach-

teiligten Bewohnern hoch war und wo nun selektive Wanderungsprozesse einsetzen. (...) Außerdem werden in diesen Gebieten verstärkt Phänomene sozialer Desorganisation, die im öffentlichen Raum sichtbar werden und Gefühle der Verunsicherung und Bedrohung hervorrufen, benannt: Verwahrlosung, gewalttätige Auseinandersetzungen, Drogenkriminalität, Alkoholismus" (Kapphan/Dorsch/Siebert 2002, S. 8ff.).

Auf die Erkenntnisse der stadtsoziologischen Diskussion bauen nun die aktuellen Städteförderungsprogramme, die sich an die Verlierer der beschriebenen Entwicklungen richten, wie die ‚Soziale Stadt', auf: In den Blick geraten abgehängte städtische Territorien. Die Hinwendung weg von bestimmten AdressatInnen bzw. Zielgruppen hin zu bestimmten Territorien liegt seit den 1990er Jahren im Trend vom wissenschaftlichen und stadtentwicklungspolitischen Diskurs: Das Wohnquartier als sozialräumliche „Einheit" gewinnt einen immer größer werdenden Stellenwert. „‚Quartier' bezeichnet einen sozialen Raum, der kleiner als ein (administrativ abgegrenzter) Stadtteil, aber durchaus vielfältiger sein kann, als ein Wohngebiet, das planungsrechtlich nur dem Wohnzweck dient" (Alisch 2002, S. 60). Der „Quartiersansatz" geht davon aus, dass im überschaubaren Rahmen der Wohnquartiere oft ungenutzte Ressourcen politischer, sozialer und ökonomischer Teilhabe und neue Chancen integrierter Politikansätze vorhanden sind.

„Dabei stehen neben klassischen ‚Sanierungszielen' die Bedürfnisse und die ‚Aktivierung' der Bewohner, die Nutzung lokal existierender Ressourcen, ein intersektoriales integriertes Handeln sowie die Vernetzung wichtiger Akteure im Vordergrund" (Schnur 2003, S. 112).

Das Ziel des Artikels lag in der Darstellung der räumlichen Logik des stadtsoziologischen Diskurses. Dieser bildet die Grundlage (explizit oder implizit) des gegenwärtigen Sozialraumdiskurses in der Kinder- und Jugendhilfe. Damit übernimmt die Kinder- und Jugendhilfe auch die Raumlogik der Stadtsoziologie und dies in der Regel ohne sich darüber bewusst zu sein. Damit tendiert die Kinder- und Jugendhilfe dazu, sich als schwache Partnerin der Raumlogik (finanz-)starker Partnerinnen, wie die der Verwaltung oder Stadtplanung, die ihrerseits radikale Modernisierungsprozesse durchleben, zu unterwerfen. Dabei stellt sich heraus, dass die Kinder- und Jugendhilfe keine Definitionsmacht besitzt, sondern sich lediglich auf die ‚Territorien' bezieht, die andere definiert haben. Bei der unreflektierten Übernahme der Raumlogik der Stadtsoziologie handelt sie sich massive Schwierigkeiten ein. Die Stadterneuerung definiert *Territorien*, vergibt Mittel, verändert das Wohnumfeld und die Häuser der benachteiligten Menschen (durch Umstrukturierung, Betonierung und Sprengung), schickt im Beispiel der ‚Sozialen Stadt' neue (z.T. konkurrierende) Akteure ins Feld (Quartiermanagement) etc. Die Kinder- und Jugendhilfe *bezieht* sich lediglich auf diese Territorien, ist ohne zusätzliche Mittel. So bezog sich das jugendhilfepolitische Programm E & C in seiner Anfangsphase vollständig auf die im Rahmen der ‚Sozialen Stadt' ausgewiesenen ‚Stadtteile mit besonderem Entwicklungsbedarf' und bezeichnete sie als ‚soziale Brennpunkte'[12]. Im Rahmen der wissenschaftlichen Begleitung dieses Programms gelang es jedoch – sowohl für die wissenschaftliche Begleitung als auch für die politische Steuerung – von einem differenzierteren Sozialraumverständnis auszugehen, welches die Menschen als handlungsfähige Subjekte, die ihren Sozialraum konstituieren, in den Vordergrund stellt (siehe Einleitung in diesem Band). So bezieht sich heute das Programm E & C zwar auf die ausgewählten Gebiete, aber in den Vordergrund treten die Lebensmittelpunkte von Kindern, Jugendlichen und ihren Familien. Damit werden auch territoriale Einheiten außerhalb der Fördergebiete miteinbezogen.

Zusammenfassend heisst dies, dass die Kinder- und Jugendhilfe mit der Übernahme der Raumlogik der Stadtsoziologie zwar vorgibt, sich den aktuellen Situationen anzupassen und moderne Konzepte aufzugreifen, dass sie jedoch unter den Bulldozer der Stadtentwicklung zu geraten droht. Zwar wird versucht, über die Regionalisierung Sozialer Arbeit von der Zielgruppenförderung wegzukommen und mit der Region zu einer Interventionslogik zu gelangen, die näher an den aktuellen Bedürfnissen der Adressatinnen und Adressaten liegt. Doch droht das Ganze an dem dahinterliegenden Raumverständnis zu scheitern.

In diesem unreflektierten Umgang liegt ein Prozess der Verdinglichung des Sozialraums. In der Krise des Sozialstaates wird ein Prozess der Verdinglichung des Sozialraums dahingehend vollzogen, die Stadtteile zu abgeschlossenen „Containern" (vgl. Werlen in diesem Band) von sozialen Problemen oder nach den Worten von Richard Sennett, zu „Mülleimern des Sozialen" (2000) im Strukturwandel der Arbeitsgesellschaft zu machen. Um nicht die Menschen im Sozialraum ‚ein-

---

12 ‚Soziale Brennpunkte' sind Wohngebiete, „in denen Faktoren, die die Lebensbedingungen ihrer Bewohner und insbesondere die Entwicklungschancen von Kindern und Jugendlichen negativ bestimmen, gehäuft auftreten" (Deutscher Städtetag 1979, S. 12) – nach Häußermann „ein Sprachgebrauch, den man inzwischen vermeidet, weil er ein Bild hervorruft, es handle sich um punktuelle Probleme, die man rasch mit der Feuerwehr löschen könne" (Häußermann 2001, S. 38).

zuschließen', gilt es den ,Sozialraum' von den Konstitutionsleistungen bzw. Handlungen des dynamischen Subjektes her aufzuschließen. Dass ein hohes Maß an Differenzierung auch unter den immer diffuser werdenden Bedingungen möglich ist, haben zum Beispiel Berger/ Hildenbrand/Somm (2002) in ihrer empirischen Studie über die verschiedenen Lebenslagen und Sozialraumkonstitutionen ganz unterschiedlicher BewohnerInnen eines benachteiligten Stadtteils auf eindrucksvolle Art und Weise beschrieben.

Insbesondere für junge Menschen könnte die sozialgeographische Forschung mit der ,gespaltenen Stadt' an die Überlegungen der ,Sozialgeographie des Jugendalters' (vgl. Reutlinger 2003) anknüpfen, welche das sozialgeographischen Konzept der ,alltäglichen Regionalisierungen' von Benno Werlen (vgl. insbesondere Werlen 1995, 1997 und in diesem Band) für die Jugendlichen anwendet. Darin wird der ,Sozialraum' von den Konstitutionsleistungen bzw. Handlungen des dynamischen Subjektes her aufgeschlossen. Das handelnde Subjekt konstituiert demnach den ,Sozialraum' vor dem Hintergrund seiner biographischen Bewältigungsaufgaben und der Bedeutungen, welche es der physisch-materiellen, subjektiven und sozialen Welt beimisst (vgl. Reutlinger 2004).

Zu untersuchen wäre, welche Ausprägungen die Bewältigungsformen von Kindern, Jugendlichen und ihren Familien unter den Bedingungen der Verliererseite des digitalen Kapitalismus haben und wie sozialpolitisch darauf reagiert bzw. sozialpädagogische Übergänge geschaffen werden könnten.

Literatur

Alisch, M. (1997): Soziale Stadtentwicklung – Leitlinien einer Politik für benachteiligte Quartiere. Das Beispiel Hamburg. In: Hanesch, W. (Hrsg.): Überlebt die soziale Stadt? Opladen, S. 345-361

Alisch, M. (2002): Soziale Stadtentwicklung – Politik mit neuer Qualität? In: Walther, U.-J. (Hrsg.): Soziale Stadt – Zwischenbilanzen. Ein Programm auf dem Weg zur Sozialen Stadt? Opladen, S. 57-69

Alisch, M./Dangschat, J. S. (1998): Armut und soziale Integration: Strategien sozialer Stadtentwicklung und lokaler Nachhaltigkeit. Opladen

Berger, C./Hildenbrand, B./Somm, I. (2002): Die Stadt der Zukunft. Leben im prekären Wohnquartier. Opladen

Berger, O./Schmalfeld, A. (1999): Stadtentwicklung in Hamburg zwischen ,Unternehmen Hamburg' und ,Sozialer Großstadtstrategie'. In: Dangschat, J. S. (Hrsg.): Modernisierte Stadt – Gespaltene Gesellschaft. Opladen

Blasius, J. (1993): Gentrification und Lebensstile. Eine empirische Untersuchung. Wiesbaden

Böhnisch, L./Schröer, W. (2001): Pädagogik und Arbeitsgesellschaft. Weinheim/München

Dangschat, J. S. (1991): Gentrification – Indikatoren und Folge globaler ökonomischer Umgestaltung, des Sozialen Wandels, politischer Handlungen und von Verschiebungen auf dem Wohnungsmarkt in innenstadtnahen Wohngebieten. Unveröff. Habilitationsschrift. Hamburg

Dangschat, J. S. (1998): Warum ziehen sich Gegensätze nicht an? Zu einer Mehrebenen-Theorie ethnischer und rassistischer Konflikte um städtischen Raum. In: Heitmeyer, W./Dollase, R./Baackes, O. (Hrsg.): Die Krise der Städte. Frankfurt a.M., S. 21-96

Dangschat, J. S. (Hrsg.) (1999): Modernisierte Stadt – Gespaltene Gesellschaft. Ursachen von Armut und sozialer Ausgrenzung. Opladen

Deutscher Städtetag (Hrsg.) (1979): Hinweise zur Arbeit in sozialen Brennpunkten. DST-Beiträge zur Sozialpolitik, Reihe D, 10. Köln.

Elsen, S. (1998): Gemeinwesenökonomie – eine Antwort auf Arbeitslosigkeit, Armut und soziale Ausgrenzung? Soziale Arbeit, Gemeinwesenarbeit und Gemeinwesenökonomie im Zeitalter der Globalisierung. Neuwied/Kriftel

Eichel, H. (1991): Wirtschaftsraum Stadt: Stadtqualität als Standortfaktor für die Wirtschaft. In: Ganser, K. u.a. (Hrsg.): Die Zukunft der Städte. Baden-Bade, S. 86-91

Friedrichs, J. (Hrsg.) (1999): Stadtökologische Forschung: Theorie und Anwendungen. Berlin

Giddens, A. (1996): Leben in einer posttraditionalen Gesellschaft. In: Beck, U./Giddens, A./Lash, S.: Reflexive Modernisierung. Frankfurt a.M., S. 113-194

Häußermann, H. (1991): Sozialraum Stadt: von der Sprengkraft sozialer Schichtung. In: Ganser, K. u.a. (Hrsg.): Die Zukunft der Städte. Baden-Baden, S. 92-110

Häußermann, H. (1998): Zuwanderung und die Zukunft der Stadt. In: Heitmeyer, W./Dollase, R./Baackes, O. (Hrsg.): Die Krise der Städte. Frankfurt a.M., S. 145-175

Häußermann, H. (2001): Aufwachsen im Ghetto – Folgen sozialräumlicher Differenzierung in den Städten. In: Bruhns, K./Mack, W. (Hrsg.): Aufwachsen und Lernen in der Sozialen Stadt. Kinder und Jugendliche in schwierigen Lebensräumen. Opladen, S. 37-51

Häußermann, H./Oswald, I. (1996): Stadtentwicklung und Zuwanderung. In: Schäfers, B./Wewer, G. (Hrsg.): Die Stadt in Deutschland. Soziale, politische und kulturelle Lebenswelten. Opladen, S. 85-110

Häußermann, H./Siebel, W. (1993): Festivalisierung der Stadtpolitik. Stadtentwicklung durch große Projekte. Leviathan Sonderheft 13

Häußermann, H./Siebel, W. (1995): Dienstleistungsgesellschaften. Frankfurt a.M. 1995

Heitmeyer, W. (1998): Versagt die „Integrationsmaschine" Stadt? Zum Problem der ethnisch-kulturellen Segregation und ihrer Konfliktfolgen. In: Heitmeyer, W./Dollase, R./Baackes, O. (Hrsg.): Die Krise der Städte. Frankfurt a.M., S. 443-468

Hess, H./Mechler, A. (1972): Ghetto ohne Mauern. Frankfurt a.M.

Hinte, W. (2001): Stadtteilbezogene Soziale Arbeit im ASD – Chancen und Grenzen in struktureller und personeller Hinsicht. In: Hinte, W./Lüttringhaus, M./Oelschlägel, D.: Grundlagen und Standards der Gemeinwesenarbeit. Ein Reader für Studium, Lehre und Praxis. Münster; S. 234-261

Jordan, E./Hansbauer, P./Merchel, J./Schone, R. (2001): Sozialraumorientierte Planung, Begründung, Konzepte, Beispiele. In: ISA e.V. Münster

Kapphan, A./Dorsch, P./Siebert, I. (2002): Sozialräumliche Segregation in der Stadt. Literaturbericht. Netzwerke im Stadtteil – Wissenschaftliche Begleitung E & C. Deutsches Jugendinstitut e.V. München/Leipzig

Kessl, F. (2001): Komm rein, dann kannst du rausschau´n! In: Widersprüche, Heft 82

Loch, D. (2000): Jugendprotest in französischen Vorstädten. Von der Gewalt zur Integration durch Anerkennungskonflikte? In: Roth, R./Rucht, D. (Hrsg.): Jugendkulturen, Politik und Protest. Vom Widerstand zum Kommerz? Opladen, S. 263-282

Münder, J. (2001): Sozialraumorientierung und das Kinder- und Jugendhilferecht. Sozialpädagogisches Institut im SOS-Kinderdorf e.V. München

Reutlinger, C. (2003): Jugend, Stadt und Raum. Sozialgeographische Grundlagen einer Sozialpädagogik des Jugendalters. Opladen

Reutlinger, C. (2004): Die Notwendigkeit einer neuen Empirie der Aneignung – der Ansatz der Bewältigungskarten. In: Deinet, U./Reutlinger, C. (Hrsg.): ‚Aneignung' als Bildungskonzept der Sozialpädagogik. Beiträge zur Pädagogik des Kindes- und Jugendalters in Zeiten entgrenzter Lernorte. Opladen, S. 121-135

Rifkin, J. (2000): Access. Das Verschwinden des Eigentums. Frankfurt a.M.

Rodenstein, M. (1992): Städtebaukonzepte. Bilder für den baulich-sozialen Wandel der Stadt. In: Häußermann u.a. (Hrsg.): Stadt und Raum. Soziologische Analysen. Pfaffenweiler, S. 31-67

Sassen, S. (1996): Metropolen des Weltmarktes. Die neue Rolle der Global Cities. Frankfurt/New York

Schmid-Urban, P. (1997): Sozialraum Stadt. Perspektivenwechsel in der Stadtentwicklungs- und Sozialpolitik zur sozialen Kommunalpolitik. In: Blätter der Wohlfahrtspflege – Deutsche Zeitschrift für Sozialarbeit, Heft 11+12, S. 233-235

Schnur, O. (2003): Lokales Sozialkapital für die ‚soziale Stadt'. Politische Geographien sozialer Quartiersentwicklung am Beispiel Berlin-Moabit. Opladen

Sennett, R. (2000): Interview: Freiheit statt Kapitalismus. In: Die Zeit 15/2000, vgl. http://www.zeit.de/2000/15/200015_beck_sennett.html

Soja, E. W. (1990): Ökonomische Rekonstruierung und Internationalisierung der Region Los Angeles. In: Borst, R./Krätke, S./Mayer, M. (Hrsg.): Das neue Gesicht der Städte. Theoretische Ansätze und empirische Befunde aus der internationalen Debatte. Basel/Boston/Berlin, S. 170-189

Soja, E. W. (1995): Anregung für ein wenig Verwirrung: Ein zeitgenössischer Vergleich von Amsterdam und Los Angeles. In: Hitz, H./Keil, R./Lehrer U. (Hrsg.): Capitales Fatales. Urbanisierung und Politik in den Finanzmetropolen Frankfurt und Zürich. Zürich, S. 160-175

Walther, U.-J. (2002): Ambitionen und Ambivalenzen eines Programms. Die Soziale Stadt zwischen neuen Herausforderungen und alten Lösungen. In: Walther, U.-J. (Hrsg.): Soziale Stadt – Zwischenbilanzen. Ein Programm auf dem Weg zur Sozialen Stadt?. Opladen, S. 23-43

Wendt, W.-R. (1989): Gemeinwesenarbeit. Ein Kapitel zu ihrem gegenwärtigen Stand. In: Ebbe, K./Friese, P.: Milieuarbeit. Grundlagen präventiver Sozialarbeit im lokalen Gemeinwesen. Stuttgart, S. 1-34

Werlen, B. (1995): Sozialgeographie alltäglicher Regionalisierungen. Band 1: Zur Ontologie von Gesellschaft und Raum. Erdkundliches Wissen. Stuttgart 1995

Werlen, B. (1997): Sozialgeographie alltäglicher Regionalisierungen. Band 2: Globalisierung, Region und Regionalisierung. Erdkundliches Wissen. Stuttgart

Werlen, B. (2000): Sozialgeographie. Eine Einführung. Bern/Stuttgart/Wien

B Perspektivenwechsel in der Sozialen Arbeit

Hans Thiersch

Lebensweltorientierte Soziale Arbeit im städtischen Milieu[1]

1. Problemstellung

- Eine Clique wüster Burschen, lautstark, rasch in tätliche Auseinandersetzungen auch mit anderen Cliquen geratend; die Szene verhärtet sich; ein Polizist, dazwischengehend, kommt zu Tode. Straßensozialarbeiter gewinnen in mühsamen gegenseitigen und riskanten Erprobungen das Vertrauen der Gruppe, man findet und richtet sich einen Raum; Aktivitäten, als Ersatz und bessere Alternativen für das, was die Jungen in der Gruppe gesucht haben, wirken, entwickeln sich produktiv.
- Ein Stadtteil, bewohnt von Angehörigen unterschiedlicher Ethnien, eher ärmlich, Kindergarten und Schule überlastet. Nach langen Vorbereitungen wird ein Jugendhilfezentrum eingerichtet, die unterschiedlichen Angebote der Jugendhilfe sind dort vor Ort konzentriert, Sprechstunden und Clubarbeit werden eingerichtet. Von hier aus entwickeln sich neue Formen der Zusammenarbeit zwischen Jugendamt, Schule, Arzt und Wohnungsamt; der Stadtteil entdramatisiert sich.
- Umgrenzt von zwei viel befahrenen Hauptstraßen ein Hochhaus mit kleinen, überbelegten Wohnungen, das Haus herunterkommend, Wohnungen stehen zunehmend leer; eine randalierende Clique beherrscht am Abend den Eingang. Es gelingt, die in ihr Schicksal ergebenen Hausbewohner zu engagieren, ein fachlich initiierter und gestützter Mieterrat entwirft in mühsamen Sitzungen Pläne, die Wohnungsgenossenschaft und das Jugendamt werden beteiligt; aus Sonderprogrammen werden Renovierungsarbeiten bezahlt, der Parkplatz wird in einen Spielplatz für Interessen ganz

1 Referat gehalten bei der internationalen Fachtagung der IGfH: Im Dickicht der Städte. Berlin, September 2002.

unterschiedlicher Gruppen, vor allem auch ausländischer Familien verwandelt. Haus und Platz wirken zunehmend in die Umgebung.

Also: Arbeit mit Menschen an dem Ort, wo sie leben. Kooperation der unterschiedlichen Professionellen, Zusammenspiel mit engagierten Bürgern – Bürger, die ermutigt werden, ihre eigenen Interessen in die Hand zu nehmen.

2. Für eine solche Rahmung gibt das Thema die Stichworte: lebensweltorientierte Erziehungshilfen und städtisches Milieu

Was macht aber städtisches Milieu, Stadt aus? Johannesburg, Stuttgart, Mexiko City, Kopenhagen und Moskau sind große Städte, aber sie sind ganz verschieden in ihrer landschaftlichen Umgebung, ihrer Geschichte, vor allem in den politischen und sozialen Rahmenbedingungen, unter denen sie heute existieren. Sie sind verschieden in der Verteilung von Reichtum und Armut, in der Zusammensetzung ihrer Bevölkerungsstruktur nach Ethnien, aber auch nach dem Anteil von Kindern, Heranwachsenden und Älteren. Was also heißt Stadt? Ich kann mich auf diese Vielfalt nicht einlassen und muss mich auf mitteleuropäische Großstädte beschränken. Ich tue das mit ungutem Gefühl. Die großen, dramatischen, zur Zeit fast hoffnungslosen Überforderungen zeigen sich sicher in den riesigen außereuropäischen Ballungsräumen, in denen Zuzug und Armut alle derzeit verfügbaren Strukturen zu sprengen scheinen. Unsere mitteleuropäischen Städte sind Städte in reichen Gesellschaften. Aber es gibt, so relativ das ist, auch hier Probleme, die angegangen werden und angegangen werden müssen. Die Stadtkultur der Urbanität gerät in die Krise, die Stadt verliert zunehmend ihre integrative Kraft.

Einer der Zugänge, Probleme in der Stadt anzugehen, ist Soziale Arbeit. Ihre Aufgaben und Möglichkeiten will ich – so das zweite Stichwort – im Konzept einer lebensweltorientierten Sozialen Arbeit beschreiben. Ich gehe dabei von der These aus, dass Stadt verstanden werden kann als eine Dimension von Lebenswelt und lebensweltorientierte Soziale Arbeit als Konkretisierung Sozialer Arbeit für die spezifischen Bedingungen städtischen Lebens. Dieser These folgend skizziere ich zunächst das allgemeine Konzept einer lebensweltorientierten Sozialen Arbeit (Punkt 3 bis 5) und dann Probleme der Stadt und der Sozialen Arbeit in ihr (Punkt 7 bis 16).

3. Lebensweltorientierte Soziale Arbeit

Lebensweltorientierte Soziale Arbeit ist ein Konzept neben anderen Konzepten in der Sozialen Arbeit. In ihm werden allgemeine Aufgaben in einer spezifischen Perspektive gesehen und angegangen.[2]

Soziale Arbeit ist in unserer modernen Gesellschaft ein Moment innerhalb des verwegenen Projektes, soziale Gerechtigkeit – Gerechtigkeit also im Zeichen von Gleichheit – zu realisieren, Menschenrechte zu verwirklichen. Den sozialen Verwerfungen des vorigen Jahrhunderts abgerungen, hat dieses Projekt im Kampf gegen Ungleichheiten und Produktionszwänge sich als wesenswidrige Konzession, die der Kapitalismus den sozialen Bewegungen machen musste, durchgesetzt; es repräsentiert sich in verschiedenen Unterstützungsleistungen und Dienstleistungsangeboten. Diesen Auftrag der Sozialen Arbeit erfüllt das Konzept einer lebensweltorientierten Sozialen Arbeit in einer bestimmten Sicht sozialer Probleme und darauf bezogener Hilfen. Lebensweltorientierte Soziale Arbeit setzt an bei Menschen in ihren Verhältnissen, ebenso in den subjektiven Verständnis- und Handlungsmustern wie in deren sozialstrukturellen Bedingtheiten und sucht bessere Lebensbedingungen und tragfähigere Kompetenzen, also einen „gelingenderen" Alltag, im Zeichen von Anerkennung zu befördern.

In diesem Konzept sind alte Ziele der Sozialen Arbeit aufgenommen: die Maxime der Sozialen Arbeit, auszugehen von den Verhältnissen, und die Maxime der Sozialpädagogik, Menschen in dem ernst zu nehmen, wie sie sich erfahren und was ihr Lebens- und Bildungsanspruch ist und nicht primär in dem, was die Gesellschaft von ihnen erwartet. Diese Intentionen werden im Konzept lebensweltorientierter Sozialer Arbeit für die Analyse der Lebensverhältnisse und für den Entwurf der Institutionen und Interventionen der Sozialen Arbeit sozialwissenschaftlich ausgelegt, also im Kontext des Interaktionismus, der kritischen Alltagstheorie und der modernen Gesellschaftstheorie. (Dies zu betonen scheint mir gegenüber noch immer weit verbreiteten Missverständnissen wichtig; dass Soziale Arbeit natürlich nur professionell, d.h. fundiert und orientiert an der wissenschaftlichen Diskussion, geleistet werden kann.)

---

2 Siehe dazu ausführlicher: Thiersch, H.: Lebensweltorientierte Soziale Arbeit, 4. Aufl. 2001 und Grundwald, K./Thiersch, H.: Lebensweltorientierung. In: Otto, H.-U./Thiersch, H.: Handbuch Sozialarbeit/Sozialpädagogik 2001.

4. Das Konzept der lebensweltorientierten Sozialen Arbeit und die Analyse von Lebenswelten

- Menschen in ihrer Lebenswelt sehen, heißt, sie nicht primär als Individuen und in ihrer individuellen Geschichte zu sehen, sondern in der Vielfältigkeit der Verständnis- und Handlungsmuster ihrer Alltagsgeschäfte, im Alltag der Familien, der Schulen, des Straßenlebens, in den Aufgaben der Alltagsbewältigung, in Aufgaben, z.B. der Orientierung im Raum (in Wohnung und Nachbarschaft), der Planung der Zeit (also des Tages, der Lebensphasen), der Klärung der Beziehungen (Freundschaften, peers, Familie) oder der Klärung der Spannung von Privatheit und Arbeit. Menschen in ihrer Lebenswelt erfahren die Situationen ganzheitlich, im Zusammenspiel vielfältiger Aufgaben; entlastet durch Routinen und Typisierungen suchen sie, ihnen pragmatisch gerecht zu werden.
- Menschen in ihrer Lebenswelt sehen, bedeutet, sie in der Anstrengung um Lebensbewältigung, und das heißt, in der Ambivalenz dieser Anstrengung zu sehen. Einengung und Grenzen von Bewältigungsmustern im Zeichen von eigener Erfahrung, von Pragmatismus, von gefestigten Gewohnheiten liegen im Widerstreit mit Träumen, unterdrückten Wünschen und dem Selbstanspruch an Gerechtigkeit und Anerkennung. Und: Menschen agieren im Widerspiel von Belastungen und Ressourcen – sie nutzen Ressourcen auch unter niedrigen, ja unzumutbaren Verhältnissen und müssen in den Anstrengungen um Bewältigung auch da respektiert werden, wo die Bewältigungsmuster im Kampf mit den Belastungen defizitär und vielleicht unglücklich für die Einzelnen und für die Gesellschaft sind.
- Menschen in ihrer Lebenswelt in der Anstrengung um Lebensbewältigung sehen, bedeutet aber vor allem, sie in Verhältnissen zu sehen, die immer auch historisch und sozial bedingt sind. Lebenswelt ist gleichsam die Vorderbühne, auf der die gesellschaftlich strukturellen Vorgaben im Alltag agiert werden. Lebenswelt – so gesehen – ist die Schnittstelle vom Objektiven und Subjektiven.

Diese Lebenswelt bestimmenden Strukturen unserer Gesellschaft lassen sich – ganz unerlaubt verkürzt – unter drei Aspekten charakterisieren:

- Die Gesellschaft ist geprägt durch Ungleichheit; es gibt unterschiedliche Chancen zur Partizipation, „Winner" und „Loser", es gibt Ausschluss, Ausgrenzung, Randständigkeit, Elend.
- Die gesellschaftliche Entwicklung ist zunehmend geprägt durch spezielle Funktionalisierung, also die Ausprägung eigener, gegeneinander differenzierter, funktionell bestimmter Bereiche in der Produktion und Konsumtion, ebenso aber auch in den unterschiedlichen Lebensfeldern, z.B. von Privatheit und Öffentlichkeit. Diese Entwicklungen stehen zunehmend im Zeichen der Globalisierung, also von Mobilität und Öffnung der traditionell begrenzten, überschaubaren Lebensbereiche, wie es Giddens im Begriff der „Entbettung" fasst.
- Und schließlich: Die Gesellschaft ist in allen Lebensbereichen geprägt durch Verunsicherung im Zeichen dessen, was man als Unübersichtlichkeit oder Risikostruktur versteht. Soziale Muster und individuelle Lebenspläne sind nicht mehr verbindlich, Bewältigungsmuster z.B. für das Verhältnis von Arbeit und Privatheit, für das Selbstverständnis der Geschlechter oder die Entwicklungsaufgaben von Kindern und Heranwachsenden müssen neu gefunden werden.

In dieser Struktur der Moderne gewinnen die Aufgaben der Lebensbewältigung ihr spezifisches Profil. Verlässlichkeit, überschaubare Erfahrungen, die Entlastung also durch Routinen und Pragmatik werden problematisch; was gelten soll, muss ausgehandelt werden. Lebensbewältigung wird Gegenstand eines anspruchsvollen, fordernden, oft auch überfordernden Geschäfts mit neuen Chancen, aber auch neuen Gefahren des Scheiterns.

5. Vor diesen Hintergrund müssen die Aufgaben der Sozialen Arbeit präzisiert werden

Zu den alten, traditionellen Aufgaben der Unterstützung und Hilfe in belasteten, ausgegrenzten Lebenslagen kommen die neuen Aufgaben einer Hilfe in den normalen schwierigen Belastungen heutiger schwieriger Normalität. Soziale Arbeit in ihrem Anspruch, Gerechtigkeit und Anerkennung zu befördern, rückt in die Mitte der Gesellschaft. Sie wird integrales Moment heutiger Unterstützungen zur Lebensbewältigung.

Diese Leistungen der Sozialen Arbeit sind – den Organisations- und Arbeitsprinzipien der Moderne entsprechend – geprägt durch Institutionalisierung und Professionalisierung der Arbeit. Damit befreit sich das Selbstverständnis Sozialer Arbeit aus den alten, in der Tradition so dominierenden Auflagen von Anpassung, Disziplinierung und Pazifizierung. Die neuen Programmstrukturen aber stehen ihrerseits in der neuen Gefahr, sich institutionell und professionell so zu verselbständigen, dass sie im Zeichen neuer fachlicher Definitionen und einer neuen „fürsorglichen Belagerung" die Probleme in den Erfahrungen heutiger Lebenswelt verfremden, ja unterdrücken. Gegen diese Selbstreferentialität in Entwicklung und Ausbau der Sozialen Arbeit intendiert das Konzept Lebensweltorientierung die immer neu zu stellende Frage nach den in der Eigensinnigkeit der Erfahrungen der Menschen liegenden Problemen und Ressourcen und entwirft lebensweltorientierte Zugänge. In dieser Orientierung agiert lebensweltorientierte Soziale Arbeit doppelbödig: In Einmischungsstrategien sucht sie sich an der politischen Gestaltung von Lebensverhältnissen zu beteiligen, in Strukturmaximen organisiert sie ihre institutionelle und professionelle Arbeit, in Strukturmaximen der Integration, Partizipation, Prävention und Alltagsnähe, aber auch der Regionalisierung und Vernetzung.

Integration zielt auf Nicht-Ausgrenzung, auf Gleichheit in den Grundansprüchen und Anerkennung im Recht auf Verschiedenheiten. Partizipation zielt auf Mitbestimmung und bürgerrechtliche Aktivitäten, vor allem auch auf die Schaffung der Voraussetzung für gleichberechtigte, offene Verhandlungsprozesse. Prävention zielt auf frühzeitige, sensible Aktivitäten in Situationen, die erwartbar krisenhaft sind und sucht belastbare Verhältnisse zu stabilisieren. Alltagsnähe schließlich zielt darauf, Bewältigungsmuster in den gegebenen Deutungs- und Handlungsmustern in gemeinsamer Verhandlung zu suchen und setzt – um dies zu ermöglichen – ebenso auf die Niedrigschwelligkeit der üblichen Angebote (z.B. der Beratung) wie auf eigene Angebote in der Lebenswelt der AdressatInnen, wie sie z.B. im Institut der mobilen Straßensozialarbeit (aber auch der Familienhilfe) realisiert werden. Regionalisierung und Vernetzung zielen auf die sozialräumliche Orientierung der Sozialen Arbeit, also auf die Präsenz von Dienstleistungen in Stadtteil oder Region und ihre Kooperation, also auf die Dezentralisierung und einen auf die Region bezogenen Ausbau der Angebote. Sie zielt ebenso auf die Nutzung der Ressourcen im Sozialraum wie auf die Kooperation mit Initiativen zu Selbsthilfe und bürgerschaftlichem Engagement.

Diese Maximen bedingen sich gegenseitig und können nur im wechselseitigen Bezug aufeinander realisiert werden: Prävention bleibt blass ohne Integration, Integration ohne Partizipation, Regionalisierung ohne Partizipation usw. Dass diese Maximen eingebettet sind in Sozialpolitik, also in die sozialpolitisch zu gewährleistenden Voraussetzungen für ihre Arbeit ebenso wie in Aktivitäten der Einmischung, war Voraussetzung dieser Darstellung.

6. Sozialraum Stadt

Vor diesem Hintergrund kann nun die Themenfrage aufgegriffen werden. Ich setze noch einmal an, das Bisherige nun gleichsam engführend und konkretisierend, und verhandele Lebenswelt als Sozialraum und Stadt und lebensweltorientierte Soziale Arbeit im städtischen Milieu.[3]

In der Frage nach dem Sozialraum, also nach der einen Dimension von Lebenswelt, geht es um Fragen nach dem Raum, in den Menschen gehören, nach dem Feld, in dem Menschen sich bewegen, nach dem Ort, an dem sie wohnen und den Orten, zwischen denen sie sich bewegen, also um Fragen von Nähe und Distanz, von Zentrum und Peripherie, von Zugänglichkeit und Unzugänglichkeit und schließlich um Fragen der Abgrenzung des eigenen und der Offenheit gegenüber anderen Räumen. Dieser „harte Kern der räumlichen Tatsächlichkeit" (Bardth 1969) ist der erfahrene Raum, also der Raum, den Menschen verstehen, in dem sie handeln, in dem sie sich orientieren, den sie nutzen, in dem sie sich gut aufgehoben oder eingeengt fühlen, in dem sie sich sicher oder bedroht wissen. Diese Erfahrungsräume strukturieren sich ganz unterschiedlich für verschiedene Menschengruppen und in unterschiedlichen Situationen. Frauen mit kleinen Kindern leben in einem anderen Sozialraum als Kinder, als Mädchen oder Jungen; alteingesessene Bürger erfahren sich in einem anderen Sozialraum als neu hinzu gezogene, z.B. Ausländer oder Asylsuchende. Die Frage nach dem Sozialraum weist so auf ein In- und Nebeneinander, auf ein Geflecht von Sozialräumen. Im Sozialraum konkretisieren sich die die Lebenswelt generell prägenden gesellschaftlichen Strukturen von Ungleichheit, Produktions- und Konsumtionszwang und bestimmen den

3 Auf die zurzeit ja breit geführte Diskussion zum Verhältnis von Lebenswelt und Sozialraum gehe ich hier nicht ein, ebenso wenig auf die Probleme, die darin liegen, dass zurzeit Untersuchungen aus der Raumsoziologie, der Stadtsoziologie und der Stadtplanung z.B. nur spärlich aufeinander bezogen sind und sich vor allem kaum auf Fragen der Sozialen Arbeit beziehen.

Status und den Charakter der jeweiligen Sozialräume (ihre Ressourcen, ihr Ansehen, ihre Zugänglichkeit). Sozialräume sind auch verschieden in den Bedingungen ländlicher, ballungsab- und -zugewandter Lagen oder städtischer Milieus.

7. Auf Sozialraum als Stadt zielt die Themenfrage

Was war Stadt in der Tradition? Was ist sie gleichsam in der Idee auch heute? Stadt ist der Lebensraum der Urbanität – „Stadtluft macht frei" hieß es früher. Man kommt vom Land in die Stadt, um der Enge, Beschränktheit und Festgelegtheit zu entkommen. Dies gilt in Maßen bis heute: Stadt und Zuwanderung gehören – so Häußermann (1997) – zusammen. Die Stadt ist groß; hier leben viele Menschen in unterschiedlichen Lebensverhältnissen und Lebensformen nebeneinander. Hier gibt es Handel, Arbeit, Verwaltung und Kultur; hier gibt es die Öffentlichkeit, in der sich die Menschen unterschiedlichster Lebensformen, aus unterschiedlichen Schichten, Berufen und Nationen in Formen einer „verbindlichkeitsarmen Kommunikation" begegnen; hier gibt es politische Zirkel, gibt es nebeneinander Reichtum und Elend, geordnetes Leben und Rotlichtviertel; hier gibt es die Anonymität, in der man sich nach gescheiterten Unternehmungen verstecken oder zu neuen Anfängen wieder aufraffen kann. In der Stadt gibt es die massierten sozialen Probleme; Soziale Arbeit – so eindrücklich Sachße/Tennstedt – ist, jedenfalls in der Tendenz, in der Stadt entstanden und hat sich hier entfaltet. Hier gibt es die reiche Palette von Erziehungshilfen und Projekten, getragen von unterschiedlichen Trägern und bezogen vor allem auch auf besondere und extreme Problemlagen.

Dieser vielfältige, offene und attraktive Sozialraum Stadt verlangt und erzeugt spezifisch städtische Lebensformen. Simmel akzentuiert, dass Stadt nur aushaltbar ist, weil es zum einen rational strukturierte Ordnungen gibt, und weil sich zum anderen eine Haltung der Gelassenheit, der Distanz, der Gleichgültigkeit – ja der Blasiertheit, wie er sagt – ausbildet: Selbstsicherheit und Distanz zu anderen als Voraussetzung, um nicht von der Vielfältigkeit der Möglichkeiten überschwemmt zu werden.

In diese Urbanität, wie sie Stadt in ihrer Größe und Vielfältigkeit charakterisiert, sind gleichsam engere, überschaubare Sozialräume einzelner Quartiere eingelagert, also überschaubare Lebensräume mit eigener Lebenskultur. Solche Quartiere können sehr unterschiedlich strukturiert sein: nach den verfügbaren Ressourcen, nach der Zusammensetzung der Bevölkerung z.B. aus unterschiedlichen Ethnien, nach der Ausgrenzung und Abgrenzung anderen Quartieren gegenüber, nach Zugänglichkeiten zu anderen Quartieren und zum Zentrum. Diese Quartiere können attraktiv sein – z.B. für Zuwanderer, die hier zunächst im überschaubareren Raum Unterstützung und gleichsam Starthilfe in die freie Welt von Urbanität zu finden hoffen.

Stadt – so Häußermann (1997), dem ich in der Darstellung dieser Doppelstruktur von Stadt folge – lebt als Ineinander von allgemeiner Urbanität und Quartierskulturen, als Ineinander also im Bezug vielfältiger Lebensformen nebeneinander, die besondere Chancen der Partizipation und Integration bieten.

8. Risiken der Urbanität

Diese Chancen aber können verfehlt werden; Urbanität kann zur Gleichgültigkeit verführen; Anonymität, Vereinsamung, Verelendung sind dann die Konsequenz. Dies hat Stadt schon immer auch geprägt. Die Probleme der Tradition dürfen nicht verkleinert werden, vor allem nicht aus einer rückwärts gewandten, Urbanität gleichsam verklärenden Romantik. Das Elend in den Städten des ausgehenden 19. Jahrhunderts war unbeschreiblich – in London ebenso wie in Paris, in Berlin oder im Ruhrgebiet. Dieses Elend hat den Sozialstaat provoziert.

Dieses aber steht hier nicht zur Debatte. Hier geht es um die heutigen Probleme, die daraus resultieren, dass die Grundstruktur von Stadt in die Krise gerät, dass – anders formuliert – die in der Urbanität und im Zusammenspiel von allgemeiner Öffentlichkeit und Quartierskultur liegende integrative Kraft von Stadt zerbricht.

Die die moderne Gesellschaft bestimmenden Ungleichheiten und funktionellen Differenzierungen, die Macht von Banken, von Konsum und Gewerbe prägen die Stadt ebenso wie der Primat des Verkehrs und – neuerdings in den Zentren – die Erfordernisse der Event-Kultur. Straßen und Plätze werden Verkehrs- und Parkraum und damit für urbane Kommunikation unbrauchbar. In den Zentren entwickelt sich die Konzentration auf Verwaltung, Geschäft und Kultur; die Quartiere bieten vor allem Wohngelegenheiten und reduzieren den Sozialraum auf den Wohnraum. Das Ineinander von Wohnen, Kaufen und Arbeiten zerfällt. Indem so der Sozialraum Stadt verarmt und sich zugleich seine integrative Kraft verliert, bietet die Stadt gleichsam den Nährboden dafür, dass die in der Moderne angelegten Probleme der Lebensbewältigung sich hier mit besonderer Drastik entfalten. In der Größe und Vielfalt der Stadt prallen – nun nicht mehr gleichsam urban vermittelt – die Extreme von Reich und Arm krass aufeinander ebenso wie die verschiedenen Lebensformen unterschiedlicher ethnischer Herkunft; sie provozieren sich; Protest erzeugt Gegenwehr; Angst und Abwehr stehen gegen Resignation und Gewaltbereitschaft. Die Vielfältigkeit unterschiedlicher Lebensformen in der Stadt führt – nicht mehr in urbaner Öffentlichkeit gleichsam aufgehoben – zu Verunsicherung und Desorientierung. Es entwickeln sich auch individuelle Lebensformen, die – indem sich die in der Urbanität immer schon angelegte Distanz zur zynischen Gleichgültigkeit entwickelt – in Verlorenheit und Einsamkeit führen. Es entwickeln sich neue Quartiere der Ballung und Konzentration von Armut.

9. Soziale Arbeit in der Stadt

Neben den vielfältigen Ansätzen, Konzepten und Politikstrategien, diese Tendenzen zu unterlaufen und urbane Qualität unter neuen Vorzeichen wieder einzuführen (also neben den Entwürfen zu neuer Stadtplanung, neuer Stadtsanierung, der sozialen Stadt), agiert Soziale Arbeit lebensweltorientiert, sozialräumlich und versucht, Hilfen zur Lebensbewältigung zu geben, indem sie belastbare und attraktive Sozialräume schafft. Fundiert in der Kenntnis und Analyse der je konkreten sozialräumlichen Bedingungen und darauf basierender Planung als Prozess der Neugestaltung agiert sozialräumliche Soziale Arbeit im Sozialraum Stadt und – ebenso – in ihren Quartieren als eigenständigen Sozialräumen.

10. Einschränkungen bei der Nutzung Sozialer Arbeit

Stadt in ihrer Größe und Vielfältigkeit von Lebensformen verfügt über vielfältige und vor allem auch besondere Erziehungshilfen. Diese Nutzung aber ist eingeschränkt durch fehlende Verkehrsverbindungen, aber auch ganz banal z.B. durch fehlende Rolltreppen oder Aufzüge im Verkehrssystem, um Familien – und vor allem den Frauen – mit kleinen Kindern die Nutzung zu ermöglichen. Parkprobleme sind oft zusätzliche Erschwernisse.

11. Urbanität und Öffentlichkeit

Wenn Urbanität Öffentlichkeit als Chance der verbindlichkeitsarmen Kommunikation bedeutete, so war das früher für Heranwachsende auch der Raum für eigene Spiele, Gruppenbildungen, für eigene Streif- und Eroberungszüge, befreit von enger familialer Kontrolle. Aufgabe der Sozialen Arbeit ist es, Lebensräume gegen die Interessen von Verkehr, Konsum und Wohnungsbaugesellschaften zu sichern und Freiräume zu schaffen für unbeaufsichtigte Spiele und Treffs, für Sport, Abenteuerspielplätze und bewusste Inszenierung stadtbezogener Erlebnisunternehmungen.

12. Urbanität als Fluchtmöglichkeit

Urbanität als Öffentlichkeit der Straße war in der alten Stadt auch der Ort, an den man fliehen konnte, wenn man es zu Hause nicht aushielt, wenn man auch mit den üblichen außerfamilialen Unterstützungen – z.B. durch Kirche oder Soziale Arbeit – nicht zu Rande kam. Man suchte einen neuen freien Lebensort, neuen sozialen Zusammenhalt in Cliquen, neue Freiheiten, neue riskante Selbsterfahrungen. Auch heute noch wird Straße so benutzt; es bilden sich subkulturelle Straßenszenen – in Bahnhöfen oder an zentralen Plätzen. Lebensweltorientierte Soziale Arbeit sucht solche Jugendlichen an ihrem Lebensort Straße auf, um sich auf sie einzulassen, dazusein, Nothilfen anzubieten und im vielleicht allmählich wachsenden Vertrauen auch Alternativen als Ausstieg anzubieten. Diese schwierige, weil so unabgesicherte Arbeit aber stößt in Verkehr und Konsuminteressen auf zunehmend härteren Widerstand. Überwachung und Kontrolle verdichten sich. Aufgabe der Sozialen Arbeit ist es, Lebensräume für ihr Klientel zu sichern, damit sie in ihren Problemen nicht nur von einem zum anderen Ort vertrieben und schließlich in die Unsichtbarkeit und damit die Unerreichbarkeit abgedrängt werden. Das muss gegen die Interessen der Öffentlichkeit artikuliert und mit ihnen im Weg oft mühsamer strapaziöser Kompromisse ausgehandelt werden.

13. Stadt und Stadtrand

In den Wohnvierteln am Rand der Zentren oder am Stadtrand im Grünen leben viele, die durch die Mietpreise und den verarmten Sozialraum in den Zentren genötigt wurden, dorthin zu ziehen – sie leben dort gerne und lassen sich das Leben etwas kosten, der Weg z.B. zur Arbeit frisst Zeit. Es bilden sich neue Nachbarschaften, ein neues Lebensgefühl und bisweilen auch ein neuer Lokalstolz. Dies aber darf nicht darüber hinwegtäuschen, dass die so entstehenden neuen Sozialräume im Diktat des Verkehrs und in der Reduktion auf Wohnen mit ihrem fehlenden Freiraum für Kinder und Heranwachsende anregungsarm sind; hier ist im Allgemeinen auch ein breiteres Angebot von Erziehungshilfen nicht präsent.

Es ist Aufgabe der sozialräumlich orientierten Sozialen Arbeit, die Eigenständigkeit solcher Quartiere zu sehen und in ihnen eine präsente, belastbare soziale Infrastruktur aufzubauen, Angebote der Sozialen Arbeit also so weit wie möglich in die Quartiere zu dezentralisieren und im Stadtteil – in einer Jugendhilfestation oder Sozialstation – neu zu integrieren, eingepasst in die konkreten lokalen Bedingungen. Im Zeichen des in solchen Stadtteilen verfügbaren oder auch zu aktivierenden Lokalbewusstseins ergeben sich – im Zeichen von Partizipation – Möglichkeiten der Kooperation mit der Schule, mit Nachbarschaften, mit Elterngruppen.

14. Soziale Arbeit in „Stadtteilen mit besonderen Belastungen"

Situation und Aufgaben dramatisieren sich für Stadtteile mit besonderen Belastungen, mit – wie es in unserer euphemistischen neudeutschen Sprache heißt – besonderem Entwicklungsbedarf. Solche Stadtteile wachsen wieder – nicht zuletzt angesichts der zurückgehenden Politik sozialen Wohnungsbaus und der Einwanderungsproblematik, die die Integration befördert haben. Die Adresse stigmatisiert, die Wohnqualität ist gering, Sozialhilfe und Arbeitslosengeld, Arbeitslosigkeit und Kleinkriminalität sind dominant; es ergeben sich Probleme im Umgang zwischen den Ethnien, unter Jugendlichen bilden sich Straßengruppen, die oft in der Verteidigung ihres Straßenbezirks in Kämpfe verwickelt und gewaltanfällig sind. Allgemein ist die Fähigkeit, Ressourcen zu sehen und zu nutzen gering, dem elementaren Gesetz entsprechend, dass, wer im Elend ist, auch zunehmend die Möglichkeit verliert, Hilfen zu sehen und sich helfen zu lassen; er zieht sich in sich zurück. Vielen – und auch Heranwachsenden – fällt es schwer, das Quartier zu verlassen; sie hängen in den beengten Verhältnissen und trauen sich nicht zu alternativen Erkundungen oder Erfahrungen.

In dieser Situation geraten die Maximen einer lebensweltorientierten sozialräumlichen Sozialen Arbeit in ihre herausfordernde Bewährungsprobe. Es braucht Anstrengung, der Verwahrlosung entgegen zu steuern, um Stadtteile wieder bewohnbar zu machen; es braucht Angebote zu alternativen Lebensmustern im Sozialraum, aber auch, um die oft bedrückende Enge des gegebenen Sozialraums für die Bewohner zu sprengen. Es braucht die niedrigschwelligen, also Misstrauen und Unwillen abbauenden und Vertrauen allmählich aufbauenden Hilfen, um jene zu erreichen, die sich aus Gründen z.B. der verfestigten Verzweiflung, der Sprachunbeholfenheit oder der Scham mit ihrer Randständigkeit schon abgefunden haben. Menschen müssen ermutigt werden, ihre Probleme zu sehen und sich auf das Wagnis von Veränderung und Lernen einzulassen. Es braucht die Kooperation mit den opinion-leaders, die sich in der Lösung von Problemen engagieren, und verbindlich institutionalisierte Formen des gemeinsamen Handelns. Die Möglichkeiten zur Partizipation müssen in der Auseinandersetzung mit den internen Hierarchien in der Bevölkerung praktiziert werden, damit die eher Etablierten die weniger Etablierten zu Wort kommen lassen; alle müssen befähigt werden, sich zu beteiligen.

15. Ausblick

Solche lebensweltorientierten sozialräumlichen Erziehungshilfen verlangen den Willen und die Ressourcen zu einer an Urbanität orientierten Kommunalpolitik, zu Politik der Sozialen Arbeit. Gewiss sind viele Projekte spannend und es gibt in der unmittelbaren Arbeit Erfolge, die sich nicht verstecken sollen. Aber es braucht auch politischen Sukkurs! Es wäre blauäugig zu unterschlagen, wie schwierig dieser heute ist. Städte stehen in einer schwierigen politischen Großwetterlage, die bestimmt ist durch die Dominanz ökonomischer Interessen, die Dethematisierung und Desorientierung sozialer Probleme und die Sparpolitik.

Diese fatale Situation kann dazu verführen, Intentionen der sozialräumlichen Sozialen Arbeit zu missbrauchen. Sie können – verbunden mit falsch und verkürzt verstandenen Intentionen, z.B. in Konzepten der Sozialen Stadt – als Alternative zur Sozial-, Arbeits- und Baupolitik genommen werden. Der Rekurs auf überschaubare Lebensverhältnisse, die Anstrengungen, die es braucht, um sie herzustellen, kann dazu dienen, Strukturprobleme und Defizite in der Politik zu verdecken, von ihnen abzulenken oder sich mit ihnen zu versöhnen. Eine Alternative aber zwischen sozialraumorientierter Sozialer Arbeit und den Anstrengungen um eine Soziale Stadt zur Struktur- und Sozialpolitik ist abwegig. Es braucht in unterschiedlichen Dimensionen beides: Sie gegeneinander auszuspielen ist fahrlässig.

16. Schließlich aber und zum Schluss: So problematisch die Situation in unseren Städten ist, sie darf nicht überdramatisiert werden

Ich komme noch einmal auf meine Eingangsbemerkungen zurück: Unsere Schwierigkeiten, im Zeichen sozialer Gerechtigkeit auch Sozialräume zu gestalten sind – gemessen an unseren Programmen und dem Reichtum der Gesellschaft – beschämend und kläglich. Gravierend aber sind die Probleme in anderen Weltgegenden. Sie verlangen eine Weltinnenpolitik als gemeinsame Politik aller und für alle. Die Ansätze zu ihr – in der Charta der Menschenrechte, in einzelnen Politikbereichen und in vielfältigen Projekten – sind erkennbar, aber sie sind nicht stark und werden zurzeit – und dies scheint mir die schreckliche geheime Botschaft der Entwicklung der letzten Jahre – zunehmend dethematisiert. Weltinnenpolitik als Sozialpolitik wird randständig.

In den Anstrengungen aber, sie im Spiel von offizieller Politik und sozialen Bewegungen voranzutreiben, bleiben wohl nur Wille und Glaube an das, was Ernst Bloch konkrete Utopie nennt als „arbeitende Intention darauf hin“, die konkrete Utopie, die – in allen Schuldigkeiten und Verzweiflungen – nicht dem Willen zum Scheitern, sondern dem Gelingen verschworen ist.

Literatur

Bahrdt, H. P. (1969): Die moderne Großstadt. Soziologische Überlegungen zum Städtebau. Hamburg

Bertels, L./Herlyn, U. (Hrsg.) (1990): Lebenslauf und Raumerfahrung. Opladen

Böhnisch, L./Schröer, W. (2001): Pädagogik und Arbeitsgesellschaft. Weinheim/München

Koch, J./Lenz, S. (Hrsg.) (1999): Auf dem Weg zu einer integrierten und sozialräumlichen Kinder- und Jugendhilfe. Dokumentation des 2. Bundestreffen Integra der IGfH. Frankfurt a.M. 1999

Heitmeyer, W./Dollase, R./Backes, O. (1998): Die Krise der Städte. Analyse zu den Folgen desintegrativer Stadtentwicklung für das ethnisch-kulturelle Zusammenleben. Frankfurt a.M.

Häußermann, H. u.a. (Hrsg.) (1991): Stadt und Raum. Soziologische Analysen. Pfaffenweiler

Häußermann, H./Beetz, S. (1997): Zuwanderung und Stadtentwicklung. Opladen

Peters, F./Trede, W./Winkler, M. (Hrsg.) (1998): Integrierte Erziehungshilfen – Qualifizierung der Jugendhilfe durch Flexibilisierung und Integration. Frankfurt a.M.

Sachße, C./Tennstedt, F. (1980, 1988, 1992): Geschichte der Armenfürsorge in Deutschland. 3 Bände. Band 1: Vom Spätmittelalter bis zum 1. Weltkrieg; Band 2: Fürsorge und Wohlfahrtspflege 1871-1929; Band 3: Der Wohlfahrtsstaat im Nationalsozialismus. Berlin

Simmel, G. (4. Aufl. 1992): Soziologie. Untersuchungen über die Formen der Vergesellschaftung. Frankfurt a.M.

Thiersch, H. (4. Aufl. 2000): Lebensweltorientierte Soziale Arbeit. Aufgaben der Praxis im sozialen Wandel. Weinheim/München, 4. Aufl. 2000

Fabian Kessl

Wer regiert den Sozialraum? Zur Kritik der pädagogischen Illusionen nahräumlicher Selbstbestimmung

Sozialpädagogische Sozialraumorientierung wird in den letzten Jahren v.a. in den Bereichen Gemeinwesenarbeit (vgl. Hinte 2001a), Hilfen zur Erziehung (vgl. Koch u.a. 2002; Wolff 2000) und Jugendarbeit (vgl. Deinet 1999, 2002) in Form administrativ-organisatorischer, fachlich-konzeptioneller, fachlich-methodischer und programm-strategischer Fragen diskutiert.[1] Diese Multidimensionalität sozialraumorientierter Konzepte konkretisiert sich in Programmen der Dezentralisierung kommunaler Administrationsstrukturen (z.B. Stadtteilbüros, Sozialraumbudgets), der sozialpädagogischen Umfeldgestaltung (z.B. „Vom Fall zum Feld"-Strategien), der Integrierung und Flexibilisierung von Hilfen (z.B. Jugendhilfezentren) und der Bewohneraktivierung (z.B. Quartiersmanagement). Ziel all dieser Strategien und Vorgehensweisen stellt die (Re-)Konstruktion nahraumorientierter Integrationsstrukturen innerhalb der Bevölkerungsgruppen spezifischer Wohnareale dar.

1. Zur Kritik sozialpädagogischer Sozialraumorientierung

Gegen die Maßnahmen sozialpädagogischer, aber ebenso sozialpolitischer Sozialraumorientierung werden v.a. in jüngster Zeit zahlreiche

1 Diese Konjunktur ist allerdings nicht auf den Diskursraum Sozialer Arbeit beschränkt, sondern findet – sowohl in Verschränkung als auch unabhängig von diesem Artikulationsfeld – in einer ganzen Reihe verschiedener Bereiche statt. An dieser Stelle sei exemplarisch auf Gemeinwesenökonomie, „kommunale Kriminalprävention", kommunale „Verwaltungsmodernisierung", Stadtentwicklung und kommunale Sozialberichterstattung verwiesen.

und unterschiedliche Einwände formuliert (vgl. Coelen 2002; Deinet 2002; Kessl/Otto/Ziegler 2002; Krölls 2002; May 2002; Otto 2002; Reutlinger 2002; Schippmann 2002; Wolff 2002). Das Problem des Regierungshandelns, d.h. der Aktivitäten des politischen Leitungszentrums eines Landes[2], steht in diesem Zusammenhang in unterschiedlicher Weise zur Diskussion. Abhängig vom Beobachtungsstandpunkt werden v.a. Aspekte staatlicher Institutionalisierungsprozesse und -strukturen beanstandet. Krölls weist auf das administrative Interesse der Kostenreduzierung durch Sozialraumbudgetierung hin statt einer s.E. notwendigen fallspezifischen Bereitstellung sozialpädagogischer Angebote (vgl. Krölls 2002), Schippmann warnt vor dem Aus- und Aufbau eines umfassenden wohlfahrtsstaatlichen Versorgungs- und Kontrollsystems statt der Stärkung von Selbstbestimmungsmöglichkeiten der Nutzerinnen und Nutzer (vgl. Schippmann 2002), Reutlinger bemängelt die administrativen Strategien des Einschlusses von Bevölkerungsgruppen in containerförmigen Modellen spezifischer Wohnareale statt einer Orientierung an den Konstitutionsleistungen der Jugendlichen selbst (vgl. Reutlinger 2002) und May wendet ein, es würde primär die Regulierung von Problemen der Regierung fokussiert statt diesen Fokus auf die Probleme der Bevölkerung zu richten (vgl. May 2002).

Die Frage nach der Regierung des Sozialraums erfährt somit zwar sehr differente Antworten, wird aber durchgehend mit einer Beanstandung bestimmter Momente staatlicher Institutionalisierungsprozesse und -strukturen oder einer generellen Ablehnung dieser Entwicklungen beantwortet. Diese Einwände gegen eine sozialpädagogische Sozialraumorientierung sind nun keineswegs neu. Peters hat bereits 1973 in seiner Einleitung zum Band „Gemeinwesenarbeit im Kontext lokaler Sozialpolitik" darauf hingewiesen, dass lokale Aktivierungsstrategien auf den „Verbund eines ‚selbststeuernden' Systems [zielen, um] die Steuerungskapazität der Sozialadministration zu erhalten bzw. zu erhöhen" (Peters 1973, S. 27).

In aggressiven Konzepten der Gemeinwesenarbeit (vgl. Müller 1973b) oder Mobilisierungskampagnen im Rahmen der Heimkritik (vgl. Autorenkollektiv 1972) wurde zur selben Zeit vehemente Kritik an sozialstaatlichen Institutionalisierungsprozessen und -formen formuliert. Die Frage der Regierung des Sozialraums wurde also bereits

2 Ein derartiges Begriffsverständnis schließt an die mehrheitliche Übereinkunft in der deutschsprachigen sozialwissenschaftlichen Debatte an. Im weiteren Text werde ich diese Bestimmung von Regierung mit einer umfassenderen kontrastieren.

in Zeiten keynesianischer Wohlfahrtsstaatlichkeit häufig mit der Formulierung von Kritik an Strukturen staatlicher Fremdbestimmung beantwortet – allerdings mit dem in aktuellen Debatten nur noch selten vernehmbaren Hinweis, dass diese einen unumgänglichen Bestandteil des institutionalisierten westlichen Kapitalismus darstellten: „Wer heute in der Bundesrepublik Deutschland Gemeinwesenarbeit betreibt, muss sich darüber im Klaren sein, dass er dies unter Umständen tut, die durch Gemeinwesenarbeit selbst prinzipiell nicht zu verändern sind" (Müller 1973a, S. 217).

Strategien sozialpädagogischer Sozialraumorientierung reagierten auf derartige staats- wie ökonomiekritische Analysen mehrheitlich mit der Forderung nach Transformation fremdbestimmter Regierungsformen in Strukturen kollektiver Selbstbestimmung, wie sie sich beispielsweise in den radikalreformerischen Mobilisierungskampagnen des US-amerikanischen Organisators Saul Alinsky zeigt. „Ihr könnt Jobs kriegen. Ihr könnt die Rassendiskriminierung durchbrechen. Aber ihr müsst die Macht haben, es zu tun. Und diese Macht kriegt ihr nur, wenn ihr euch organisiert" (Alinsky 1965, zit. nach Müller 1973b, S. 239).[3]

Die Thematisierung der Regierungsweisen des Sozialraums ist also nicht erst aktuell Teil sozialpädagogischer Sozialraumorientierung. Darauf wird in aktuellen sozialraumorientierten Reformkonzepten auch verwiesen:

> „Zunächst modernisierten und differenzierten sich die Heime selbst. (...) Unter dem Vorzeichen von De-Institutionalisierung und Dezentralisierung wurden Gruppen in die Gemeinde oder den Stadtteil verlagert, Außenwohngruppen entstanden, aus Reforminitiativen entwickelten sich Verbünde von Wohngruppen, Jugendwohnkollektive und Kleinstheime" (Koch u.a. 2002, S. 25).

Aber auch in Plädoyers für den Aufbau einer „kommunalen Zivilgesellschaft", wie sie von kommunalpolitischen Akteuren vorgetragen werden, wird immer wieder an die fordistische Institutionalisierungskritik angeknüpft:

> „Politik für eine Stadt kann heute nicht mehr so gemacht werden, dass an der Spitze entschieden und von der Verwaltung buchstabengetreu exekutiert wird. Die traditionellen Formen der Politikgestaltung funktionieren nicht mehr, und alte Lösungen sind unzureichend geworden" (Weber 1997, S. 61).

---

3 Peters und andere Protagonisten einer „kommunalen Sozialpolitik" waren bereits in den 1970er Jahren hinsichtlich der Möglichkeiten von Selbstorganisation der Betroffenen skeptisch.

Charakteristisch für die aktuellen sozialraumorientierten Strategien ist also, dass die *Institutionalisierungskritik* inzwischen zu *institutionellen* Konsequenzen geführt hat bzw. zumindest zu deren Rechtfertigung herangezogen wird. Oder anders gesprochen: Die Diskussionen um Sozialraumorientierung sind angekommen im Zentrum politischer Auseinandersetzungen und damit in manchen Bereichen bereits dabei, hegemonial zu werden (vgl. Kessl 2003). Das zeigen die institutionellen Konsequenzen dieser Thematisierung: Stadtteilkonferenzen, Sozialraumanalysen, Nachbarschaftszentren, Bürgerbüros, Quartiersmanagement oder Sozialraumteams sind in einer wachsenden Zahl bundesrepublikanischer Kommunen, d.h. innerhalb der lokalstaatlichen Strukturen vorzufinden. Damit ist eine erste entscheidende Differenz gegenüber der sozialraumorientierten Staatskritik der 1970er Jahre festzustellen: Regionalisierung, Lebenswelt- und Stadtteilorientierung bisheriger zentraler kommunaler Verwaltungsstrukturen oder noch weitergehend die Installierung verwaltungsexterner lokaler Entwicklungsagenturen stehen *im Mittelpunkt* aktueller politischer Programme der Verwaltungsmodernisierung, der Förderung bürgerschaftlichen Engagements und der Bewohneraktivierung. Politisch-administrative Programme formulieren also das Ziel einer Sozialraumorientierung, fokussieren die Mobilisierung lokalen sozialen Kapitals, d.h. die im Nahraum der Bewohnerinnen und Bewohner vorhandenen Handlungsressourcen. Zugespitzt formuliert: Der *Staat* selbst scheint auf vormalige *Staatskritik* zu reagieren.

Ist damit die kritische Forderung nach einer Mobilisierung von Selbstbestimmung zur Überwindung von Fremdbestimmung zumindest in programmatischer Weise ein Stück näher gerückt, die sozialstaatliche „Fremdregierung“ also durch eine „Selbstregierung“ der Betroffenen überwindbar – vorausgesetzt die sozialraumorientierten Maßnahmen werden weiter implementiert? Ist den Akteuren innerhalb der einzelnen „Sozialräume“ damit Eigeninitiative und Eigenverantwortung zu ermöglichen, d.h. eine weitgehende Selbstbestimmung?

Im Folgenden werde ich die These vertreten, dass die diesen Fragen zugrunde liegende Annahme einer Alternative von Selbst- und Fremdbestimmung einerseits und die Frage nach dem Grad der Regierung des Sozialraums andererseits selbst in Frage zu stellen sind. Nicht ob Selbst- oder Fremdbestimmung ermöglicht wird und ob und wie viel der Sozialraum regiert wird, sondern in welcher Art dies historisch-spezifisch realisiert wird, ist zu untersuchen. Sozialpädagogische Sozialraumorientierung kann sich Regierungsstrategien nicht nur nicht entziehen, sie (re-)produziert und realisiert diese unweigerlich und permanent. Folgt man dieser Annahme, rückt nicht mehr die Selbstbestimmung *gegenüber* der Fremdbestimmung an sich in den Blick, sondern Form und Formierung dieses Verhältnisses. Ebenso erweist sich die Vorstellung eines „Außerhalb" von Regierung als Ziel sozialpädagogischer Sozialraumorientierung – beispielsweise in Form „selbstregierter nahräumlicher Gemeinwesen" – als illusorisch. Vielmehr sollte es m.E. um die Frage von Grad und damit Gestaltung (sozial-)politischer und (sozial-)pädagogischer Regierungsweisen gehen, oder in leicht abgewandelten Worten Foucaults: um die Kunst, nicht dermaßen sozialraumorientiert regiert zu werden (vgl. Foucault 1992, S. 12).

2. Nahräumliche Selbstbestimmung?

„Selbstbestimmung statt Fremdbestimmung" – mit diesen Worten kann die programmatische Kurzformel der Aufklärung für das Ziel menschlichen Daseins im mitteleuropäischen Raum seit dem 17. Jahrhundert beschrieben werden. Innerhalb sozialwissenschaftlicher und sozialphilosophischer Debatten ist mit der Moderne die Frage vernünftigen Denkens und Handelns in den Mittelpunkt der Aufmerksamkeit gerückt (vgl. Welsch 1996). Daran anschließende pädagogische Programme suchen dementsprechend die Selbstverwirklichung der Einzelnen, d.h. eine möglichst weitgehende Ausbildung autonomer Handlungsfähigkeit zu ermöglichen. Oder anders gesprochen: Seit der Aufklärung stellt Mündigkeit Aufgabe und Zielsetzung von Erziehungs- und Bildungsprozessen dar: Pädagogisches Handeln und erziehungswissenschaftliche Überlegungen orientieren sich an der *Ausbildung* individueller ‚Subjektivität'. Nun meint Ausbildung allerdings nicht nur *Entfaltung*, sondern immer auch *Bearbeitung* und *Belehrung*. Pädagogisches Handeln wird dementsprechend auch nicht auf die Frage der Selbstbestimmung begrenzt, sondern immer auch durch einen Anteil von Fremdbestimmung gekennzeichnet: die „Bearbeitung" der Akteure *mit dem Ziel* der Selbstbestimmung, d.h. der damit erreichten „Entfaltung" von Selbstbestimmung. Pädagogisches Handeln charakterisiert somit ein grundlegendes, aber ungleichgewichtiges Paradox: ein bestimmtes Maß an Fremdbestimmung, *um* Selbstbestimmung *zu erreichen*. Ungleichgewichtig ist dieses Paradox in Form der genannten teleologischen Polarisierung, d.h. der Nachordnung von Fremdbestimmung gegenüber der angestrebten Selbstbestimmung. Fremdbestimmung erfährt ihre Rechtfertigung nur mit Verweis auf das „eigentliche“ Ziel pädagogischen Handelns (telos): subjektive Selbstbestimmung.

Dieses ungleichgewichtige paradoxale Verhältnis von Fremd- und Selbstbestimmung wird innerhalb pädagogischer Konzeptionen unterschiedlich modelliert. Idealtypisch können m.E. zwei große Argumentationslinien voneinander unterschieden werden: Einerseits die von *Fichte* kommenden *realistischen* Konzepte sittlicher Selbsttätigkeit, d.h. die Idee einer vernunftbestimmten Befreiung aus den Zwängen der Natur:

> „Willenlos kommt das Kind zur Welt; unfähig demnach jedes sittlichen Verhältnisses. (...) zunächst entwickelt sich in dem Kinde statt eines ächten Willens, der sich zu entschließen fähig wäre, nur noch ein wilder Ungestüm, der dahin und dorthin treibt, der ein Princip der Unordnung ist, die Einrichtungen der Erwachsenen verletzt, und die künftige Person des Kindes selbst in mannigfaltige Gefahr setzt. Dieser Ungestüm muss unterworfen werden“ (Herbart 1964 (1887) I, S. 18).

Andererseits findet man *rousseauistisch-idealistische* Konzeptionen einer „natürlichen Erziehung“, d.h. der Orientierung pädagogischen Handelns an der allgemeinen „Natur“ des Menschen statt an der unsittlichen gesellschaftlichen „Kultur“:

> „Zieh dich in dich selbst zurück, o Mensch, und du bist nicht mehr elend. Bleib auf dem Platz, den dir die Natur in der Kette der Geschöpfe angewiesen hat (...) Deine Freiheit und deine Macht erstrecken sich nur so weit wie die natürlichen Kräfte und nicht darüber hinaus“ (Rousseau 1972 (1762), S. 61).

Das Paradoxon pädagogischen Handelns wird zwar grundsätzlich als ungleichgewichtiges Verhältnis unter der Prämisse der Selbstbestimmung beschrieben. Über die Frage, in welcher Form dies konkretisiert werden soll, sind sich die Diskutanten allerdings uneinig: Selbstbestimmung durch eine *gezielte Fremdbestimmung* oder durch eine *weitgehende Befreiung von gesellschaftlicher Fremdbestimmung*. Selbstbestimmung ist das Ziel, doch erreicht man dieses durch Freisetzung oder durch Festsetzung der Personen?

Fremd- und Selbstbestimmung werden hier im ersten Schritt zwar miteinander in Verbindung gesetzt, aber auf der programmatischen Ebene schließlich als wesenhaft gegensätzliche Pole verstanden. Demgegenüber möchte ich für eine relationale Bestimmung von Fremd- und Selbstbestimmung bzw. von Fremd- und Selbstregierung plädieren, d.h. eine durchgängige Relationierung der beiden Dimensionen statt einer Kontrastierung.

Bevor ich diese These etwas grundlegender zu begründen versuche, stellt sich die Frage, wie die Gestalt dieses Verhältnisses innerhalb der sozialpädagogischen Sozialraumorientierung auftritt? Bemerkenswerterweise werden hier beide Perspektiven bereits miteinander *verschränkt*. Einerseits werden die „Interessen der Wohnbevölkerung" (Hinte 2002, S. 98), d.h. die *Selbstbestimmung* oder *Selbstregierung*[4] der Bewohnerinnen und Bewohner, in den Mittelpunkt gerückt. Institutionalisierungskritisch wird dabei in „anti-erzieherischer" Tradition für eine *weitgehende Befreiung* der Bewohnerinnen und Bewohner *von gesellschaftlicher Fremdbestimmung* argumentiert, d.h. an die rousseauistisch-idealistische Argumentationsfigur angeknüpft. Andererseits werden sozialraumorientierte Maßnahmen sozialpolitisch v.a. mit präventiven Argumenten legitimiert: „die Menschen im Stadtteil (können) an der Erbringung sozialraumbezogener Jugendhilfeleistungen mitwirken bzw. durch entsprechende Selbsthilfe die Entstehung von Problemen und Defiziten *präventiv* verhindern" (Olk 2000, S. 24; Hervorh., F.K.). Diese Handlungsoption der Beteiligung und Selbstorganisation von Bewohnerinnen und Bewohnern sei von wohlfahrtsstaatlichen Maßnahmen erschwert oder fast unmöglich gemacht worden. Vorhandene Handlungsressourcen seien also nicht nur nicht ausgenutzt, sondern ihr Einsatz durch Versorgungs- und Unterstützungsleistungen strukturell verhindert worden. Esch, Hilbert und Stöbe-Blossey schreiben mit Bezug auf die wohlfahrtsverbandlichen Traditionen der bundesrepublikanischen Jugendhilfe in diesem Zusammenhang:

> „Als hinderlich erweisen sich (...) die historisch gewachsene Konzentration auf die Kooperation mit etablierten Wohlfahrtsverbänden, die unterentwickelten Möglichkeiten des ‚Forderns' und eine ambivalente Haltung zu der Ausschöpfung von Potentialen, die in eigennützigen Motivationen liegen" (Esch/Hilbert/Stöbe-Blossey 2001, S. 545).

---

4 Mit dem Regierungsbegriff wird hier nicht nur bewusst an neuere sozialwissenschaftliche Forschungsprogramme der so genannten governmentality-studies angeschlossen (vgl. 3.), sondern auch an eine erziehungswissenschaftliche bzw. -philosophische Tradition. Rousseau verdeutlicht im weiteren Text des zitierten Zweiten Buches des Emile den Gegensatz zur natürlichen Erziehung am Bild des „regierten Herrschers". Herbart spricht im Ersten Buch seiner Allgemeinen Pädagogik, aus dem die hier zitierte Stelle stammt, von der s.E. notwendigen „Regierung der Kinder".

Diese neue Form der Institutionalisierungskritik verbindet sich nun auf eine m.E. für die Nutzerinnen und Nutzer Sozialer Arbeit nachträgliche Art mit Konzepten in der realistischen Lesart des paradoxalen Verhältnisses von Fremd- und Selbstbestimmung. Heißt es bei Herbart: „Dieser Ungestüm muss unterworfen werden" (a.a.O.), lautet das kriminalpräventive Analogon in sozialraumorientierter Manier: „Bürgerinnen und Bürger müssen zur aktiven Mitgestaltung ihrer unmittelbaren Lebenswelt gewonnen werden" (Ziercke 2001, S. 208, zit. nach Ziegler 2001, S. 30). Aus dem Ungestüm sind die Bürgerinnen und Bürger geworden, die allerdings nicht unterworfen, sondern aktiviert werden sollen. Eine solche Kombination beider Varianten der Modellierung des ungleichgewichtigen paradoxalen Verhältnisses von Fremd- und Selbstbestimmung charakterisiert die aktuellen aktivierenden Strategien, wie sie v.a. innerhalb der Programme kommunaler Kriminalprävention und kleinräumiger Beschäftigungsagenturen, aber eben auch in Programmen sozialpädagogischer Sozialraumorientierung ausgearbeitet wurden, beispielsweise als Teil sozialraumorientierter Stadtentwicklungsprogramme. Bestimmte Bevölkerungsgruppen werden als mindestens latent unwillig oder zumindest unmotiviert identifiziert, d.h. als regulierungsbedürftig kartografiert, und in Form von Selbstorganisationsprozessen zur Eigenverantwortung mobilisiert, d.h. zur Selbstbestimmung aktiviert. Eine kontrastierende Vorstellung von Fremd- und Selbstregierung wird hier insofern aufgegeben, als Selbstbestimmung oder Selbstregierung nicht mehr im Widerspruch zu Fremdbestimmung gesehen wird. Das Ergebnis fremdbestimmter, also intervenierender Maßnahmen stellt Selbstbestimmung dar, wobei Fremd- und Selbstbestimmung nicht mehr als zeitlich nachgeordnete Formen bestimmt werden, sondern beide Aspekte durchaus parallel und in unterschiedlicher Folge auftreten können. Dies unterscheidet diese Formen sozialpolitischer und sozialpädagogischer Sozialraumorientierung von rousseauistisch-idealistischen wie realistischen Versionen.

Doch gilt diese Analyse für alle Formen aktueller sozialpädagogischer Sozialraumorientierung? Kennzeichnet diese Verschränkung von idealistischen und realistischen Anteilen nicht gerade diejenigen sozialraumorientierten Programme, in denen die sozialpädagogischen Maßnahmen der Stadtentwicklung nachgeordnet werden? Liegt in solchen Fällen also ein „Missbrauch" sozialraumorientierter Konzepte vor, weil im Unterschied zur sozialpädagogischen Handlungsorientierung keine „Subjektorientierung", sondern eine Ausrichtung an strukturellen Kontrollmomenten und territorialen Einheiten präferiert wird? „Subjektorientierte“ Varianten sozialpädagogischer Handlungsmodelle würden sich dagegen durch eine Hinwendung auf die Lebensbewältigung der Nutzerinnen und Nutzer auszeichnen. Dennoch lassen sich strukturelle Zwänge nicht ganz ausschließen, könnte man gegen solche Formen der Legitimation sozialpädagogischer Sozialraumorientierung als präventive Strategien einwenden.

Konzepte subjektorientierter Sozialer Arbeit sind v.a. in Auseinandersetzung mit frühmodernen Hilfeprogrammatiken einerseits und der Kritik an systemischen Kolonialisierungsprozessen (vgl. Habermas 1981) andererseits ausgearbeitet worden. Diese Kritik mündete in die inzwischen etablierten Konzeptionen einer lebensweltorientierten Sozialen Arbeit, Sozialer Arbeit als personenbezogener sozialer Dienstleistung oder als Hilfe zur Lebensbewältigung.[5] Die „Subjektorientierung“ steht dabei im Mittelpunkt, gleichzeitig wird gerade mit Blick auf eine sozialpädagogische Sozialraumorientierung immer wieder auf makroökonomische Neustrukturierungsprozesse verwiesen. Im „Zeitalter der Globalisierung“ (Elsen 1998), angesichts eines „digitalen Kapitalismus“ (Böhnisch/Schröer 2001) bzw. einer „Krise des Sozialstaats“ (vgl. Wolff 2002) seien sozialraumorientierte Maßnahmen von besonderer Relevanz, so das Argument.

Wie ist vor diesem Hintergrund das Verhältnis von Fremd- und Selbstbestimmung zu fassen? Dazu möchte ich mich noch einmal historisch vergewissern. Im Rahmen fordistischer Strukturierungen speiste sich Staatskritik – wie bereits verdeutlicht – aus einer grundlegend kapitalismuskritischen Einschätzung: „Sozialarbeit, wie immer man es wenden mag, ist untrennbar mit der Entwicklung des Kapitalismus in unserem Lande verbunden“ (Müller 1973a, S. 229). Ähnliche Argumentationsstrukturen finden sich auch in allgemein-sozialpädagogischen Debatten dieser Jahre. Immer wieder wurde auf die *strukturellen*, d.h. fremdbestimmten Ursachen für *soziale* Probleme hingewiesen – eine Analyse wie sie angesichts der weiterhin gültigen und immer wieder aktualisierten Ergebnisse von Sozialstrukturanalysen aktuell mindestens so notwendig und einleuchtend ist wie vor 30 Jahren. Gleichzeitig war die Hoffnung auf die Mobilisierung, Freisetzung oder

5 Kategorisiert man sozialpädagogische Konzeptionen systematisch, werden mit der Kategorie der Subjektorientierung sowohl klientenzentrierte, nutzer- und adressatenorientierte, bürgernahe als auch kundenorientierte Konzeptionen erfasst.

Bildung von „Selbstbestimmung" in den 1970er Jahren unterschiedlichsten sozialraumorientierten Konzeptionen von den aggressiven Konzepten der Gemeinwesenarbeit oder der Heimkritik bis zu gemäßigten Varianten der Aktivierung von Gemeinschaftspotentialen zur Schaffung von Gemeinwesen (vgl. Ross 1971) gemeinsam. Auch diese Programme sind also relativ unabhängig von der Form ihrer Orientierung an „objektiven" Sozialstrukturen durch eine Ausrichtung an der Handlungsfreiheit der individuellen Akteure gekennzeichnet.

Fremdbestimmte Aspekte werden zwar als grundlegend benannt, aber letztlich der Selbstbestimmung nachgeordnet. Innerhalb sozialpädagogischer Sozialraumorientierung erfährt diese Reproduktion des Ungleichgewichts des paradoxalen pädagogischen Verhältnisses von Fremd- und Selbstbestimmung noch eine subjektivistische Verengung. Den professionellen Akteuren kommt hier die Aufgabenstellung zu, „subjektive Autonomie", selbstbestimmte Handlungsweisen der Nutzerinnen und Nutzer, möglichst weitgehend freizusetzen. Sie wird also trotz oder gerade mit Bezug auf die formulierte Strukturkritik rousseauistisch-idealistisch zur Befreiungsinstanz der „Subjekte" erklärt. In welcher Erscheinungsform die „natürlichen Verhältnisse" dabei wiederentdeckt werden sollen war aber bereits in den 1970er Jahren eine konzeptionsabhängige Frage. Innerhalb der aktuellen Thematisierungsweisen sozialpädagogischer Sozialraumorientierung bewegt sich der Großteil der Phantasien zwischen der Hoffnung auf die Realisierung einer „Bürgergesellschaft" und der auf die Implementierung eines „freien Marktes sozialer Dienstleistungsangebote". Subjektorientierung wird dementsprechend kontextabhängig als Bürgerinnen-, Nutzer-, Bewohnerinnen- oder Kundenorientierung übersetzt. Gleichzeitig wird unabhängig von dieser jeweiligen Qualifizierung sozialpädagogischer Sozialraumorientierung erwartet, dass sie diese Akteursgruppen aus ihren institutionellen Zwängen, fehlenden Motivationsstrukturen oder ökonomischen Zusammenhängen herausführt, um sie dann in Selbstorganisation den Rest des Weges in die „befreite Welt" allein gehen zu lassen. Oder ohne ironisierende Zuspitzung: Es zeigt sich immer wieder, dass sozialpädagogische Sozialraumorientierung die teleologische Polarisierung des paradoxalen Verhältnisses von Fremd- und Selbstbestimmung in Richtung der letztgenannten subjektivistisch zuspitzt.

Nun könnte man fragen, ob nicht das ungleichgewichtige paradoxale Verhältnis von Fremd- und Selbstbestimmung (sozial-)pädagogischer Handlungskonzeption im Anschluss an das Programm der

Aufklärung durchgehend im Sinne einer Subjektorientierung[6] zu charakterisieren ist. Dieser These gegenüber wird hier die Annahme vertreten, dass sozialpädagogische Subjektorientierung diese grundsätzliche Ausrichtung durch einen Überhang anti-erzieherischer und kulturpessimistischer Orientierungen verschärft. Dieser latente Subjektivismus wurde durch reformpädagogische Übersetzungsleistungen, die Tradierung innerhalb der Jugendbewegung und ihrer Nachfolgerinnen und vielfältige antipädagogische Weiterführungen in weiten Teilen der deutschsprachigen Sozialen Arbeit in ihrem Bestand wiederkehrend erneuert – nicht zuletzt innerhalb der Programme sozialpädagogischer Sozialraumorientierung.

Diese Einschätzung soll nun weder die teilweise immense inhaltliche Differenz zwischen einzelnen sozialraumorientierten Konzeptionen verwischen, noch die konstitutive Ausrichtung sozialpädagogischer Handlungsrealisierungen an „Subjektbildungsprozessen" in Frage stellen. Schließlich kann Soziale Arbeit als bewusste Beeinflussung und aktive Unterstützung der Subjektivierungsweisen charakterisiert werden, d.h. sie sucht ihren Ansatzpunkt immer an den Dispositionen und nicht primär an den Positionen der Betroffenen (vgl. Kessl/Otto/Ziegler 2002). Stellt eine solche Kritik der Selbstbestimmung somit das konstitutive Moment (sozial-)pädagogischer Handlungskonstruktionen in Frage, das oben als ungleichgewichtiges paradoxales Verhältnis von Fremd- und Selbstbestimmung bezeichnet wurde? Wird somit nicht das pädagogische Handeln selbst in Zweifel gezogen? Bevor ich auf diese Fragen eingehe, sei darauf verwiesen, dass die hier vorgestellten Überlegungen auch keineswegs das inzwischen zur Grundeinsicht erklärte Strukturmerkmal und Handlungsdilemma Sozialer Arbeit, das unter der Formel „doppeltes Mandat" von Hilfe und Kontrolle verhandelt wird, ignorieren wollen (vgl. Böhnisch/Lösch 1973, S. 27ff.). Denn weisen nicht auch die Vertreter dieser These auf die Anteile von Fremd- und Selbstbestimmung innerhalb professioneller sozialpädagogischer Handlungsvollzüge hin?

Mit den vorliegenden Überlegungen soll es vielmehr darum gehen, die handlungsprogrammatische Ausrichtung sozialpädagogischer Sozialraumorientierung auf die Selbstbestimmung oder anders gesprochen, die Aktivierung der Selbstregierung bestimmter v.a. marginali-

---

6 Die genannten Konzeptionen sind nicht unweigerlich subjektorientiert ausgerichtet, wie beispielsweise die verschiedenen Lesarten einer dienstleistungstheoretischen Konzipierung Sozialer Arbeit verdeutlichen.

sierter Bevölkerungsgruppen in einzelnen Wohnarealen zu problematisieren.

Denn der latente Subjektivismus sozialpädagogischer Sozialraumorientierung produziert eine grundlegende erkenntnistheoretische Engführung mit entscheidenden Konsequenzen, nicht zuletzt für die Konzipierung der Handlungsvollzüge: Handlungsstrukturierungen werden gegenüber der angenommenen Handlungsfreiheit der Einzelnen systematisch nachrangig verortet.[7] Notwendig ist aber eben der Einbezug der Realität von permanenten Strukturierungsprozessen durch staatliche Institutionen, durch die professionell Handelnden und durch die Nutzerinnen und Nutzer Sozialer Arbeit – selbstverständlich unter Berücksichtigung deren höchst unterschiedlicher Ausstattung mit verwertbaren Trümpfen im gesellschaftlichen Spiel. Dazu reichen aber *Hinweise* auf soziale Strukturanalysen nicht aus, wenn im Anschluss an solche – selbstverständlich unentbehrlichen – markt-, staats- oder herrschaftskritischen Anmerkungen wieder die Perspektive scheinbar autonom handlungs- und entscheidungsfähiger Subjekte als Gestalterinnen ihres Alltags eingesetzt wird.

Das systematische Dilemma solcher Annahmen ist die Suggestion einer Dichotomie von innen und außen, d.h. von „Unterdrückung und Freiheit" als Übersetzung des pädagogischen Paradox von Fremd- und Selbstbestimmung und damit verbunden von sozialstrukturellen Handlungsbeschränkungen versus autonom-handlungsfähigen Subjekten: Der Dualismus wird je nach Konzeptionsentwurf nur unterschiedlich übersetzt: „Enteignung statt Aneignung" (vgl. Deinet/Krisch 2002, v.a. S. 33ff.), „Staatliches Handeln statt Selbstorganisation" (vgl. Hinte 2001b) oder „Politiken der Lebensführung statt Politiken der Lebensbewältigung" (vgl. Reutlinger 2002).

Doch weder Freiheit, Selbstbestimmung oder Subjektivität, noch Fremdbestimmung oder Unterdrückung stellen essentielle, d.h. von historischen Übereinkünften freie begrifflich bestimmbare Zusammenhänge dar. Folgt man dieser Annahme, sind Begriffsdualismen, wie diejenigen von „Unterdrückung und Freiheit" oder eben von „Fremd- und Selbstbestimmung" nicht mehr in kontextunabhängiger Gültigkeit bestimmbar, und ihre Konstruktion als systematische Ge-

---

7 Aus diesem Dilemma können auch realistische Varianten nicht systematisch herausführen. Die Umkehrung des Arrangements der Pole von Fremd- und Selbstbestimmung löst das Problem dualistischer Begriffskonstruktionen ebenso wenig, sondern führt nur zu latent objektivistischen statt subjektivistischen Verkürzungen.

gensatzpaare ist in Frage gestellt. Selbstverständlich weisen Fremd- und Selbstbestimmung auf unterschiedliche Phänomene hin und ermöglichen damit die Analyse von sozialpädagogischen Handlungsvollzügen in einer bestimmten Art und Weise. Allerdings ist dieser Erkenntniswert gerade hinsichtlich neuer Regierungsformen, wie sie beispielsweise in Form sozialraumorientierter Programme realisiert werden, dann systematisch beschränkt, wenn ihr Verhältnis weiterhin als polar kontrastierendes verstanden wird. Je nach inhaltlicher Gestaltung des Begriffs werden höchst unterschiedliche Konzepte konnotiert, die noch einmal abhängig vom spezifischen Verwendungszusammenhang extrem differieren können. „Freiheit" kann nicht nur nicht als Gegenpol zu „Unterdrückung" bestimmt werden; eine Form der „Freiheit" beschreibt manches Mal das Gegenteil einer anderen Form von „Freiheit". „Bewegungsfreiheit" und „Marktfreiheit" können beispielsweise im Fall der Privatisierung öffentlicher Räume wie am Potsdamer Platz in Berlin als Bestimmungen klar *gegensätzlicher* Handlungspositionen erfahren werden, führt man sich nur die unterschiedlichen Ansprüche einer Fußgängerin auf *Bewegungsfreiheit* in bunter Kleidung und Frisur und des Inhabers eines Geschäftes für ein wohlhabendes Publikum auf *Marktfreiheit* vor Augen. Bewegungsfreiheit heißt für Erstere u.U., „ungestört" den Platz inklusive der für die „Kunden-Öffentlichkeit" zugänglichen Gebäude zu durchqueren, Marktfreiheit für Letzteren vielleicht, seine Geschäfte „ungestört" von bestimmten Bevölkerungsgruppen betreiben zu können. Wer ist in diesem fiktiven Fall nun in der „unterdrückten" Position, wird also fremdbestimmt, und wessen Recht auf „Freiheit", d.h. Selbstbestimmung, ist in einem solchen Fall höher zu bewerten? Die begriffliche Gegenüberstellung von „Freiheit und Unterdrückung" scheint für eine systematische Einschätzung nicht hilfreich. Empirisch könnte die Frage eventuell mit einer schnellen Antwort konfrontiert werden: Aufgrund der unterschiedlichen sozialen Positionierung und damit der sehr unterschiedlich verwertbaren Verfügung über die innerhalb der aktuellen Gestalt des Sozialen verwertbaren Trümpfe wird sich vermutlich der Ladeninhaber durchsetzen, vorausgesetzt die Fußgängerin stellt sich nicht doch noch als außergewöhnlich zahlungskräftige Kundin heraus. Wie auch immer die Situation sich gestaltet, die Frage nach der Vorrangigkeit einer der beiden „Freiheitsprogrammatiken" ist mit Bezug auf ein grundlegend dualistisches Begriffsinstrumentarium, d.h. kontext-unabhängig, nicht befriedigend zu beantworten. Denn derartige Dualismen suggerieren ein Innen-außen-Modell, verbunden mit einer Negativ-positiv-Bewertung der jeweiligen Konkretisierung: Unterdrückung versus Freiheit, Fremdbestimmung versus Selbstbestimmung. Den bestehenden Verhältnissen (innen) wird eine potentiell realisierbare Gegenwelt (außen) gegenüber gestellt („freier Weltmarkt", „Anarchismus" oder „Bürgergesellschaft", also: Selbstbestimmung).

Dualistische Argumentationsfiguren sind daher in jüngerer Zeit von verschiedenen Beobachtungspositionen aus in vehemente Kritik geraten (vgl. Bourdieu 1999; Giddens 1984; Rose 1999). Allerdings ist deren Rezeption innerhalb Sozialer Arbeit immer noch relativ selten. Nicht zuletzt im Hinblick auf eine sozialpädagogische Sozialraumorientierung scheint es aber dringend erforderlich, im Anschluss an diese Überlegungen relationale Konzeptionsentwürfe zu erarbeiten. In Bezug auf die Frage der Regierung des Sozialraums ist also das Verhältnis von Fremd- und Selbstbestimmung nicht aufzulösen, weder in Arrangements der *Vor- und Nachrangigkeit*, noch in relativistische Einschätzungen der systematischen Uneinschätzbarkeit von Regierungsweisen. Vielmehr sollte das Verhältnis von Fremd- und Selbstbestimmung oder eben Fremd- und Selbstregierung in Form *ambivalenter Gleichzeitigkeit* ausgearbeitet werden. Solche Konzeptionen könnten sowohl subjektivistische wie objektivistische Verengungen verhindern helfen.

Deshalb schlage ich im Anschluss an zentrale Einsichten der governmentality-studies abschließend für weitergehende Überlegungen zur Frage der Regierung des Sozialraums Grundlinien einer solchen streng ambivalenten Perspektive vor.

Die Frage nach Fakt und Grad der Regierung des Sozialraums wird nun in eine Frage nach den historisch-spezifischen Regierungsstrategien und -technologien überführt: *In welcher Weise* werden Fremd- und Selbstregierungen als (sozialpädagogische) Sozialraumorientierung realisiert? Dies ist m.E. sinnvoll entlang der drei zentralen Annahmen, die einem umfassenden Regierungsbegriff zugrunde liegen, wie er innerhalb der governmentality-studies in der Weiterentwicklung der Überlegungen Foucaults entwickelt wurde, zu diskutieren.

3. Regierung des Sozialraums

1. Regierung wird innerhalb der governmentality-studies im Unterschied zur Überzeugung, wie sie sich seit Ausarbeitung des Konzepts

der Souveränität im 16. Jahrhundert in der politisch-theoretischen Debatte verfestigt hat, nicht ausschließlich als *institutionelles Arrangement der politischen Leitung* im Rahmen eines staatlichen Verbundes verstanden. Herrschaftliche Führungsinstanzen in Form eines demokratisch gewählten Kabinetts oder feudaler Monarchen stellen in diesem Verständnis nur einen Teil dessen dar, was als Regierung bezeichnet wird. Regierung meint vielmehr in einem umfassenden Sinn „die unterschiedlichsten Formen der Führung von Menschen" (Bröckling/Krasmann/Lemke 2000, S. 10). Sie bezieht sich damit auf „zahlreiche und unterschiedliche Handlungsformen und Praxisfelder, die in vielfältiger Weise auf die Lenkung, Kontrolle, Leitung von Individuen und Kollektiven zielen und gleichermaßen Formen der Selbstführung wie Techniken der Fremdführung umfassen" (ebd.). Institutionen, Professionelle, Experten und gesellschaftliche Agenturen bilden also neben der „institutionalisierten Entscheidungsstruktur der Staatsleitung" (Katz 1987, S. 172) einen weiteren Teil der Regierung und die Menschen selbst als soziale Akteure einen dritten Teil.

Sozialpädagogische Sozialraumorientierung ist daher als aktiver Teil aktueller Regierungsweisen zu betrachten und nicht nur als darauf reagierende Instanz. Damit rückt die Frage der Realisierung von Macht- und Herrschaftsverhältnissen in neuer Weise in das Zentrum sozialpädagogischer Handlungsvollzüge. Was bedeutet die Orientierung sozialpädagogischer Sozialraumorientierung an den Territorialisierungsprozessen aktueller Stadtentwicklungsmaßnahmen? Welche Rolle spielt Soziale Arbeit als traditionell subjektorientierte und aktivierende Instanz innerhalb der Neugestaltung des Sozialen, wie sie in Konzepten eines aktivierenden Staates gezeichnet werden? Inwiefern verfolgt Soziale Arbeit innerhalb dieses Neugestaltungsprozesses ihre eigenen politischen Interessen in der Hoffnung auf eine lang erhoffte gesellschaftliche Anerkennung, die mit der Aufnahme einiger Grundüberzeugungen sozialpädagogischer Sozialraumorientierung in politische Programmpapiere erreichbar zu sein scheint? Sind diese Interessen mit den Interessen der Nutzerinnen und Nutzer kompatibel?

2. Bröckling, Krasmann und Lemke weisen auch auf das zweite Moment eines umfassenden Regierungskonzeptes hin: die kontextabhängige Relationierung von Selbst- und Fremdführung oder anders gesprochen: von Selbst- und Fremdregierung. Um aktuelle Regierungsweisen Sozialer Arbeit beispielsweise im Bereich sozialpädagogischer Sozialraumorientierung in den Blick zu nehmen, erweist es sich als unzureichend, wenn die Institutionen Sozialer Arbeit ausschließ-

lich als administrative Reaktanten auf gesetzliche Hilfestrukturen beschrieben werden. Soziale Arbeit realisiert selbstverständlich Regierungsweisen nicht unabhängig von sozialstaatlichen und damit formalrechtlichen wie institutionell-verfassten Strukturen; sie agiert aber in diesen Zusammenhängen auf Basis eigener institutioneller Strukturierungen, bestimmter Selbst- und Weltdeutungen und stellt nicht zuletzt eine Akteurin in Fragen des Arrangements gesellschaftlicher Übereinkünfte dar, d.h. sie ist an der Gestaltung des Sozialen aktiv beteiligt.

Vor diesem Hintergrund wird deutlich, warum auch der Hinweis auf das Handlungsdilemma von „Hilfe und Kontrolle" für eine systematische Bestimmung Sozialer Arbeit unzureichend ist. Soziale Arbeit wird hinsichtlich ihrer gesellschaftlichen Funktion in diesem Zusammenhang als „intermediäre Instanz" bestimmt, d.h. ihr wird eine Vermittlungsposition zwischen System und Lebenswelt zugewiesen. Doch eben diese Verortung ist m.E. in Frage zu stellen; denn wo existiert ein solcher Ort *zwischen* System und Lebenswelt? Und ist nicht in der diesem Modell zugrunde liegenden Konzeption die „Rationalisierung der Lebenswelt" in Form der Ausbildung gesellschaftlicher Subsysteme (Verwaltung und Ökonomie) von Habermas exakt die Beschreibung des Modernisierungsprozesses vorgenommen worden, währenddessen auch die Institutionalisierung und Professionalisierung Sozialer Arbeit vollzogen wurde? Wäre die Frage der Regierung des Sozialraums dann wieder als die Frage nach der „Kolonialisierung der Lebenswelt" aufzuwerfen (vgl. Müller/Otto 1984)? Allerdings steht eine solche Blickrichtung nicht vielmehr in Gefahr, ein kontrastierendes Begriffsverhältnis von Fremd- und Selbstbestimmung zu (re-)produzieren: Kolonialisiert werde die „ursprüngliche", „natürliche" Welt der „Wilden", wäre die solchen Annahmen gemeinsame Überzeugung. Ein relationales Modell der Regierung macht dagegen darauf aufmerksam, dass Fremd- *und* Selbstregierungsprozesse als historisch-spezifische Weisen menschlicher Führung in den Blick zu nehmen sind. Sozialpolitische wie sozialpädagogische Programme der Aktivierung der Selbstorganisation von Bevölkerungsgruppen in marginalisierten Wohnarealen erfahren dann plötzlich eine völlig neue Interpretation, die mit dualistischen Analysefiguren von Fremd- und Selbstbestimmung nicht erfasst werden können:

> „In diesem Sinne kann man die Meinung vertreten, dass sich anstelle des Wohlfahrtsstaates ein neuer Bereich des Managements dieser Mikrosektoren herausbildet, der durch eine Fülle quasi-autonomer Einrichtungen markiert wird, die in den ‚wilden' Räumen tätig sind (...): ‚freiwillige' Initiativen (oftmals

> von Betroffenen, ehemals Betroffenen oder freiwilligen Helfern betrieben, aber durch Zuschüsse finanziert) wie die Projekte der ‚akzeptierenden Drogenarbeit', Behindertenorganisationen, Selbsthilfegruppen und ähnliche gegengesellschaftliche Kräfte, die zu Anbietern von Dienstleistungen wurden" (Rose 2000, S. 103).

3. Regierung wird innerhalb der governmentality-studies daher auch nicht als eine Weise beschrieben, „Menschen zu zwingen, das zu tun, was der Regierende will; vielmehr ist sie immer ein bewegliches Gleichgewicht mit Ergänzungen und Konflikten zwischen Techniken, die Zwang sicherstellen und Prozessen, durch die das Selbst durch sich selbst konstruiert oder modifiziert wird" (Foucault 1993, zit. nach Lemke 1997, S. 264).

Vor diesem Hintergrund erweist sich die Konjunktur sozialpädagogischer Sozialraumorientierung als Teil eines sehr viel umfassenderen Zusammenhangs einer Neugestaltung des Sozialen. Aktuelle Formen der Regierung über Territorien oder anders gesprochen, der Territorialisierung des Sozialen erweisen sich damit u.U. als erste Strukturen einer neosozialen Gesellschaftsformation. Während innerhalb wohlfahrtsstaatlicher Regierungsweisen staatliche Territorien im Mittelpunkt standen, werden diese zunehmend von einer Fokussierung kleinräumiger Gemeinschaften abgelöst – eine entscheidende Transformation für eine sozialpädagogische Sozialraumorientierung. Kleinräumige und lokale Gemeinschaften schienen v.a. in den 1970er Jahren für AktivistInnen sozialer Bewegungen noch den Ort der Gegenmacht zum Leviathan, dem einheitlich regulierenden Zentralstaat, symbolisieren zu können. In den 1990er Jahren ist der Gemeinschaftsbegriff zunehmend in den Fokus von Regulierungsstrategien und -technologien gerückt. Die Aktivierung der nahräumlichen Gemeinschaften dient nun der Initiierung lokalen sozialen Kapitals zur Substitution universeller wohlfahrtsstaatlicher Integration. Gemeinschaft ist nicht mehr per se der Raum der Selbstbestimmung, aber eben auch nicht per se ein durchgehend fremdbestimmter.

Relationale Untersuchungsperspektiven wollen und sollen auch die Hoffnung auf Veränderung nicht unterminieren, wie v.a. die Äußerung des Vorwurfs einer Relativierung der Beurteilungsmaßstäbe immer wieder vermuten lässt. Das wäre tatsächlich das konstitutive Ende (sozial-)pädagogischen Handelns, das im Fall erfolgreicher Intervention immer veränderndes Handeln darstellt. Vielmehr sollten die dargestellten Reflexionen verdeutlichen, dass auch Veränderungsperspektiven *innerhalb* spezifischer Gestalten des Sozialen realisiert werden und zu realisieren sind, und daher Analyseinstrumentarien erfordern, die diese ambivalente Immanenz berücksichtigen können. Veränderungen und Verschiebungen – auch radikaler Art – sind möglich, allerdings im „Diesseits" von Fremd- und Selbstregierung des Sozialen, nicht als Revolutionen, die in irgendein selbstbestimmtes nahräumliches „Jenseits" des Sozialen führen sollen.

Literatur

Autorenkollektiv (2. Aufl. 1972): Gefesselte Jugend: Fürsorgeerziehung im Kapitalismus. Frankfurt a.M.

Böhnisch, L./Lösch, H. (1973): Das Handlungsverständnis des Sozialarbeiters und seine institutionelle Determination. In: Otto, H.-U./Schneider, S. (Hrsg.): Gesellschaftliche Perspektiven der Sozialarbeit 2. Neuwied/Berlin, S. 21-40

Böhnisch, L./Münchmeier, R. (2. Aufl. 1993): Pädagogik des Jugendraums: Zur Begründung und Praxis einer sozialräumlichen Jugendpädagogik. Weinheim/München

Böhnisch, L./Schröer, W. (2001): Pädagogik und Arbeitsgesellschaft. Weinheim/München

Bourdieu, P. (1999): Sozialer Sinn. Kritik der theoretischen Vernunft, 3. Aufl. Frankfurt a.M.

Bröckling, U./Krasmann, S./Lemke, Th. (Hrsg.) (2000): Gouvernementalität der Gegenwart: Studien zur Ökonomisierung des Sozialen. Frankfurt a.M.

Coelen, Th. (2002): ‚Ganztagsbildung' – Ausbildung und Identitätsbildung von Kindern und Jugendlichen durch die Zusammenarbeit von Schulen und Jugendeinrichtungen. In: neue praxis 32. Jg., Heft 1, S. 53-66

Deinet, U. (1999): Sozialräumliche Jugendarbeit. Eine praxisbezogene Anleitung zur Konzeptentwicklung in der Offenen Kinder- und Jugendarbeit. Opladen

Deinet, U. (2002): Der qualitative Blick auf Sozialräume als Lebenswelten. In: Deinet, U./Krisch, R.: Der sozialräumliche Blick in der Jugendarbeit: Methoden und Bausteine zur Konzeptentwicklung und Qualifizierung. Opladen, S. 31-44

Deinet, U./Krisch, R. (2002): Der sozialräumliche Blick in der Jugendarbeit: Methoden und Bausteine zur Konzeptentwicklung und Qualifizierung. Opladen

Elsen, S. (1998): Gemeinwesenökonomie – eine Antwort auf Arbeitslosigkeit, Armut und soziale Ausgrenzung? Soziale Arbeit, Gemeinwesenarbeit und Gemeinwesenökonomie im Zeitalter der Globalisierung. Neuwied/Kriftel

Esch, K./Hilbert, J./Stöbe-Blossey, S. (2001): Der aktivierende Staat – Konzept, Potentiale und Entwicklungstrends am Beispiel der Jugendhilfe. In: Heinze, R. G./Olk, Th. (Hrsg.): Bürgerengagement in Deutschland: Bestandsaufnahmen und Perspektiven. Opladen, S. 519-547

Foucault, M. (1992): Was ist Kritik. Berlin

Giddens, A. (1984): Interpretative Soziologie: Einführung und Kritik. Frankfurt a.M./New York

Habermas, J. (1981): Theorie des kommunikativen Handelns. Bd. 2: Zur Kritik der funktionalistischen Vernunft. Frankfurt a.M.

Hinte, W. (2001a): Bewohner ermutigen, aktivieren, organisieren – Methoden und Strukturen für eine effektives Stadtteilmanagement. In: Alisch, M. (Hrsg.): Stadtteilmanagement: Voraussetzungen und Chancen für die soziale Stadt. Opladen, S. 153-170

Hinte, W. (2001b): Stadtteilbezogene Soziale Arbeit und soziale Dienste – Lebensweltbezug statt Pädagogisierung. In: Hinte, W./Lüttringhaus, M./Oelschlägel, D.: Grundlagen und Standards der Gemeinwesenarbeit: ein Reader für Studium, Lehre und Praxis. Münster, S. 74-81

Hinte, W. (2002): Fälle, Felder und Budgets: zur Rezeption sozialraumorientierter Ansätze in der Jugendhilfe. In: Merten, R. (Hrsg.): Sozialraumorientierung: Zwischen fachlicher Innovation und rechtlicher Machbarkeit. Weinheim/München, S. 91-126

Katz, A. (1987): Staatsrecht. Grundkurs im öffentlichen Recht, 8.Aufl. Heidelberg

Kessl, F. (2003): Gemeinwesenarbeit und soziale Exklusion. In: Munsch, C. (Hrsg.): Sozial Benachteiligte engagieren sich doch. Weinheim/München

Kessl, F./Otto, H.-U./Ziegler, H. (2002): Einschließen oder Aufmachen? Der Raum, sein Kapital und deren Nutzer. In: Riege, M./Schubert, H. (Hrsg.): Sozialraumanalyse: Grundlagen – Methoden – Praxis. Opladen, S. 177-190

Koch, J. u.a. (2002): Mehr Flexibilität, Integration und Sozialraumbezug in den erzieherischen Hilfen: Zwischenergebnisse aus dem Bundesmodellprojekt Integra. Frankfurt a.M.

Krölls, A. (2002): Die Sozialraumbudgetierung aus jugendhilfepolitischer und jugendhilferechtlicher Sicht: Ein rechtswidriges Sparprogramm mit fragwürdigem jugendhilfepolitischen Nutzen. In: Merten, R. (Hrsg.): Sozialraumorientierung: Zwischen fachlicher Innovation und rechtlicher Machbarkeit. Weinheim/München, S. 183-201

Lemke, Th. (1997): Eine Kritik der politischen Vernunft: Foucaults Analyse der modernen Gouvernmentalität. Berlin/Hamburg

May, M. (2002): Gemeinwesenarbeit, in: Haug, W. F. (Hrsg.): Historisch-kritisches Wörterbuch des Marxismus, Bd. 5. Berlin

Müller, C. W. (1973a): Das Dilemma der Gemeinwesenarbeiter. In: Otto, H.-U./Schneider, S. (Hrsg.): Gesellschaftliche Perspektiven der Sozialarbeit 2. Neuwied/Berlin, S. 217-222

Müller, C. W. (2. Aufl. 1973b): Die Rezeption der Gemeinwesenarbeit in der Bundesrepublik Deutschland. In: Ders./Nimmermann, P. (Hrsg.): Stadtplanung und Gemeinwesenarbeit: Texte und Dokumente. München, S. 228-240

Müller, S./Otto, H.-U. (Hrsg.) (1984): Verstehen oder Kolonialisieren? Grundprobleme sozialpädagogischen Handelns und Forschens. Bielefeld

Olk, Th. (2000): Strukturelle und fachliche Konsequenzen der Sozialraumorientierung in der Jugendhilfe, in: BMFSJ/JSB (Hrsg.): Sozialraumorientierung und neue Finanzierungsformen. Bonn.

Otto, H.-U. (2002) Sozialraumorientierung in der Sozialen Arbeit. Interview. In: Unsere Jugend, 54. Jg., Heft 9, S. 375-380

Peters, F. (1983): Gemeinwesenarbeit im Kontext lokaler Sozialpolitik – eine theoretische Skizze zur Einführung. In: ders. (Hrsg.): Gemeinwesenarbeit im Kontext lokaler Sozialpolitik. Bielefeld

Reutlinger, Ch. (2002): Stadt. In: Schröer, W./Struck, N./Wolff, M. (Hrsg.): Handbuch Kinder- und Jugendhilfe. Weinheim/München, S. 255-271

Reutlinger, Ch. (2002): Vom Aneignungshandeln zum Schreiben von unsichtbaren Bewältigungskarten: Aktueller sozialräumlicher Fokus in der Jugendarbeit. In: Unsere Jugend, 54. Jg. 9, S. 363-374

Rose, N. (1999): Powers of Freedom: Reframing Political Thought. Cambridge

Rose, N. (2000): Tod des Sozialen? Eine Neubestimmung der Grenzen des Regierens. In: Bröckling, U./Krasmann, S./Lemke, Th. (Hrsg.): Gouvernementalität der Gegenwart: Studien zur Ökonomisierung des Sozialen. Frankfurt a.M., S. 72-109 [Original: The Death of the Social? Refiguring the Territory of Government. In: Economy and Society, 25. Jg., Heft 3, 1996, S. 327-356]

Ross, M. G (1971): Gemeinwesenarbeit. Theorie, Prinzipien, Praxis, 2. Aufl. Freiburg

Schippmann, W. (2002): Sozialraumorientierung' in der Jugendhilfe. Kritische Anmerkungen zu einem (un-)zeitgemäßen Ansatz. In: Merten, R. (Hrsg.): Sozialraumorientierung: Zwischen fachlicher Innovation und rechtlicher Machbarkeit. Weinheim/München, S. 127-149

Weber, B. (1997): Stadtentwicklung mit den Bürgerinnen und Bürgern – Entwicklungspotentiale der Zivilgesellschaft am Beispiel Heidelberg? In: Schmals, K. M./Heinelt, H. (Hrsg.): Zivile Gesellschaft: Entwicklung, Defizite und Potentiale. Opladen, S. 59-79

Welsch, W. (1996): Vernunft: Die zeitgenössische Vernunftkritik und das Konzept der transversalen Vernunft. Frankfurt a.M.

Wolff, M. (2000): Integrierte Erziehungshilfen: Eine exemplarische Studie über neue Konzepte in der Jugendhilfe. Weinheim/München

Wolff, M. (2002): Integrierte Hilfen vs. versäulte Erziehungshilfen. Sozialraumorientierung jenseits der Verwaltungslogik. In: Merten, R. (Hrsg.): Sozialraumorientierung: Zwischen fachlicher Innovation und rechtlicher Machbarkeit. Weinheim/München, S. 41-52

Ziegler, H. (2001): Drei Mann in einem Boot. Warum sich die soziale mit der sicheren Stadt und beide mit dem ‚aktivierenden' Staat so gut verstehen. In: Widersprüche, 12. Jg., Heft 82, S. 25-38

Werner Schefold

Sozialräumlichkeit von Hilfeverfahren

1. Sozialräumlichkeit in der Sozialen Arbeit

In vielen fachöffentlichen Beiträgen wird seit Jahren die Devise propagiert und diskutiert, dass Soziale Arbeit sich gleichsam in einem Qualitätssprung sozialräumlich orientieren solle (vgl. Merten 2002). Griffig ist diese Devise z.B. bei W. Hinte u.a. (1999) in der Formel „Vom Fall zum Feld" festgehalten. Tagungen werden veranstaltet, Reader herausgegeben, Festreden widmen sich dem Thema.

Die kinder- und jugendhilfepolitische Forderung der Sozialraumorientierung hat sich zu einer Leitformel entwickelt, welche die Debatte über das Selbstverständnis der Kinder- und Jugendhilfe und die Orientierungsbemühungen der Fachbasis wie der Verantwortlichen durchzieht (Hinte u.a.1999; Sozialpädagogisches Institut 2001). Diese Leitformel ist im Kontext von Programmatiken und Veränderungen zu sehen, welche die Situation der Jugendhilfe in den 1990er Jahren bestimmen:

- einer steigenden Nachfrage nach Angeboten und Hilfen aus dem Bereich der Kinder- und Jugendhilfe seitens der anspruchsberechtigten Familien wie der Fachkräfte und Einrichtungen, die für die Feststellung von Bedarfslagen zuständig sind;
- einer im Gefolge der Knappheit öffentlicher Mittel unter Druck geratenen Finanzierung des Systems;
- der Bestrebungen zur Modernisierung des sozialen Sektors, in deren Rahmen Kinder- und Jugendhilfe zu einem System effektiver und effizienter Dienstleistungen ausgestaltet werden soll. Diese Bestrebungen zeigen sich auf der Ebene der Jugendpolitik in neuen Steuerungsformen, auf der Ebene der Organisation als Flexibilisierung von Hilfen, auf der Ebene des professionellen Handelns als Anspruch einer neuen Fachlichkeit.

In diesen Bestrebungen zeigt sich eine Tendenz zu einer reflexiven Modernisierung der Kinder- und Jugendhilfe, welche die Formen der einfachen Modernisierung – Differenzierung, Spezialisierung, Institutionalisierung, Formen der Professionalisierung, welche auf individuell zurechenbare Dienstleistungen zielen – überwinden will. Die reflexive Modernisierung umschließt auch eine neue Aufmerksamkeit und Inanspruchnahme des Sozialraums.

Sozialraumorientierung kommt in einen Widerspruch: Zum einen soll die Leitformel der Sozialen Arbeit Ressourcen für moderne Dienstleistungsformen erschließen, institutionen- und einzelfallbezogene Praxis erweitern und so dem Modernisierungsprogramm helfen. Zum anderen weist Sozialraumorientierung über die Grenzen Sozialer Arbeit hinaus und setzt sozialpolitische und stadtpolitische Anforderungen an Politik frei. Sie schließt an eine Tradition der Debatten in der Kinder- und Jugendhilfe an, die im Grunde immer gegenläufig zu den Tendenzen einfacher Modernisierung – konkret in der Sozialen Arbeit: Pädagogisierung, Therapeutisierung und Psychologisierung – entfaltet worden sind. Gegen individualisierende Hilfen wurde eine Programmatik bemüht, die auf die Verbesserung der Lebenslagen und der sozialen Infrastruktur für Familien, Kinder und Jugendliche zielt.

Die Programme der Gemeinwesenarbeit sind als historische Beispiele für diese Gegen- und Wechselbewegungen anzuführen.

Nach den Erfahrungen unserer wissenschaftlichen Projektbegleitungen sind zwei Befunde unstrittig: Sozialraumorientierung ist in aller Munde und gilt als Gütezeichen fortschrittlicher Praxis und: Sozialraumorientierung ist ein durchaus vieldeutiges, umstrittenes Konzept. Der „Sozialraum“ wird geradezu ein kommunikatives Medium für unterschiedliche Akteure, die durch Sozialraumrhetorik ihre Interessen verfolgen und Verhandlungspositionen markieren. Eine grundsätzliche Klärung der Sozialraumbezüge und der dahinter liegenden unterschiedlichen Raumkonstitutionen dieser Akteure steht an.

Ich möchte in diesem Beitrag die Unterschiedlichkeit der sozialräumlichen Bezüge von Akteuren in der Kinder- und Jugendhilfe, insbesondere der Hilfen zur Erziehung und die Probleme und Fragen, die daraus entstehen, zum Thema machen. Empirische Grundlage meiner Ausführungen sind Projekte der wissenschaftlichen Begleitung von Vorhaben der bayerischen Landeshauptstadt München zur Flexibilisierung der Hilfen zur Erziehung. Das Team Sozialpädagogik an der Fakultät für Pädagogik der Universität der Bundeswehr München hat in diesen Projekten auf verschiedenen empirischen Ebenen – teilnehmende Beobachtung, multiperspektivische Fallstudien, Befragungen – Erkenntnisse gewonnen (vgl. Schefold/Neuberger/Schmidberger 2001; Schefold/Neuberger/Müller 2002; Schefold/Neuberger/Klingl 2003).

Das Programm zur Reform der Hilfen zur Erziehung in München – „Umbau statt Ausbau" – hat 1999 mit der Flexibilisierung ambulanter Erziehungshilfen begonnen; Leitideen waren und sind dazu: Bedarfsorientierung der Hilfen („Maßanzüge statt Konfektionsware"), Ressourcenorientierung und Sozialraumorientierung der Hilfen. Die Akteure, die hier eine Rolle spielen, sind

- die Stadt als kommunalpolitischer Akteur,
- die freien Träger der Jugendhilfe,
- die Einrichtungen der ambulanten und teilstationären Hilfen zur Erziehung als Organisationen vor Ort,
- die Teams bzw. Fachkräfte und schließlich
- die Adressaten, differenziert: die Kinder, Jugendlichen und Familien.

Diese Akteure haben sehr unterschiedliche Sozialraumkonstruktionen und Sozialraumbezüge. Sie treffen im alltäglichen Zustandebringen von Hilfen aufeinander. Diese Prozesse haben ihren Rahmen in den Strukturen, in denen Hilfen zur Erziehung geleistet werden. Die Modernisierung der Hilfen zur Erziehung, wie sie gegenwärtig in München unter dem Prinzip „Umbau statt Ausbau" vorangetrieben wird (vgl. Köhler u.a. 2002), insbesondere die Flexibilisierung der Hilfen zur Erziehung, verändern diesen Rahmen; damit geraten Sozialraumkonstitutionen durch- und aneinander. Vor allem die Stadt München als entscheidender kommunalpolitischer Akteur schafft mit ihren Zielen und Strategien im Reformprozess Konstruktionen des Raums als „(An)Ordnungen" (Löw 2001), die Vorgaben für die anderen Akteure, Träger, Teams und Adressaten sind. Im Rahmen dieser Vorgaben konstruieren diese ihre eigenen (An)Ordnungen des Raumes: als Umgebungen der Einrichtungen der *Träger*, als Aktionsradius des *Teams*, als „individuelles Geographiemachen" (vgl. Reutlinger 2002) der *Kinder, Jugendlichen und Familien*. Folgt man Löw (2001), so umfasst die Konstitution des Raums nicht nur dessen Ergebnis, die fertigen Sozialregionen, sondern auch die Prozesse der Konstitution, die Interaktion der verschiedenen Platzierungen – „spacings" – und Verknüpfungen – „Syntheseleistungen" im kollektiven und individuellen Handeln. Sozialer Raum, konkret die Sozialregionen Münchens sind danach einmal als Struktur, als Verhältnis, Ergebnis der Raum konstituierenden Aktivitäten verschiedener Akteure, der Stadt, der Wirtschaft etc. zu sehen und zum anderen als Rahmen für Raum konstituierende Praxis anderer Akteure, der Träger, Teams und Adressaten.

Die Bezüge dieser Ordnungen zueinander wie ihres Entstehens sind für mich das Kernthema in der Reflexion der „Sozialräumlichkeit" beim Zustandekommen von Hilfen.

2. Der politische Akteur: Raum als Sozialregion

Die Landeshauptstadt München steht seit Beginn der 1990er Jahre in einem Prozess der Reform der Verwaltung. Das Sozialreferat erarbeitete im Rahmen der gesamtstädtischen Verwaltungsreform zum einen einen Produktplan, der die kundenbezogenen Leistungen im Sozialreferat nach Lebenslagen ordnete; zum anderen wurde das Ziel der Regionalisierung möglichst vieler Dienstleistungen durch die Planung und Errichtung von Sozialregionen in Angriff genommen. In 13 Sozialregionen mit einer Einwohnerzahl zwischen 80.000 und 120.000 Personen sind soziale Dienste, wie z.B. die ambulanten Erziehungshilfen (AEH) regionalisiert; künftig sollen Sozialbürgerhäuser alle Dienstleistungen unter einem Dach anbieten. Im Stadtjugendamt führten lebenslagenbezogene Produktplanung und Regionalisierung zu einem Prozess der Organisationsentwicklung, von dem alle Arbeitsbereiche betroffen sind (vgl. Köhler u.a. 2002).

Die Regionalisierung der Sozialen Arbeit ist neben den verwaltungsbezogenen Zielen auch von Überlegungen getragen, die Qualität der Arbeit entscheidend zu verbessern. Die „Ambulanten Erziehungshilfen" (AEH)-Teams sollen den „erzieherischen Bedarf der Region" befrieden; diese Zuständigkeitsregulierung wird getragen und gerechtfertigt durch die sozialpädagogische Hoffnung, durch die Regionalisierung der Hilfeprozesse die Ressourcen der Sozialregion – als Sozialraum – besser erschließen und mobilisieren und so in die Hilfe integrieren zu können. Hilfe soll alltagsnäher werden, Personen und Organisationen aus der Sozialregion sollen sich effektiv an Hilfeprozessen beteiligen bzw. einbezogen werden. Hilfe als Interaktion zwischen Adressaten, die aus ihren sozialräumlichen Bezügen entbettet sind und stadtweit operierende Dienstleistungsagenturen, die keine Kooperation mit Kindergärten, Schulen, Vereinen, Nachbarn etc. haben, soll abgelöst werden von einer sozialräumlich gleichsam doppelt – im Bezug auf die Adressaten und Fachkräfte – lokal eingebetteten Hilfe.

Die Sozialregion bekommt damit im Prozess der Modernisierung der Kinder- und Jugendhilfe eine Bedeutung, die sich nur aus diesem Prozess und den Konzepten der politischen Akteure heraus verstehen lässt. Die Reform der Hilfen zur Erziehung in München steht im Kontext des epochalen Wandels, den Hilfen zur Erziehung insgesamt in den 1990er Jahren erleben (vgl. Birtsch u.a. 2001; Früchtel u.a. 2001; Schröer u.a. 2002). Erziehungshilfen haben nach dem Muster „einfacher Modernisierung" Arbeitsformen entwickelt, die als „versäult", in ihrer Zugänglichkeit stark angebotsbezogen, in ihrer Arbeit losgelöst von sozialräumlichen Kontexten der AdressatInnen gesehen werden. Hilfen zur Erziehung haben sich in München stadtweit als Anbietermarkt etabliert; die sozialräumliche Entbettung der Hilfen hat Spielräume für Träger wie auch für Klienten geschaffen; sie hat zugleich aber Hilfen stark auf die Interaktionsdyade Einrichtung-Adressat verengt, insgesamt sozialräumliche Bezüge, andere sozialstaatliche und bürgerschaftliche Akteure sowohl im Prozess der Definition „erzieherischen Bedarfs" wie in der Konzipierung und Erbringung der Hilfen ausgeblendet.

Man kann das Prinzip der Sozialraumorientierung als eine Rückkehr von einer funktionalen zu einer segmentalen Differenzierung auf der Erdoberfläche verstehen. Dieses Prinzip bietet sich an, um die Folgeprobleme, die im Prozess der funktionalen Differenzierung entstanden sind, zu bearbeiten. Dies sind letztlich, hinter Effizienz- und Effektivitätsproblemen monetäre Folgen: Das Muster, Hilfeanforderungen an den Sozialstaat via eines klassisch modernen Dienstleistungssystems zu bewältigen, wird unter Vorzeichen der kommunalen Finanzkrise nicht mehr bezahlbar. Regionalisierung verspricht die „(Re-)Integration" der Hilfen in die sozialräumlich erschließbaren sozialen Beziehungen der Adressaten.

Sozialraumorientierung ist zunächst Segmentierung – räumlich abgegrenzte, in ihrer Struktur und Leistungsfähigkeit gleiche oder ähnliche Einheiten, so z.B. die Träger der AEH, nehmen den erzieherischen Bedarf der Sozialregion an AEH auf. Um die Steuerbarkeit sozialstaatlicher Leistungserbringung zu gewährleisten, werden auf lokaler Ebene Zuständigkeiten geschaffen. Als verantwortliche Akteure werden die freien Träger in ein Bündnis mit der Stadt eingebunden (vgl. Köhler u.a. 2002); sie werden über Budgets finanziert; neue Formen der Kontrolle und Steuerung der Leistungserbringung werden entwickelt. Ein Prozess funktionaler Entdifferenzierung wird dahingehend in Kauf genommen, als die Arbeitsteilung auf der Ebene von

Trägern, Teams und Fachkräften sich nivelliert, professionelle Profile abgeschliffen werden. Neben diesen Gefahren gibt es u.E. freilich die Chance einer Transformation professioneller Potentiale in Richtung einer fallbezogenen Arbeit, diese wird neben den alten Hilfeformen nach §§ 28 bis 35a SBG VIII bedeutsamer und komplexer. Fraglich bleibt, ob nicht bei diesem Arrangement das Wunsch- und Wahlrecht der Adressaten verletzt wird (vgl. Münder u.a. 2003).

Neben diesen Steuerungsfunktionen trägt die Sozial-Regionalisierung freilich auch die Erwartung, als unentdeckte Ressource, als stille Reserve des Sozialstaates, als Synonym für die Handhabbarkeit von Lebenswelten auch auf der Ebene fachlichen Handelns zu wirken. „Sozialregion" als Steuerungsgröße der kommunalen Politik auf dieser Ebene setzt voraus, dass sich die Sozialraumkonstruktionen der anderen Akteure an diese Konstruktion anpassen können und integrieren lassen.

3. Träger, Einrichtungen, Fachbasis als Akteure: Raum als Umgebung und Aktionsradius

3.1 Die Träger als Akteure in der Regionalisierung

Die Träger Sozialer Arbeit erfahren durch die Einrichtung der Sozialregionen eine ambivalente Veränderung ihrer Rahmenbedingungen. Zum einen verlieren sie den stadtweiten Markt als Anbieter spezifizierter Leistungen: Damit werden auch teilweise besondere Fachprofile entwertet. Zum anderen haben sie die Chance, sich als quasi monopolistische Anbieter eines begrenzten, innerhalb dieser Grenzen flexiblen Dienstleistungsbereichs wie der Ambulanter Erziehungshilfen in einer Region zu etablieren. Sie können damit ihr Bestandsproblem über die feste Finanzierung von Stellen, die aus sozialstatistischen Daten (soziale Belastung der Sozialregion), aus dem bisherigen Fallaufkommen abgeleitet und darüber hinaus ausgehandelt werden, aus den Zufällen und Risiken der Fallfinanzierung lösen.

Sie sind aktiv an der Platzierung neuer sozialer Dienstleistungsstrukturen in den Sozialregionen beteiligt und haben dabei ihren Sozialraum zu konstruieren. Der Standort des Teams muss in der Sozialregion etabliert werden. Beziehungen zu Institutionen und Organisationen sind zu entwickeln. Hier ist das Münchner REGSAM-Modell (Regionalisierung Sozialer Arbeit in München) als institutionalisiertes soziales Netzwerk sehr nützlich. Die REGSAM-ModeratorInnen als eigene Koordinationspunkte für lokale Kooperation können die grundlegenden Beziehungen der Einrichtungen und Dienste aufrechterhalten; bei konkreten Wünschen nach Kooperation in einem einzelnen Fall sind sie überfordert.

Für konkrete Soziale Arbeit an Fällen sind freilich Beziehungen unterhalb dieses Netzwerks, zu einzelnen Personen in Schulen, sozialen Einrichtungen, Vereinen wichtig. Standorte allein garantieren noch keine Kooperation. Die Teams großer, stadtweit tätiger Träger haben über die Teams ihre lokalen Profile zu entwickeln. Kleine Träger sind hier oft flexibler und schneller.

Aus Sicht der Träger als Unternehmen werden durch die Regionalisierung marktbezogene zu Gunsten eher politischer, korporatistischer Strategien der Bestandserhaltung und -erweiterung zurückgedrängt. Dies ist wohl als paradoxer Effekt einer im Grunde eher auf die Ordnungsform Markt, mindestens: auf Wettbewerb setzender Reform zu sehen (vgl. Richter 2003). Die Verhandlungen über die Verteilung der lokalen Zuständigkeiten werden zum Schlüsselereignis für die künftigen Positionen; der Wettbewerb verlagert sich in den Bereich der Qualitätsentwicklung (und -darstellung) mit all den Unbestimmtheiten, die damit verbunden sind.

3.2 Der Sozialraum der Einrichtungen als „Umgebung"

Die Einrichtungen der Erziehungshilfen sind soziale Orte in der Sozialregion, die mindestens unter zwei Aspekten zu sehen sind: Sie sind selbst Räume im Lebenslauf und Alltag der Kinder, Jugendlichen und der Fachkräfte und sie haben in der Sozialregion und darüber hinaus ihre eigene „Umgebung": ein Territorium, das Menschen als ihren gemeinsamen Lebensraum – und wie man in Ergänzung zu Löw (2001) sagen kann, auch *Arbeits*-Raum – ansehen, als ihren wesentlichen Aktionsradius (Löw 2001, S. 255).

Ambulante und teilstationäre Einrichtungen der Jugendhilfe unterscheiden sich wesentlich hinsichtlich ihrer Eigenschaften als soziale Orte; dies klingt im alten Begriff der (teil-)*stationären* Hilfen an. Teilstationäre Hilfen nach §§ 32 und 35 a SGB VIII – so das Kinderhaus KAI-FLEX, dessen Flexibilisierung wir wissenschaftlich begleitet haben (vgl. Schefold u.a. 2003) – sind Koppelungen von Raum, Zeit, Personen, Aktivitäten und Dienstleistungen: Zwischen Schulende und 17.00 Uhr werden Kinder in einem Haus mit Garten nach pädagogischen Konzepten verlässlich versorgt, betreut, mit Lern- und Therapieangeboten sowie sozialräumlich und sozialkulturell strukturierten Möglichkeiten für eigene Aktivitäten bedacht. Teilstationäre Hilfen haben ihre eigenen Raumkonstitutionen, die von der Architektur, dem Konzept, den Regeln und Tageszeitordnungen u.a. der Träger und Teams geprägt sind. Im Rahmen dieser Ordnungen machen Kinder ihre eigene „Geographie“: Lieblingsorte, Treffs, Stützpunkte, Zufluchten; das Kinderhaus wird Teil dieser „Geographien“. Flexibilisierung löst nun gerade die starren Koppelungen von Raum und Zeit im Alltag der Adressaten auf und verlangt nach einer neuen Reflexion der Bezüge der Raumkonstitutionen von Kindern, Jugendlichen und Sozialer Arbeit.

Einrichtungen der Ambulanten Erziehungshilfe sind demgegenüber als bloße Operationsbasis Sozialer Arbeit in der Sozialregion gedacht. Die Fachkräfte sollen die Kinder und Jugendlichen in ihren Sozialraumkonstruktionen sehen und verstehen, ihnen gleichsam nachgehen und sie z.B. im Sinne des „Empowerment“ unterstützen. Interessant ist, dass nahezu alle Teams im Zuge der Entwicklung ihrer Arbeit auch Angebote für Kinder und Jugendliche etablieren, welche die Qualitäten eines eigenen sozialen Ortes haben – Gruppenarbeit, Treffs für die betreuten Kinder, Räume zum Quatschen und Rumhängen. Das bloße Büro scheint in der Sozialen Arbeit durch die Bedürfnisse der Kinder immer erweitert zu werden; aber auch Teams zeigen davon unabhängig das Bedürfnis, sich selbst sozialräumlich fixierte und zugängliche Arbeitsmöglichkeiten zu schaffen.

In den Konzepten der Träger teilstationärer Einrichtungen nach §§ 32 und 35a KJHG werden den eigenen Einrichtungen als Orte in den Stadtkarten der Kinder unterschiedliche Bedeutungen zugeschrieben. Heilpädagogische Tagesstätten verstehen sich oft als „Gegenwelten“ zu den Alltagswelten der Kinder, der Familie, aber auch der Schule. Sie sollen durch enge Beziehungen zu erwachsenen Bezugspersonen und zu anderen Kindern in stabilen Gruppen Kontrasterfahrungen zur Familie ermöglichen; diese Gegenwelten werden therapeutisch gestaltet und reflektiert. Dafür ist die Eigenheit des sozialen Raumes der Tagesstätte, die durch die Qualität der Arrangements und Ausstattungen hergestellt wird, Voraussetzung. Kinder sollen alles finden, was sie brauchen. Diesen Konzepten entspricht eine Abgrenzung von den Räumen „draußen“, die eine kontrollierte Gestaltung von Beziehungen möglich macht. Je stärker sich bei Kindern und Jugendlichen – in

Abhängigkeit von Alter und Geschlecht – das Bedürfnis zum eigenen „Geographiemachen" durchsetzt, desto stärker führen solche Abgrenzungen zu Konflikten.

Die Sozialregion als *Umgebung* ist gleichsam Behälter all der Raumkonstitutionen, die Kinder und Jugendliche haben und laufend vornehmen, dies gilt ebenso für die Kindergärten, Schulen, sozialen und bürgerschaftlichen Einrichtungen. Die Einrichtungen der Erziehungshilfen können sich zu diesen Ordnungen immer nur selektiv in Beziehung setzen. Sie erschließen sich ihren Sozialraum. Das Kinderhaus KAI-FLEX hat Beziehungen zu einer kulturellen Einrichtung gleich in der Nähe, einer Schule mit einem responsiven Kollegium (eine von acht Schulen, auf welche die 22 Kinder in der Einrichtung insgesamt gehen). Praktisch wirksame soziale Netze zu hilfreichen Personen muss das Fachteam durch eigene Aktivitäten in der Sozialregion bilden und aufrechterhalten. So schaffen sich die Fachkräfte und, wenn der Austausch unter den Fachkräften funktioniert, die Teams im Verlauf ihrer fallbezogenen Arbeit in der Sozialregion ihren eigenen Sozialraum als Umgebung, der aus sozialen Orten, Personen und Beziehungen besteht, welche durch die besondere Qualität der Brauchbarkeit, Verfügbarkeit und Adressierbarkeit der Personen bzw. Organisationen in der konkreten Arbeit gekennzeichnet sind. Diese Sozialräume sind nicht mit den Sozialregionen deckungsgleich; sie sind in Bezug auf die potentiellen Beziehungen selektiv. Sie können nur einen Teil des Potentials der Sozialregion erfassen; andererseits überschreitet der Bedarf an Ressourcen, der in den Fällen sichtbar wird, die Potentiale der jeweiligen Sozialregion (vgl. Schefold u.a. 2001). Die Sozialregionen in München sind mit einer Einwohnerzahl von 80.000 bis 120.000 für sozialräumliche Arbeit zu groß und wiederum, von den Raumkonstitutionen der Jugendlichen in der Stadt her gesehen, zu klein.

3.3 Teams, Fachbasis und der Sozialraum

Die Fachkräfte der Ambulanten Erziehungshilfen sind im Prozess der Flexibilisierung massiv mit der Aufforderung, „sozialräumlich zu arbeiten" konfrontiert worden. Sozialräumlichkeit symbolisiert geradezu ein Gegenbild gegen die bis dato moderne Jugendhilfe. Die Möglichkeiten und Schwierigkeiten, „sozialräumlich zu arbeiten" stehen in engstem Zusammenhang mit den routinierten Abläufen der Fallarbeit. Diese Fallarbeit im Bereich der AEH ist als eine Struktur zu sehen, die in ihren Regelmäßigkeiten Vorgaben für „sozialräumliche Orientierungen" setzt, aber durch die Praxis auch verändert wird.[1]

Die Flexibilisierung der Ambulanten Erziehungshilfen in München hat zu einer Erhöhung der Fallbearbeitungskapazität geführt. Im April 2002 wurden von 13 Teams in den Sozialregionen, zwei überregionalen Teams und 101,5 Fachkräften 700 AEH-Fälle betreut. Die durchschnittliche Wochenstundenzahl dieser Arbeit beträgt 4 ½ Stunden. In zwei Jahren sind insgesamt 1.414 Fälle „durchgelaufen". Die Anzahl der betreuten Kinder und Jugendlichen liegt dabei um einiges über den Fällen; Geschwister werden oft mitbetreut, auch wenn ein Hilfeplan nur für ein Kind vorliegt. Dies lässt grob auf eine durchschnittliche Bearbeitungsdauer pro Fall von einem Jahr schließen.

Betrachtet man den Verlauf der Fallarbeit in den Ambulanten Erziehungshilfen für Familien und Kinder mit einem Interesse für sozialräumliche Dimensionen, wird deutlich, dass das Hilfesystem selbst für die AEH-Teams die wichtigste „Umgebung" darstellt. Das beginnt mit der Fallaufnahme. Über 80% der Fälle kommen von der Bezirkssozialarbeit, in über 80% der Fälle waren andere Dienste im Fall vor den AEH tätig. Es gibt fast immer schon eine Hilfekarriere. Fälle scheinen immer schon in Abläufe institutioneller Hilfe eingeschlossen.

In der *Fallabklärung* böte sich den Fachkräften die Chance, ihren Blick auf den Fall zu weiten. Die Chance wird zum einen wahrgenommen: *Gespräche* mit den Adressaten haben vorrangige Bedeutung, deutlich vor Berichten, Materialien, die von Einrichtungen u.a. kommen. In den Gesprächen der Fachkräfte mit den Adressaten zeigt sich jedoch eine starke Familienorientierung: Mütter sind dabei stärker beteiligt als die Kinder, Einrichtungen der Jugendhilfe stärker als Organisationen oder Personen, die in der Sozialregion leben und arbeiten oder Teil der Raumkonstitutionen der Adressaten sind. Der andere Blick auf die Kinder und ihre Lebensumstände, wie ihn andere Partner – Freunde, Nachbarn, auch Lehrerinnen u.a. haben – bleibt selten.

AEH-Fälle sind hinsichtlich des *erzieherischen Bedarfs* „Multibedarfsfälle". Dies beeinflusst die Wahrnehmungen und Interpretationen der Fachkräfte. Unübersehbar ist in den Fallinterpretationen eine Fokus-

1 Empirische Grundlage sind Befunde aus einer Fallbefragung, die das Team Sozialpädagogik im Frühjahr 2001 an 211 Fällen (ca. ein Drittel aller Fälle) der Ambulanten Erziehungshilfe in München durchgeführt hat und die dabei erhobenen Daten über die Akteure, über Fallstruktur und Fallaufkommen sowie die Qualität der Hilfen (vgl. Schefold u.a. 2001).

sierung auf Beziehungsprobleme, Ich-Probleme (Abgrenzungen, Konsistenz, Selbstwert). Die hohe Aufmerksamkeit für Familien bzw. Mutter-Kind-Beziehungen wird von familiensystemischen Ansätzen unterlegt. Bei den Bedarfsformulierungen der Fachkräfte stehen zwar Kinder und Jugendliche mit 42,9% an der Spitze; ein Drittel der Bedarfsformulierungen sieht jedoch die Mütter von Kindern und Jugendlichen ebenfalls als Bedarfsträger Ambulanter Erziehungshilfen. Dies überrascht angesichts des Durchschnittsalters der Kinder von ca. elf Jahren; Beziehungen der Kinder zur Schule, zu Freunden, Szenen fallen stark zurück.

Auch Ressourcen werden von den Fachkräften eng in der Dyade AdressatInnen/Helfersystem wahrgenommen. Aus der Sozialregion werden am ehesten noch Einrichtungen, Institutionen begrifflich konkret gefasst, ansonsten dominieren diffuse Beschreibungen des Sozialraums. Dies vermittelt den Eindruck, dass die Sozialraumkonstruktionen der Adressaten fallbezogen wenig fassbar sind und für eine zielorientierte Arbeitsweise somit nicht zur Verfügung stehen. Dies mag mit Anlaufschwierigkeiten der AEH zusammenhängen, aber auch damit, dass das Wissen um die Sozialregion bei den Fachkräften nicht sehr ausgeprägt ist und fachliche Konzepte zu wenig bekannt sind, die helfen könnten, die Sozialregion von den Praktiken der Kinder und Jugendlichen her zu erschließen. In vielen Fällen sind die zeitlichen Ressourcen für eine sozialraumbezogene Rekonstruktion der Lebensverhältnisse der Zielformulierung zu knapp oder es ist fallbezogen strittig, ob es Sinn macht, Akteure jenseits des Helfersystems in die Hilfegestaltung einzubeziehen.

Ansatzpunkte für Hilfen müssen in Richtung des faktischen „hilfreichen Tuns“ (Schefold/Neuberger 2002) selegiert und verdichtet werden. Obwohl *Ziele* in der Arbeit mit den Kindern und Jugendlichen von Fachkräften – in der Reihenfolge der Bedeutung – auf das Verhältnis zu Schule, Berufsausbildung, auf Kompetenzen wie z.B. Selbständigkeit, Selbstvertrauen, soziale Kompetenzen, auf Freizeitgestaltung hin formuliert werden, werden *Ressourcen* sehr stark im Familiensystem und in der helfenden Beziehung selbst gesehen; dagegen fallen Ressourcen wie peers, Freundschaften, Vereine deutlich zurück.

Hilfen selbst werden – sozialräumlich gesehen – verengt. Sie finden am stärksten im Medium des *Gesprächs* mit den Kindern, Jugendlichen und Familien statt. Ihm folgen Unternehmungen, Action und Vermittlungen an andere Einrichtungen und Hilfen. Bei diesen Vermittlungen dominieren Hilfen wie organisierte Mädchen- und Jungengruppen oder Hausaufgaben- und Lernhilfen, die fachlich/institutionell abgesichert sind, dies oft durch den Träger der AEH selbst. Weniger die Gelegenheiten in der Sozialregion als die organisierten Angebote spielen etwa im Bereich altersbezogener Sozialität eine Rolle.

Kooperation unter Fachkräften, Teams und Trägern erweist sich als Schlüsselprozess, als Voraussetzung und Folge erfolgreicher Flexibilisierung. Hier dominiert die Kooperation mit Personen und Einrichtungen im öffentlichen Hilfesystem selbst. Die *faktische Ko-Arbeit* mit anderen Diensten in einzelnen Fällen ist stark; im Durchschnitt aller AEH-Fälle waren 1,5 andere Dienste, vorwiegend der Kinder- und Jugendhilfe, zeitgleich in einem Fall tätig. In zwei Drittel der Fälle arbeitet der ASD nach der Übergabe des Falles an die AEH weiter.

Eindeutig ist der Befund, dass bei der Fallarbeit Stellen, Organisationen und Personen aus dem Sozialraum *außerhalb des Helfersystems* wenig einbezogen werden. Nur in der Hälfte der befragten Fälle werden diese überhaupt einbezogen: Außerhalb der Angebote der Kinder- und Jugendhilfe selbst zeigen Sportvereine, Ärzte eine gewisse Bedeutung; Kirchengemeinden, andere Vereine, Selbsthilfegruppen spielen so gut wie keine Rolle – dies gilt auch für Personen außerhalb der Hilfeeinrichtungen bzw. der Familie.

Der *Sozialregion* kommt in der Praxis der AEH noch nicht die erwünschte Bedeutung zu. Von der Fallabklärung über die Hilfen selbst bis hin zu deren Bewertung dominieren Einrichtungen und Personen, die im Hilfesystem selbst tätig sind. Die große Direktive der Sozialraumorientierung – im Bereich der Hilfen zur Erziehung geht es ja um die Verantwortung für *konkrete* Personen – muss noch weiter in gute Praxis umgesetzt werden. Ein nüchterner, ja kritischer Blick auf die Unterschiedlichkeit der Sozialräume der Akteure, auf Ressourcen *und* auf Belastungen ist dabei von Nutzen.

„Sozialraumorientierung" ist nicht nur eine Direktive, sie impliziert auch eine Aufforderung an die Praxis, sich verstärkt der latenten Raumstrukturen ihrer Arbeit bewusst zu werden. Dass die Sozialräume unterschiedlicher Akteure, auch wenn sie aus den Hilfen eher ausgeblendet scheinen, in den Hilfeprozessen wirksam sind, lässt sich an einer Reihe von empirischen Belegen zeigen. Die *Kinder und Jugendlichen*, die in München ambulant betreut werden, sind im Durchschnitt 11,3 Jahre alt. Diese Zahlen widersprechen der Altersverteilung, wie sie für die Bundesrepublik gilt (vgl. Blandow 2001). Hier sind die 0- bis 3-Jährigen am stärksten, die 12- bis 15-Jährigen deutlich weniger vertreten. Dies weist auf Besonderheiten der Münchner Angebotsstruktur im Bereich der Hilfen zu Erziehung, vor allem auf die Bedeutung der teilstationären Hilfen (heilpädagogische Tagesstätten). Das Hilfesystem hat sich im Laufe seiner oft wenig kontrollierten, angebotsbestimmten Entwicklung seine eigenen „Sozialräume" geschaffen.

„*AEH-Familien*" sind weit überproportional (61,5%) alleinerziehend (münchenweit: 20,5%). Das heißt, dass Erziehungshilfen es hier mit einer spezifischen, freilich in sich wiederum differenzierten Gruppe zu tun haben, die in der Sozialregion eigene Bedürfnisse an Versorgung hat, so z.B. Mittags- und Nachmittagsbetreuung durch die Schulen.

Gefragt nach potentiell hilfreichen, aber in der Sozialregion nicht verfügbaren Personen und Organisationen, äußern Fachkräfte sehr konkrete Vorstellungen. Sie betreffen Personen mit sehr genau definierten Potentialen und Ressourcen, so z.B. die Kindertherapeutin, die auch Hausbesuche in einem bestimmten Stadtteil macht, eine Erziehungsberaterin, die systemisch arbeitet und in Gebärden- und Lautsprache versiert ist, eine Jugendbeamtin der Polizei, die für das Abholen eines Kindes an einer Schule in einer Sozialregion engagiert werden kann. Dies zeigt, wie fallbezogen Ressourcenpersonen gesehen werden. Das Finden und Mobilisieren solcher Ressourcen ist eine Aufgabe, welche über die traditionellen Vorstellungen von Hilfen im Wohnumfeld, in der Nachbarschaft weit hinausgeht und auf sehr spezielle fallspezifische Hilfearrangements verweist. Hilfreiche Personen können oft wohl kaum in der Sozialregion, bestenfalls in einem weiten Umfeld gefunden werden. Hilfen zur Erziehung haben es mit Multibedarfsfällen zu tun: Dies sind Fälle, die immer in die alltägliche soziale Welt eingelagert und gleichzeitig partiell entbettet sind – Fälle, die nach sehr differenzierten Lösungen rufen.

Hilfen zur Erziehung erweisen sich nach unseren Daten als ein relativ nach innen, ins etablierte System sozialstaatlicher Hilfen orientiertes System. Dies zeigt sich auf mehreren Ebenen:

- im Hilfeaufnahmeprozess in der Dominanz der Sprache und Definitionsmacht des Hilfesystems;
- bei der internen Konstruktion des Falles bei der Definition des erzieherischen Bedarfs, der Ziele und Ressourcen;
- in den sozialen Beziehungen der Teams; hier steht die Adressierbarkeit von Hilfen im Vordergrund;
- in den Strategien, die neben und durch die fachliche Fallbearbeitung hindurch mitbestimmen, was im Einzelnen getan oder unter-

lassen wird: Hier sind Aspekte der Bearbeitbarkeit, der Entlastung der Fachkräfte, der Risikominimierung im eigenen Interesse wichtig.

Warum ist das ein Problem? Sozialräumlichkeit in der Fallarbeit als zentrale Orientierung würde verlangen, in jedem einzelnen Fall die Lebenswirklichkeit der Kinder, Jugendlichen und Familien, auch das „individuelle Geographiemachen" in den Fall einzubeziehen.

Ist diese Orientierung nicht schon verfehlt, wenn man Probleme von Kindern und Jugendlichen in einzelnen Fällen bearbeitet? Manche Beiträge und Auslegungen des Prinzips „Sozialraumorientierung" gehen in diese Richtung, sehen Sozialraumorientierung im Gegensatz zur individuellen Fallarbeit.

Zunächst sollte nicht vergessen werden, dass die Hilfen zur Erziehung nach § 27 SGB VIII einzelnen Personen Ansprüche auf Unterstützung geben. Dies mag man mit dem Hinweis auf die individualisierenden Tendenzen des KJHG kritisieren. Es bleibt das Argument, dass sich im Zuge der Individualisierung auch die Probleme des Aufwachsens dahingehend individualisiert haben, als ihre konkreten Formen zwar immer wieder Strukturen des Aufwachsens – so z.B. ein nach wie vor sozial relativ indifferentes Schulsystem – spiegeln, die Bewältigung dieser Probleme aber individuell organisiert werden muss und hier zunehmend Konstellationen ins Spiel kommen, die ganz eigene, individuelle Problemlagen zeigen und darauf bezogene, spezifische Hilfearrangements verlangen. Fallarbeit, vor allem eine genaue Fallabklärung sehen wir als notwendige Voraussetzung, um dann über Gruppenangebote, die Organisation von Hilfen für mehrere, über die Einmischung in Kinder- und Jugendhilfeplanung seitens der Träger der Hilfen zur Erziehung an der Bearbeitung der kollektiven Problemlagen kompetent mitzuwirken. Strukturpolitik wird immer weniger durchgehend wirksam, so notwendig sie ist, genauer: Allgemeine Maßnahmen und Hilfen müssen dem einzelnen Fall gegenüber flexibel sein.

So zeigen viele Mütter und Eltern Defizite in der Gestaltung ihres Alltags, die trotz der massiven Belastungen durch wenig Geld, engen Wohnraum, ein dünnes Netz von Freunden etc. durch eine Entwicklung persönlicher Handlungsweisen zu verringern wären; dass auch problematische Handlungsweisen biographisch „Sinn" machen, zeigt sich in der Rekonstruktion der Lebensgeschichten in der multiperspektivischen Fallarbeit. Hier wäre eine gute Elternarbeit, mit niedrigstschwelligen Elementen von Elternbildung sinnvoll. Mütter im

Rahmen von Hilfen nach §§ 27ff. SGB VIII nur in einen Kurs zu schicken, ohne sie zu begleiten und zu hinterfragen, wie es ihnen dort geht, wäre freilich fahrlässig. „Elternbildung" müsste sich den individuellen Sozialraumkonstruktionen der Eltern anpassen.

Dass viele Fälle nach § 27 SGB VIII individuell komponierte Hilfen verlangen, hängt einmal an der Struktur der Belastungen und Bewältigungsversuche, die in starkem Maße von den Familien ausgehen bzw. mit familialen Potentialen zusammenhängen. Für Familien müssen nach sehr eigenen Konstellationen Hilfen entwickelt werden. Regelinstitutionen wie die Schule kommen doppelt in den Blick: Einmal zeigen sie strukturelle Defizite, die sich in vielen Fällen spiegeln, so die Indifferenz gegenüber dem Leben der Kinder und Jugendlichen außerhalb ihrer materiellen und symbolischen Mauern. Zum anderen sind bzw. wären sie im Eingehen auf individuelle Hilfearrangements strukturell überfordert bzw. können selbst nur durch Individualisierung auf Kosten der Überlastung motivierter Fachkräfte zu Hilfearrangements beitragen.

Die Notwendigkeit, individuelle Hilfearrangements zu komponieren, hängt auch mit den Geschichten zusammen, die immer schon ‚am Laufen' sind, bevor ein Fall ein Fall wird. Hilfekarrieren sind entstanden, schlechte Erfahrungen mit den Ämtern gemacht, Stigmatisierungen eingerastet. So gesehen impliziert Sozialraumorientierung auch ein frühes Eingehen auf Fälle, präventive Arbeit. Die Zeitdimension von Fallentwicklungen hilft, die Dimension des Raumes zu erschließen. Fallentwicklungen sind auch Geschichten von versäumten Hilfeleistungen im Alltag, von Versagen der Regelinstitutionen Kindergarten oder Schule in der Normalisierung von Auffälligkeit und Abweichung.

4. Die Klienten: Das „individuelle Geographiemachen"

Im Aufeinandertreffen der unterschiedlichen Sozialraumkonstitutionen jugendhilferelevanter Akteure ergeben sich zwischen Klienten und Jugendhilfesystem die größten Differenzen und Konflikte. Reutlinger hat in seiner Arbeit über Jugendliche an den Rändern spanischer Großstädte die Raumbezüge der Cliquen mit dem Konzept des Schreibens „unsichtbarer Bewältigungskarten" erfasst und dargetan, wie vielfältig und dynamisch die Raumkonstruktionen der Jugendlichen sind. Das „Geographiemachen" ist eine Dimension der Lebensbewältigung, in der Orientierung, soziale Anerkennung und Zugehörigkeit gewonnen werden sollen (vgl. Reutlinger 2003).

Kinder und Jugendliche werden in den Erziehungshilfen über die Aktivitäten und Interaktionen der Fachkräfte sichtbar. Was müsste eine Fachkraft leisten, um in der Fallarbeit den Raum adäquat zu thematisieren? Aufgabe der Fachkräfte im Bezug auf die sozialräumliche Dimension der Lebensweise der Adressaten wäre, um ein Zitat von Löw zu verwenden, „die Art und Bedeutung der Räume aus der Praxis der Handelnden in Relation zu den sozialen Strukturen zu rekonstruieren“ (Löw 2001, S. 257). Wie komplex diese Aufgabe ist, zeigen ihre Hinweise auf wesentliche Dimensionen der Konstitution von Raum: die „routinierten Bahnen des Handelns, die strukturelle Dimension des Räumlichen, der Einsatz des Körpers, der Habitus, die Veränderungspotentiale, die Bedeutung von Symbolik und Materie, schließlich auch die Konstitution von Orten und die Herausbildung von Atmosphäre“ (Löw 2001, S. 161).

Bezogen auf einzelne Personen, Familien oder Gruppen, ergibt sich damit eine komplexe Aufgabe, die ein wesentliches Gütekriterium einer guten Sozialen Arbeit ist und mit der Fallabklärung beginnt. Gute Fallaufnahmen, welche die Sozialräumlichkeit der Fälle erschließen und nicht ausblenden, versuchen den Familien so nahe wie möglich zu kommen: hingehen, sich einlassen, sich die Geschichten erzählen lassen, authentische Äußerungen ernst nehmen. Raumbewusste Soziale Arbeit erfordert aber darüber hinaus eigene heuristische Schritte und Bemühungen von den Fachkräften. Um einige zu nennen: Kinder und Jugendliche eignen sich die Räume, welche die Erziehungshilfen zur Verfügung stellen, auf ihre Weise an, sie machen selbst in beengten Verhältnissen eines Kinderhauses ihre eigene Geographie, die ihre Formen der Lebensbewältigung ausdrückt. Sie suchen ihre Plätze, Zufluchten, eigene gegen andere Territorien. Darüber hinaus gibt es – auch aus dem Bereich der Kinder- und Jugendhilfeplanung – methodische Schritte, das „Unsichtbare“ ein Stück sichtbar zu machen, wie das Anfertigen individueller Stadtkarten, Quartiersbegehungen, die helfen sich mit den räumlichen Syntheseleistungen und Raumordnungen der AdressatInnen ein Stück vertraut zu machen.

Kinder und Jugendliche entwickeln ihre Raumkonstitution entlang ihres Alters und ihres Lebenslaufs. Hier finden sich zwei Linien: Das Lebenslaufregime weist Kindern und Jugendlichen Institutionen und damit auch deren Ordnungen zu. Kinder und Jugendliche haben ihre institutionalisierten Orte wie Kindergärten, Schulen, die Einrichtungen der Jugendhilfe. Sie haben dort jeweils mit relevanten „spacings" zu tun und organisieren ihre Syntheseleistungen, verknüpfen Orte, schaffen sich Netze. Von den Orten geht das „individuelle Geographiemachen" aus; es findet neue Orte, konstituiert neue Raumordnungen, die mit Cliquen oder Szenen verbunden sind. Mobilitätschancen werden immer wichtiger: das öffentliche Verkehrsnetz, die eigene Beweglichkeit auf Fahrrädern, Rollerblades, Rollern etc.

Fachkräfte müssen diese biographischen in die Raumordnungen eingebundenen und sie wohl auch erweiternden Gelegenheitsstrukturen kennen, um zu verstehen, wie Jugendliche leben, um die wichtigen Orte kennen zu lernen.

Dieses „individuelle Geographiemachen" ist immer auch Lebensbewältigung, Suche nach eigenen Räumen, nach Sicherheit, Ungestörtheit, nach Beziehungen etc. Die professionellen Absichten, die etwa im Zuge der Flexibilisierung der teilstationären Hilfe formuliert werden – die Hilfe für die Kinder auf den ganzen Sozialraum auszudehnen –, laufen, wenn damit mehr als klassische Netzwerkarbeit zwischen den Institutionen des Helfersystems gemeint ist, Gefahr, sich angesichts der Komplexität und Eigenheit der Raumkonstruktionen von Kindern und Jugendlichen lächerlich zu machen. Größer noch ist die Gefahr, das Kontrollnetz zu weiten und Jugendliche immer weiter in die „Unsichtbarkeit" zu treiben, sie zu veranlassen, weiter abzurükken. Die Reflexion der Paradoxie Sozialer Arbeit als Hilfe und Kontrolle mag zumindest das Bewusstsein dieser Gefahr offen halten.

5. Fazit

„Sozialraum" wird in vielen offiziellen Papieren oft mit der Sozialregion identisch gesetzt. In einer differenzierenden Betrachtungsweise löst sich Sozialraum in unterschiedliche Raumkonstitutionen auf, die Akteure vornehmen und damit sich und anderen Rahmen für Handlungen geben, an deren laufender Veränderung Akteure interaktiv beteiligt sind.

Soziale Arbeit hat ihre eigenen Raumkonstitutionen – die Sozialregion, die Umgebung der Einrichtungen. Sie sind immer auf die Raumkonstitutionen anderer Akteure, vor allem der AdressatInnen bezogen. Gegenwärtig wird in Modernisierungsprozessen der Kinder- und Jugendhilfe die Sozialregion zum Aktionsradius, in dem die offiziellen Akteure handeln und wo sie mit den Ordnungen anderer Akteure, vor allem der Familien, Kinder und Jugendlichen zusammentreffen. In der Aufgabe, „hilfreiches Tun" zu entwickeln, haben Fachkräfte die Diskrepanz ihrer eigenen Ordnungen wie die ihrer Adressaten in Rechnung zu stellen. Das ist eine anspruchsvolle, mühsame, zeitraubende und nicht immer zielführende Dimension Sozialer Arbeit im Bereich der Hilfen zur Erziehung. Sie muss Differenzen in Rechnung stellen und verarbeiten.

Diese Einsicht sollte davor bewahren, Sozialraumorientierung allzu flott als neues Heilmittel der enormen Schwierigkeiten der Jugendhilfe zu sehen, die aus der Schere zwischen sinkenden Finanzen und steigenden Aufgaben entstehen. Sozialräumliches Arbeiten ist ein Zielhorizont, auf den hin immer wieder gesucht, probiert, reflektiert werden muss, will man die Direktive der bedarfsgerechten und ressourcenorientierten – und rechtzeitigen – Hilfe wirklich umsetzen und nicht nur, im traditionellen Stil, Kinder und Jugendliche unter etablierte Maßnahmen subsumieren. Das bedeutet, die sozialwissenschaftliche Reflexion in den Erziehungshilfen deutlich zu stärken, der Praxis Möglichkeiten und Zeit zu geben, neue Hilfen zu entwickeln – dies gilt vor allem für die Kooperation mit anderen Institutionen, die in den institutionalisierten und gleichsam privaten Raumordnungen für das Aufwachsen wichtig sind. Das bedeutet aber auch, Sozialer Arbeit die Offenheit zu lassen, ihre Grenzen klar zu formulieren und die politischen Institutionen auf deren eigene Zuständigkeiten für das Aufwachsen von Kindern und Jugendlichen und die Bedeutung, die unterschiedliche Sozialraumkonstruktionen darin haben, hinzuweisen.

Literatur

Birtsch,V./Münstermann, K./Trede, W. (Hrsg.) (2001): Handbuch Erziehungshilfen. Münster

Blandow, J. (2001): Zielgruppen und Zugangswege für Hilfen zur Erziehung. In: Birtsch,V./Münstermann, K./Trede, W. (Hrsg.): Handbuch Erziehungshilfen. Münster

Früchtel, F./Lude, W./Scheffer, Th./Weissenstein, R. (Hrsg.) (2001): Umbau der Erziehungshilfe. Weinheim/München

Hinte, W./Litges, G./Springer, W. (1999): Soziale Dienste: Vom Fall zum Feld. Berlin

Köhler, M./Kurz-Adam, M./Neuberger, C./Schefold, W. (2002): Flexibilisierung ambulanter Erziehungshilfen in München. In: Nachrichtendienst des Deutschen Vereins, Heft 11

Löw, M. (2001): Raumsoziologie. Frankfurt a.M.

Merten, R. (Hrsg.) (2002): Sozialraumorientierung. Zwischen fachlicher Innovation und rechtlicher Machbarkeit. Weinheim/München

Münder, J. u.a. (2002): Frankfurter Kommentar zum SGB VIII, 4. Aufl. Weinheim
Reutlinger, C. (2001): Unsichtbare Bewältigungskarten von Jugendlichen in gespaltenen Städten. Dissertation. TU Dresden
Reutlinger, C. (2003): Jugend, Stadt und Raum. Sozialgeographische Grundlagen einer Sozialpädagogik des Jugendalters. Opladen
Richter, G. (2003): Privatisierung und Funktionswandel der Freien Wohlfahrtspflege. Darmstadt
Schefold, W./Neuberger, C./Klingl, A. (2003): Das Kinderhaus KAI-FLEX. Modellprojekt zur Flexibilisierung teilstationärer Hilfen zur Erziehung. Endbericht. Neubiberg
Schefold, W./Neuberger, C./Müller, F. (2002): Flexibilisierung ambulanter Erziehungshilfen in München. Ergebnisse der Fallbefragung. München
Schefold, W./Neuberger, C./Schmidberger, S. (2001): Flexibilisierung ambulanter Erziehungshilfen in München. Forschungsbericht. München
Schröer, W./Struck, N./Wolff, M. (Hrsg.) (2002): Handbuch Kinder- und Jugendhilfe. Weinheim/München
Sozialpädagogisches Institut (Hrsg.) (2001): Sozialraumorientierung auf dem Prüfstand. München
Werlen, B. (1987): Gesellschaft, Handlung und Raum. Grundlagen handlungstheoretischer Sozialgeographie. Stuttgart

Ulrich Deinet

Sozialräume von Kindern und Jugendlichen als subjektive Aneignungsräume verstehen!

Die Sozialraumdebatte in der deutschen Jugendhilfe wird weitgehend bestimmt durch die Thematik „Soziale Stadt und Soziale Arbeit" (Titel der Zeitschrift Sozial extra 1/2003). Es geht um die Probleme der Städte und die Strategien zu deren Lösung, um Stadtteilmanagement und Quartierfonds etc. Dieses weit über die Jugendhilfe hinausgehende Paradigma einer Sozialraumorientierung wird innerhalb der unterschiedlichen Felder sehr verschieden akzentuiert: Im Rahmen der Hilfen zur Erziehung wird über Sozialraumteams und Sozialraumbudgets diskutiert, oder im Rahmen der Jugendhilfeplanung wird debattiert, wie groß ein Sozialraum als handhabbare Planungsgröße sein sollte und nach welchen Kriterien dieser zu definieren sei.

Neben dem dominanten Begriff des Sozialraums, der aber sehr unterschiedlich verstanden wird, existieren in der Diskussion zahlreiche andere Begriffe, die zum Teil recht unscharf und wenig klar benutzt werden: Quartier, Milieu, Lebenswelt usw. Insbesondere der Begriff der Lebenswelt deutet auf einen Aspekt der Sozialraumorientierung hin, der nicht von administrativen Planungsgrößen ausgeht, sondern individuelle subjektive Bezüge in den Vordergrund stellt. Hans Thiersch hat in seinem Ansatz der Lebensweltorientierung auch immer wieder auf die subjektive Sichtweise von sozialen Räumen hingewiesen: „Die Frage nach der Lebenswelt zielt auf Deutungs- und Handlungsmuster, in denen Menschen sich vorfinden und in denen sie agieren, sie zielt auf Subjektivität" (Thiersch 1998, S. 84).

Es geht mir im Folgenden darum, diese subjektive, qualitative Sichtweise des Sozialraums stärker in die Debatte zu bringen. Besonders in Bezug auf Kinder und Jugendliche plädiere ich für ein erweitertes Verständnis des Sozialraumbegriffes, so wie er etwa von Kurt Bader verwendet wird:

> „Der hier verwendete Begriff des Sozialraums bedeutet die erschlossenen und genutzten sozialen bedeutsamen Handlungszusammenhänge, verweist aber gleichzeitig auf bisher unerschlossene und wenige bzw. nicht genutzte Handlungsmöglichkeiten – Möglichkeitsräume. Sozialraum ist hier ausdrücklich als Subjektbegriff verwendet und setzt sich entschieden von einem Begriff des Sozialraums ab, der in den letzten Jahren verstärkt in der Sozialverwaltung als quantitative Raumzuweisung verwendet wird“ (Bader 2002, S. 55).

Für diese qualitative Sichtweise des Sozialraums wird im ersten Kapitel der „sozialräumliche Blick“ der Jugendarbeit beschrieben, der sich im Wesentlichen auf sozialökologische Ansätze und das Aneignungskonzept der kritischen Psychologie bezieht. Die Operationalisierung des Aneignungskonzeptes macht es möglich, die Qualitäten von Räumen zu bestimmen, die insbesondere aus der Sicht von Kindern und Jugendlichen für ihre Entwicklung wichtig sind. Das Verständnis von Sozialräumen als subjektive Aneignungsräume geht weit über eine formale Definition des Begriffs Sozialraum hinaus, auch wenn man neuere Raumvorstellungen mit einbezieht, die nicht mehr davon ausgehen, dass Kinder und Jugendliche einen einheitlichen Raum, sondern vielmehr einzelne Rauminseln und virtuelle Räume als Lebenswelten erleben.

Unter der Überschrift „Aneignung als Bildung im Raum“ wird im zweiten Kapitel ein Zusammenhang zwischen dem Aneignungskonzept und der aktuellen Bildungsdebatte hergestellt. Allerdings stellt sich die Frage, inwieweit das Muster der gegenständlichen Aneignung an Relevanz verliert, wenn man an virtuelle Räume und die neuen Medien denkt. Insofern muss das Aneignungskonzept aktualisiert werden und neuere Raumvorstellungen einbeziehen.

Wie kann das Verständnis von Sozialräumen als subjektive Aneignungsräume nun für die Sozialpädagogik nutzbar gemacht werden? Im dritten Kapitel werden deshalb qualitative Methoden vorgestellt, die im Rahmen einer sozialräumlichen Konzeptentwicklung der Offenen Kinder- und Jugendarbeit genutzt werden können, um aus der Analyse subjektiver Lebenswelten Anforderungen und Ziele der Kinder- und Jugendarbeit zu formulieren.

Ebenso praxisbezogen ist Kapitel 4, in dem Konsequenzen dieses sozialräumlichen Blickes für die Kinder- und Jugendarbeit gezogen werden. Damit wird deutlich, wie eine weit über die formale Definition hinausgehende Sichtweise sozialer Räume als subjektive Aneignungsräume auch zur Konzipierung und Gestaltung sozialpädagogischer Handlungsfelder nutzbar gemacht werden kann.

1. Der „sozialräumliche Blick" der Jugendarbeit begreift Sozialräume als Aneignungsräume

Die in der Kinder- und Jugendarbeit entwickelten sozialräumlichen Konzepte (vgl. Deinet 1999) basieren auf wissenschaftlichen Traditionen (z.B. sozialökologische Ansätze), die Kinder, Jugendliche und Erwachsene als handelnde Subjekte in ihrer Lebenswelt sehen. Subjektive Lebenswelten können aufgrund struktureller Faktoren (z.B. Einschränkung des Handlungsraums, Entfernungen) und subjektbezogener Faktoren (z.B. Ethnie, Geschlecht) sehr unterschiedlich gestaltet sein. Das Inselmodell bezieht sich dabei auf subjektive Lebenswelten, die nur zum Teil mit dem Sozialraum (Stadtteil, Dorf) zusammenpassen.

Im Mittelpunkt der Anwendung solcher sozialökologischer Ansätze (Deinet 1999) steht zunächst die Beschreibung der Struktur kindlicher und jugendlicher Lebensräume und deren Veränderungen. Um einen Bezug zu den handelnden Individuen herzustellen, bezieht sich der sozialräumliche Ansatz auf das Aneignungskonzept als Subjekttheorie. Auf der Grundlage des tätigkeitstheoretischen Ansatzes der kritischen Psychologie (Leontjew1973; Holzkamp1983) ist Aneignung als die tätige Auseinandersetzung des handelnden Subjektes mit der Umwelt zu verstehen.

Die Ursprünge des Aneignungskonzeptes gehen auf die so genannte kulturhistorische Schule der sowjetischen Psychologie zurück, die insbesondere mit dem Namen Leontjews verbunden ist. Die grundlegende Idee dieses Ansatzes besteht darin, die Entwicklung des Menschen als tätige Auseinandersetzung mit seiner Umwelt, als Aneignung der gegenständlichen und symbolischen Kultur zu verstehen.

Die Umwelt präsentiert sich dem Menschen in wesentlichen Teilen als eine Welt, die bereits durch menschliche Tätigkeit geschaffen bzw. verändert wurde.

In der materialistischen Aneignungstheorie von Leontjew wird der Begriff der „Gegenstandsbedeutung" in den Mittelpunkt gestellt. Genauso wie im Prozess der Vergegenständlichung Personen und Gegenstände durch das Ergebnis produktiver Arbeit miteinander verbunden sind, geht es im umgekehrten Prozess der Aneignung für das Kind oder den Jugendlichen darum, „einen Gegenstand aus seiner Gewordenheit" zu begreifen und sich die in den Gegenständen verkörperten menschlichen Eigenschaften und Fähigkeiten anzueignen.

Im Gegensatz zu den klassischen entwicklungspsychologischen Ansätzen begreift Leontjews Konzept die Entwicklung des Menschen nicht als innerpsychischen Prozess, der mehr oder weniger beeinflusst von „außen" verläuft. Entwicklung wird vielmehr als tätige Auseinandersetzung mit der Umwelt gesehen:

> „Die gesellschaftlichen arbeitsteiligen Strukturen sind die Grundlagen für die individuelle Entwicklung. Die kritische Psychologie sagt dazu, dass das Wesen des Menschen gesellschaftlicher Natur ist. Das bedeutet, dass jeder Mensch zunächst in gesellschaftliche Gegebenheiten hineingeboren wird, die ihm die Existenzgrundlage bieten. Er ist demnach auf sie angewiesen. Indem sich Menschen aber in die Gesellschaft integrieren, in sie hineinwachsen, eignen sie sich die Gesellschaft, ihre Verhältnisse, ihre Bedeutungen, ihre Normen und Werte usw. an. Dieser Aneignungsprozess ist ein aktiver Prozess. Das bedeutet, dass die gesellschaftlichen Verhältnisse, Bedeutungen, Kompetenzen etc. nicht automatisch verinnerlicht und aufgesogen, sondern individuell bearbeitet und verarbeitet werden" (Bader 2002, S. 16f.).

Als tätigkeitstheoretischer Ansatz wurde das Aneignungskonzept in der Bundesrepublik Deutschland besonders von Klaus Holzkamp weiterentwickelt und auf die heutigen gesellschaftlichen Bedingungen übertragen. In der Individualentwicklung geht es Holzkamp u.a. um zwei Dimensionen, die biographisch nie abschließbar sind: Die Fähigkeiten der „Bedeutungsverallgemeinerung" und der „Unmittelbarkeitsüberschreitung" (vgl. Klaus Holzkamp 1983, Kapitel 8). Mit dem Begriff der

> „Bedeutungsverallgemeinerung ... ist zunächst gemeint die subjektive Erkenntnis, positive emotionale Bewertung und alltagspraktische Umsetzung der Tatsache, dass die gegenständliche Welt nicht zufällig so ist, wie sie ist, sondern dass in sie eingehen die Erfahrungen und Erkenntnisse einer tendenziell verallgemeinernden und optimierenden Gebrauchsfähigkeit der Gegenstände (vom Besteck über die Möbel und Werkzeuge bis hin zu den Verkehrsmitteln und Massenmedien)" (Braun 1994, S 109).

Der Leontjewsche Begriff der Gegenstandsbedeutung (als Vergegenständlichung gesellschaftlicher Erfahrung, die im Aneignungsprozess erschlossen werden muss) wird von Holzkamp auf die gesellschaftliche Ebene komplexer sozialer Beziehungen übertragen, die in der individuellen Entwicklung ebenfalls von einfachen (gegenständlichen) Formen bis zu hochkomplexen Zusammenhängen verallgemeinert werden müssen.

Der Begriff der „Unmittelbarkeitsüberschreitung" thematisiert genau diesen Zusammenhang:

> „Die subjektive Entwicklungsanforderung besteht hier darin, die Unmittelbarkeit des ‚je eigenen' Alltags zu überschreiten hin zu übergreifenden historischen Gesellschaftsverhältnissen, ohne ihn dabei zu verlassen. Es gilt also eine produktive Wechselbeziehung herzustellen zwischen unmittelbarer und gesamtgesellschaftlicher (systemischer) Herstellung und Anwendung von Sachbedeutungen einerseits und unmittelbaren und ‚höherstufigen' Formen der Intersubjektivität, Verständigung und Verbindlichkeit andererseits" (Braun 1994, S. 110).

Zusammenfassend kann man den Aneignungsbegriff wie folgt operationalisieren – Aneignung als:

– eigentätige Auseinandersetzung mit der Umwelt;
– (kreative) Gestaltung von Räumen mit Symbolen etc.;
– Inszenierung, Verortung im öffentlichen Raum (Nischen, Ecken, Bühnen) und in Institutionen;
– Erweiterung des Handlungsraumes (die neuen Möglichkeiten, die in neuen Räumen liegen);
– Veränderung vorgegebener Situationen und Arrangements;
– Erweiterung motorischer, gegenständlicher, kreativer und medialer Kompetenz;
– Erprobung des erweiterten Verhaltensrepertoires und neuer Fähigkeiten in neuen Situationen;
– Entwicklung situationsübergreifender Kompetenzen im Sinn einer „Unmittelbarkeitsüberschreitung" und „Bedeutungsverallgemeinerung" (ebd., S. 110).

Diese Dimensionen der Operationalisierung des Aneignungsbegriffes beziehen sich insbesondere auf das informelle Lernen. Durch gelungene Aneignung wird das Individuum handlungsfähig in handlungsoffenen Situationen und erweitert damit seine Kompetenzen. Aneignung als aktive Erschließung der Lebenswelt ist ein Prozess, der auch für den Erwerb von Schlüsselqualifikationen oder die Entwicklung personaler Kompetenz sehr wichtig ist.

2. Aneignung als Bildung im Raum

Zwischen dem tätigkeitstheoretischen Aneignungskonzept und dem aktuellen Bildungsdiskurs ergibt sich ein direkter Zusammenhang: Handlungskompetenz, Risikoabschätzung, Neugier und Offenheit als Dimensionen personaler Kompetenz und als zentrale Schlüsselqualifikationen auch für schulisches Lernen werden insbesondere in den

Bereichen informeller Bildung, in den Orten und Räumen der Lebenswelten von Kindern und Jugendlichen erworben. Die Chance, solche Kompetenzen zu entwickeln, werden wesentlich geprägt durch die Strukturen der Lebenswelten und durch die Fähigkeit des Individuums, sich seine Lebenswelt anzueignen.

Die Ergebnisse der PISA-Studie kann man dahingehend interpretieren, dass Jugendlichen heute wesentliche Aneignungserfahrungen als Grundlage für die Herausbildung höherer geistiger Fähigkeiten und der Entwicklung ihres Wissens fehlen:

> „Die Studie zeigt besonders, dass deutsche Schüler vergleichsweise geringere Lesefähigkeiten haben als Schüler aus anderen Ländern. Lesen bezieht sich hier zwar auch auf die reine Fähigkeit zur Worterkennung, aber besonders auf die Kompetenz des Verstehens, die Fähigkeit, Informationen eines Textes zu erkennen, sie auf einen erweiterten Kontext beziehen zu können und mit ihrer Hilfe zu eigenständigen Denklösungen zu kommen. Daraus lässt sich auch folgern, dass ihre Kompetenz der selbsttätigen Aneignung von Welt nicht optimal vorhandenen ist. Eine eigenständige, aktive und kritische Erschließung von Phänomenen auch in der Lebenswelt ist wenig geübt" (Sturzenhecker 2003, S. 3).

Kinder und Jugendliche lernen und bilden sich nicht nur in Institutionen wie der Schule, sondern in ihren jeweiligen Lebenswelten, Nahräumen, Dörfern, Stadtteilen, insbesondere auch in öffentlichen Räumen.

Diese Bereiche sind die Orte des informelles Lernens, das die intentionalen Bildungsprozesse wesentlich mitprägt: Die Entwicklung sozialer Kompetenzen in wechselnden Gruppen oder im Umgang mit fremden Menschen in neuen Situationen, die Erweiterung (oder Einschränkung) des Handlungsraums und des Verhaltensrepertoires prägen auch die Fähigkeiten für den Erwerb von Sprachkenntnissen und Bildungsabschlüssen, wie nicht erst die PISA-Studie gezeigt hat.

Die Aneignung ihrer jeweiligen Lebenswelt als schöpferischer Prozess der eigentätigen Auseinandersetzung mit der gegenständlichen und symbolischen Kultur, der Gestaltung und Veränderung von Räumen und Situationen – sozusagen die Bildung des Subjektes im sozialen Raum – wird wesentlich beeinflusst, gefördert oder eingeschränkt durch die sozialstrukturellen Bedingungen von Dörfern, Wohnquartieren, Stadtteilen, Regionen.

Die Sozialpädagogik kann ihren Bildungsbegriff sehr fruchtbar an das Aneignungskonzept anlegen und ihre gesellschaftliche Funktion gerade im Bereich des sozialen, informellen Lernens entwickeln und hat in diesem Feld wesentliche Vorteile z.B. gegenüber der Schule.

Das informelle „wilde Lernen" (Böhnisch/Schröer 2001, S. 185ff.) von Kindern und Jugendlichen zu pädagogisieren, ist aber nicht die Aufgabe der Sozialpädagogik!

Aus einem sozialräumlichen Blick heraus kann sich z.B. die Kinder- und Jugendarbeit zum Medium der Raumaneignung für Kinder und Jugendliche machen und über die Gestaltung der Jugendarbeit als „Aneignungsraum" ein jugendpolitisches Mandat zur Revitalisierung öffentlicher Räume wahrnehmen.

Sie setzt sich ein für die Erhaltung, Schaffung und Gestaltung öffentlicher Räume als Aneignungsräume für Kinder und Jugendliche.

Diese Form der Förderung der Bildung des Subjektes im sozialen Raum könnte auch ein Beitrag zu einem spezifischen Bildungsbegriff der Sozialpädagogik darstellen.

2.1 Aneignung und verinselte Räume?

Gerade die Lebenswelten spezifischer Zielgruppen oder einzelner Kinder und Jugendlicher entstehen in diesem aneignungsorientierten Verständnis als subjektive Aneignungsräume und sind nur zum Teil mit dem jeweiligen Sozialraum als Verwaltungsbezirk deckungsgleich. So hat schon Helga Zeiher 1983 die Lebenswelten von Kindern in der Großstadt mit Ihrem Inselmodell beschrieben, das nicht mehr von der Vorstellung eines kontinuierlich sich vergrößernden Raumes ausgeht, sondern von einzelnen Rauminseln, die zum Teil aus Sicht des Kindes bzw. des Jugendlichen in keinem direkten räumlichen Zusammenhang stehen.

Martina Löw (Löw 2001) beschreibt, dass Kinder und Jugendliche heute keine homogene Raumvorstellung – so wie frühere Generationen – entwickeln können, sondern auch aufgrund des Einflusses der Medien Raum als inkonsistent erfahren:

> „Diese neue Sozialisationserfahrung bestätigt nicht mehr die Vorstellung im Raum zu leben. Raum wird nun auch als diskontinuierlich konstituierbar und bewegt erfahren. An einem Ort können sich verschiedene Räume herausbilden. Dadurch entsteht, so meine These, neben der kulturell tradierten Vorstellung im Raum zu leben, d.h. von einem einheitlichen homogenen Raum umgeben zu sein, auch eine Vorstellung vom Raum, die einem fließenden Netzwerk vergleichbar ist" (Löw 2001, S. 266).

Die Tatsache, dass Kinder und Jugendliche keinen homogenen Raum erleben, führt Löw insbesondere auch auf den Einfluss der modernen Medien zurück:

> „Was jedoch die Kinder und Jugendlichen betrifft, die mit Cyber-space-Technologien aufwachsen, so ist meine Schlussfolgerung, dass in virtuellen Räumen systematisch wiederholt wird, was bereits in der verinselten Raumaneignung vorgegeben wird: Die Bezugnahme auf einen nicht einheitlichen Raum“ (ebd., S. 100).

Es stellt sich die Frage, inwieweit das Muster der gegenständlichen Aneignung an Relevanz verliert, wenn man an virtuelle Räume und die neuen Medien denkt. Lothar Böhnisch spricht in diesem Zusammenhang von so genannten parasozialen Räumen:

> „Je enger die soziale und kulturelle Umwelt für die Jugendlichen wird, je weniger selbständiges Aneignungsverhalten möglich ist, desto mehr verbreitet sich die Tendenz, sich in mediale, parasoziale Räume begeben zu müssen, vielleicht sich sogar ihnen auszuliefern, vor allem dann, wenn man nicht mehr sozial eingebettet ist, keinen alltäglich-konkreten, ‚sozialräumlichen Rückhalt‘ hat“ (Böhnisch 2002, S. 71).

Werner Lindner beschreibt den Verlust der Prägekraft konkreter Räume zu Gunsten symbolischer Verhaltensweisen,

> „die sozialräumlichen Kriterien kaum mehr zuzuordnen sind. In der gegenwärtigen Jugendkultur wird um (städtische) Räume nicht nur in realen sondern auch in symbolischen Aneignungen konkurriert. Jugendliche Szenen konstituieren sich zum Teil weniger als Sozial-, sondern als Symbolmilieus, in denen bestimmte Zeichenschemata reproduziert werden. Dabei überlagern sich verschiedene Wirklichkeitsschichten, bei denen das gesamte Ensemble von Mode-, Medien-, Trend-, Industrie- und Kommerzästhetik zur Simulation sozialer Teilhabe benutzt wird“ (Linder 2001, S. 37).

Auch der Blick auf spezifische Zielgruppen – z.B. rechtsradikale Jugendliche in Ostdeutschland oder die von Christian Reutlinger (Reutlinger 2003) untersuchte „unsichtbare Jugend“ in „unsichtbaren Räumen“ – lassen die Frage aufkommen, inwieweit das tätigkeitsorientierte Aneignungskonzept noch geeignet ist bzw. weiterentwickelt werden muss, um heutige Phänomene angemessen beschreiben zu können.

Reutlinger kritisiert die Anwendbarkeit des Aneignungskonzeptes für die heutige „gespaltene Stadt“ mit ihren Lebensbedingungen:

> „Die bisherigen Ansätze der sozialräumlichen Kinder- und Jugendraumforschung arbeiten mit Gesellschafts- und Handlungsmodellen, die in vergangenen urbanen Realitäten entstanden und deshalb für die räumlichen und sozia-

len Probleme von Kindern und Jugendlichen in der globalen Stadt blind geworden sind" (Reutlinger 2002, S. 255).

Er erarbeitet einen sozialgeographischen Ansatz der „unsichtbaren Bewältigungskarten", mit dem gezeigt werden kann, wie Heranwachsende in der Stadt die mit den radikalen Veränderungen zusammenhängenden Probleme und Herausforderungen bewältigen.

Die von Reutlinger aufgeworfenen Fragen tragen sehr konstruktiv zu unbedingt notwendigen Bemühungen bei, das Aneignungskonzept weiterzuentwickeln, auch in Hinblick auf die Bedeutung virtueller Räume für Kinder und Jugendliche. Das im subjektwissenschaftlichen Konzept der Kulturhistorischen Theorie eingebettete Aneignungskonzept erscheint mir dennoch ein stimmiges Muster zu sein. Als tätigkeitstheoretisches Entwicklungskonzept ist es sehr gut geeignet, den Zusammenhang zwischen der Entwicklung von Kindern und Jugendlichen und den Räumen, in denen sie leben, zu erfassen.

Meine These ist, dass der Aneignungsbegriff insofern aktualisiert werden kann, als er nach wie vor die tätige Auseinandersetzung des Individuums mit seiner Umwelt meint und bezogen auf die heutigen Raumveränderungen der Begriff dafür sein kann, wie Kinder und Jugendliche eigentätig Räume schaffen (spacing) und die (verinselten) Räume ihrer Lebenswelt verbinden. Der Begriff der Aneignung passt deshalb sehr gut zu der von Löw besonders herausgehobenen Bedeutung der Bewegung und der prozesshaften Konstituierung von Raum im Handlungsverlauf. Diese „Tätigkeit" ist aber heute nicht mehr (nur) als gegenständlicher Aneignungsprozess im klassischen Sinne von Leontjew zu verwenden (s.o. Gegenstandsbedeutung etc.). Die von Kindern und Jugendlichen heute zu leistende Verbindung unterschiedlicher (auch virtueller und symbolischer) Räume kann im Aneignungsbegriff als aktive, prozesshafte Form eingebunden werden. Aneignung der Lebenswelt heute heißt, Räume schaffen und nicht nur schon vorhandene gegenständlich aneignen. Raumaneignung heißt Räume schaffen und verbinden.

3. Mit einem methodischen Repertoire die Lebenswelten von Kindern und Jugendlichen als Aneignungsräume verstehen

Aufbauend auf einem Verständnis sozialer Räume als subjektive Aneignungsräume von Kindern und Jugendlichen wird nun die Frage gestellt, welche Konsequenzen diese Sichtweise für die Praxis der Sozialpädagogik haben kann. Am Beispiel der Offenen Kinder- und Jugendarbeit und ihrer „sozialräumlichen Konzeptentwicklung" (Deinet 1999; Deinet/Krisch 2002) wird gezeigt, wie es mit Hilfe qualitativer Methoden möglich ist, Einblicke in die subjektiven Lebenswelten von Kindern und Jugendlichen zu erhalten und diese für den Prozess einer Konzeptentwicklung der Offenen Kinder- und Jugendarbeit nutzbar zu machen. Damit wird deutlich, dass neben einer formalen und quantitativen Sozialraumanalyse auch qualitative Einblicke in Lebenswelten in einer Diskussion um die Grenzen des Sozialraums berücksichtigt werden sollten.

Auf einem subjektorientierten Verständnis aufbauend, versucht eine sozialräumliche Konzeptentwicklung Einblicke in die unterschiedlichen Lebenswelten und Sozialräume von Kindern, Jugendlichen, Mädchen, Jungen, verschiedenen Cliquen usw. zu erhalten. Qualitative Methoden einer Lebensweltanalyse (Deinet/Krisch 2002) ermöglichen die erforderlichen differenzierten Einblicke. Die folgenden Methoden werden von Richard Krisch ausführlich beschrieben (Deinet/Krisch 2002):

- Stadtteilbegehung mit Kindern und Jugendlichen;
- Nadelmethode;
- Cliquenraster;
- Institutionenbefragung;
- Strukturierte Stadtteilbegehung;
- Autofotografie;
- Subjektive Landkarten;
- Zeitbudgets;
- Fremdbilderkundung.

Durch die Anwendung dieser unterschiedlichen Methoden – interpretiert auch unter der Zuhilfenahme quantitativer sozialstruktureller Daten – ergeben sich Anforderungen an die Jugendarbeit, die zu Zielen umformuliert werden können, die an die Lebenswelten von Kindern und Jugendlichen anschließen:

Beispiel: In einem Stadtteil Wiesbadens werden im Rahmen einer sozialräumlichen Konzeptentwicklung von Mitarbeiterinnen und Mitarbeitern einer Einrichtung der Offenen Arbeit mit Kindern unterschiedliche Methoden zur Sozialraumanalyse durchgeführt. Bei einer dieser Methoden handelt es sich um die Methode der Autofotografie, bei der Kindergruppen motiviert und angeleitet werden, mit Einwegkameras wichtige Eindrücke aus ihrer Lebenswelt festzuhalten. In einer Kooperation mit einer Grundschule wurde dieser Methode durchgeführt und die Fotos ausgewertet.

In Gruppendiskussionen konnten die Kinder danach die Fotos mit wichtigen Aussagen versehen und gemeinsam anschauen. Neben der typisch kindlichen Sichtweise des eigenen Sozialraums wurden dabei auch Problembereiche deutlich, die vorher unbekannt waren. So gab es immer wieder Fotografien aus dem Bereich einer Grundschule, die mit einer Schule für Körperbehinderte sehr dicht zusammen liegt. Typisch für die dortigen Fotografien war die Unterschrift: „Hier hat mir mal ein Behinderter hinterher geschrien!“ Diese und ähnliche Aussagen machten deutlich, dass für viele Kinder Ängste im Kontakt zu körperbehinderten Kindern bestehen und diese sich über unterschiedliche Fotos in einem bestimmten Bereich des Stadtteils ausdrückten. Dieser Angstraum war weder den Lehrerkollegen noch der Jugendarbeit vorher bekannt und führte in der Auswertung zur Planung eines gemeinsamen Projektes, um Ängste bei den Kindern abzubauen, Kontakte herzustellen etc.

Der Begriff der Lebensweltanalyse wird in diesem qualitativen Verständnis als „Gegenbegriff“ zu einer rein formalen, quantitativen Sozialraumanalyse verstanden.

Eine sozialräumlich orientierte Kinder- und Jugendarbeit verfügt über ein methodisches Repertoire, um die Lebenswelten von Kindern und Jugendlichen zu erkunden und daraus Anforderungen nicht nur für die eigene Arbeit zu gewinnen. Sozialraum- und Lebensweltanalyse werden als Basis einer Bedarfsermittlung und Zielbestimmung betrieben und unterstützen damit eine sozialraumorientierte Jugendhilfeplanung.

Neben der Verwendung von statistischem Material zur Bevölkerungsstruktur und anderer relevanter Daten des jeweiligen Sozialraums werden in einer Lebensweltanalyse qualitative Methoden aus dem Reservoir der empirischen Sozialforschung im Rahmen einer „kleinen“ Feldforschung eingesetzt. Teilweise können auch Methoden der Jugendhilfeplanung oder aber Aktionsformen der Jugendarbeit selbst eingesetzt werden (z.B. Videostreifzüge).

Die Anwendung solcher Methoden soll helfen, Lebenswelten von Kindern und Jugendlichen besser zu erfassen und die in der Praxis immer noch vorhandene Einrichtungsbezogenheit zu überwinden. Diese Methoden lehnen sich zum Teil an qualitative ethnographische oder biographische Forschungsmethoden an und versuchen, diese für die Praxis der Jugendarbeit anwendbar zu machen.

Zahlreiche dieser Methoden können als aktivierende Projekte direkt in der Kinder- und Jugendarbeit eingesetzt werden und dabei Beteiligungsmöglichkeiten für Kinder und Jugendliche eröffnen, die die zahlreichen Jugendbefragungen so nicht bieten können. Lebensweltanalyse und Praxis der Kinder- und Jugendarbeit lassen sich auch ansatzweise verbinden, indem Kinder und Jugendliche im Rahmen eines Videostreifzuges durch den Stadtteil zu Experten werden.

Die mit diesen Methoden gewonnenen Ergebnisse können dann im Rahmen einer Konzeptentwicklung genutzt werden. Damit kann eine sozialräumlich orientierte Sozialpädagogik ihr Methodenrepertoire und ihre Kompetenz zum Verstehen der Lebenswelten von Kindern und Jugendlichen einbringen, die weit über die klassischen „Betreuungsfunktionen“ hinausgeht und sich somit zu einem wichtigen Bestandteil einer gemeinwesen- und lebensweltorientierten Jugendhilfe weiterentwickeln.

4. Konsequenzen eines „sozialräumlichen Blicks" am Beispiel der Kinder- und Jugendarbeit

Im Folgenden werden Konsequenzen eines sozialräumlichen Blicks für die Kinder- und Jugendarbeit beschrieben, die sich zwar exemplarisch auf den Arbeitsbereich beziehen, aber deutlich machen, welche Auswirkungen der qualitative Blick auf Sozialräume als Aneignungsräume haben kann und wie daraus konzeptionelle Konsequenzen gezogen werden können, die weit über die traditionellen Ansätze der Sozialpädagogik hinausgehen. Eine so verstandene sozialräumlich orientierte Offene Kinder- und Jugendarbeit ist auch ein interessanter Kooperationspartner für die Jugendhilfeplanung und andere Bereiche der Jugendhilfe, etwa die Hilfen zur Erziehung. Eine sozialräumlich orientierte Kinder- und Jugendarbeit kann sich selbst als Medium von Raumaneignung und Bildung verstehen, darüber hinaus aber auch eine Mandatsfunktion erfüllen, indem sie sich für die Revitalisierung öffentlicher Räume als Aneignungs- und Bildungsräume von Kindern und Jugendlichen einsetzt.

4.1 Verständnis des Ortes der Jugendarbeit als Aneignungs- und Bildungsraum

In diesem Bereich geht es um die Gestaltung des Ortes der Kinder- und Jugendarbeit als möglichst aneignungs- und bildungsfördernde

Umgebung und nicht so sehr um intentionale Bildungsangebote, Programme, Projekte etc.

Aus dem sozialräumlichen Verständnis der Gestaltung von Räumen als soziale Räume heraus ergeben sich vielfältige Möglichkeiten der Bildung, die in der Jugendarbeit in dieser Form nicht genutzt werden. Indem der „Raum" der Jugendarbeit anregend wirkt, Kindern und Jugendlichen Gestaltung und Veränderung, Konfrontation und alternative Erfahrungen ermöglicht, wird dieser selbst zu einem Aneignungs- und Bildungsraum im Bereich des informellen Lernens.

Solche Aneignungs- und Lernmöglichkeiten können, ohne sie im Detail planen zu können, durch bestimmte Rahmenbedingungen und Setzungen gefördert werden. Die MitarbeiterInnen haben die Chance, durch „ihre strukturierende Kompetenz" den Raum der Kinder- und Jugendarbeit so zu gestalten, dass entweder Aneignung und Bildung möglich werden oder der „Raum" der Jugendarbeit in Langeweile, Konsumorientierung und Herumhängen erstarrt.

Materialangebot und strukturierende Kompetenz der MitarbeiterInnen sind wichtige Rahmenbedingungen auch für das Zustandekommen von Situationsveränderungen, also eigentätiges Handeln der Kinder und Jugendlichen. Die Strukturierung und Ausgestaltung des Offenen Bereiches mit seinen informellen Angeboten und räumlichen Arrangements und Materialangeboten gewinnt unter dem Aspekt der Bedeutung ungeplanter selbstgestalteter Aneignungssituationen eine wichtige Funktion. Aneignung braucht Anregung und diese kann auch in einer abwechslungsreichen ansprechenden räumlichen Struktur bestehen, in Materialien und Gegenständen, die zum Ausprobieren und Verändern einladen.

Durch einen Herausforderungscharakter der Räume und ihrer spannungsreichen Gestaltung können Aneignungs- und Bildungsprozesse angeregt werden, ohne sie vorweg zu bestimmen. Im Gegensatz zu den durchfunktionalisierten Institutionen, mit denen Kinder und Jugendliche sonst zu tun haben, hat die Sozialpädagogik auch räumlich und architektonisch die einmalige Chance, einen Gestaltungsraum zu bilden, der sich insbesondere dadurch auszeichnet, dass immer wieder Räume und Bereiche umgestaltet werden können. Solche Gestaltungsprozesse haben neben der aktiven Aneignung des Raumes sehr stark soziale Bezüge, weil es darum geht, sich im Haus mit anderen Cliquen zu arrangieren, Ideen in einer Clique bzw. Gruppe zu einem Entwurf zu entwickeln, den Gestaltungsprozess selbst zu organisieren etc.

4.2 Positive Sicht öffentlicher Räume gegenüber der „gefährlichen Straße"

Im skizzierten Verständnis von „sozialen Räumen" geht es darum, zunächst die Qualitäten und nicht die Gefahren informeller Treffs, öffentlicher Orte und Räume zu beschreiben. Diese haben für Kinder und Jugendliche meist eine ganz andere Funktion als für Erwachsene: Sie sind Spiel- und Erfahrungsräume. Die Bedeutung solcher Spielräume als intermediäre Räume betont u.a. Gerd Schäfer (Schäfer 1986 und 1989) in seiner Theorie des Spiels: „Im Blödeln werden die Angebote der sozialen Umwelt erst einmal in Non-Sense verwandelt. Man verschafft sich dadurch die nötige Distanz für die Überlegung, inwieweit man sich darauf einlassen möchte" (Schäfer 1989, S. 83). Schäfer wendet sein psychoanalytisch orientiertes Konzept auch auf das Jugendalter an und spricht hier von einem „Spielraum durch Verneinen", den sich Jugendliche durch ihre Verhaltensweisen schaffen:

> „Anschließend an eine Arbeit von Kannicht (1983) habe ich versucht, ‚Herumhängen, Blödeln, Action machen' als drei typische Verhaltensweisen von Jugendlichen zu skizzieren, durch die sie sich einen Spielraum in der sozialen Realität verschaffen, in dem sie ihr erwachsen werdendes Selbstverständnis in eigener Regie erproben, und das heißt auch zunächst einmal in betonter Abgrenzung zu den Vorstellungen ihrer Umwelt" (ebd. 1989, S. 83).

„Herumhängen, Blödeln, Action machen" beschreiben sicher nur einige Qualitäten, die öffentliche Räume für Jugendliche attraktiv machen. Aber bereits damit wird deutlich: Gegenüber dem verbreiteten Konstrukt der „gefährlichen" Straße hat eine sozialräumliche Jugendarbeit eine ganz andere Sicht auf die Qualitäten von Räumen. Überspitzt könnte man sagen: Prävention bedeutet, den öffentlichen Raum zum „Herumhängen..." zurückzugewinnen und nicht nur, ihn ‚sicherer' zu machen.

4.3 Revitalisierung öffentlicher Räume als jugendpolitisches Mandat

Insbesondere aus dem aneignungstheoretischen Aspekt heraus, der die Qualifizierung und Disqualifizierung öffentlicher Räume aus Sicht von Kindern und Jugendlichen beschreibt, erhält eine sozialräumliche Sozialpädagogik die Kompetenz und das jugendpolitische Mandat, sich für die Thematisierung öffentlicher Räume für Kinder und Jugendliche sowie für deren Erhalt und Schaffung einzusetzen. Zum einen ist sie aus Sicht der Kinder und Jugendlichen selbst Bestandteil öffentlicher Räume und macht ihre Angebote im Sinne von Aneignung, Erweiterung und Veränderung nutzbar. Jugendarbeit wird aber auch selbst zum Medium der Raumaneignung, indem sich Kinder und Jugendliche die Räume der Jugendarbeit aneignen und verändern. Aufgabe der Jugendarbeit ist es, diese Zusammenhänge zu erkennen, zu reagieren und sie entsprechend im Aneignungskonzept umzusetzen.

> „Eine zentrale Herausforderung einer sich sozialräumlich orientierenden Jugendarbeit ist es, Aneignungschancen und -barrieren – aus der Sicht von Kindern und Jugendlichen – in Erfahrung zu bringen, zu benennen und sich damit auch in die gegenwärtige Bildungsdiskussion einzubringen" (Krisch 2002, S. 263).

In einem so verstandenen „sozialräumlichen Mandat" ist die Kinder- und Jugendarbeit auch Partner von Jugendhilfeplanung und Stadtentwicklung und kann auf diese Weise einem rein formal verstandenen Planungsverständnis sozialer Räume mit ihrem subjektiven Blick entgegenwirken.

Aus ihrem sozialräumlichen/jugendpolitischen Mandat heraus ist die Jugendarbeit beispielsweise auch Partner von Spielraumplanung und Stadtentwicklung. Ein interessantes Beispiel dafür ist die Zusammenarbeit zwischen dem Verein „Jugendzentren der Stadt Wien" und einer Planerin der Magistratsabteilung (Stadtentwicklung und Stadtplanung), deren besondere Aufgabe die Ermöglichung der Mehrfachnutzung von Flächen insbesondere für Kinder und Jugendliche ist (Kleedorfer 1999, S. 169).

Am Beispiel der Offenen Kinder- und Jugendarbeit und ihres „sozialräumlichen Blicks" wird deutlich, wie ein qualitatives Verständnis von Sozialräumen als Aneignungsräumen die Begrenztheit einer allzu formalen Definition von Sozialräumen als Planungsräumen überschreiten kann.

Literatur

Bader, K. (2002): Alltägliche Lebensführung und Handlungsfähigkeit. Ein Beitrag zur Weiterentwicklung gemeinwesenorientierten Handelns. In: Stiftung Mitarbeit: Alltagsträume, Lebensführung im Gemeinwesen. Beiträge zur Demokratieentwicklung von unten, Nr. 18. Bonn S. 11-60

Böhnisch, L. (1994): Gespaltene Normalität. Lebensbewältigung und Sozialpädagogik an den Grenzen der Wohlfahrtsgesellschaft. Weinheim/München

Böhnisch, L.: Räume, Zeiten, Beziehungen und der Ort der Jugendarbeit. In: Deutsche Jugend, 50. Jg. (2002), H. 2, S. 71

Böhnisch, L./Schröer, W. (2001): Pädagogik und Arbeitsgesellschaft. Historische Grundlagen und theoretische Ansätze für eine sozialpolitisch reflexive Pädagogik. Weinheim/München

Braun, K.-H. (1994): Schule und Sozialarbeit in der Modernisierungskrise. In: Neue Praxis 2, S. 107ff.

Deinet, U. (1999): Sozialräumliche Jugendarbeit. Eine praxisbezogene Anleitung zur Konzeptentwicklung in der Offenen Kinder- und Jugendarbeit. Opladen

Deinet, U./Krisch, R. (2002a): Der sozialräumliche Blick der Jugendarbeit. Methoden und Bausteine zur Konzeptentwicklung und Qualifizierung. Opladen

Deinet, U./Krisch, R. (2002b): Lebensräume von Kindern und Jugendlichen. In: Riege, M./Schubert, H. (Hrsg.): Sozialraumanalyse. Grundlagen – Methoden – Praxis. Opladen, S. 145 – 158

Holzkamp, K. (1973): Sinnliche Erkenntnis. Frankfurt/M.

Kleedorfer, J. (1999): Partizipation – gibt's das schon? In: Verein Jugendzentren (Hrsg.): Sozialpädagogik und Jugendarbeit im Wandel – auf dem Weg zu einer lebensweltorientierten Jugendförderung. Wissenschaftliche Reihe, Band I. Wien

Krisch, R. (1999): Fremdbilderkundung; Strukturierte Stadtteilbegehung. In: Deinet, U.: Sozialräumliche Jugendarbeit. Eine praxisbezogene Anleitung zur Konzeptentwicklung in der Offenen Kinder- und Jugendarbeit. Opladen, S. 81ff.

Krisch, R. (2001): Zur Anwendung von Methoden sozialräumlich orientierter Lebensweltanalysen in der Jugendarbeit. In: Lindner, W. (Hrsg.): Ethnographische Methoden in der Jugendarbeit. Opladen

Krisch, R. (2002): Über die pädagogische Aufschließung des Stadtraumes: Sozialräumliche Perspektiven von Jugendarbeit. In: Liegle, L./Thiersch, H./Treptow, R. (Hrsg.): Zur Neubestimmung des Bildungsbegriffs in der Pädagogik der frühen Kindheit und in der Sozialpädagogik. Freiburg

Lessing, H. (1984): Jugendarbeit als Wi(e)deraneignung von Arbeit, Umwelt und Kultur. In: deutsche jugend, 10, S. 450ff.

Leontjew, A.N. (1983): Problem der Entwicklung des Psychischen. Frankfurt/M.

Lindner, W. (1998): Von der ‚Unwirtlichkeit' zur ‚Unwirklichkeit' der Stadt. Die pädagogische Vermittlung zwischen jugendlicher Stadt- und Medienerfahrung. In: Neue Praxis, 2, S. 150ff.

Lindner, W. (1999): Jugendliche und Jugendarbeit im Kontext der gegenwärtigen Sicherheitsdebatte. In: deutsche jugend, 4, S. 153-162

Lindner, W. (2000): Grenzen der Sozialraumorientierung in der Jugendarbeit. Hannover (unveröff. Manuskript)

Lindner, W. (Hrsg.) (2001): Ethnographische Methoden in der Jugendarbeit. Opladen

Löw, M. (2001): Raumsoziologie. Frankfurt a.M.

Nissen, U. (1997): Kindheit, Geschlecht und Raum. Sozialisationstheoretische Zusammenhänge geschlechtsspezifischer Raumaneignung. Weinheim/München

Reutlinger, Ch. (2002): Stadt. In: Schröer, W./Struck, N./Wolff, M. (Hrsg.): Handbuch Kinder- und Jugendhilfe. Weinheim und München, S. 255-271

Reutlinger, Ch. (2003): Jugend, Stadt und Raum. Sozialgeographische Grundlagen einer Sozialpädagogik des Jugendalters. Opladen

Schäfer, G. E. (1989): Spielphantasie und Spielumwelt. Weinheim/München

Schröder, A./Leonhardt, U. (1989): Jugendkulturen und Adoleszenz. Verstehende Zugänge zu Jugendlichen in ihren Szenen. Neuwied

Schumann, M. (1994): Sozialräumliche und biographische Perspektiven in der Jugendarbeit. Versuch einer pädagogischen Standortbestimmung. In: Neue Praxis, 5/1994

Sturzenhecker, B. (1999): Cliquenportrait. In: Deinet, U.: Sozialräumliche Jugendarbeit. Eine praxisbezogene Anleitung zur Konzeptentwicklung in der Offenen Kinder- und Jugendarbeit. Opladen, S. 80f.

Sturzenhecker, B. (2000): Prävention ist keine Jugendarbeit. Thesen zu Risiken und Nebenwirkungen der Präventionsorientierung. In: Sozialmagazin, 1, S. 14-21

Sturzenhecker, B. (2002): PISA und die Offene Jugendarbeit. Thesen zur Diskussion. In: deutsche jugend, 4, S. 184-186

Sturzenhecker, B. (2003): Zum Bildungsanspruch von Jugendarbeit. In: Mitteilungen des Landesjugendamtes, Nr. 153. Münster

Thiersch, H. (1998): Lebensweltorientierte Soziale Arbeit und Forschung. In: Rauschenbach, Th./Thole, W. (Hrsg.): Sozialpädagogische Forschung. Weinheim/München, S. 81ff.

Verein Jugendzentren (Hrsg.) (1999): Sozialpädagogik und Jugendarbeit im Wandel – auf dem Weg zu einer lebensweltorientierten Jugendförderung. Wissenschaftliche Reihe, Band I. Wien

Winkler, M. (1998): Eine Theorie der Sozialpädagogik. Stuttgart

Zeiher, H. (1983): Die vielen Räume der Kinder. Zum Wandel räumlicher Lebensbedingungen seit 1945. In: Preuss-Lausitz, U. u.a.: Kriegskinder, Konsumkinder, Krisenkinder. Berlin

C: Konkretisierungen für Sozialpolitik, Soziale Arbeit und sozialpädagogische Forschung

Susanne Maurer

Zur konkreten und metaphorischen Bedeutung von (Sozial-)Raum als Gendered space

> „Istanbul wird durchgehend beschrieben als eine infernale Stadt der Verluste, Verluste, die Galips Ich ins Wanken bringen: der Verlust der Weiblichkeit und des Traums, der Verlust des individuellen Gedächtnisses und der kollektiven Geschichtlichkeit, der Verlust von Präsenz und Identität, von Macht und Eindeutigkeit. Doch wird dieser Verlust der Sinnzentren nicht prinzipiell beklagt. Vielmehr bietet das Spiel mit dem Nicht-Zentrum eine Chance, sich aus der hierarchischen Ordnung zu lösen, ohne gewaltsam neue Wahrheitszentren einzuführen. (...) Heterogenität, Flux und Unbestimmbarkeit determinieren sowohl die Subjekte als auch die Oberflächen- und Tiefenstrukturen der dezentrierten Metropole" (Ercan 1999, S. 45f.).

Es stellt sich immer auch die Frage nach den Denkvoraussetzungen, wenn ‚Sozialraum' konstruiert oder dekonstruiert wird: Wer handelt hier in welchem Interesse und – da kommt der Raum gleich ins Spiel – mit welcher Perspektive? Wird der Blick ‚von oben' oder ‚von unten', gar ‚von der Seite' geworfen? Und in welchem Verhältnis stehen die Raum reflektierenden und relativierenden ‚schwebenden' oder ‚konkret verorteten' Denkbewegungen zu den konkreten gesellschaftlichen Prozessen, die sich auf Raum beziehen? Schon in diesen wenigen einleitenden Sätzen wird deutlich: Dem Raum entkommt man nicht, weder konkret noch metaphorisch.

Ich möchte am Beispiel feministischer Thematisierungen von Raum zeigen, dass Raum als konkreter Raum in den verschiedenen Dekonstruktionen nicht einfach aufgelöst werden kann. Dennoch wird auch hier die Relativität von Raum, vor allem aber seine Relationalität zur Debatte stehen. Mein Anliegen: die politische Brisanz der Bezugnahme auf Raum im Hinblick auf die Geschlechterordnung aufzuzeigen.

1. Die Kategorien Raum – Körper – Geschlecht

Ich greife zunächst zwei theoretische Beiträge (Benno Werlen, Martina Löw) auf, um einige Grundfragen anzusprechen, die sich mit der (Sozial-)Raum-Debatte verbinden, und setze sie ins Verhältnis zur Frage nach der Geschlechterdimension.

Benno Werlen diskutiert in diesem Band mit seiner Betrachtung der ‚räumlichen Redeweise' das Problem der Essentialisierung von Kulturellem und Gesellschaftlichem im Medium der raumbezogenen Thematisierung. Spätestens wenn er dabei „Räumlichkeit als Verallgemeinerung der Erfahrung der eigenen Körperlichkeit und der Körperlichkeit der anderen" skizziert, so drängt sich eine Parallele auf: Werlens Reflexionen zu Raum ließen sich inhaltlich ohne Weiteres in eine – bis in einzelne Formulierungen hineingehende – Analogie zu körper- und geschlechtertheoretischen Überlegungen bringen. Hier wird sozusagen dasselbe theoretische Problem verhandelt. Auch der Körper ist nicht einfach ein ‚Container', ist relativ, relational, wird subjektiv wahrgenommen und perspektiviert, individuell wie kollektiv (gesellschaftlich) konstruiert und kodiert, bleibt dabei doch immer auch physisch-materiell und konkret. Und auch Geschlecht ist keine fixe Größe, sondern ein zutiefst gesellschaftliches Geschehen und hat – wie Körper und Raum – mit dem Sog von Essentialisierung und Naturalisierung zu tun.

Wie wäre es also, wenn im Kontext der Sozialraumdebatte auf ganz verschiedenen Ebenen die Relationen im Dreieck *Geschlecht-Körper-Raum* ernsthaft bedacht würden? Sind die jeweiligen ‚Beschreibungen' einfach wechselseitig verwendbar, trifft auf alle dasselbe zu, haben die jeweiligen Kategorien dieselbe grundlegende gesellschaftliche Funktion oder wirken sie – untereinander und gegenseitig – etwa in spezifischer und gerichteter Weise funktional? Dieser Komplex lässt sich hier nicht wirklich bearbeiten, aber als Frage und Erkenntnisproblem immerhin aufwerfen.

Auch Körper und Geschlecht können z.B. als Handlungskontexte aufgefasst werden, die durch symbolische Markierungen begrenzt und besetzt sind (vgl. Werlen zu Raum, mit durchaus kritischem Bezug auf Goffman und Giddens), auch im Medium von Körper und Geschlecht werden Ordnungen beschreibbar.

Dem Ordnungsaspekt von Raum geht Martina Löw (zuletzt 2005) nach, wenn sie das Wirkungsgefüge von Macht und Raum diskutiert. Wichtig ist für sie dabei die Unterscheidung von Raum und Ort (als einmaliger, geographisch markierter, territorialer Fleck). Löw fragt mit ihren Überlegungen danach, wie man sich aus den Fallstricken eines banalen Raumbegriffs (konkretes Territorium/Gebiet; Container) befreien und dabei doch soziale Probleme diskutieren kann – um beispielsweise das gesellschaftliche Phänomen der Segregation zu fassen. Ihr Vorschlag lautet, von einer Dualität von Raum auszugehen: Raum zum einen im Sinne von Sozialstrukturen (als beharrliches Ergebnis einer einmal vorgenommenen Anordnung) und zum anderen als Herstellungsprozess zu denken (im Sinne einer Synthetisierung, als intellektuelle Leistung und Wahrnehmung, abhängig von den beteiligten Akteuren); Raum also, der als handlungsrelevant erlebt und gelebt wird (vgl. hierzu auch Löw 2001 sowie Bourdieu 1991). ‚Orte' bieten in diesem Zusammenhang – so Löw – eine Art materielle Struktur. Im Kontext spezifischer gesellschaftlicher Ungleichheitsverhältnisse/Ordnungsbedürfnisse wird dabei der ‚Ort des/der Anderen' häufig als ‚unreiner Ort' wahrgenommen und imaginiert.[1]

Auch Benno Werlen bezieht sich auf regierungskritische Aspekte der Sozialraumdebatte, wenn er die konkreten Prozesse von Regionalisierung als Festlegung, Durchsetzung und Überwachung von Bedeutung und Norm beschreibt. Demgegenüber möchte er ‚Sozialraum' als eher abstrakten Raum begreifen, als je spezifisch zu bestimmende raum-zeitliche Konstellation, in der verschiedene ‚Regionen der Praxis' erst auszumachen wären, und zwar – so der zeitdiagnostische Aspekt seiner Überlegungen – sowohl als ‚verräumlichte/verortete' wie auch als ‚entankerte' Alltagspraxis.

2. Raum als politische Metapher

Bourdieu formuliert, dass Sozialraum als Rang-Ordnung im Hinblick auf gesellschaftlichen Status gesehen werden kann (von daher rührt ein gewisser Abstraktionsgrad) und gleichzeitig dazu tendiert, sich im physischen Raum in Form einer bestimmten Anordnung von Akteuren und Eigenschaften zu realisieren:

1 Dies spiegelt sich in den Phantasmen zu Stadt (‚Großstadtdschungel') als unkontrolliertem, zu kontrollierendem Raum – in Bildern von der ‚gefährlichen Straße', in den Schreckensvisionen von Verschmutzung und Verwahrlosung ‚im Außen'. Dass der ‚eigene' Ort als der ‚reine' Ort imaginiert wird, hat etwas mit vorherrschenden Normalitäts- und Identitätskonstruktionen zu tun (vgl. hierzu ebenfalls Löw 2005, auch Douglas 1966 und Foucault 1991).

> „Genauer, die körperliche Einschreibung der Strukturen der sozialen Ordnung vollzieht sich sicher zu einem Großteil vermittels der Verlagerungen und Bewegungen des Körpers, vermittels körperlicher Stellungen und Körperhaltungen, die durch jene in Raumstrukturen umgewandelten sozialen Strukturen organisiert und sozial qualifiziert werden als Ausstieg oder Abstieg, Eintritt (Einschluss) oder Austritt (Ausschluss), Nähe oder Ferne zu einem aufgewerteten Zentralort" (Bourdieu 1991, S. 27).

Aus der sozialen Ungleichheit im Sozialraum (die sich beispielsweise in ungleich verteilten Gütern und Dienstleistungen ausdrückt) ergeben sich verschiedene Chancen der Partizipation und Aneignung. Gerade daran aber entzünden sich die sozialen Konflikte, die zu politischem Handeln einzelner Akteure und Akteursgruppen führen (können). Gegenüber hegemonialen Zugehörigkeitsdefinitionen entfalten sich rebellische Haltungen und oppositionelle Aktivitäten der Grenzüberschreitung.

Ein Blick in die Geschichte verdeutlicht, wie sich in einem solchen Prozess konkrete und metaphorische Bedeutung von (Sozial-)Raum überschneiden und gegenseitig bedingen: So thematisiert die österreichische Historikerin sozialer Bewegungen Gabriella Hauch in ihrer Studie über die Beteiligung von Frauen an der Revolution von 1848/49 Raum als (geographischen) Ort sozialer Beziehungen (hier die Stadt Wien), in dem während der Revolutionsjahre nicht zuletzt um Erweiterungsmöglichkeiten des weiblichen Aktionsradius innerhalb eines immanent geschlechterdifferenten Politiksystems gestritten wird. Metaphorisch gesprochen tun sich dabei Zwischen-Räume auf, in denen Frauen ihren verordneten Ver-Ortungen zumindest kurzfristig entkommen können.

Zu fragen ist also nach der politischen Bedeutung der Raum-Metapher in oppositioneller Perspektive. Wie sind z.B. die ‚Reclaim the streets'-Praxen im Großbritannien der 1990er Jahre zu verstehen, in denen unangemeldet und ungenehmigt „spontane" Parties auf Londons Straßen gefeiert wurden, während diese Straßen mit Hilfe leicht beweglicher Installationen vorübergehend für den sonstigen Verkehr blockiert wurden, um auf diese Weise wieder einen anderen gesellschaftlichen Verkehr zu ermöglichen?

Konkret wie symbolisch geht es hier darum, öffentlichen Raum ‚umzunutzen', zurückzugewinnen – als Ort, an dem ‚Menschen in Gesellschaft' sich gegenseitig wahrnehmen und zu erkennen geben können, als Boden für eine teilnehmende, teilhabende, selbst gestaltende Praxis, als Bühne für alternative Gesellschaftsphantasien, als Szenario

‚reisender Politiken', die schnell wieder ‚um die Ecke' in Nischen verschwinden können.

Sich entgegen Geboten und Verboten ‚am falschen Ort' aufzuhalten und dort ‚das Falsche zu tun' (entgegen vorgegebener Funktionszuschreibungen, sich selbst Autorität im Raum ‚anmaßend', anlegend, zulegend) ist ein bekanntes Phänomen sub- oder gegenkultureller Praxis: ‚Dem System', ‚den (Vor-)Herrschenden', ‚den Erwachsenen', ‚den Männern', den ‚Ordnungsmächten', den ‚Normalitäten' Räume abzutrotzen bringt auch die Körperlichkeit gesellschaftlicher Konflikte in Erinnerung – im konkreten Aufeinanderprallen der Körper bei Go-Ins, Sit-Ins, Besetzungen (bis hin zum Sich-selbst-Anketten unter Eisenbahnschienen, um die Transporte von Atom-Müll zu blockieren, als ob die abstrakt gewordenen gesellschaftlichen Verhältnisse auf diese Weise wieder fassbar würden.

Raum wird hier ganz deutlich zur *politischen Metapher* – zunächst einmal oppositionell gelesen. Und ‚Politik' meint hier, im weiteren und wirklich interessanten Sinn, um welche Streitfragen und Gestaltungsaufgaben geht es in der Gesellschaft eigentlich wirklich? Was ist brisant, was soll verhindert, was erreicht werden? Und wer erhebt dabei seine Stimme und versucht sich Gehör zu verschaffen? Metaphorisch gesprochen: Wie verschaffen sich die Menschen Raum? Wie gelangen sie in den Raum gesellschaftlicher Wahrnehmung, Bedeutung und Anerkennung?

‚Räume' lassen sich durchqueren, in ihnen kann sich etwas ereignen. Deshalb kann Raum nie ausschließlich oder endgültig mit Homogenisierung in Verbindung gebracht werden – ‚Bewegung', ‚Entfaltung', ‚Differenzierung', ‚Bildung' und ‚Gestaltung' finden hier sozusagen andauernd statt, auch ‚Zusammenstöße' und ‚Umkehrungen', Konflikte und Kontroversen. Kein Wunder, dass sich soziale, politische Bewegungen konkret und symbolisch immer wieder auf Raum beziehen. Diese Bezugnahme auf Raum steht in enger Verbindung zur Frage der konkreten wie symbolischen Repräsentation einer Bewegung. Ich möchte das im Folgenden am Beispiel feministischer Politiken und frauenbewegter Praxen konkretisieren. Das Dreieck *Raum-Körper-Geschlecht* erweist sich dabei wie ein roter Faden.

3. Die Frau als Akteurin im konkreten und metaphorischen (Sozial-)Raum

In Bewegung
Mit Entstehung der Neuen Frauenbewegung um 1970 wurden Frauen als gemeinsam politisch Handelnde im gesellschaftlichen Raum deutlich sichtbar und hörbar. Im weiten Spektrum einer sozialen, oppositionellen, auch kulturrevolutionären Bewegung versuchten sie, für sich und andere neue Möglichkeiten der Freiheit und der Selbstentfaltung zu schaffen. Historisch war das kein ganz neues Phänomen: Bereits Ende des 19. Jahrhunderts waren sowohl im Rahmen der Arbeiterbewegung als auch im Zuge bürgerlicher Reformbestrebungen Frauenbewegungen entstanden, die Hunderttausende von Frauen erreichten. Trotz interner Meinungsverschiedenheiten erkämpften diese Bewegungen bis 1933 unter anderem den Zugang von Frauen zu Abitur und Studium (bis 1908) sowie das aktive und passive Wahlrecht *auch* für Frauen (1918).

Politik-Kulturen
Die Neue Frauenbewegung stellte den herkömmlichen Politikbegriff bewusst und radikal in Frage. Sie wendete sich gegen die Dichotomisierung von Öffentlichkeit (als Sphäre des Mannes) und Privatheit (als Sphäre der Frau) und erklärte das Persönliche zum Politischen. Nicht nur ‚ungleicher Lohn für gleiche Arbeit' oder der ungleiche Zugang zu Berufen und Bildungsmöglichkeiten wurden als gesellschaftliche Diskriminierungen von Frauen angeprangert, sondern auch die Dominanz des Mannes in der so genannten Hausfrauen-Ehe. Mit dem Slogan „Das Private ist politisch!" wurden Machtverhältnisse und Herrschaftsstrukturen in den zwischenmenschlichen Beziehungen, insbesondere in den Beziehungen zwischen Männern und Frauen, thematisiert. Das eigene Selbstverständnis und die Bereitschaft, in Beruf wie Familie bestimmte ‚Rollen' zu übernehmen, wurden kritisch hinterfragt. Ausdruck fand dies beispielsweise in der Bewegung gegen den § 218, die Bereiche wie Sexualität, Schwangerschaft und Geburt in ihrer politischen Dimension und Brisanz thematisierte.

Die Neue Frauenbewegung brachte damit Themen ins gesellschaftliche Bewusstsein, die zuvor kaum öffentlich diskutiert werden konnten. Dazu gehörten insbesondere die Frage der sexuellen Selbstbestimmung und die Gewalt gegen Frauen in Ehe und Familie. Der Kampf um Selbstbestimmung wurde besonders in den frühen Jahren beispielhaft um den § 218 geführt. Damit verbunden war das Anliegen, sich die Verfügungsmacht über den eigenen Körper auch gegen die Interessen von Wirtschaft, Staat und Kirche zurückzuerobern. Aus der Kritik am herrschenden Gesundheitssystem, insbesondere an der Gynäkologie, entstanden medizinische Beratungsgruppen, Selbsthilfegruppen und schließlich auch Frauengesundheitszentren. Frauenhäuser und Mädchentreffs, Anlaufstellen und Selbsthilfegruppen für weibliche Opfer von körperlicher und seelischer Misshandlung, sexueller Nötigung und Vergewaltigung verweisen auf eine andere Seite feministischer Auseinandersetzung mit Gewaltverhältnissen zwischen den Geschlechtern.

In neuen Formen politischen Denkens und Handelns, die die individuelle, subjektive Erfahrung als gesellschaftliche Dimension ernst nahmen, wurden die Grenzen zwischen Alltag und Politik, zwischen Politik und Kultur durchlässig. Die Frage des eigenen Lebensentwurfs, der eigenen Lebensform, der persönlichen Lebenspraxis wurde zur politisch brisanten Frage. Frauenbewegung fand eben nicht nur auf der Straße, sondern auch am Küchentisch der Wohngemeinschaft statt.

Damit verschoben sich die Räume der Politik:
Frauenbewegte Politik fand in verschiedenen Öffentlichkeiten, auf ganz unterschiedlichen ‚Bühnen' statt. Feministische Aktivitäten entfalteten sich durchaus in den Räumen, die für Politik traditionellerweise vorgesehen sind – wie Parlamente, Parteien, Gewerkschaften. Sie schufen aber auch neue Räume des Politischen und Kulturellen, ermöglichten neue Aufmerksamkeiten.

Ist das wirklich politisch? Das fragten sich im Laufe der Zeit so manche, die mit ungewohnten Ausdrucksformen frauenbewegter Aktionen konfrontiert wurden. Wenn Feministinnen im Versuch, sich symbolisch öffentlichen Raum anzueignen z.B. auf traditionelle Formen weiblicher (Hand-)Arbeit Bezug nahmen, so war das nicht immer einfach zu vermitteln. Beschränkten sich Frauen hier nicht wieder selbst auf etwas ‚Nettes, Kleines, Feines', anstatt endlich ordentlich auf den Putz zu hauen? Als Frauen um 1980 allerdings das amerikanische Verteidigungsministerium im Pentagon mit einem Netz umspannten, zeigte sich, wie hier häusliche Verrichtungen an einem anderen Ort plötzlich zur politisch-symbolischen Handlung wurden, auf die die Staatsgewalt reagierte.

Der spielerische, ausprobierende Umgang mit historischen Situationen, Bildern und Gestalten gehörte zu dem neuen Selbstverständnis, das sich im Zuge der Frauenbewegung entwickelt hatte.[2] Dabei war nicht immer sofort klar, ‚wozu das Ganze gut sein soll' oder ‚welche politischen Konsequenzen sich daraus ergeben'. Die damit verbundenen Such-Bewegungen und symbolischen Handlungen ließen sich mit klassischen Vorstellungen von ‚politischer Öffentlichkeit' jedenfalls nicht so leicht fassen.

Dass Frauen sich öffentlich und in großer Zahl (z.B. bei Veranstaltungen und Kongressen) versammelten und dieses ‚unter sich sein' offensichtlich auch genossen, stellte für das gesellschaftliche Umfeld immer wieder eine große Provokation dar. Für viele der Beteiligten gewannen solche Frauen-Öffentlichkeiten geradezu existentielle Bedeutung. Hier erlebten manche zum ersten Mal sich selbst und andere Frauen als stark und bedeutsam, hier nahmen manche zum ersten Mal auf andere Frauen als Denkerinnen, Handelnde und schöpferisch Tätige Bezug.

Dass damit oft eine Form der Exklusion verbunden war, nämlich sich ausdrücklich *ohne Männer* zu treffen, wurde zum einen als rebellische Geste vor dem Hintergrund eigener Exklusionserfahrungen kultiviert, zum anderen als ‚sich endlich selbst Raum verschaffen' verstanden – sich endlich „*A room of one's own*" (nach der Erzählung von Virginia Woolf) zu kreieren.

Im folgenden Ausschnitt zum Verhältnis von ‚Frau und Wissenschaft' wird die permanente Überblendung von konkretem und symbolischem Raum besonders deutlich:

Können Frauen denken?

Die Geschichte feministischer Wissenschaft ist geprägt von dem Umstand, dass Frauen lange Zeit aus den Universitäten ausgeschlossen waren. Philosophinnen und Bildungshistorikerinnen haben inzwischen rekonstruiert, wie die moderne Universität ihr Selbstverständnis systematisch auf den Ausschluss von Frauen gründete und welche Auswirkungen diese Tatsache auf Vorstellungen von ‚Wissenschaft' und ‚Wissenschaftlern' bis heute hat.

2 So war beispielsweise das Thema ‚Straßennamen' immer wieder Gegenstand frauenbewegter Aktionen, besonders gern am Internationalen Frauentag, dem 8. März. Mehrmals wurden Straßen oder Plätze symbolisch umbenannt, um auf Frauen als politisch Handelnde in Geschichte und Gegenwart hinzuweisen. Auch auf diese Weise kann eine sich den öffentlichen Raum aneignen.

Wissenschaft und Zärtlichkeit

Unter diesem Namen erschien in Tübingen 1977 eine neue Zeitschrift. Die Herausgeberin Ruth-Eva Schulz-Seitz schrieb zur Einführung: „Diese Zeitschrift möchte Frauen, die Freude an wissenschaftlicher Tätigkeit haben, ein Forum bieten, wo sie ihre Arbeiten veröffentlichen können. Zugleich möchte sie denjenigen Frauen, die ans Haus gebunden sind und sich nicht in Instituten und Bibliotheken regelmäßig auf dem Laufenden halten können, eine Möglichkeit wissenschaftlicher Information vermitteln, die zu ihnen ins Haus kommt."

Mit dem – von Hölderlin inspirierten – Titelmotto jener Zeitschrift verbindet sich bis heute eine Perspektive, die für feministische Wissenschaft(skritik) charakteristisch ist. Hinterfragt wird eine Konzeption von Vernunft, die Sinnlichkeit und Leiblichkeit als Bedrohung für die Erkenntnis verneint beziehungsweise abspaltet. Angegriffen wird der Anspruch auf Objektivität, der nur allzu oft verdeckt, dass Wahrnehmungen, Erfahrungen und Perspektiven von ‚Männern der Wissenschaft' hier als ‚allgemeingültige' dargestellt werden. Kritisch betrachtet wird außerdem die Hierarchie zwischen verschiedenen Weisen der Erkenntnis, die technische Rationalität immer noch höher bewertet als emotionale und soziale Intelligenz.

Autonome Bildungs(t)räume

Spätestens als seit Mitte der 1970er Jahre die ersten Berliner Sommeruniversitäten für Frauen stattfanden, wurde deutlich, wie groß das Interesse von Frauen an Bildung und an gemeinsamen Lernprozessen in gegenseitiger Auseinandersetzung war. Diese Veranstaltungen gehörten zu den ersten herausragenden Öffentlichkeiten, die Frauen für Frauen herstellten. Hier zeigten sich die neuen wissenschaftlichen, politischen wie kulturellen Handlungsweisen der ‚bewegten Frauen'. Bücher, Broschüren und andere geistige und künstlerische Produktionen von Frauen konnten erworben werden, die vor Entstehung der Frauenbuchläden sonst kaum zugänglich waren.

Frauen-Räume

Aus Gruppen und ersten Frauen-Zentren heraus entwickelte sich allmählich eine feministische Infrastruktur, die vielfältige Landschaft der Frauenprojekte. Frühe Projekte waren z.B. Frauenbuchläden, Frauencafés, Frauendiscos oder auch experimentelle (Selbst-)Bildungseinrichtungen – mit dem Anliegen, außerhalb der etablierten Institutionen Bildungsprozesse für Frauen in einem selbstbestimmten und nichthierarchischen Zusammenhang zu ermöglichen. Solche Orte waren und sind Treffpunkte, Anlaufstellen und Informationszentralen, die Austausch wie Auseinandersetzung ermöglichen, die Frauen bewusst untereinander suchen und kultivieren wollen.

Exodus?
Im Wunsch, die Gesellschaft und das eigene Leben „jetzt, sofort" zu verändern, wagten Frauen radikale Schritte und Aufbrüche ins Unbekannte. Aufbruchsversuche waren und sind oft auch Ausbruchsversuche. Viele suchten ihre ‚konkrete Utopie' in anderen Lebensformen und Lebensweisen zu verwirklichen: zum Beispiel in einer Land-WG, an Selbstversorgung und ökologisch bewusster Alltagspraxis orientiert, oder auch auf Reisen, um in der Begegnung mit anderen Kulturen zu einem neuen Selbstverständnis und einem anderen Lebensstil zu finden.

Viele Orte – überall!
Wie sollten feministische Politik und Strategien, wie sollte Widerstand aussehen? Darüber entbrannten immer wieder Kontroversen innerhalb der Bewegung.

Frauen haben in den vergangenen dreißig Jahren – wie in den frauenbewegten Jahrzehnten um 1900 – viele Wege gewählt, um die Gesellschaft im Allgemeinen und ihr persönliches Leben im Besonderen zu verändern: Die einen verließen politische Öffentlichkeiten, in denen sie sich nicht länger repräsentiert fühlten, um eigene Gruppen zu bilden und Projekte zu begründen, eine eigene Frauenkultur zu schaffen. Andere versuchten, durch ihr feministisches Engagement innerhalb herkömmlicher Institutionen und Politikfelder Veränderungen zu bewirken – z.B. auch in der Kommunalpolitik.

Viele feministisch orientierte Frauen beteiligten sich an den Widerstandsbewegungen gegen Atomenergie, Rüstung und Krieg oder auch an der Häuserkampf-Bewegung. Sie bildeten dort oft eigene Gruppen, die unabhängige Aktionen realisierten. Auch im Rahmen ihrer beruflichen Tätigkeit arbeiteten (und arbeiten) Feministinnen an der Schaffung einer ‚anderen Wirklichkeit'.

„Viele Orte – überall" bedeutete in diesem Kontext, die eigenen Vorstellungen von Veränderung in möglichst vielen gesellschaftlichen Feldern zu verfolgen und dort immer wieder feministisch-kritische Impulse zu setzen. Dabei wurden auch die Grenzen der Veränderungsmöglichkeiten spürbar, die Verhältnisse erwiesen sich als durchaus beharrlich.

Grenzen erfahren
Eine Zeit lang bezog die Bewegung ihre Kraft aus der Betonung der Gemeinsamkeiten: „Frauen gemeinsam sind stark!" war nicht nur ein

Slogan, sondern für viele eine ganz neue, aufregende Erfahrung. Mit der Zeit gerieten die Differenzen unter Frauen mehr in den Blick und boten immer wieder Anlass für heftige Auseinandersetzungen und neue Grenzziehungen. Heute wird in feministischen Projekten und Szenen eher versucht, Frauen-Solidarität als ‚Solidarität unter Verschiedenen' zu verwirklichen. Ausgehend von dieser ‚Anerkennung der Differenz' werden verschiedene Möglichkeiten der Zusammenarbeit und gegenseitigen wertschätzenden Bezugnahme erprobt. Auch Machtbeziehungen unter Frauen werden dabei (selbst-)kritisch reflektiert.

4. Frau und/im Raum als Phantasma

Bilder von Stadt und Land (als Räume, Flächen, Felder, Orte) sind eng mit Bildern von Männlichkeit und Weiblichkeit verknüpft[3] – ohne dass diese Verknüpfungen dabei statisch, eindeutig, homogen wären. So kann die Großstadt der Moderne wegen ihrer inhaltlichen Nähe zu ‚Kultur, Technik, Öffentlichkeit' durchaus männlich konnotiert sein, häufig finden sich – in Literatur, Film, Fotografie, bildender Kunst – aber auch Phantasmen, die die Großstadt ‚verweiblichen': indem sie sie entweder mechanisieren oder auch – z.B. als riesigen Organismus – naturalisieren. Beide Strategien sind in einer positiven und einer negativen Variante denkbar – und bleiben letztlich ambivalent:

> „Die Großstadt selbst wurde seit ihrem Entstehen im 19. Jahrhundert eng mit Vorstellungen von Weiblichkeit verbunden. Alle Zuschreibungen – von der unerreichbaren Göttin über die Hure Babylon bis zur großen Mutter – sind in ihr Bild eingegangen. Es sind Bedeutungen, die sich auf den ersten Blick auszuschließen scheinen, sich aber gerade in den Fantasien von der großen Stadt unlösbar miteinander verknüpften. Die ambivalente Metaphorik der Großstadt, die die begehrenswerte und die bedrohliche Frau gleichermaßen symbolisiert, hat ein männliches Pendant hervorgebracht, den Flaneur. (...) Signifikant für den Flaneur ist seine diffuse, ungerichtete und zugleich mit hohen Erwartungen aufgeladene Bewegungs- und Blickstruktur. Flanierend will er sich an die anonyme Menge der Großstadt verlieren, immer in der Hoffnung auf die erlösende Überraschung, die sich in der Begegnung mit der unbekannten Frau inkarniert. Diese Bewegung des permanenten Begehrens – gerichtet auf die weibliche Unbekannte in der Stadt – korrespondiert mit der Fantasie von der

3 Zum ‚Geschlechterkonflikt im Spannungsfeld Metropole und Provinz' siehe beispielsweise Marieluise Fleißer: *Eine Zierde für den Verein. Roman vom Rauchen, Sporteln, Lieben und Verkaufen* (vgl. Frau und Stadt 1996, S. 48-54).

> Großstadt selbst als überdimensionalem weiblichem Körper, mit dem sich der Flaneur in einer – wie es Baudelaire nannte – ‚sainte prostitution' vereinigt. Die Frau in der Stadt als Repräsentantin des Anonymen, Zufälligen, geheimnisvoll sich Entziehenden, die sein Flanieren zum erotischen Abenteuer macht, und die Stadt als Frau, die grenzenlos alle seine Wünsche erfüllt, fügten sich ihm so zu einem hoch kodierten Bild. Diese Überblendung von Weiblichkeit und Großstadt hat sich in modifizierter Form bis ins 20. Jahrhundert erhalten" (Sykora 1999, S. 15f.).

Die Großstadt als typisch moderner Erfahrungsraum erscheint also verbunden mit Prozessen der Sexualisierung, Mythisierung und Allegorisierung der Stadt. Der literarische Umgang mit dem Thema verweist mit seinen Personifikationen, Metaphorisierungen, Projektionen, Wertzuschreibungen und subjektiven Positionierungen auf mögliche psychische Reaktionsformen der Individuen in der Konfrontation mit der großstädtischen Lebenswelt. Damit sind die Wechselbeziehungen zwischen Wahrnehmungsdispositionen, die in der urbanen Umgebung entwickelt werden, und künstlerischen Repräsentationsformen der Großstadterfahrung angesprochen.

Diskurse um Urbanisierung und Modernisierung konstruieren (zumindest in der ersten Hälfte des 20. Jahrhunderts) eine Dichotomie von Kultur und Zivilisation; die damit verbundenen Bilderproduktionen arbeiten in auffälliger Weise mit Metaphern des Geschlechterkonflikts – beispielsweise erscheinen Masse und Massenkultur häufig feminisiert.

Sigrid Weigel bezeichnet vor diesem Hintergrund die Stadt als „paradigmatischen Ort von Zivilisationsarbeit" und insofern auch als Indikator für die Konstruktion der Geschlechterverhältnisse innerhalb einer Kultur (vgl. Weigel 1990).

Eine Möglichkeit, der Mythisierung von Stadt in Weiblichkeitsbildern zu entkommen und die Geschlechterdifferenz wie den Geschlechterkonflikt zu historisieren, besteht darin zu fragen, wie Schriftstellerinnen die Stadt imaginieren – danach zu fragen, welche (Frei-)Räume, Möglichkeiten oder auch Begrenzungen die Großstadt beispielsweise für ihre Romanfiguren hat? Wird hier ein anderer urbaner Raum perspektiviert?

Es zeigt sich, dass in den literarischen Produktionen von Frauen durchaus auch ein selbstbestimmtes und aktives Partizipieren an den Möglichkeiten der Großstadt dargestellt und vorgestellt wird (das geht im Übrigen weit über die Befunde von Weigel hinaus, vgl. etwa Kilian und Thums in Frau und Stadt 1996): Die Stadt bietet in den Augen vieler Schriftstellerinnen offenbar größeren Spielraum für unkonventionelle Verhaltensweisen (z.B. als Ort des organisierten politischen Engagements für das Frauenwahlrecht bei Virginia Woolf in *Night and Day*, 1919 oder mit der Möglichkeit des gesellschaftlichen Verkehrs in subkulturellen, gegenkulturellen Milieus...).[4]

Dabei wird in den Stadtromanen des frühen 20. Jahrhunderts die Stadterfahrung wie die Aneignung des städtischen Raumes als primär vom Subjekt selbst geschaffen deklariert und somit auch durch biographische, psychische, soziale Komponenten beeinflusst (analog den Subjekt- und Bewusstseinsvorstellungen der Zeit).

> „Autorinnen der Moderne erweitern in ihren Texten das Repertoire des männlich konnotierten Typus des unerbittlich beobachtenden und sich die Stadt erobernden Flaneurs[5] um Stadtläuferinnen, für die die Vielzahl der Impressionen und das eher unauffällige Eintauchen in die Masse ein unschätzbares Stimulans für das kreative Sich-Versenken in den eigenen psychischen Innen-Raum darstellt (*Night and Day* und vor allem Dorothy Richardson, *Pilgrimage*), oder auch um den Typus der untrennbar mit der Großstadt verbundenen ‚Vagabundin', ... die von einer ziellosen Rastlosigkeit getrieben wird, ihr prekäres Dasein in häufig wechselnden Absteigen und billigen Hotels verbringt und deren Streifzüge durch die Stadt oszillieren zwischen dem interessierten Entdecken von Neuem und dem Durchhasten der Straßen als probates Mittel der Flucht vor den eigenen Ängsten, zwischen Beobachten und dem Eindruck, beobachtet und verfolgt zu werden, zwischen dem Gefühl, in der Stadt zu Hause und doch fremd und isoliert zu sein" (Eveline Kilian in Frau und Stadt 1996, S. 39f.).

Gegen Ende des 20. Jahrhunderts hat sich das Bild verändert: Die Metropole wirkt nun eher diffus und neben den immer noch repräsentierten traditionellen Stadterfahrungen (Straße als Raum des Ausschlusses, der Gewalt, des Ungeordneten etc.), die lange Zeit bestimmte Weiblichkeitsbilder prägten, werden nun vermehrt überkommene Dualismen aufgebrochen und neue Grenzüberschreitungen vorgenommen – thematisch wie in den Schreibweisen (vgl. Maria Kublitz-Kramer in Frau und Stadt 1996, S. 55-57).

---

4 Siehe auch die in manchen Texten ausgeführten Oppositionen oder kontrastiven Vergleiche zwischen Stadt und Land, Haus und Lebensraum der Familie versus Straße und Stadt (z.B. Virginia Woolfs *Night and Day* von 1919).

5 Zur Figur der ‚Flaneuse' siehe Irmgard Keuns *Das kunstseidene Mädchen*, das evtl. als Gegenentwurf zum ‚Flaneur' gelesen werden kann (vgl. Frau und Stadt 1996, S. 49).

Und dennoch kann auch 1999 eine Studie zu folgendem Ergebnis kommen:

> „Wie Sigrid Weigel ... anhand von Texten der Neuzeit und Moderne aufzeigt, stützt sich die ‚Diskurs- und Imaginationsgeschichte der Stadt' als eine kulturgeschichtliche Narrative auf eine weitestgehend androzentrische Stadterfahrung und ist deshalb eng verknüpft mit der konfliktreichen Geschichte der Geschlechterverhältnisse (vgl. Weigel 1990, S. 115). Es sind immer männliche Subjekte – Eroberer, Entdecker, Stadtgründer, Flaneure, die den Stadtraum als Natur, als Körper, als Organismus, als Schrift imaginieren und in die Nähe von Diskursen über Weiblichkeit rücken. Selbst im postmodernen Großstadtroman, der die tradierten binären Denk- und Sprachmuster der abendländischen Kultur zu durchkreuzen vorgibt, werden, in ausgesprochen subtiler Manier, die altbewährten Bilder der Männlichkeit-Weiblichkeit-Dichotomie perpetuiert. Auch wenn das Lesen des Stadtraums und seiner Zeichen, die Sinn- und Identitätskonstitution des männlichen Subjekts ... scheitert, wird noch im Scheitern konnotativ auf einen – wenn auch bis zur Unkenntlichkeit entkörperlichten und zur Schriftphilosophie sublimierten – Weiblichkeitsdiskurs verwiesen" (Ercan 1999, S. 40).

Die literarischen Auseinandersetzungen um Körper-Geschlecht-(Stadt)Raum gegen Ende des 20. Jahrhunderts sind beeinflusst von Poststrukturalismus und Dekonstruktion:

> „Während der Benjaminsche Flaneur sich noch sicher im Glauben an eine Lesbarkeit des Stadtraumes wähnt, drohen die Figuren, die die Großstadt im Roman der Gegenwart bewandern, geradezu an der UnLesbarkeit der Städte zugrunde zu gehen" (Ercan 1999, S. 39).

Am Beispiel eines amerikanischen und eines türkischen Autors (Paul Auster: *City of Glass*, 1985 – über New York; Orhan Pamuk: *Das Schwarze Buch*, 1997 – über Istanbul) verdeutlicht Leyla Ercan, wie beide Romane – trotz und in ihrer Verschiedenheit – zeigen, dass auch in der Metropolenliteratur des späten 20. Jahrhunderts Geschlecht und Stadt ineinander verwoben sind:

> „Die weitschweifige Geschichte des Romans ist kurz erzählt: Der windige Istanbuler Rechtsanwalt Galip sucht seine geliebte Frau Rüya, die spurlos verschwunden ist. Rüya, deren Name im Türkischen ‚Traum' oder ‚Traumgesicht' bedeutet, ist nie körperlich präsent in der Geschichte. Die Abwesenheit ihrer für Galip identitätsstiftenden Weiblichkeit stürzt ihn in eine umfassende Sinn- und Seinskrise. ‚Und er begann sie zu suchen. Wo er auch hinging innerhalb der Stadt, fand er eine Spur von ihr, doch nie sie selbst.' ... (Pamuk, 113). Die sich Galip entziehende Weiblichkeit steht als Allegorie für die Unbeständigkeit und Flüchtigkeit der individuellen Erinnerungen, die mit dem kollektiven Gedächtnis, der Geschichte des türkischen Volkes verflochten ist. ... Galips Sub-

> jektivität, begründet in binärer Abgrenzung zur ‚anderen' Präsenz seiner Frau, ist in deren Abwesenheit permanent von Auflösung und Dezentrierung bedroht, einem Zerfallsprozess, der sich auf narratologischer Ebene unter anderem durch die zunehmende Vermischung der Erzählperspektiven ausdrückt. ... Die Suche nach der realen Rüya, dem weiblichen Subjekt, wird mehr und mehr sublimiert zur Erkundung des Prinzips der Weiblichkeit im Text, in der Textur der Stadt, deren auffällig weiblich konnotiertes Mysterium es ersatzweise zu begreifen ... gilt. ... Es ist die verschwundene, verdrängte Rüya, ihre imaginierte Weiblichkeit, die ... das männliche Subjekt des nachts heimsucht und destabilisiert. ... Als Allegorie einer ‚schon-immer-Verschwundenen' ist Rüya kein handelndes Subjekt" (Ercan 1999, S. 41f.).

Die spezifisch postmoderne Variante der Allegorisierung verläuft über die sprachphilosophischen Reflexionen und Praxen des Autors:

> „Neben der Allegorisierung Rüyas als Stadt findet ... eine Verschiebung des Augenmerks von der Frau auf den textlichen Stadtdiskurs und schließlich auf die Architektur und die Schriftzeichen der Stadt statt, in deren Verlauf die Materialität und Körperlichkeit der Sprache den Diskurs über den Verlust der ‚realen' körperlichen Weiblichkeit aufzufangen scheint. ... Die Bestrebungen des männlichen Subjekts, die Stadt sprachlich zu repräsentieren, d.h. in die symbolische Ordnung zu heben, vollzieht sich stets über den Ausschluss, die Nicht-Präsenz der Frau" (Ercan 1999, S. 44).

Demgegenüber verschaffen die Stadtläuferinnen der Autorinnen in Vergangenheit und Gegenwart der Frau eine symbolische wie konkrete Repräsentanz im (Sozial-)Raum.

5. Auf der Suche nach der verlorenen Kategorie? Ein Fazit für die Sozialraumdebatte

Letztlich geht es in der Sozialraumdebatte, wie sie im Kontext kritischer Sozialpolitik und Sozialer Arbeit geführt wird (vgl. Löw 2005), um wahrnehmbare, mögliche und konkret neu zu entwickelnde Vermittlungen zwischen den ‚großen Kräften und Dynamiken' und den Subjektivitäten und Praxen der Akteure (AdressatInnen wie Professionelle): Es geht um den Eigensinn des Sozialen, der sich im Nahraum realisiert (vgl. Karstedt 2004) – im Spannungsfeld von ‚Entwirklichung und Verwirklichung' (siehe Sünker 2005).

Dabei stellen sich immer wieder die Fragen:

- Wessen Sozialraum interessiert hier eigentlich?
- Welche Anlässe führen zu Inszenierungen des Sozialen?

Ich stimme hier der von John Clarke herangezogenen ‚postmodernen' Auffassung zu, dass ‚große Geschichten zu viel erzählen und zu wenig erklären' (siehe Clarke 2005). Für jede oppositionelle Politik ebenso wie für kritische Sozialpolitik und Soziale Arbeit ist es meines Erachtens produktiver, sich den Staat als „Serie instabiler Gleichgewichte" (ebenfalls Clarke 2005) vorzustellen, als von einer omnipräsenten staatlichen oder überstaatlichen Herrschaftsmacht auszugehen, die uns immer schon mindestens um eine Nasenlänge voraus ist, und damit alles, was an verändernden Bestrebungen entworfen, verwirklicht, entwickelt wird, quasi im Vorgriff schon im Herrschaftsinteresse funktionalisiert hat.

Das bedeutet nicht etwa, das Wissen um Hegemonialverhältnisse aufzugeben; aber es bedeutet, auch Heteronomie und fragmentarische Praxen, verfehlende Strategien auf allen Seiten wahrzunehmen und – wo möglich – (um-)zu nutzen (siehe Clarke 2005). Vielleicht passt hierzu ganz gut die Vorstellung der ‚reisenden Politiken', ein ‚Denken der Pfade', wie es Susanne Karstedt anspricht (vgl. Karstedt 2004). Damit könnte der ‚Habitus eines Ortes', könnten festgefahrene politische Kulturen, ein bedrängendes soziales Klima (vgl. Dangschat 2005) vielleicht anders in Bewegung gebracht und durchlässiger werden.

Eine der zentralen Fragen im Kontext der jüngeren Sozialraumdebatten ist die nach möglichen Foren der Thematisierung von (sozialen) Konflikten. Vor allem aber ist – gerade angesichts der Haushaltskatastrophen bei Kommunen und Landkreisen – noch völlig ungeklärt, wie die Brisanzen der Konflikte, die im Nahraum aufbrechen, in die anderen Politikebenen oder -dimensionen (zurück)vermittelt werden können.

Hier hilft vielleicht wiederum das metaphorische Raumdenken, das in konkretes räumlich-politisches Denken transformiert werden kann: zum Beispiel mit der Frage „Wie entstehen Umkehrungen im gesellschaftlichen Kräftefeld?" oder auch mit der Frage „Wer kann was auf die Tagesordnung setzen?" (vgl. auch Kunstreich/Lindenberg 2005). Auch Lothar Böhnisch nutzt das metaphorische Raumdenken in der – durchaus auf konkrete Realisierung zielenden – Vorstellung von „Netzwerken (im Sinne von Verdichtungen latenter gesellschaftlicher Kräfteverhältnisse) als Magnetfeldern, die neu aufgeladen und (um)gepolt werden können" (Böhnisch 2002).

Nun könnte skeptisch gefragt werden (vgl. z.B. Kessl in diesem Band), ob die – auch von mir hier vorgenommene und in meiner Bezugnahme auf andere Positionen gewürdigte – Betonung von Dynamik und Heterogenität nicht gerade im Sinne des aktuellen Regierungshandelns sei? Obwohl ich diesen kritischen Einwand sehr ernst nehme, lässt sich das meines Erachtens nicht allgemein entscheiden, sondern ist stark von den jeweiligen Kontexten abhängig – gerade auch als Thematisierungsgeschichte im Raum der Zeit, als Geschichte der Konflikte und Kontroversen im gesellschaftlichen Machtraum.[6] Ich plädiere also dafür, eher genau zu rekonstruieren, wann, wo und in welcher Weise auf bestimmte Begriffe und Konzepte Bezug genommen wird, und ob dabei ihre ‚produktiven Gefährlichkeiten' stillgestellt oder aktualisiert werden – politisch, strategisch, regierungstechnisch gesehen.

Wenn beispielsweise in aktuellen Stadtentwicklungsprogrammen, ausgehend von der – durchaus auch regierungstechnisch zu sehenden – Feststellung ‚fehlenden Sozialkapitals' (im Sinne von Putnam, weniger im Sinne von Bourdieu), quartiersbezogene Maßnahmen entwickelt werden, in denen es gleichzeitig um die Wiederbelebung von Quartieren als Sozialräumen im Sinne der BewohnerInnen geht, so ist hier eine eindeutige Einschätzung nicht so leicht vorzunehmen. Mit der ‚Quartiersbelebung' verbindet sich unter Umständen eine Neuverteilung von Macht im Quartier, die nicht unbedingt einer kolonisierenden Logik unterliegen muss. Für mich ist dies ein Beispiel dafür, wie mehrdeutig selbst law-and-order-Anliegen sein können, wenn sie entsprechend aufgegriffen und offen weiterentwickelt werden, in einer konkreten Praxis, die sich auch selbstkritisch reflektiert.

Literatur

Andres-Müller, H./Heipcke, C./Wagner, L./Wilde-Stockmeyer, M. (Hrsg.) (1999): ORTSveränderungen. Perspektiven weiblicher Partizipation und Raumaneignung. Königstein

Bitzan, M. (2005): Weibliche Sozialräume? Sozialräumliche Handlungsbedingungen unter geschlechtertheoretischer Perspektive. In: Kessl, F./Otto, H.-U. (Hrsg.): Territorialisierung des Sozialen. Regieren über soziale Nahräume. Leverkusen (i.E.)

Böhnisch, L. (2002): Bürgergesellschaft, soziales Kapital und das Lokale. Vorschläge für eine Neuorientierung der Sozialen Arbeit im Quartier vor dem Hintergrund eu-

---

6 Die Erfahrung solcher Prozesse bleibt zunächst allerdings an bestimmte Personen gebunden; es bestehen zudem Unterschiede in der Intensität dieser Erfahrung – quer zu Generationen, Kohorten, Beteiligtengruppen. Wer repräsentiert/bei wem lagert das Gedächtnis der Prozesse? Wer kontrolliert die Überlieferung?

ropäischer Erfahrungen. Ms. (unveröff.) zur Internationalen Fachtagung: Spacing Social Work 2002, Bielefeld

Bourdieu, P. (1999): Physischer, sozialer und angeeigneter physischer Raum. In: Wentz, M. (Hrsg.): Stadt-Räume. Frankfurt a.M., S. 25-34

Clarke, J. (2005): Die Neuerfindung der Community? Regieren in umkämpften Räumen. In: Kessl, F./Otto, H.-U. (Hrsg.): Territorialisierung des Sozialen. Regieren über soziale Nahräume. Leverkusen (i.E.)

Dangschat, J. S. (2005): Wohnquartiere als Ausgangspunkt sozialer Integrationsprozesse? In: Kessl, F./Otto, H.-U. (Hrsg.): Territorialisierung des Sozialen. Regieren über soziale Nahräume. Leverkusen (i.E.)

Douglas, M. (1966): Purity and Danger: An Analysis of Concepts of Pollution and Taboo. London

Ercan, L. (1999): Metropolen durchquert und durchkreuzt: Männliche Schritte und Spuren in StadtTexten von Orhan Pamuk und Paul Auster. In: Feministische Studien, 17. Jg., Heft 2, S. 38-54

Feministische Studien (1999): Heftthema: „Weiblichkeit und Metropole" 17. Jg., Heft 2

Foucault, M. (1991): Die Ordnung des Diskurses. Frankfurt a.M.

Frau und Stadt. Kulturelle Räume und Geschlechterdifferenzen in der Moderne. Tübingen (1996): (Dokumentation der Tübinger Sommeruniversität, eines interdisziplinären Seminarprojektes 15.-19. Juli 1996

Hassan, I. (1981): Cities of Mind, Urban Words. The Dematerialization of Metropolis in Contemporary American Fiction. In: Jaye, M. C. W./Chalmers, A. (Hrsg.): Literature and the American Urban Experience. Essays on the City and Literature. Manchester

Hauch, G. (1990): Frau Biedermeier auf den Barrikaden. Frauenleben in der Wiener Revolution 1848. Wien

Karstedt, S. (2004): Linking capital. Institutionelle Dimensionen sozialen Kapitals. In: Kessl, F./Otto, H.-U. (Hrsg.): Soziale Arbeit und Soziales Kapital: zur Kritik lokaler Gemeinschaftlichkeit, Wiesbaden, S. 45-62

Kunstreich, T. (2002): Neue Kontrollstrategie und die Perspektive eines sozialräumlich-partizipativen Ansatzes der Sozialen Arbeit. Ms. (unveröff.) zur Internationalen Fachtagung: Spacing Social Work 2002, Bielefeld

Kunstreich, T./Lindenberg, M. (2005): Kommunaler Raum als sozialer Raum der Machtkämpfe. Eine Betrachtung lokaler Sicherheitspolitik mit drei Fallgeschichten. In: Kessl, F./Otto, H.-U. (Hrsg.): Territorialisierung des Sozialen. Regieren über soziale Nahräume. Leverkusen (i.E.)

Löw, M. (2001): Raumsoziologie. Frankfurt a.M.

Löw, M. (2005): Zwischen Handeln und Struktur. Grundlagen einer Soziologie des Raumes. In: Kessl, F./Otto, H.-U. (Hrsg.): Territorialisierung des Sozialen. Regieren über soziale Nahräume. Leverkusen (i.E.)

Nissen, U. (1998): Kindheit, Geschlecht und Raum. Sozialisationstheoretische Zusammenhänge geschlechtsspezifischer Raumaneignung. Weinheim/München

Oates, J. C. (1981): Imaginary Cities: America. In: Jaye, M. C. W./Chalmers, A. (Hrsg.): Literature and the American Urban Experience. Essays on the City and Literature. Manchester

Simmel, G. (1903): Die Großstädte und das Geistesleben. In: Die Großstadt: Jahrbuch der Gehe-Stiftung. Vol. 9, Dresden, S. 185-206

Sünker, H. (2005): Alltag, Raum und Gesellschaft. „Spaces of Hope", „Politics of Time" und „Dialektik der gesellschaftlichen Praxis". In: Kessl, F./Otto, H.-U.

(Hrsg.): Territorialisierung des Sozialen. Regieren über soziale Nahräume. Leverkusen (i.E.)

Sykora, K. (1993): Die Hure Babylon und die Mädchen mit dem eiligen Gang. Zum Verhältnis Weiblichkeit und Metropole im Straßenfilm der Zwanziger Jahre. In: Sykora, K. u.a. (Hrsg.): Die neue Frau. Eine Herausforderung für die Bildmedien der Zwanziger Jahre. Marburg, S. 119-140

Sykora, K. (1999): Auf der Schwelle der Moderne. In: Feministische Studien, 17. Jg., Heft 2, S. 6-14

Terlinden, U./Grieser, S./Roß, B. (1999): Wohnungspolitik in der alten deutschen Frauenbewegung. Kassel

Warth, E. (1999): Hure Babylon vs. Heimat. Zur Großstadtrepräsentation im nationalsozialistischen Film. In: Schenk, I. (Hrsg.): Dschungel Großstadt. Marburg, S. 97-111

Weigel, S. (1990): Topographien der Geschlechter: Kulturgeschichtliche Studien zur Literatur. Reinbek

Susanne Lang

Zum Verhältnis von Raumkonzepten und Ethnizität – eine Annäherung an ein Modell sozialräumlicher Differenzierung

Die Migrationsforschung hat oft an entscheidenden Stellen einen Bezug zur Kategorie *Raum*, über die erst in jüngster Zeit explizit als theoretische Konzeption nachgedacht wird (vgl. Pott 2002, S. 70). Durch das Wiedererstarken sozialer Stadtpolitik in den 1990er Jahren wurde insbesondere für die alten Bundesländer Migration im Zusammenhang mit Stadtentwicklung zu einem zentralen Thema. Die Sozialwissenschaften gewannen mit diesem Trend ein neues Themenfeld, in dem ‚Raum' und Migration vordergründig verquickt sind.

Die Themen kreisen konkret um Fragen ‚ethnischer', ‚sozialer' oder aber ‚sozialräumlicher' Segregation, wobei die verschiedenen Aspekte mehr oder weniger klar definiert und differenziert behandelt werden.

Segregation wird in diesem Diskurs gefasst als die ungleiche Verteilung von Wohnstandorten verschiedener sozialer Gruppen im „städtischen Raum" (Häußermann/Siebel 2002, S. 31). Als problematisch werden Segregationstendenzen deshalb gewertet, da sich in ihnen sozialstrukturelle Ungleichheiten ‚verräumlichen': „Segregation ist die Projektion der Sozialstruktur auf den Raum. Soziale einander nahe Gruppen leben auch räumlich benachbart, Veränderungen der räumlichen Position einer Gruppe spiegeln ihren sozialen Auf- oder Abstieg" (ebd.). Mit Segregation ist also in der Stadt- und Regionalforschung meist eine *residentielle* oder *‚räumliche' Segregation* gemeint, die unter der beschriebenen Problemwahrnehmung soziale Ungleichheit fokussiert. Die residentielle Segregation oberer sozialer Schichten, das sich Abschotten in der „Zitadelle" (Hennig 2001), wird weit weniger thematisiert, da sie städtebaulich als nicht relevant erachtet und auch nicht weiter hinterfragt wird (vgl. Häußermann/Siebel 1991, S. 29). Der Blick richtet sich meist auf die ‚abgehängten Quartiere'. Die Titel der in jüngster Zeit veröffentlichten Literatur lauten demnach auch

„Die Krise der Städte“ (Heitmeyer/Dollase/Backes 1998), „Armut in der Stadt“ (Keller 1999) sowie „Das arme Berlin“ (Kapphan 2002). Noch weitere Titel dieser Art wären zu nennen. Die Problemperspektive beinhaltet die Furcht davor, dass sich soziale Disparitäten vor dem Hintergrund globaler Entwicklungen vertiefen und sich diese im Urbanen niederschlagen könnten. Es handelt sich hier um eine *erdräumlich-vertikale Differenzierungslogik*, da die ungleiche Verteilung von ökonomischem wie sozialem Kapital aus einer Perspektive des Territorialen wahrgenommen wird.[1]

Da Stadtentwicklung nicht ohne Zuwanderung vonstatten geht – Einwanderung ist bzw. war historisch schon immer ein Phänomen von Großstadtentwicklung – kommt in der Segregations- und Stadtforschung unweigerlich die Sprache auf das Thema Migration.[2]

Die Segregation von Migranten, die in der Literatur als „ethnische“ Segregation bezeichnet wird, ist nach Hartmut Häußermann und Walter Siebel ein „Ergebnis kumulativer, sich teilweise gegenseitig verstärkender, teilweise auch kompensierender Prozesse in der ökonomischen, der politischen, der kulturellen und sozialen Dimension“ (Häußermann/Siebel 2002, S. 32). Kommt das Thema Migration in den Blick, sind zwei Aspekte relevant: zum einen die verschärfte sozialstrukturelle Lage der Migrant(inn)en: Ihre Arbeitsmarktposition ist im Durchschnitt schwächer als die der Einheimischen. Bei ihrer residentiellen Segregation stellt sich zum anderen die Frage, wie wiederum ihre sozioökonomische Lage sowie ihre spezifischen sozialen Repräsentationsformen[3] bewertet werden.

---

1 Soziale Schichtung oder Klasse verstehe ich als gesellschaftlich hergestellte vertikale Differenz. Der Begriff der „Erdräumlichkeit“ (Werlen 1997, S. 366) soll auf eine Tendenz zur Regionalisierung sozialer Artefakte hinweisen.

2 „Großstädte entstehen und wachsen durch Zuwanderung. Zuwanderung ist konstitutiver Bestandteil von Stadtentwicklung. Ohne Zuwanderung gibt es nicht nur kein Bevölkerungswachstum, selbst Stabilität der Bevölkerung würde es in Großstädten ohne Zuwanderung nicht geben“ (Häußermann/Oswald 1997, S. 9).

3 Nach Serge Moscovici ist eine soziale Repräsentation als „ein System von Werten, Ideen und Handlungsweisen“ zu verstehen, das zwei Funktionen erfüllt. Erstens „eine Ordnung zu schaffen, die Individuen in die Lage versetzt, sich in ihrer materiellen und sozialen Welt zu orientieren und sie zu meistern“. Zum zweiten ermöglicht sie „Kommunikation unter den Mitgliedern“ einer sozialen Gruppe, indem sie diesen „einen Kode für sozialen Austausch und einen Kode zur Benennung und zur eindeutigen Klassifikation der verschiedenen Aspekte ihrer Welt und ihrer individuellen Geschichte und der ihrer Gruppe liefert“ (Moscovici 1973, S. XVII, zit. in Flick 1995, S. 14).

Im Folgenden sollen verschiedene segregationswissenschaftliche Zugänge vorgestellt und in ihren Argumentationsgängen rekonstruiert werden, wobei das Augenmerk auf nicht explizierte Setzungen im Zusammenhang mit „Ethnizität" und „Raum" gerichtet sein wird.[4]

1. Regionalisierung negativer Differenz – das Desintegrationstheorem

Der hier zu beschreibende Ansatz skandalisiert die Konzentration von zugewanderten Gruppen in verschiedenen städtischen Quartieren: „Für die Kommunen entwickelt sich das Bild eines wachsenden Migrationsstromes zu einem Horrorszenario, da sie zuwandernde Ausländer primär als Bewohner ‚sozialer Brennpunkte', ja sogar als deren eigentliche Verursacher sehen" (Krämer-Badoni 2002, S. 70). Es ist insbesondere der kommunale Diskurs[5], der im Hinblick auf spezifische städtische Entwicklungen und Milieuverschiebungen mit Skandalisierung reagiert und damit gleichsam die Wandlungen von ehemaligen Arbeiterquartieren in Migrationsorte problematisiert. So kann man in dem integrierten Handlungskonzept einer am Bund-Länder-Programm „Die Soziale Stadt"[6] teilnehmenden Kommune nachlesen, wie besorgt die städtische Obrigkeit auf den Zuzug von Migrantengruppen in einige Häuser der Innenstadt reagiert.

---

4 Kritische Anmerkungen zur Konstruktion von „Ethnizität" durch die Wissenschaften finden sich bei Dittrich/Radtke (1990). Einen Überblick über verschiedene „Raum"-Vorstellungen in Philosophie und Sozialwissenschaften leistet Martina Löw (2001). Benno Werlen (1997) hebt den Konstruktcharakter von „Raum" hervor.

5 Dem sozialen Konstruktivismus entlehnt verstehen Bukow/Yildiz unter dem Begriff ‚kommunaler Diskurs' eine den „kommunalen Alltag überwölbende allgemeine Vorstellung ..., die sich im Laufe der Zeit aus der Beobachtung und Beschreibung einer lokalen Situation herausbildet, und ihrerseits auch wieder auf die lokale Situation zurückwirkt" (Bukow/Yildiz 2001, S. 148). Inhaltlich drehe sich der kommunale Diskurs wie Bukow/Yildiz für das Quartier Köln/Mühlheim, Keupstraße feststellen, „stets um Arbeiterquartiere mit ihren besonderen Milieuzonen, bei denen häufig auch noch spezielle ... etwa ethnische bzw. religiöse Eigenheiten herausgekehrt werden" (ebd., S. 149). In der Regel handele es sich dabei um die Durchsetzung religiöser, baulicher, sozialer, moralischer bzw. um „Normalitäts- Standards", an denen sich „die kommunale Öffentlichkeit seit je her ihre bürgerlichen Ordnungsvorstellungen" (ebd.) abarbeite.

6 Informationen zum Programm lassen sich auf folgender Internet-Seite finden: http://www.sozialestadt.de

> „Das Erscheinungsbild der Innenstadt wird von einer über ein normales Maß hinausgehenden Population ausländischer Mitbürger jeglichen Alters geprägt. Dieses multinationale Phänomen tritt in einer für jedermann deutlich sichtbaren Weise in den Vordergrund. Schon dem weniger aufmerksamen Beobachter zeigt sich der überdurchschnittlich hohe Anteil der ausländischen Bürger der Innenstadt in einem gemischten Bild ihrer Kinder, der mediterranen Frauentrachten und den typischen umherwandernden Männergruppen".[7]

Die solcherart beschriebene Innenstadt wurde zum Migrationsort, da sich im Zuge des Strukturwandels der Arbeit immer mehr Menschen aus dem Kerngebiet der Stadt zurückzogen, das vorher ein durchmischtes Quartier von Arbeits- und Werksbesitzenden war. Durch die Zunahme der Arbeitslosigkeit zogen untere Schichten weg, durch den Kaufkraftverlust, bedingt durch die Konjunkturflaute, schlossen Geschäfte in der Innenstadt. Die zuwandernden Gruppen – sowohl türkische und italienische Migranten als auch Flüchtlinge – zogen in die leer gewordenen Häuser ein und gaben mit ihrer Nischenökonomie der Innenstadt ein neues Gesicht. Obwohl mittels der Wandlung zum Migrationsort die Innenstadt vor Verwaisung der Geschäfte und Leerstand von Wohnungen verschont blieb, wird die Entwicklung negativ beschrieben bzw. die Ursachen für den Wegzug der ehemaligen Bewohner/-innen werden umgedeutet.

Nicht der Strukturwandel und die Zunahme von Arbeitslosigkeit werden thematisiert. Die Ansiedlung von migranter Bevölkerung wird als aktiver Verdrängungsprozess – allein verursacht durch Zuwanderung – aufgefasst. Im Zusammenhang mit der Skandalisierung des Migrationsortes werden Konflikte heraufbeschworen, die sich aus der vermeintlichen Differenz der zugewanderten Bevölkerung ergeben. Vor diesem Hintergrund wird auch der neue Rassismus eingebunden und dessen Ursachen in der alleinigen Anwesenheit der Migrant(in-n)en erklärt und gleichsam entschuldigt.

> „Auch besonnenere, der Mittelschicht und dem Bildungsbürgertum angehörige Personen werden in großer Zahl von dem ausländerorientierten Erscheidungsbild der ... Innenstadt provoziert und zu verhaltenen, aber dennoch deutlichen Äußerungen der Fremdenfeindlichkeit verleitet."[8]

Es existieren Ansätze in der Migrationsforschung, die diese Form der Regionalisierung von negativer Differenz aufgreifen. Den entspre-

---

7 Bei diesem Zitat und auch bei den beiden folgenden handelt es sich um Passagen aus besagtem integrierten Handlungskonzept.

8 Entnommen aus dem bereits genannten Handlungskonzept.

chenden Problemdefinitionen wird dabei Evidenz bescheinigt. So thematisieren Wilhelm Heitmeyer, Rainer Dollase und Otto Backes räumliche Segregation in direktem Zusammenhang mit Ethnizität, bzw. mit ethnisch-kulturellen Konflikten, wenn sie die „Krise der Städte“ mit zunehmender residentieller Segregation von Zuwanderern in Verbindung bringen (Heitmeyer/Dollase/Backes 1998a, S. 10ff.). Auch für Jens S. Dangschat entstehen ethnisch-kulturelle Konflikte[9], „wenn Territorien unterschiedlicher Ethnien aneinanderstoßen respektive wenn Grenzen von Territorien missachtet werden“ (Dangschat 1998, S. 22).

Bei der wissenschaftlichen Regionalisierung negativer Differenz werden vermeintlich vorhandene ethnische Konflikte in den Raum projiziert. Soziale und politische Konflikte (soziale Ungleichheit, Migration, ökonomische Umbruchsituationen/Strukturwandel) werden nicht in ihren ursächlichen Zusammenhängen gesehen, sondern zunehmend ethnisiert[10] und damit den Minderheiten angelastet. Dabei ist die Konflikterklärung nicht empirisch begründet, sondern wird aus einem spezifischen theoretischen Modell abgeleitet, dem *Differenz-Desintegrationstheorem*, das im Endeffekt ein Modell negativer Modernisierung darstellt und „die Gefährdung der Integrationsfähigkeit der Gesellschaft“ (Bukow 1996, S. 29) beschwört. Dabei wird wesentlich *Differenz* zum Symbol für Desintegration (vgl. ebd.).

Es werden sozioökonomische Entwicklungen, die eine Ausdifferenzierung von Lebenswelten hervorbringen samt und sonders diskreditiert und als Werteprobleme umgedeutet, wobei die tatsächlichen strukturellen Verwerfungen und die damit einhergehenden Mängel institutioneller Integrationsleistungen (Schule, Ausbildung und Beruf)

---

9 Dangschat definiert ethnisch-kulturelle Konflikte im Hinblick auf kulturell-religiöse Verhaltensweisen, die einseitig diskriminiert würden (vgl. Dangschat 1998, S. 21). Heitmeyer u.a. erläutern nicht, was aus ihrer Sicht unter dem Begriff zu verstehen sei.

10 Ethnisierung ist nach Wolf-D. Bukow und Roberto Llaryora Ergebnis eines Prozesses, der als „Soziogenese ethnischer Minderheiten“ auf eine Minorisierung gesellschaftlicher Gruppen hinauslaufe und Ausgrenzung wie Isolierung legitimiere: Zu Beginn des Ethnisierungsprozesses würden die gewohnheitsmäßig gehandhabten Gemeinsamkeiten zwischen gesellschaftlichen Teilgruppen aufgekündigt, besondere Grenzen zwischen Mehrheit und Minderheit gezogen sowie spezifische Umgangsweisen gegenüber den abgegrenzten Gruppen entwickelt. Sodann käme es zu ethnisierenden Erklärungen, die die Ursachen für die Ausgrenzung und Isolierung umkehrten, indem sie den ethnisierten Gruppen selbst angelastet würden (vgl. Bukow/Llaryora 1993, S. 71).

unterzugehen drohen. Ethnisch-kulturelle Konflikte werden allerorts gesehen und damit einhergehend wird eine Tendenz zur Entstehung von Parallelgesellschaften aufgezeigt (Heitmeyer/Müller/Schröder 1997). Es wird eine politische Absicht hinsichtlich der sozialräumlichen Konzentration unterstellt (politisch-religiöser Extremismus bzw. Fundamentalismus).[11]

Die beobachteten *kulturellen Konflikte* sind selten substantiell interkulturelle bzw. ethnisch-kulturelle Konflikte. Meist erhalten sie erst durch kulturelle oder ethnische Zuschreibungen die „vermeintliche Qualität des interkulturellen Konfliktes“ (Halm 2001, S. 181).[12]

Auf der Folie des Differenz-Desintegrationstheorems sucht beispielsweise Heike Harnhörster (2001) in ihrer Untersuchung nach Konflikterfahrungen bei Migrantenjugendlichen in benachteiligten Stadtteilen, welchen sie bestimmte ethnisch-kulturelle Zugehörigkeiten unterstellt. Auf der Suche nach Abschottungs- und Rückzugstendenzen dieser Jugendlichen wird sie mit Aussagen der Interviewten konfrontiert, die ihrer Annahme diametral gegenüber stehen. Die Jugendlichen wollen sich nicht auf eine bestimmte Zugehörigkeit festlegen lassen, ihr Freundeskreis ist nicht wie die Autorin annimmt ‚ethnisch‘ einheitlich, sondern gemischt (vgl. Harnhörster 2001, S. 54). Trotz dieser eindeutigen Befunde rückt die Autorin nicht von ihrer Einschätzung ab, es gebe Abschottungstendenzen bei den von ihr befragten Jugendlichen.

Das Problem, dass Sozialwissenschaftler(innen) Zugehörigkeiten selbst konstruieren und dabei – wie am Beispiel gezeigt – ethnisierende Zuschreibungen vornehmen, liegt nach Clemens Dannenbeck u.a. daran, dass versucht wird, Ethnizität eindeutig zu bestimmen. Dies sei aber nicht möglich, da sich Ethnizität oder ethnische Differenz einer eindeutigen Bestimmung entziehe; es handele sich letztlich um Kategorien, die gleichsam „Ergebnis gewollter Verleihungs- und Normierungsleistungen“ (Dannenbeck/Eßer/Lösch 1999, S. 107) sind. In ihrer Untersuchung über eine multinationale Jugendclique in einem ‚abgehängten‘ Münchner Stadtteil stellten Dannenbeck u.a. fest, dass ethnische Zugehörigkeitskriterien bei den befragten Jugendlichen eher

---

11 Zur Kritik der Diskussion um die Entstehung von Parallelgesellschaften siehe Stefan Gaitanides: „Die Legende der Bildung von Parallelgesellschaften“ in iza, Heft 3/4,-2001, S. 16-25.

12 Kulturelle Konflikte sind vor diesem Hintergrund phänomenologisch zu fassen, der Begriff kann nicht als eine analytische Kategorie dienen.

zu vernachlässigen sind, Ethnizität aber sehr wohl in bestimmten Kontexten verständigungsrelevant wird, woran Professionelle – in der Untersuchung waren dies Betreuer eines Jugendtreffs – einen nicht unerheblichen Anteil hatten (vgl. Dannenbeck/Lösch 2001, S. 68ff.). Beim Zugang zur Jugendeinrichtung wurde ethnische Zugehörigkeit durch die Betreuer unbewusst betont, womit es zur Herstellung territorialer Privilegien auf der Grundlage ethnischer Differenz kam.

2. Territorialisierung positiver Differenz – das Integrationstheorem

Walter Siebel und Hartmut Häußermann (Häußermann/Siebel 2002; Siebel 2001) vertreten eine Doppelstrategie in der Segregationsdiskussion. Sie geben Empfehlungen an die Adresse der Stadtplaner und -politiker, sozioökonomische Segregation zu verhindern, ethnisch-kulturelle Segregation jedoch zuzulassen. Erstere sehen sie bedingt durch eine Konzentration armer und sozial depravierter Haushalte in Quartieren, in denen zudem wenig städtebaulich investiert wird. Hier sehen sie eine Abwärtspirale am Werke, an deren Ende das ‚abgehängte Quartier' bzw. der ‚soziale Brennpunkt' steht. Solche Szenarien seien durch eine soziale Stadtpolitik zu verhindern. Bei freiwilliger ethnisch-kultureller Segregation heben sie die funktionalen Aspekte der Einwanderer-‚Kolonie' hervor, insbesondere auch ihre sozioökonomischen und politischen Vorteile: Zuwanderer seien besonders auf informelle Hilfen angewiesen, informelle Netze funktionierten am besten auf der Basis sozialer Homogenität. Die räumliche Nähe von Menschen in der gleichen Lebenssituation erhöhe ihre Organisationsfähigkeit und damit ihre politischen Durchsetzungsmöglichkeiten. Einwandererquartiere fungierten als ‚Brückenköpfe', „wo Zuwanderer Informationen, Hilfen, soziale und psychische Stabilisierung erfahren können" (Siebel 2001, S. 31).

Die funktionale Bestimmung von Einwandererquartieren ist hier mit Vorstellungen einer zeitlich befristeten Duldung von Differenz verbunden, die jedoch bei der individuellen Förderung zur Integration abgetragen werden sollte. Ziel ist letztlich die Nivellierung von Differenzen: „Freiwillige Segregation sollte nicht behindert werden, der Übergang aus der Kolonie in die Mehrheitsgesellschaft aber mit allen Mittel gefördert werden. Gesucht werden muss eine Linie lokaler Politik, die sich auf dem schmalen Grad bewegt, der zwischen einer Förderung der Selbstorganisation (und damit der Kolonie) und der Förderung der individuellen Integration (und damit der Auflösung der Kolonie)" verläuft (Häußermann/Siebel 2002, S. 63).

Integration wird in diesem Zusammenhang letztlich als das individuelle Aufgehen in der Mehrheitsgesellschaft verstanden, bildlich vorgestellt als Auf- und Ausstieg aus dem ethnisch-kulturellen Käfig, in gesellschaftliche Räume, mit erweiterten Handlungsoptionen – im Sinne individueller Modernisierung. Damit wird implizit ein Modernitätsdefizit bei den Zugewanderten angenommen und ihnen wird unterstellt, dass sie sich nachholend entwickeln müssten. Wir haben es hier also mit Vorstellungen von Integration als einseitigem Prozess zu tun, wobei die Differenz als Ressource für die Eingliederung in die Mehrheitsgesellschaft dient, am Ende jedoch verschwinden soll. Da bei dieser Argumentationslinie die Frage nach der „Akzeptanz eines kulturellen Pluralismus der Staatsbürgernation" (Oberndörfer 2001, S. 12) – und nicht der völkischen Nation mit ihrer Vorstellung einer homogenen ‚nationalen' Kultur – kaum berührt wird, bleiben die Vorstellungen dessen, was eine „multikulturelle Stadt" (Häußermann/Siebel 2002, S. 63) ausmachen könnte, eher blass.

Vor dem Hintergrund der Frage, wer eigentlich in was hinein integriert werden soll, plädiert Armin Nassehi (1991) für eine Reflexion des Integrationsbegriffes. Für ihn ist die heutige Gesellschaft durch die Auflösung einer alles umfassenden Integration von Personen charakterisiert. Die Einzelnen seien nirgendwo mehr als Ganzes integriert, dafür gebe es schlichtweg keinen sozialen Ort mehr. Menschen seien nur partiell in gesellschaftliche Teilsyteme integriert, als Individuen aber exkludiert. Diese Ambivalenz bzw. Desintegration sei gewissermaßen die evolutionäre Voraussetzung für gesellschaftliche Differenzierung. Für Nassehi ist Individualität schlichtweg Exklusion (vgl. Nassehi 1991, S. 15ff.).

Auch die Tatsache, dass seit Anfang der 1960er Jahre bis Ende der 1990er Jahre in der Bundesrepublik Deutschland weniger als ein Drittel der zugewanderten Bevölkerung geblieben ist (vgl. Krämer-Badoni 2002, S. 79), bietet Anlass für die Dekonstruktion des Traums der wechselseitigen Integration in ein ganzes Einheitliches – ähnlich der Vorstellung des ‚melting pot', die in den Vereinigten Staaten lange als Leitbild favorisiert wurde. Andreas Pott (2002) zeigt für aufstiegsorientierte Migranten auf, dass gerade diejenigen, die erfolgreich die Bildungsinstitutionen durchlaufen, nicht auf andere, differente Orientierungsgrößen jenseits dessen, was ihnen die Aufnahmegesellschaft bietet, verzichten möchten. Gesellschaftliche Integration im Sinne des erfolgreichen Durchgangs durch die Bildungsinstitutionen zeitigt also nicht das Abschmelzen von Differenz, wie Hartmut Häußermann und Walter Siebel es annehmen.

3. Zur Verquickung von Ethnizität, kultureller Identität und Raum

Gründe für die in 1. und 2. dargestellten raumbezogenen Vorstellungen über „Ethnizität" sieht Andreas Pott in der quantitativen Vorgehensweise der migrationsspezifischen Segregationsforschung, die sich mit der Verteilung und Entwicklung sozialer Ungleichheiten beschäftigt. Die Evidenz zunehmender Segmentierungen im urbanen Kontext und die „Quantifizierbarkeit" lokaler Lebensbedingungen, führten dazu, „dass auch im Hinblick auf die Formung von Biographien, Identitäten und Handlungsmustern ‚Kontexteffekte' der jeweiligen Umwelt erwartet werden" (Pott 2002, S. 98). Aus methodologischen Gründen könne anhand einer „Analyse von Verteilungsstrukturen bevölkerungsspezifischer, sozialer und ökonomischer Merkmale in verschiedenen Erdraumausschnitten" jedoch nicht bestimmt werden, *wie* „Raum als Handlungs- und Kommunikationskategorie" (ebd.) in die Lebenspraxis von Menschen hineinreiche und diese strukturiere. Insbesondere die Fokussierung auf einen erdräumlich fixierbaren (Wohn-) Standort beinhaltet den Fallstrick *behälterräumlichen*[13] Denkens (vgl. ebd.).

Die *Diskursverstrickungen von Behälterraumvorstellungen und Identität* haben eine lange Tradition in der Migrationsforschung sowie auch – durch die Übernahme ihrer Paradigmen in der erziehungswissenschaftlichen Diskussion – in der Interkulturellen Pädagogik, da hier oftmals mit dem Begriff „kulturelle Identität" Zuschreibungen vorgenommen werden. Identitätstheorien haben konzeptionell nichts mit Vorstellungen über soziale Elemente gemein, die sich wie Spuren auf

13 Die Vorstellung des *Behälterraumes* zeichnet das Bild einer der materiellen Welt übergeordnete Realität, die empirisch evident sei. Diese Imagination geht auf Newton zurück, der von einem unendlichen, homogenen und von der Existenz körperlicher Gegenstände unabhängigen Behälterraum ausging, der wiederum „die Eigenschaften und Anordnungen der physisch-materiellen Dinge ... konstitutiert, worin sich die Vorstellung eines räumlichen Determinismus ausdrückt" (Pott 2002, S. 73).

einer sichtbaren Fläche in Form von Verteilungen einschreiben: Identitätskonzepte beziehen sich lediglich auf Personen und betonen deren Einzigartigkeit. Durch erdräumliche Bindungen, wenn Identitäten bestimmten Regionen zugeordnet werden, man denke nur an Begriffe wie „regionale Identität“ oder „Heimatgefühl“, kommt es zu Verstrikkungen mit dem *Behälterraum*-Diskurs (s. a. Benno Werlen in diesem Band). Insbesondere die Koppelung von Identität mit einem Kulturbegriff, der mit Vorstellungen von Kultur als eines „Kollektivsingulars“, der alle „Tätigkeiten eines Volkes, einer Gesellschaft oder einer Nation“ (Welsch 2001, S. 35) zu bestimmen beansprucht, knüpft an Raumkonzeptionen an, da hier von einer „Kugelverfassung“ von Kulturen („Kulturkreislehre“ nach Spengler und Toynbee)[14] ausgegangen wird, von Kulturen, die sich – wie Herder (1784) es formulierte – nur aneinander „stoßen“ könnten (vgl. ebd.).

Wenn sich die Migrationsforschung die Aufgabe stellt, „Gruppenidentitäten“, die „kulturelle Identität“ von bestimmten Einwanderergruppen zu analysieren, definiert sie vorgängig einen Raum, in dem sie Personen zu Gruppen aufgrund bestimmter Merkmale *sozialräumlich anordnet*. Für Andreas Pott sind vor diesem Hintergrund die Kategorien „Ethnizität“ und „kulturelle Identität“ mit *Behälterraum*-Vorstellungen in der traditionellen Migrationsforschung deckungsgleich (vgl. Pott 2002, S. 111). Wir haben es in diesem Zusammenhang also mit einer *erdräumlich-horizontalen Differenzierungslogik* zu tun, da hier kulturelle, nationale usw. Unterschiede zwischen den Menschen naturalisiert werden.

4. Sozialräumlichkeit als horizontale Differenzierungskategorie

Um der problematischen Verquickung von erdräumlich-vertikaler und erdräumlich-horizontaler Differenzlogiken, wie sie in den vorgestellten Beispielen erscheinen, zu entgehen, möchte ich vor dem Hintergrund der Relationalraum-Idee[15] ein Modell zur Erfassung von Diffe-

14 Ernst Bloch bezeichnet die Kulturkreislehre sinnigerweise als „Geographismus“ (Bloch 1963, S. 170f.) und kritisiert damit die Ausblendung geschichtlicher Veränderungen und eine Verinselung von Kulturen.

15 Es ist insbesondere die raumbezogene Sozialforschung, die sich um eine Herleitung der Bedeutung von Raumkonzeptionen bemüht und eine Vorstellung von ‚Raum‘ als „relationale (An)Ordnung“ (Löw 2001, S. 154) entwickelt hat. Die

renzen vorlegen, mit dem die Verräumlichungsproblematik aufgelöst werden kann. Die Begrifflichkeiten sozialstrukturelle und sozialräumliche Differenzlinie fasse ich dabei als verständigungs- und handlungsorientierte Kategorien und als gesellschaftlich hergestellte Konstruktionen, die je nach Kontext eine andere Bedeutung aus Perspektive der Betroffenen erhalten können und somit immer wieder neu rekonstruiert werden müssen.[16] Mit Armin Nassehi (2002) verstehe ich unter „Raum" eine kognitive Leistung, Unterschiede gleichzeitig zu erfahren. Raum ist in diesem Sinne letztlich durch spezifische Wahrnehmungsweisen und Ordnungspraktiken produziert und synchronisiert damit gleichsam Differenz (Nassehi 2002, S. 212). Und es sind die durch Kommunikation hergestellten räumlichen Unterschiede, die Differenzlinien bzw. Grenzen hervorbringen (vgl. ebd., S. 218).

Urbanität ist hier als dritte Kategorie abzuheben, sie soll nicht – wie es in der Stadtsoziologie selbstverständlich geschieht – als ‚soziale Einheit' gesehen werden (vgl. Krämer-Badoni 2002, S. 74). Mit Nassehi fasse ich Städte als Orte, „an denen unterschiedliche soziale Ereignisse gleichzeitig ‚sichtbar' werden und damit einen synchronen Raum aufspannen" (Nassehi 2002, S. 218), der als urbaner Raum aufscheint. Die Stadt ist somit nichts anderes als „*Lokalität auf gesellschaftlicher Basis*" (ebd., kursiv im Orginal), d.h. eine funktional differenzierte Einheit kommunikativer Ereignisse (vgl. ebd.).

Unabhängig von ihrer möglichen lokalen ‚Sichtbarkeit' markieren *sozialstrukturelle Differenzlinien* sozial relevante vertikale Unterschiede (vgl. Lutz/Wenning 2001, S. 17). Sie sind stark mit sozialer Ungleichheit und Unterdrückung verwoben (s. u., linke Tabellenspalte) und treten als Strukturprinzipien wie ‚Geschlecht' und ‚Klasse' den Einzelnen als Quasi-Naturen entgegen und können nur in langwierigen gesellschaftlichen Prozessen verändert werden, da sie tief ins Körperhandeln eingebunden sind und darüber hinaus den gesellschaftlichen Umgang mit Körpern strukturieren (vgl. Löw 2001, S. 176). Trotz der

---

Relationalraumkonzeption basiert auf einem „entterritorialisierten Raumbegriff" (Löw 2002a, S. 11), Raum wird als relationale (An)Ordnung von Körpern und/oder sozialen Gütern aufgefasst, die „unaufhörlich in Bewegung sind, wodurch sich die (An)Ordnung selbst ständig verändert" (Löw 2001, S. 131). Somit ist beim relationalen Raumbegriff eine zeitliche Dimension impliziert, „d.h. Raum konstituiert sich auch in der Zeit" (ebd.).

16 Im Folgenden beziehe ich mich auf Überlegungen, die ich an anderer Stelle entwickelt habe (vgl. Lang 2005, S. 46ff).

determinierenden Kraft der sozialstrukturellen Differenzlinien ist eine totale Fixierung und gesellschaftliche Einschließung der Einzelnen nicht möglich. Da die im Habitus verankerten sozialstrukturellen Differenzlinien institutionell stark abgestützt sind, besitzen sie eine große repräsentative Kraft und können von gesellschaftlichen Teilgruppen nicht geleugnet werden. Die durch Arbeitsteilung hergestellte sozialstrukturelle Differenz ist leicht politisierbar, man denke nur an die Arbeitskämpfe und die medienwirksame Aufbereitung der damit einhergehenden Rituale.

Sozialstrukturelle Differenzlinien	Sozialräumliche Differenzlinien	
Besitz Geschlecht Klasse Nord-Süd/West-Ost	Besitz Geschlecht Klasse ‚Rasse'/Hautfarbe Sesshaftigkeit/Herkunft Gesundheit Alter Kultur Nord-Süd/Ost-West	Reich – arm Männlich – weiblich etabliert-nicht-etabliert schwarz-weiß autochthon- allochthon gesund-behindert jung-alt ‚zivilisiert'- ‚unzivilisiert' Zentrum-Peripherie
Vertikale Differenz	Horizontale Differenzierung und heterotope Platzierungen	
Starke Verwobenheit mit sozialer Ungleichheit und Unterdrückung	Können mit strukturellen Zwängen einhergehen, die Herrschaft und Unterdrückung produzieren	
Im Habitus verankerte gesellschaftliche Strukturprinzipien	Realisieren sich eher in Erinnerungsspuren, sind aber nicht oder kaum habitualisiert	
Die im Habitus verankerten sozialstrukturellen Differenzen haben große repräsentative Macht und können von Teilgruppen nicht geleugnet werden	Sozialräumlich orientierte Differenzen von Teilgruppen können im Unterschied zu den im Habitus verankerten sozialstrukturellen Differenzen eher missachtet und bekämpft werden. Es mangelt ihnen oft an repräsentativer Macht	

Bei den *sozialräumlichen Differenzlinien* (s.o., rechte Tabellenspalte) kommen horizontale Unterschiede zum Tragen, deren komplementäre Grundstruktur nicht nur durch Ungleichartigkeit, sondern auch durch Ungleichwertigkeit und Hierarchie gekennzeichnet ist (vgl. Lutz/Wenning 2001, S. 17). Die komplementäre Basis der sozialräumlichen Differenzlinien impliziert zudem Heterotopien, welche die besondere Eigenschaft besitzen, andere Platzierungen zu spiegeln. Mit anderen Platzierungen in Verbindung stehend, widersprechen sie jenen. Wie im Spiegel sieht man in der Heterotopie, wo man nicht ist und ist damit gleichsam auf den Platz verwiesen, den man tatsächlich einnimmt (vgl. Foucault 1991, S. 68). Ein Beispiel für eine heterotope Platzierung ist die komplementäre Vorstellung von Männlichkeit und Weiblichkeit bei den europäischen Aufklärern, wie z.B. bei Rousseau (1987, S. 385ff.), der mit der binären Gegenüberstellung von Natur (Betonung der Nähe zur Natur bei der Frau) und Kultur (Betonung des Kulturschaffens beim Mann) horizontale Differenz unter Betonung von Gleichheit (Emanzipation) konstruiert.

Die sozialräumlichen Differenzlinien können mit strukturellen Zwängen einhergehen, die Herrschaft und Unterdrückung (re-)produzieren. Hier ist jedoch der Abbau von Ungleichheit leichter und mittelbarer realisierbar[17] als bei den sozialstrukturellen Differenzlinien. Im Gegensatz zu jenen, sind sie wenig habitualisiert und verwirklichen sich eher in Erinnerungsspuren[18], welche sich als „Niederschläge von Lebenspraxis, die (von ‚außen‘ oder ‚innen‘ in Gang gesetzt) das Verhalten der Menschen in einer vorgegebenen Welt in konkret ausgeführten „Formeln“ festhalten“ (Lorenzer 1983, S. 99), realisieren.

Auf der Seite sozialräumlicher Differenzlinien weist das Konzept polyphoner und hybrider Kulturen (s.u., linke Tabellenspalte) über ontologisierende Zuschreibungen oder auch über die Idee der Multikulturalität (s.u., rechte Tabellenspalte) hinaus, „in der die jeweils andere Kultur immer noch ein Objekt des Wissens und abschließenden Verstehens ist“ (Bronfen u.a. 1997, S. 12).

Hybridität	Multikulturalismus
Innere Differenz	Kulturelle Differenz
Kultur durchzieht das Innere und Äußere gleichermaßen	Äußerlich abgrenzbare Kulturen
Positionierung (soziale Repräsentation)	Kulturelle Identität

Wird Differenz als interne Differenz begriffen, wie Homi Bhabha (1997) dies vorschlägt, die jeder Selbstdefinition, der Positionierung oder auch der sozialen Repräsentation innewohnt (Verstehen setzt an

17 Man denke nur an den kulturellen Wandel, den die 68er-Bewegung erreichte, auch wenn sie sozialstrukturell weit weniger bewegte.

18 Der Terminus ‚Erinnerungsspur’ ist nicht synonym zu setzen mit Begriffen wie ‚Vorstellung‘ oder ‚Orientierung‘, bei ihm ist insbesondere das interaktive Moment betont. Nach Alfred Lorenzer sind Erinnerungsspuren denn auch geronnene Interaktionsformeln, Situationsrepräsentanten bzw. Spuren abgelaufener Interaktionen und Entwürfe zukünftigen Interagierens oder aber szenische Modelle. Zusammengenommene Erinnerungsspuren sind nicht als isolierte Sachabbildungen (oder Sachvorstellungen) aufzufassen, sondern als Momente komplexer situativer Szenarien. Für Lorenzer sind Erinnerungsspuren Abdrücke realer Welterfahrungen (vgl. Lorenzer 1983, S. 100).

der Differenz von Information und Mitteilung an)[19], und wird Kultur „als *Ort des Widerstreits zwischen Repräsentationen* von Welt, Subjekt, Geschichte usw. verstanden, dann können politische und/oder kollektive Subjekte nicht mehr als vorgefundene Gegebenheiten verstanden werden" (vgl. Bronfen/Marius/Steffen 1999, S. 11). Schließlich heißt dies, nicht nach einheitlichen zuordenbaren Subjekten – denen man eine bestimmte Zugehörigkeit (‚kulturelle Identität') unterstellt – Ausschau zu halten, sondern sich auf die Selbstverortungen oder Positionierungen der Einzelnen einzulassen, d.h. sich konkret mit den biographischen Entwürfen von Jugendlichen auseinander zu setzen.

5. Jugend im urbanen Kontext – zum Stellenwert sozialräumlicher Differenzierung

Im eingangs erwähnten operationellen Programm zur sozialen Stadtentwicklung findet sich auch folgender Passus, der auf eine spezifische Wahrnehmung – im Hinblick auf die Konstruktion sozialräumlicher Differenz – von allochthonen Jugendlichen hindeutet.

> „Besonders die als gesellschaftliche Randgruppe in Erscheinung tretenden ausländischen Jugendlichen tragen mit ihrer augenfälligen Hip-Hopper- und Raver-Bekleidung dazu bei, dem Straßenbild der Innenstadt gelegentlich einen geradezu exotischen Charakter zu verleihen. Bei diesen Jugendlichen wirkt es besonders grotesk, da sie die Bekleidung und Haartracht bis ins Detail von den deutschen Vorbildern kopieren und diese dabei oft übertreffen."[20]

Hier wird nicht eine ‚sichtbare' Differenz (‚ethnische Zugehörigkeit') identifiziert, im Gegenteil, die *Unsichtbarkeit von vermeintlicher Differenz* und die *vermeintliche Sichtbarkeit von Indifferenz* (Überangepasstheit) wird beklagt. Die allochthonen Jugendlichen kopierten das deutsche Vorbild der *Hip-Hop-Peers* und der *Raver* in einer solchen Perfektion, dass sie das ‚Orginal' – die deutschen Jugendlichen – überträfen. Die offiziellen Akteure der Stadtentwicklung problematisieren also eine spezifische Integration der allochthonen Jugendlichen, deren Sichtbarkeit sie nicht trauen. Unter der Oberfläche wird eine versteckte Differenz vermutet, die mit List zum Verschwinden gebracht wurde. Didier La-

---

19 Bhabha (1997a) nimmt an, dass jeder (kulturellen) Äußerung eine implizite Spaltung ihres sprechenden Subjektes in ein Subjekt des Aussagens (de l' énociation) und ein ausgesagtes Subjekt (de l' énociation) innewohnt.

20 Auszug aus dem bereits genannten Integrierten Handlungskonzept.

peyronnie und François Dubet sprechen bei diesem Phänomen von einem ‚Rassismus der Assimilation' (Dubet/Lapeyronnie 1994, S. 137ff.). Die Integrationsleistung der Allochthonen wird übergangen und gerät letztlich zum Vorwurf, da sie dem Wunsch nach Unterscheidung nicht gerecht werden wollen. Es sind hier die Autochthonen, die an Orientierungsmaßstäben bestimmbarer Differenzen festhalten wollen und somit heterotope Platzierungen vornehmen.

ZEICHNUNG: GERHARD MESTER

Wie in der Karikatur[21] dargestellt, wird die *Hybridität, die Vermischung globaler Jugendkultur* übersehen und an Vorstellungen von Einheit (die ‚deutsche' Gesellschaft als homogene Wertegemeinschaft) festgehalten. Die Akteure der Stadterneuerung markieren die von der amerikanischen Hip-Hop-Jugendkultur beeinflussten hiesigen Rezipienten mit dem Label ‚deutsch', womit auch die Vermischungen autochthoner Orientierungsweisen geleugnet werden.

21 Die Karikatur ist dem Band „Können Sie sich ausweisen? Karikaturen zu 10 Jahren Pro Asyl. Karikaturen von Gerhard Mester u.a.", hrsg. von Pro Asyl, – 3. Auflage –, Karlsruhe: von Loeper Literaturverlag 1997, S. 96 entnommen. © Gerhard Mester, Wiesbaden.

Die deutsch-türkischen Jugendlichen sind in der zweiten und dritten Generation auf ein Leben in der Bundesrepublik ausgerichtet, orientieren sich an globalen jugendkulturellen Trends unter Betonung partikularer Erfahrungen vor dem Hintergrund von Diskriminierung, Migration und ihres spezifischen Interesses an Hip-Hop Musik, die teilweise auch einen arabesken Touch hat. Für die Akteure der sozialen Stadterneuerungspolitik der beschriebenen Stadt stellt sich im Zusammenhang mit der Einwanderungssituation die Frage, wie die Vielfalt der Bewohner/-innen im Alltag anerkannt und in den institutionellen Handlungen repräsentiert werden kann, ohne dass homogenisierende und einheits-beschwörende Zugehörigkeiten über die Köpfe der Betroffenen hinweg definiert werden.

Literatur

Bhabha, H. K. (1997): Die Frage der Identität. In: Bronfen, E./Marius, B./Steffen, T. (Hrsg.): Hybride Kulturen. Beiträge zur anglo-amerikanischen Multikulturalismusdebatte. Tübingen, S. 97-122

Bhabha, H. K. (1997a): Verortungen der Kultur. In: Bronfen, E./Marius, B./Steffen, T. (Hrsg.): Hybride Kulturen. Beiträge zur anglo-amerikanischen Multikulturalismusdebatte. Tübingen, S. 123-148

Bronfen, E./Marius, B./Steffen, T. (Hrsg.) (1997): Hybride Kulturen. Beiträge zur anglo-amerikanischen Multikulturalismusdebatte. Tübingen

Bloch, E. (1963): Tübinger Einleitung in die Philosophie I. Frankfurt a.M.

Bukow, W.-D./Llaryora, R. (1993): Mitbürger aus der Fremde. Soziogenese ethnischer Minderheiten. 2. aktualisierte Aufl. Opladen

Bukow, W.-D. (1996): Differenz im soziologischen Kontext, in: Schriftenreihe der Forschungstelle für interkulturelle Studien 1. S. 28-42

Bukow, W.-D./Yildiz, E. (2001): Der Wandel von Quartieren in der metropolitanen Gesellschaft am Beispiel der Keupstraße in Köln oder: Eine verkannte Entwicklung, in: Karpe, H./Ottersbach, M./Yildiz, E. (Hrsg.): Urbane Quartiere zwischen Zerfall und Erneuerung. Werkstattberichte der Forschungsstelle für interkulturelle Studien (FiSt) Köln, S. 145-182

Dangschat, J., S. (1998): Warum ziehen sich Gegensätze nicht an? Zu einer Mehrebenen-Theorie ethnischer und rassistischer Konflikte um den städtischen Raum. In: Heitmeyer, W./Dollase, R./Backes, O. (Hrsg.): Die Krise der Städte. Frankfurt a.M., S. 21-96

Dannenbeck, C./Eßer, F./Lösch, H. (1999): Herkunft erzählt. Befunde über Zugehörigkeiten Jugendlicher. Münster/New York/München/Berlin

Dannenbeck, Clemens/Lösch, Hans (2001): Reflexionen urbanen Zusammenlebens. Jugendliche in einem Münchner Stadtteil. In: Bukow, W.-D./Nikodem, C./Schulze, E./Yildiz, E. (Hrsg.): Auf dem Weg zur Stadtgesellschaft. Die multikulturelle Stadt zwischen globaler Erneuerung und Restauration. Opladen, S. 59-72

Dittrich, E. J./Radtke, F. O. (Hrsg.) (1990): Ethnizität. Wissenschaft und Minderheiten. Opladen

Dubet, F./Lapeyronnie, D. (1994): ‚Im Aus der Vorstädte'. Stuttgart

Flick, U. (1995): Soziale Repräsentationen in Wissen und Sprache als Zugänge zur Psychologie des Sozialen. In ders. (Hrsg.) Psychologie des Sozialen. Repräsentationen in Wissen und Sprache. Reinbek, S. 7-20

Foucault, M. (1991): Andere Räume. In: Wentz, M. (Hrsg.): Stadt-Räume. Die Zukunft des Städtischen. Frankfurter Beiträge, Bd. 2. Frankfurt a.M./New York, S. 65-72

Halm, D. (2001): Multikultureller Alltag in der Stadt? Integration junger Migrantinnen und Migranten – Das Modellprojekt ‚Interkulturelles Konfliktmanagement' – Struktur interkulturellen Kontakts und Elemente eines Leitfadens zur Konfliktlösung. In: Verein für Kommunalwissenschaften e.V. (Hrsg.): Auf dem Weg zur solidarischen Stadt – Kooperation von Stadtentwicklung und Jugendhilfe. Dokumentation der Fachtagung des Vereins für Kommunalwissenschaften e.V. in Kooperation mit dem deutschen Institut für Urbanistik (Difu) und der Registelle E & C bei der Stiftung SPI. Berlin

Harnhörster, H. (2001): „Eene, meene, Muh, und raus bist du?!" Lebenswelten türkischer Jugendlicher in benachteiligten Stadtteilen. In: iza, Zeitschrift für Migration und Soziale Arbeit, Heft 3/4, S. 50-57

Häußermann, H./Oswald, I. (1997): Zuwanderung und Stadtentwicklung. In: dies. (Hrsg): Zuwanderung und Stadtentwicklung. Opladen, S. 9-29

Häußermann, H./Siebel, W. (1991): Bausteine zu einem Szenario der Entwicklung von Berlin. In: Senatsverwaltung für Stadtentwicklung und Umweltschutz (Hrsg.): Metropole Berlin: Mehr als Markt! Berlin, S. 23-58

Häußermann, H./Siebel, W. (2002): Die Mühen der Differenzierung. In: Löw, M. (Hrsg.): Differenzierung des Städtischen. Reihe Stadt, Raum und Gesellschaft, Band 15. Opladen, S. 29-67

Heitmeyer, W./Müller, J./Schröder, H. (1997): Verlockender Fundamentalismus. Frankfurt a.M.

Heitmeyer, W./Dollase, R./Backes, O. (Hrsg.) (1998): Die Krise der Städte. Frankfurt a.M.

Heitmeyer, W./Dollase, R./Backes, O. (1998a): Einleitung: Die städtische Dimension ethnischer und kultureller Konflikte. In dies. (Hrsg.): Die Krise der Städte. Frankfurt a.M., S. 9-20

Hennig, E. (2001): Einmauern. Die Zitadellengesellschaft und ihre „Gated Communities". In: Schader-Stiftung (Hrsg.): wohn:wandel. Szenerien, Prognosen, Optionen zur Zukunft des Wohnens. Darmstadt, S. 294-301

Herder, J. G. (1965, Erstauflage 1784): Ideen zur Philosophie der Geschichte der Menschheit. 2 Bde. Berlin/Weimar

Kapphan, A. (2002): Das arme Berlin. Sozialräumliche Polarisierung, Armutskonzentration und Ausgrenzung in den 90er Jahren. Opladen

Keller, C. (1999): Armut in der Stadt. Zur Segregation benachteiligter Gruppen in Deutschland. Opladen/Wiesbaden

Krämer-Badoni, Th. (2002): Urbanität, Migration und gesellschaftliche Integration. In: Löw, M. (Hrsg.): Differenzierung des Städtischen. Reihe Stadt, Raum und Gesellschaft, Band 15. Opladen, S. 69-86

Lang, S. (2005): Die ‚illegitimen Anderen'. Befunde über Selbst- und Fremdwahrnehmungen Jugendlicher. Schwalbach/Ts.

Lorenzer, A. (1983): Sprache, Lebenspraxis und szenisches Verstehen in der psychoanalytischen Therapie. In: Psyche. Zeitschrift für Psychoanalyse und ihre Anwendung, Nr. 2, 7. Jg. S. 96-115

Löw, M. (2001): Raumsoziologie. Frankfurt a.M.

Löw, M. (2002): Differenzierung des Städtischen. Reihe Stadt, Raum und Gesellschaft, Band 15. Opladen

Löw, M. (2002a): Die Stadt: Eine Verdichtung funktionaler Differenzierung, eine räumlich differenzierte Einheit oder ein geschlechtlich differenzierter Raum? In: dies. (Hrsg.): Differenzierung des Städtischen. Reihe Stadt, Raum und Gesellschaft, Band 15. Opladen, S. 9-26

Lutz, H./Wenning, N. (2001): Differenzen über Differenz – Einführung in die Debatten. In: dies. (Hrsg.): Unterschiedlich verschieden. Differenz in der Erziehungswissenschaft. Opladen, S. 11-24

Nassehi, A. (1999): Inklusion, Exklusion – Integration, Desintegration. Die Theorie funktionaler Differenzierung und die Desintegrationsthese. In ders.: Differenzierungsfolgen. Beiträge zur Soziologie der Moderene. Opladen/Wiesbaden, S. 105-131

Nassehi, A. (2002): Dichte Räume. Städte als Synchronisations- und Inklusionsmaschinen. In: Löw, M. (Hrsg.): Differenzierung des Städtischen. Reihe Stadt, Raum und Gesellschaft, Band 15. Opladen,S. 211-232

Oberndörfer, D. (2001): Was ist eigentlich ein integrierter Deutscher? Zur Debatte über die ‚Leitkultur', die Gewährung von Asyl und Zuwanderung sowie die Integration von Ausländern. In: iza, Heft 1, S. 10-13

Pott, A. (2002): Ethnizität und Raum im Aufstiegsprozess. Eine Untersuchung zum Bildungsaufstieg in der zweiten türkischen Migrantengeneration. Opladen

Rousseau, J.-J. (1987): Emil oder Über die Erziehung. Vollständige Ausgabe in neuer deutscher Fassung von Ludwig Schmidts. 8. unveränderte Aufl. Paderborn/München/Wien/Zürich

Siebel, W. (2001): Segregation und Integration. Voraussetzungen für die Integration von Zuwanderern. In: Schader-Stiftung (Hrsg.): wohn:wandel. Szenerien, Prognosen, Optionen zur Zukunft des Wohnens. Darmstadt, S. 228-242

Welsch, W. (2001): Transkulturalität – Zur veränderten Verfasstheit heutiger Kulturen. In: Informations- und Dokumentationszentrum für Antirassismusarbeit e.V. (IDA) (Hrsg.): StadtTräume. Zwischen Albtraum und Utopie. Düsseldorf, S. 35-38

Werlen, B. (1997): Sozialgeographie alltäglicher Regionalisierungen. Band 2. Globalisierung, Region und Regionalisierung. Stuttgart

Stephan Sting

Geselligkeitsformen, soziale Bildung und sozialer Raum

Angesichts wachsender Kritik an den etablierten Formen institutionalisierter Bildung, die durch ihre Zentrierung auf schulische Wissensvermittlung sozial selektive Einflüsse außerschulischer Bildungsfaktoren nicht revidieren können, ist es notwendig geworden, wieder an umfassendere Vorstellungen von Bildung anzuknüpfen, die die gesamte Person in ihren sozialräumlichen Bezügen betrachten. Jenseits institutioneller Verankerungen beschreibt Bildung einen Entwicklungs- und Qualifizierungsprozess, der der informellen sozialen Praxis entspringt. Ich möchte diese Perspektive auf Bildung im Unterschied zum etablierten, an institutionalisierte Bildungsprozesse gebundenen Bildungsverständnis als *soziale Bildung* bezeichnen (vgl. Sting 2002).

Die Relevanz sozialer Bildung hat die PISA-Studie auf eindringliche Weise deutlich gemacht, indem sie die Abhängigkeit des schulischen Kompetenzerwerbs von der kulturellen Praxis in den Familien und in den jugendlichen Peergroups zum Vorschein gebracht hat (vgl. Deutsches PISA-Konsortium 2001, S. 458ff. und 504f.). In sozialpädagogischen Kontexten verdeutlicht die ausufernde Diskussion zur *Prävention,* dass die Beschäftigung mit einer an informelle Praktiken gebundenen sozialen Bildung sinnvoll und notwendig ist. In der Prävention sozial unerwünschter Erscheinungen und Verhaltensweisen wird eine Antwort auf soziale Desorientierungen, Verunsicherungen und Bedrohungsgefühle gesucht (zu einer ausführlichen Kritik am Präventionsbegriff vgl. Freund/Lindner 2001). Während Prävention Alltagsfragen wie den Umgang mit Rauschsubstanzen, den Mediengebrauch, Gewalt oder Sexualität unter dem negativen Akzent der Verhinderung und der Grenzziehung thematisiert, soll die Perspektive sozialer Bildung eine positive, gestaltende Auseinandersetzung mit derartigen Fragen des sozialen Zusammenlebens anregen. Dabei ist das Anknüpfen an bereits etablierte soziale Praxisformen eine unumgängliche Voraussetzung.

Die Sozialforschung hat gezeigt, dass informelle soziale Praktiken von sozialstrukturellen Bedingungen und sozialen Differenzierungen abhängen. Sie sind sozial verortbar und damit an unterschiedliche *soziale Räume* gebunden. Die Relation eines sozialen Raums zu übergreifenden sozialen Einheiten lässt sich durch eine Reihe von Merkmalen wie Lebenslage, Lebenswelt oder Milieu, Status und Infrastruktur charakterisieren, die alle die soziale Praxis des jeweiligen sozialen Raums beeinflussen. Für die Perspektive sozialer Bildung erscheint mir wichtig, dass soziale Räume mit ihren jeweiligen Merkmalen zugleich spezifische *Geselligkeitskontexte* stiften, die gruppengebundene soziale Interaktionsformen hervorbringen. Soziale Räume sind damit keine leeren Container, sondern sozialstrukturell und interaktiv konstituierte Kontexte. Die in sozialen Räumen vorfindlichen, sozial differenzierten Geselligkeitsformationen eröffnen wiederum unterschiedliche Chancen für die Initiierung von Bildungsprozessen. Ich möchte im Folgenden versuchen, diesen Zusammenhang in thesenhafter Form plausibel zu machen.

These 1: Soziale Räume sind immer zugleich sozial konstituierte Interaktionsräume, die Zugänge eröffnen und verschließen und die divergierende Geselligkeitskontexte hervorbringen.

Den enormen Grad an Regulierung, der einen sozialen Raum bestimmt, hat Goffman schon vor ca. 30 Jahren in seinen Interaktionsanalysen herausgearbeitet. Schon damals erschien der Bereich der informellen sozialen Praxis bzw. des „öffentlichen Lebens“ als ein wissenschaftlich vernachlässigtes Feld, das durch zunehmende Desorganisation, Unsicherheit und Rücksichtslosigkeit gekennzeichnet zu sein scheint. „Die Beunruhigung über die Erscheinungen des öffentlichen Lebens hat unsere Fähigkeit, Licht in diese Dinge zu bringen, längst weit übertroffen“ (Goffman 1974, S. 10). Seine „Interaktionsethologie“ brachte ein komplexes Feld subtiler sozialer Regeln und Ordnungen zum Vorschein, das überhaupt erst Gemeinsamkeit durch die Ermöglichung von Versammlung, Übereinkunft oder Normen erzeugenden Koalitionen stiftet. Soziale Räume sind demnach durch eine spezifische „Etikette“ geprägt, deren Einhaltung Bedingung für Zugang und Teilhabe ist. Zentrale Elemente sind dabei interpersonelle Rituale, die Goffman als Opfer und Dankbarkeitsbeweise, als „kleine

Pietäten" beschreibt (Goffman 1974, S. 98ff.). Den Beginn einer geselligen Interaktion markieren z.B. „Begrüßungen". Begrüßungen lassen sich in zahlreichen Facetten auffinden. Es sind Erkennungs- und Zugänglichkeitsrituale, die Interaktionsprozesse in sozialen Räumen regulieren und Rangordnungen bzw. Verhältnisse der Personen untereinander zum Ausdruck bringen.

Interessant ist nun, dass Erkennungs- und Zugänglichkeitsrituale in neuartigen sozialen Räumen, die durch keine tradierte Geselligkeitsform geprägt sind, eine große Rolle spielen. So zeigt eine Untersuchung von Ronny Winde zu den Kommunikationsformen im „Internet Relay Chat" (IRC), dass die Interaktion in dem von ihm untersuchten Chat zu fast 20% aus Begrüßungen besteht. Drei unterscheidbare Typen von Begrüßungen (allgemeine, an eine bestimmte Person gerichtete oder emotionale Begrüßungen) markieren einen unterschiedlichen Grad an Zugehörigkeit (vgl. Winde 2001). Der auf den ersten Blick globale, weltweit offenstehende Chatroom wird mittels interaktiver Praktiken zum begrenzten Sozialraum einer relativ festen Gruppe, die die Teilhabe durch eine spezifische Formierung von Geselligkeit reguliert. Die an den Begrüßungen sichtbare Geselligkeitsformierung eröffnet und verschließt Zugänge – bis hin zum völligen Ignorieren von unerwünschten Teilnehmern. Selbstverständlich ist der IRC ein sehr spezifischer, rein virtueller Sozialraum, dem die meisten Merkmale realer Sozialräume fehlen und der daher in besonderer Weise auf eine interaktive Konstituierung und Aufrechterhaltung angewiesen ist. Dennoch kann dieser Extremfall meiner Meinung nach recht gut die Relevanz der Geselligkeitsdimension in sozialräumlichen Kontexten verdeutlichen.

These 2: Zentrale Motive der sozialen Gestaltung auf der Mikroebene sind die Suche nach Gemeinsamkeit („Sozialintegration") und die Hervorbringung gemeinsamer, geselliger Praktiken.

In der Berliner Ritualstudie haben wir über Goffmann hinaus die Bedeutung von Ritualen für die Gemeinschaftsbildung untersucht (vgl. Wulf u.a. 2001). Rituale oder gruppengebundene Ritualisierungen scheinen als wesentliche Elemente der sozialen Praxis eine Ordnung des Verhaltens, eine gemeinsame Formung des Handelns und Tuns hervorzubringen, die strukturelle und soziale Differenzen nicht aufhebt, sondern in Macht, Status und unterschiedliche Grade der sozialen Anerkennung transformiert. Dies geschieht mithilfe von rituellen

Sequenzen, die sich vom Fluss des Alltagshandelns abheben und verdichtete Momente von Gemeinschaftlichkeit herstellen. Der Grad der Formalisierung und Intentionalität ist dabei sehr unterschiedlich. Er reicht von sorgfältig inszenierten Zeremonien bis zu kurzen, kaum merklichen Handlungsabläufen in informellen Gruppeninteraktionen. Erst ein derart geformter, interaktiv konstituierter Geselligkeitskontext erlaubt die Errichtung von kollektiven Normen und Werten sowie die Verfestigung von differierenden Voraussetzungen in sozialen Hierarchien.

In dem Teil der Ritualstudie, den ich gemeinsam mit Constanze Bausch durchgeführt habe, ging es um den Stellenwert von medienbezogenen Ritualisierungsprozessen in der Interaktion von Kinder-Peergroups. An der Schnittstelle von Kindheit und Jugend, in der Altersgruppe der 10- bis 13-Jährigen, spielen Medien eine zentrale Rolle für die Gruppenbildung. Erste soziokulturelle Verselbständigungstendenzen führen dazu, dass die Kinder in diesem Alter beginnen, eigene soziale Räume von der Familie und den Erwachsenen abzugrenzen (vgl. Barthelmes/Sander 1997, S. 75ff.). Zur Formierung der Geselligkeit innerhalb dieser Räume greifen sie wiederum auf Material von außerhalb, auf mediale Modelle und Stilbildungen zurück. Das Medienangebot wird aber nicht einfach imitiert, sondern für eigene Zwecke umgestaltet und in mehr oder weniger kreativen „Re-Inszenierungen" wiederholt. Innerhalb der Gruppen-Interaktion entstehen so kleine „kulturelle Performances" (Geertz 1998), rituelle Medieninszenierungen, die für einen begrenzten Moment gemeinsames Handeln verdichten und über die Situation hinausweisend Geschmack und Stil, Werte und Normen, Zugehörigkeit und Status für die Gruppe aufführen und feststellen.

So führte beispielsweise eine Gruppe von sechs Kindern – drei Jungen und drei Mädchen – spontan das Lied von Guildo Horn „Piep, piep, piep, wir haben uns alle lieb" auf. Ein Junge stimmte den Song an, die anderen zogen nach und schwangen sich mit ihm in ein gemeinsames Singen und eine gemeinsame rhythmische Bewegung ein. Die Gruppe erkannte sich gegenseitig in ihrem Interesse an dem gemeinsamen Musikstück. Es entstand also ein Feld der Zugehörigkeit mit einer Sphäre gemeinsamen Tuns. Zugleich kam eine klare Hierarchie zum Vorschein: Einer der Jungen war tonangebend. Nach ca. der Hälfte des Liedes variierten die drei Jungen den Text in einer selbstgestalteten Weise. Dies zeichnete sie als Kern des Gruppengeschehens aus. Eines der Mädchen versuchte, durch zeitlich verzögertes, aber um so lauteres Hinterhersingen des ihr unbekannten Textes ihre Orientierung an der Jungenclique auszudrücken. Die beiden anderen Mädchen blieben randständig. Sie wiegten sich schweigend im Rhythmus und verbündeten sich durch Gesten untereinander – in Distanz zum Rest der Gruppe.

Diese aus anderen Handlungsvollzügen herausgehobene rituelle Szene erlaubt eine rituelle Rahmung, innerhalb der sich gemeinschaftliches und individuelles Tun amalgamiert. Es entsteht eine verdichtete Sphäre der Geselligkeit, die eine Übereinstimmung im Handeln und die Artikulation einer sozialen Struktur hervorbringt. Während in dieser Szene die Gemeinschaftsorientierung im Vordergrund steht, akzentuieren andere rituelle Medieninszenierungen eher den normativen Konsens einer Gruppe und die damit einhergehende Ausgrenzung und Viktimisierung des Abweichenden. In allen Fällen ist deutlich geworden, dass die medienbezogenen Ritualisierungsprozesse eine präreflexive Einübung in „angemessenes Handeln" beinhalten (Jennings 1998, S. 164f.), dass sie auf die Erzeugung einer subtilen „Passung" der geselligen Praxis zielen, die aus einem sozialen Raum einen strukturierten Geselligkeitskontext macht.

Ein anderes Beispiel für gruppenbezogene Ritualisierungsprozesse sind „Rauschrituale". Im Unterschied zu den medienbezogenen Ritualisierungsprozessen haben Rauschrituale einen mehr intentionalen und zeremoniellen Charakter. Sie können als Anlass, Begleitung oder Gestaltungselement einer geselligen Zusammenkunft dienen. Bei ihrer Untersuchung der Trinkgebräuche in einem österreichischen Dorf im „Wiener Becken" arbeitete die amerikanische Anthropologin Mary Anna Thornton ein hochgradig differenziertes Ensemble von Trinkritualen heraus. Der Gebrauch unterschiedlicher alkoholischer Getränke beinhaltet ein detailliertes praktisches Wissen, das sich auf die Art des Getränks, den sozialen Ort und die Zusammensetzung der Trinkgruppe bezieht. Dabei zeichnet sich eine Polarität zwischen eher kalendarischen „Sektereignissen" und eher spontanen „Schnapsereignissen" ab (vgl. Thornton 1987).

In jugendlichen Peergroups zeichnen sich sehr heterogene Rauschrituale ab, die soziale Räume als ein komplexes Feld kollektiver Praktiken und Erfahrungen abgrenzen. Mit der Erweiterung der verfügbaren Substanzen durch illegale Drogen differenziert sich das Spektrum der Rauschrituale weiter aus. Neben den Alkoholgebrauch treten drogenbezogene Subkulturen und Gegenkulturen, die alle einen hohen Grad an Ritualisierung aufweisen. Dies zeigen Untersuchungen unter

Cannabiskonsumenten, in der Partyszene und in der Gruppe der Heroinkonsumenten (vgl. Kleiber/Soellner 1998; Schneider/Stöver 2000; Schroers 2001). Die jeweiligen Rauschrituale sind hinsichtlich des Risikogehalts ambivalent: Sie sind mehr oder weniger sozial verträglich. Sie bringen gruppenbezogene Selbstregulierungen hervor, die Zwänge zum Mitmachen und Grenzen des Akzeptablen sowie verschieden ausgestaltete Spielräume zwischen kollektiver Praxis und individuellen Handlungsoptionen enthalten. Bezogen auf den je spezifischen sozialen Raum sind sie sozialintegrativ, indem sie einen unterscheidbaren, im gemeinsamen Handeln sichtbaren Geselligkeitskontext hervorbringen.

These 3: In Abhängigkeit von den jeweiligen sozialen Voraussetzungen liefern die Geselligkeitsformen sozial differenzierte Ansatzpunkte für eine soziale Bildung.

Im Anschluss an das klassische Bildungsdenken kann Bildung als ein vom Individuum initiierter Prozess der Selbst- und Persönlichkeitsbildung beschrieben werden, bei dem es um die Herstellung einer „Subjekt-Welt-Relation" geht (vgl. Tenorth 1997, S. 973ff.). Bildung verknüpft Selbstentwicklung und Sozialintegration. Sie zielt auf eine Differenzbearbeitung, die die Kohärenz des Selbst und die Kohärenz der Subjekt-Welt-Erfahrung zur Aufgabe hat. Die Einbindung in gruppenbezogene Geselligkeitskontexte ist an der Erfüllung dieser Aufgabe unhintergehbar beteiligt. Sie kann die Kohärenzerfahrung des Einzelsubjekts verstärken, hebt aber die Differenz zwischen Subjekt und Sozialem nicht auf. Zugleich orientiert sich Bildung an einem Integrationshorizont, der die Begrenztheit gruppengebundener sozialer Räume überschreitet. Sie enthält eine darüber hinausweisende Entwicklungs- und Qualifizierungsperspektive. Deshalb wurde in zahlreichen Bildungskonzepten der universelle, sozialraumübergreifende und allgemeine normative Anspruch von Bildung hervorgehoben (vgl. z.B. v. Hentig 1996; Mack 1999).

Eine soziale Bildung, die sich mit der geselligen Praxis auseinander setzt, kann demgegenüber nicht auf einem allgemein verbindlichen Ansatz oder universellen Prinzipien aufbauen. Sie muss den Vorrang der informellen sozialen Praxis bei der Initiierung und Gestaltung von Bildungsprozessen anerkennen und soziale Räume als unterschiedliche „Bildungsmilieus" mit einem je spezifischen „Bildungssinn" betrachten (vgl. Müller 1998, S. 260ff.). Sie ist damit nicht universell, sondern bestenfalls universalisierend – eine Distanzierungsbewegung, die von gegebenen sozialen Voraussetzungen ausgeht.

Die bildungswirksame Differenzbearbeitung steht nun je nach sozialer Konstellation unter einer besonderen Spannung, die von Böhnisch als Bewältigungsdruck des sozialen Handelns beschrieben worden ist. Die Bewältigungsperspektive konfrontiert die heterogenen sozialen Voraussetzungen mit impliziten anthropologischen Voraussetzungen: mit einer Theorie der sozialen Bedürftigkeit des Subjekts, das auf den Erwerb von Selbstwert und sozialer Anerkennung zielt und das wie im Bildungsdenken nach der Erfahrung von Kohärenz bzw. biographischer Integrität und Sozialintegration strebt. Die Chancen für die Einlösung der sozialen Bedürftigkeit sind je nach sozialer Situation und sozialem Raum unterschiedlich verteilt. Die Bewältigungsdimension verweist auf ein „Umgehen" mit den sozialen Strukturen und Voraussetzungen des Handelns, das den Entwicklungs- und Bildungsprozess beeinflusst (vgl. Böhnisch 1997, S. 25ff.). Als Antwort auf sozialen Druck, soziale Belastungen und Restriktionen führt Bewältigung zu unterschiedlichen Formen der Selbstbehauptung und zu der Aufrechterhaltung psychosozialer Handlungsfähigkeit, die als Grundlage für die Herausbildung geselliger Praktiken dienen und die unterschiedliche Bildungsoptionen und -perspektiven öffnen.

In Abhängigkeit vom sozialen Status lassen sich verschiedene Formen von Bewältigung erkennen. Mack z.B. unterscheidet drei Modi der Bewältigung (Entwicklung, Krise, Risiko), die sich wiederum unterschiedlichen Strategien der Selbstbehauptung und Praktiken der Gesellung zuordnen lassen (nach Wexler Kommunikation, Image, expressive Selbstdarstellung in der Clique) und die von den Gestaltungschancen des jeweiligen sozialräumlichen Milieus (etablierte, sozial benachteiligte und abgekoppelte Milieus) abhängen (vgl. Mack 1999, S. 275; Wexler 1994, S. 298ff.; Dangschat 2000, S. 166f.). Die sozialräumlich verortbaren Bewältigungsformen machen deutlich, dass sich Bildung nur sozial differenziert begreifen lässt. Die vielfach thematisierte horizontale Pluralisierung von Bildungsoptionen ist daher von einer vertikalen Schichtung der Bildungshorizonte durchkreuzt. In die Bildungspraxis fließen jeweils beide Differenzierungslinien ein und sie verknüpfen sich über die „soziale Bedürftigkeit" der sich bildenden Subjekte zu heterogenen Bildungsräumen mit je unterschiedlichen Gesellungsformen.

These 4: Zur Initiierung von Bildungsprozessen kann die bestehende soziale Praxis mit Kriterien konfrontiert werden, die die Handlungsoptionen und Integrationschancen von Geselligkeitskontexten erhöhen.

Wie schon angedeutet, geht Bildung nicht in Bewältigung auf, sondern sie beschreibt eine darüber hinausgehende Entwicklungs- und Qualifizierungsperspektive, die Fähigkeiten zur Distanzierung und Selbstreflexion zur Voraussetzung hat. Sie erfordert das, was Bourdieu in einem umfassenden Sinn als Grundidee der „Schule" bezeichnet: „skolè" (Muße), d.h. freie Zeit, einen Abstand zur umgebenden Welt, eine Befreiung aus Notwendigkeiten und Verpflichtungen, die die „scholastische Sicht" des reflektierend-abwägenden Sich-Einlassens auf Neues und Unbekanntes ermöglicht (Bourdieu 1998, S. 203ff.). Erst Muße macht Geselligkeitskontexte zu Bildungsräumen, die den eigenen Lebenshorizont überschreiten lassen. Zugleich ist Muße ein soziales Privileg; sie ist abhängig von der sozialen Position und beinhaltet Freiheit vom unmittelbaren Druck der Lebensbewältigung. Daraus ergibt sich die grundlegende Frage, wie gerade in psychosozial belastenden Situationen und in benachteiligten sozialen Räumen wenigstens partielle und punktuelle Freisetzungen aus dem Bewältigungsdruck zu erreichen sind, um überhaupt Rahmenbedingungen für Bildungsprozesse zu schaffen.

Geselligkeitsbezogene Bildungsprozesse stehen demnach unter einem doppelten Vorbehalt: Zum einen sind sie mit heterogenen Bewältigungsanforderungen vermengt, zum anderen enthalten sie sozial ungleiche Chancen der reflexiven Selbstdistanzierung. Bei Berücksichtigung dieses doppelten Vorbehalts macht es meiner Ansicht nach Sinn, an die bisher einzige Bildungskonzeption für die gesellige Praxis anzuknüpfen, an Schleiermachers „Versuch einer Theorie des geselligen Betragens" von 1798/99, um daraus Kriterien für die Initiierung von geselligkeitsgebundenen Bildungsprozessen abzuleiten (Schleiermacher 2000). Schleiermachers Theorie entsteht zu Beginn der modernen bürgerlichen Gesellschaft, in einer Zeit, in der gesellschaftliche Pluralisierungstendenzen und der Bruch zwischen Subjekt und Sozialem erfahrbar werden. Demgegenüber spielen Fragen der sozialen Schichtung und der sozial unterschiedlichen Motivation bzw. Chance zur Bildung in der Bildungsreflexion noch eine untergeordnete Rolle.

Bei der Auseinandersetzung mit den Geselligkeitsformen seiner Zeit markiert Schleiermacher eine dreifache Differenz, die Anlass für

Bildungsbemühungen gibt: In einer Situation gesellschaftlicher Pluralität hat das einzelne Subjekt an verschiedenen Gemeinschaften teil. Es erlebt die soziale Wirklichkeit als „disharmonisch“ und „widersprüchlich“, was zuerst eine innerindividuelle Differenzbearbeitung notwendig macht. Eine zweite Differenz wird im Prozess der Gemeinschaftsbildung erkennbar. Schleiermacher betont, dass das Zusammensein mehrerer Personen in einem Raum noch keine Gemeinschaft ausmacht. Erst die „Tätigkeit jedes Einzelnen“ – also die soziale Interaktion – belebt den sozialen Raum. Aus den differierenden Stilen, Interessen und Bedürfnissen der Individuen emergiert eine Gemeinschaft mit eigenem „Umriß“ und eigenem „Profil“, die einer interindividuellen Differenzbearbeitung entspringt (Schleiermacher 2000, S. 18ff.).

Die Beschränktheit und Zwanghaftigkeit der Geselligkeitskontexte führt zu einer dritten Differenz: Der Differenz zwischen Subjekt und Gemeinschaft. Da die Sphären der Individuen voneinander abweichen, kann die allen gemeinsame Sphäre nicht das Ganze der beteiligten Subjekte umfassen. Aus der Bearbeitung der Differenz zwischen Subjekt und Gemeinschaft ergeben sich Bildungsanforderungen für die Herausbildung einer interaktiven geselligen Praxis, die auch gegenwärtig noch Anregungen für eine bildungswirksame soziale Gestaltung auf der Mikroebene beinhalten:

1. Die gesellige Praxis errichtet nicht von selbst integrative Formen der Gemeinschaft, sondern sie bedarf dazu eines Bildungshorizonts, der Resultat eines Aushandlungsprozesses ist. Schleiermacher beschrieb diesen Horizont im Idealbild des harmonischen freien Spiels der Kräfte und der möglichst mannigfaltigen Wechselbeziehungen.
2. Basis der Etablierung einer gemeinschaftlichen Sphäre ist die Interaktion der konkret Beteiligten, die sich von einem kleinsten gemeinsamen Nenner aus tentativ an eine möglichst weitgehende Entfaltung der Einzelsubjekte und an die Integration der differierenden Positionen annähern kann.
3. Die Erhaltung der Bildungswirkung von Gemeinschaften erfordert eine Offenheit, die nach innen „aufs Ungewisse hingeworfene“ Andeutungen erlaubt (Schleiermacher 2000, S. 32) und die nach außen eine Überschreitung beschränkter, selbstbezüglicher Gemeinschaften hin zum öffentlichen Raum ermöglicht (vgl. Winkler 2000, S. LXXIV).

Eine derartige Bildungsperspektive akzeptiert, dass sich die gesellige Praxis in heterogenen Subgruppierungen vollzieht, die vielfältigen sozialen Differenzierungsprozessen unterliegen und unterschiedliche sozialräumliche Voraussetzungen haben. Während Schleiermacher noch an der idealistischen Hoffnung eines harmonischen Ausgleichs und einer Aufhebung der Differenzen als pädagogischer Zielperspektive festhielt (vgl. Sting 1998), muss Bildung heute die pluralen Voraussetzungen einer sozialstrukturell und soziokulturell differenzierten Gesellschaft zum Ausgangspunkt nehmen. Sie schließt sich an die jeweiligen Bewältigungsformen und sozialen Gestaltungen an und versucht, die integrativen Horizonte von Öffentlichkeit und Subjektivität über den Sozialraum und die punktuellen Selbstbehauptungsbemühungen hinaus offen zu halten.

Literatur

Barthelmes, J./Sander, E. (1997): Medien in Familie und Peer-group. München

Böhnisch, L. (1997): Sozialpädagogik der Lebensalter. Weinheim/München

Bourdieu, P. (1998): Praktische Vernunft. Zur Theorie des Handelns. Frankfurt a.M.

Dangschat, J. S. (2000): Armut und eingeschränkte Gesundheit von Kindern und Jugendlichen in ihrem Stadtteilbezug. In: Altgeld, Th./Hofrichter, P. (Hrsg.): Reiches Land – kranke Kinder? Gesundheitliche Folgen von Armut bei Kindern und Jugendlichen. Frankfurt a.M., S. 155-177

Deutsches PISA-Konsortium (Hrsg.) (2001): PISA 2000. Opladen

Freund, Th./Lindner, W. (Hrsg.) (2001): Prävention. Zur kritischen Bewertung von Präventionsansätzen in der Jugendarbeit. Opladen, S. 69-96

Geertz, C. (1998): „Deep play" – Ritual als kulturelle Performance. In: Belliger, A./Krieger, D. J. (Hrsg.): Ritualtheorien. Opladen/Wiesbaden, S. 99-118

Goffman, E. (1974): Das Individuum im öffentlichen Austausch. Frankfurt a.M.

Hentig, H. v. (1996): Bildung. Weinheim

Jennings, Th. W. (1998): Rituelles Wissen. In: Belliger, A./Krieger, D. J. (Hrsg.): Ritualtheorien. Opladen/Wiesbaden, S. 157-172

Kleiber, D./Soellner, R. (1998): Cannabiskonsum: Entwicklungstendenzen, Konsummuster und Risiken. Weinheim/München

Mack, W. (1999): Bildung und Bewältigung. Vorarbeiten zu einer Pädagogik der Jugendschule. Weinheim/München

Müller, H. R. (1998): Ästhesiologie der Bildung. Bildungstheoretische Rückblicke auf die Anthropologie der Sinne im 18. Jahrhundert. Würzburg

Schleiermacher, F. D. E. (2000): Versuch einer Theorie des geselligen Betragens (Erstauflage 1798/1799). In: Schleiermacher, F. D. E.: Texte zur Pädagogik. Frankfurt a.M., S. 15-35

Schneider, W./Stöver, H. (2000): Das Konzept „Gesundheitsförderung". Betroffenenkompetenz nutzen – Drogenberatung entwickeln. In: Heudtlass, J.-H./Stöver, H. (Hrsg.): Risiko mindern beim Drogengebrauch. Frankfurt a.M., S. 19-37

Schroers, A. (2001): Paradigms lost? Konsumentenaufklärung im Partykontext. In: Prävention 24. Jg., Heft 4, S. 105-107

Sting, S. (1998): Einigung und Differenz. Zum Verhältnis von Subjekt und Sozialem im Bildungsdenken von Schleiermacher. In: Zeitschrift für Pädagogik 44. Jg., Heft 2, S. 295-308

Sting, S. (1999): Suchtprävention als Bildungsaufgabe. Perspektiven für die außerschulische Jugendarbeit. In: neue praxis 29. Jg., Heft 5, S. 490-499

Sting, S. (2002): Zwischen dumm und klug. Perspektiven sozialer Bildung in der Wissensgesellschaft. In: neue praxis 32. Jg., Heft 3, S. 231-241

Tenorth, H.-E. (1997): „Bildung" – Thematisierungsformen und Bedeutung in der Erziehungswissenschaft. In: Zeitschrift für Pädagogik 43. Jg., Heft 6, S. 969-984

Thornton, M. A. (1987): Sekt versus Schnapps in an Austrian village. In: Douglas, M. (Hrsg.): Constructive drinking. Cambridge, S. 102-112

Wexler, P. (1994): Schichtspezifisches Selbst und soziale Interaktion in der Schule. In: Sünker, H./Timmermann, D./Kolbe, F.-U. (Hrsg.): Bildung, Gesellschaft, soziale Ungleichheit. Frankfurt a.M., S. 287-305

Winde, R. (2001): Zugänglichkeitsrituale im Internet Relay Chat. Untersuchung zum Stellenwert von Begrüßungen/Verabschiedungen und anderen Zugänglichkeitsmarkierungen in der computervermittelten Kommunikation. Unveröffentlichte Diplomarbeit, TU Dresden

Winkler, M. (2000): Einleitung. In: Schleiermacher, F. D. E.: Texte zur Pädagogik, Bd. 1., Frankfurt a.M., S. VII–LXXXIV

Wulf, Ch./Althans, B./Audehm, K./Bausch, C./Göhlich, M./Sting, S./Tervooren, A./Wagner-Willi, M./Zirfas, J. (2001): Das Soziale als Ritual. Zur performativen Bildung von Gemeinschaften. Opladen

Hartmut Brocke

Soziale Arbeit als Koproduktion

Die Intention und Zielsetzung der Programmplattform „E & C" verweist auf die besondere Notwendigkeit einer Koproduktion in der Sozialen Arbeit, die an die Akteure der Kinder- und Jugendhilfe besondere Anforderungen stellt: zum einen die Orientierung auf soziale Gestaltungs- und Partizipationsprozesse für die Erlangung von Zukunftskompetenzen für die Zielgruppe der Kinder- und Jugendhilfe und zum anderen eine grundsätzliche Ausrichtung auf Modernisierungsgrundsätze öffentlichen Handelns sowie auf die dazu notwendige – aber revisionsbedürftige – Netzwerk- und Programmarbeit im lokalen, nationalen und europäischen Zusammenhang.

1. Einführung und Zuordnung – Programmplattform „Entwicklung und Chancen junger Menschen in sozialen Brennpunkten" („E & C")

Das Partnerprogramm „Entwicklung und Chancen junger Menschen in sozialen Brennpunkten" („E & C") des Bundesministeriums für Familie, Senioren, Frauen und Jugend (BMFSFJ 1999, 2001, 2002) ist im Sinne einer ressortübergreifenden Bündelung der Ressourcen und Aktivitäten in jenen Stadtteilen angesiedelt, die im Rahmen des Bund-/Länderprogramms „Die Soziale Stadt – Stadtteile mit besonderem Entwicklungsbedarf" des Bundesministeriums für Verkehr, Bau- und Wohnungswesen (BMVBW) (Krautzberger/Richter 2002) von den Ländern in Abstimmung mit den Gebietskörperschaften ermittelt wurden. Im Gegensatz und in Abgrenzung zu den städtebaulichen Investitionsprogrammen ist das Programm „E & C" als nationale Programmplattform kein Förderprogramm im klassischen Sinne, sondern der Versuch, den Akteuren auf den unterschiedlichen Ebenen Bund, Land, Kommunen und Stadtteil die Möglichkeiten eines Erfahrungsaustauschs und fachlichen Diskurses anzubieten.

Im Zentrum der vom Bundesministerium für Familie, Senioren, Frauen und Jugend initiierten Programmplattform „E & C“ stehen benachteiligte Kinder und Jugendliche in sozialen Brennpunkten und strukturschwachen ländlichen Regionen. „E & C“ fügt deshalb den städtischen Quartieren des Programms „Die Soziale Stadt“ als einen besonderen Programmschwerpunkt „strukturschwache ländliche Gebiete“ hinzu.

Ziel des Programms „E & C“ ist es zum einen, über die im Rahmen des Kinder- und Jugendplans des Bundes geförderte Infrastruktur der Kinder- und Jugendhilfe

- Ressourcen und Maßnahmen für diese Sozialräume zu mobilisieren,
- die Arbeit im Rahmen der Kinder- und Jugendhilfe in diesen Sozialräumen qualifizieren und weiterentwickeln zu helfen
- sowie den Blick in der Kinder- und Jugendhilfe stärker als bisher auf die Probleme und Schwierigkeiten junger Menschen in diesen Sozialräumen zu richten.

Zum anderen sollen neue Maßnahmen entwickelt und erprobt werden, die zur Förderung der sozialen, beruflichen und gesellschaftlichen Integration junger Menschen aus diesen Sozialräumen beitragen.

Die Bekämpfung von sozialer Ausgrenzung, der Erwerb von Zukunftskompetenzen für Kinder und Jugendliche, die Stärkung von Eigenverantwortung und sozialem Engagement sind, so die Überzeugung des Programms, nicht in den einzelnen Hilfesystemen allein zu realisieren, sondern nur durch die Mobilisierung von Querschnittskompetenzen der Ämter und Träger wie des demokratischen Gemeinwesens sowie durch die Stärkung der Handlungskompetenzen aller Akteure vor Ort im Stadtteil.

Vor diesem Hintergrund betont das „E & C“-Programm das Prinzip der sozialräumlichen Vernetzung. So strebt die Programmplattform „E & C“ weniger die schlichte Übertragung bewährter Arbeitsformen auf soziale Brennpunkte an, sondern zielt auf die Berücksichtigung der sozialräumlichen Rahmenbedingungen der Adressatinnen und Adressaten und ihren Umgang damit, die Einbeziehung und die Kooperation mit den vorhandenen bzw. in der Entwicklung befindlichen Institutionen und Einrichtungen sowie die Entwicklung eines auf die jeweiligen Probleme und Bedarfslagen bezogenen Unterstützungsangebotes.

Die Sozialraumorientierung wird dabei übersetzt als die Gestaltung von Strukturen und Beziehungen in der Lebenswelt der Kinder und Jugendlichen und ihrer Eltern, die Aktivierung von materiellen und sozialen Ressourcen, der Aufbau von Netzwerken, die Quartiersarbeit und die Gemeinwesenarbeit. Daraus resultierende Arbeitsschwerpunkte sind:

- soziale und ethnische Integration;
- öffentlicher Raum und Sicherheit;
- Wohnen und Wohnumfeld;
- soziale Infrastruktur, Schule, Kinder, Jugendliche und Familienförderung;
- Arbeitsmarktpolitik und Wirtschaftsförderung;
- besondere soziale Lebenslagen, Gesundheitsförderung;
- neue Steuerungsinstrumente und Ressourceneinsatz.

Die Beteiligung als Teil einer Demokratisierung meint die Gestaltung der materiellen und sozialen Teilhabe der Adressatinnen und Adressaten durch Teilhabe in der Quartierspolitik, in der Gestaltung sozialer Angebote, in der Umsetzung von individuellen Rechtsansprüchen, Hilfeplanung im weitesten Sinne.

Daraus ergeben sich neue Anforderungen an die „Dienstleistungsarbeit" der professionellen Akteure im Feld. Hierzu gehört insbesondere die Realisierung von Bedürfnissen und Bedarfen der Nutzer/-innen, d.h. Nachfrageorientierung, Ergebnisüberprüfung, Beteiligung der Nutzerinnen und Nutzer, Koproduktion mit Schule, Sozialamt, Arbeitsamt, Polizei, Stadtplanungsamt, Gesundheitsamt (Stiftung SPI 2002b).

Um in diesem Spannungsfeld handlungsfähig zu bleiben, schlagen beide Programme integrierte Handlungskonzepte im Sinne von lokalen Aktions- und Sozialplänen vor. Sie haben deshalb eine herausgehobene strategische und qualitätssichernde Bedeutung und setzen eine intensive Auseinandersetzung wie ein abgestimmtes methodisches Vorgehen voraus. Sie verlangen insbesondere

- eine differenzierte Problembeschreibung (Wer hat welche Probleme mit dem Gebiet?);
- die Entwicklung von strategischen Entwicklungszielen (Leitzielen);
- die Umsetzung dieser strategischen in operative Ziele;

- die Ermittlung der betroffenen Ämter/Ressorts;
- die Auflistung der bestehenden Fördermöglichkeiten der Städte und Gemeinden, des Landes und des Bundes;
- die Feststellung, wie bestehende Fördermöglichkeiten für die Stadtteilentwicklung neu ausgerichtet werden können;
- die Feststellung von zusätzlichen Bedarfen;
- die Feststellung, welche Akteure für welche Aufgabe zur Verfügung stehen, wer was macht.

2. Zum Begriff der Koproduktion in der Sozialen Arbeit und der Programmplattform „E & C"

Die Stiftung SPI hat im Jahre 2000 (Stiftung SPI 2000) ihr Angebot zur Übernahme der Regiestelle der Programmplattform „Entwicklung und Chancen junger Menschen in sozialen Brennpunkten" („E & C") unter die Überschrift „Soziale Arbeit als Koproduktion" gestellt. Die Kinder- und Jugendhilfe wurde dort als Akteur einer Gemeinschaftsanstrengung sozialer und wirtschaftlicher Infrastrukturpolitik und das zweigliedrige Jugendamt zum Akteur für soziale Gestaltungs- und Partizipationsprozesse in einem definierten Sozialraum der Gebietskörperschaft gekennzeichnet. Der Auftrag der Kinder- und Jugendhilfe wurde so beschrieben, dass sie die Bedingungen des Aufwachsens für Kinder, Jugendliche, junge Erwachsene und deren Eltern, ihre Zukunftsperspektiven, Handlungs- und Gestaltungsoptionen im Sinne von Zukunftskompetenzen in diese Bund-Land-Gemeinschaftsinitiative offensiv einbringt, damit sie im sozialen Erneuerungsprozess Berücksichtigung finden.

Dabei sollen keine zusätzlichen neuen Strukturen auf kommunaler Ebene implementiert werden, sondern es soll mit den bestehenden öffentlichen und privaten Trägern sowie den gesellschaftlichen Gruppen zu einer neuen koproduktiven Praxis kommen. Die lokalen Akteure gehen ein Bündnis ein und setzen dieses Bündnis unter gemeinsam entwickelten Leit- bzw. Oberzielen ein. Die unterschiedlichen materiell-rechtlichen Regelungsinhalte der jeweiligen Leistungsgesetze (SGB III, SGB VIII, BSHG, Schulgesetze), ihre Vorrangigkeits- bzw. Nachrangigkeitsregelungen und die Vielzahl der Leistungsträger komplizieren eine integrierte Entwicklungsstrategie erheblich. Alle Gesetzeswerke haben unterschiedliche Regelungsdichten und Kontrollmechanismen zu ihren Fördermaßnahmen/Angeboten. Zum Teil sind diese Angebote zentral geregelt, detailliert in Maßnahmetypen gegliedert, die nur für bestimmte Zielgruppen durchgeführt werden dürfen und sich nicht immer an dem lokalen Bedarf orientieren.

Diese Vielfalt und unterschiedliche Ausrichtung der Zuständigkeitsbereiche erschwert eine mittel- und langfristige strategische Planung auf kommunaler Ebene und erfordert einen „Paradigmenwechsel" bei den jeweiligen Ämtern und Institutionen. Auf kommunaler Ebene vereinbaren die politischen Vertreter und die Vertreter der Ämter (Sozialamt, Jugendamt, Stadtplanungsamt, Gesundheitsamt, Arbeitsamt, Schulamt) ein gemeinsames strategisches Vorgehen sowie die Beteiligung und Bildung eines lokalen Beschäftigungs- und Ausbildungsbündnisses. Zur ämterübergreifenden Zusammenarbeit wird eine kommunale Steuerungsrunde eingesetzt. Auf der lokalen Ebene wird mit den lokalen Akteuren unter Einbeziehung der Ämtervertreter auf Stadtteilebene ein lokales Bündnis initiiert.

Der reklamierte Paradigmenwechsel kann deswegen wie folgt beschrieben werden:

> „Da im Dienstleistungsparadigma die Interaktion zwischen Produzent und Konsument im Mittelpunkt steht und folglich die Dienstleistung als ein Koproduktionsprozess zu begreifen ist, in dem nicht nur der Klient/Konsument aktiviert werden muss, sondern in gleichem Maße formelle und informelle Netzwerkstrukturen im Wohnumfeld, Stadtteil oder Quartier, ist Soziale Arbeit als Dienstleistung keineswegs ausschließlich einzelfallorientiert; die Sozialraumorientierung ist wesentlicher Bestandteil der Dienstleistung. Damit sind im Kern drei Einzelfallorientierung sprengende Zielsetzungen verbunden:
>
> – soziale Hilfen und soziale Dienste müssen noch stärker präventiv und ursachenbezogen sein;
> – das Bedürfnisgefüge sozialer Problemlagen hat neben individuellen Aspekten immer auch die spezifischen Lebensbedingungen als Grundlage, die kommunal gesehen als Faktor des sozialen Raums beschrieben werden können und
> – soziale Hilfen sind als flexible, möglichst lebensweltnahe Angebote zu organisieren" (Holtkamp/Bogumil 2001).

2.1 Bedeutung des Sozialraums

Städte und Gemeinden sind Teil der gesellschaftlichen Transformationsprozesse. Der Ökonomisierungsdruck auf staatliches und kommunales Gemeinwohlhandeln hat Auswirkungen auf die soziale Schichtung der Städte, der Stadtteile und der Landkreise.

Der Prozess der räumlichen Segregation versinnbildlicht die gesellschaftlichen Desintegrationsprozesse. Diese sozialen Konflikte einer

Gesellschaft, die in erfolgreiche Mitglieder und chancenlose Absteiger differenziert, konzentrieren spezifische Benachteiligungslagen, die die Bewohner von Gebieten mit besonderem Erneuerungsbedarf/sozialen Brennpunkten in besonderer Weise treffen und ihre Lebenssituation/Lebenslage, wie ihr Alltagshandeln prägen. Die Probleme erscheinen lokalisiert, ihre Problemlösungen ebenfalls.

Die Fixierung auf das lokale Milieu gibt insbesondere den Kindern und Jugendlichen Orientierung und soziale Identität. Die Segregationsfolgen in der Bevölkerungsschichtung dieser Quartiere verdichten diese Erfahrungen durch die relative Homogenität der versammelten Lebenslagen und der kulturellen Milieus ihrer Bewohner. Negative Integration, die Entwicklung von abweichenden Techniken, die Einbindung in illegale lokale Ökonomien, der Anschluss an Cliquen, Banden (die sich Respekt zu verschaffen wissen), die Gewöhnung an Gewalt zur Lösung von Konflikten können unter dem Gesichtpunkt der Persönlichkeitsentwicklung, besser der Persönlichkeitsbildung, auch als Bildungskatastrophe verstanden werden.

Diese lokalen gebietsspezifischen Benachteiligungs- und sozialen Ausgrenzungslagen wirken sich auf die ökonomischen Strukturen der jeweiligen Gebiete nachhaltig aus. Dies trifft insbesondere den Erwerbssektor. Es erfolgt zusehends eine Verschiebung des Arbeitsplatzangebots zu Gunsten des Dienstleistungssektors und Niedriglohnbereichs und geht zu Lasten des produzierenden und verarbeitenden Gewerbes.

Kinder, Jugendliche und ihre Eltern erleben in diesen Gebieten, dass Misserfolge ihr „Schicksal“ sind. Sie orientieren sich an dem, was im Nahumfeld an sozialen Kontakten zur Verfügung steht. Misserfolg in Bildung und Beruf geht mit der Aufwertung des Nahraums einher, weil der Lebensbezug sich mehr und mehr auf diesen beschränkt. So geraten die Strukturen dieser Nahräume zur symbolischen Ordnung der Welt.

2.2 Den Zukunftsanforderungen gerecht werden

Aus der Zeitdiagnose der sich verändernden Gesellschaft werden Zukunftsanforderungen definiert, die in eine spezifische Form des Kompetenzerwerbs einmünden. So unterscheidet das Bundesjugendkuratorium in seiner Streitschrift in der Zukunftsdiagnose einer zukünftigen Gesellschaft in

- eine Wissensgesellschaft,
- eine Risikogesellschaft,
- eine Arbeitsgesellschaft,
- eine demokratische Gesellschaft,
- eine Zivilgesellschaft und
- eine Einwanderungsgesellschaft.

Je nach Lebenslage erscheint in einer Zeitdiagnose die zukünftige Gesellschaft als Risiko- oder als Multioptionsgesellschaft. Um den Kompetenzanforderungsbegriff (Zukunftskompetenzen) handlungs- und entscheidungsfähig werden zu lassen, wird vorgeschlagen, die Veränderungsprozesse auf fünf Kernbereiche zu verdichten, die den Akteuren zur Orientierung bei der jeweiligen Beurteilung von Lebenslagenpotentialen und -bedarfen dienen können:

- Wissensgesellschaft – Lernfähigkeit;
- Risikogesellschaft – Identitätsfähigkeit;
- Arbeitsgesellschaft – Produktionsfähigkeit;
- Zivilgesellschaft – Beteiligungsfähigkeit;
- Einwanderungsgesellschaft – interkulturelle Fähigkeit.

Zur Operationalisierung von Reform- bzw. Veränderungsbedarf (Stiftung SPI 2002a; Brocke 2002a) kann so auf drei Ebenen analysiert und untersucht werden, welche Aktionen, Maßnahmen und Projekte etc. den Erwerb dieser fünf Fähigkeiten/Fertigkeiten eher fördern bzw. eher einschränken. Die Akteure erhalten so Hinweise zur Gestaltung von wünschbaren Angeboten auf den Ebenen:

- Subjekt – Biographieentwicklung;
- professionelles Handeln – neue professionelle Settings;
- Institutionen Sozialer Arbeit – Veränderung der Institutionen.

Die Programmatik „Soziale Arbeit als Koproduktion“ empfiehlt den beteiligten Akteuren eine sozialräumliche Vernetzung. Sie empfiehlt die Netzwerkarbeit auf zwei Ebenen als

- strategisches Netzwerk der Ämter sowie
- operatives lokales Netzwerk der lokalen Akteure.

Inhaltliche Hilfen werden mit der Teilhabe/Partizipation der Adressatinnen und Adressaten der Kinder- und Jugendhilfe verbunden. Im Mittelpunkt stehen die Entwicklung und der Ausbau örtlicher Netzwerke bei gleichzeitiger Herausbildung von demokratischem Engagement, die Verknüpfung von ressortspezifischen Förderprogrammen und die Entwicklung von Gemeinschaftsprojekten.

Die Programmatik der Programmplattform „E & C" betont das Konzept des sozialen Kapitals, verknüpft lokale Beteiligungsformen mit erfolgreichen Projekten/Aktionen und mit demokratischer Intensität und wirtschaftlichem Wachstum (Brocke 2002b). Die Verfügbarkeit von sozialem Kapital ermöglicht stärkere Konkurrenzfähigkeit der Gebiete untereinander sowie intensivere soziale Kohäsion. Das Fehlen von sozialem Kapital wird mit mangelndem wirtschaftlichen Erfolg und mit sozialer Ausgrenzung und Armut verbunden. Der von der nationalen Programmplattform „E & C" eingeleitete Paradigmenwechsel schließt die Berücksichtigung folgender gesellschaftlicher Dimensionen in sein Vorgehen ein:

- die ökonomische Dimension,
- die ökologische Dimension,
- die soziale Dimension,
- die interkulturelle Dimension,
- die Gender-Dimension,
- die ethische Dimension,
- die räumliche Dimension.

3. Koproduktion setzt auf einen Paradigmenwechsel des „öffentlichen Handelns" und auf die Teilhabekompetenz von Bürgerinnen und Bürgern, Initiativen und Organisationen

Anfang der 1990er Jahre stand die Einführung betriebswirtschaftlicher Instrumente in Kommunen, Ländern und Bund wie Wissenschaft und Praxis im Vordergrund. Die Schlagworte von damals: „Dienstleistungsunternehmen Stadt", „neue Steuerungsmodelle" und „New Public Management". Was heute wie eine Selbstverständlichkeit anmutet, war damals radikal und fremd. Auch heute ist es ein mühevoller und langer Weg von der alten hoheitlichen Bürokratie zum neuen Selbstverständnis als „Dienstleistungsunternehmen". Die unternehmerisch geprägten Begriffe wie Wirtschaftlichkeit, Auftragserfüllung, Kunden- und Mitarbeiterzufriedenheit wurden auf das öffentliche Handeln durch neue Steuerungsmodelle übertragen, das Instrument des interkommunalen Leistungsvergleichs auf freiwilliger Ebene eingeführt. Auf internationaler, insbesondere europäischer Ebene wird diese Strategie der Modernisierung des öffentlichen Handelns als Strategie „Good Governance" bezeichnet. Diese Modernisierung des öffentlichen Handelns beruht auf 5 Grundsätzen (Europäische Kommission 2001):

Offenheit
Den Bürgerinnen und Bürgern gegenüber ist eine aktive Informations- und Kommunikationsstrategie zu verfolgen, die deren Sprache verwendet, um ihnen verständlich zu machen, wie die politischen Entscheidungen in ihrem Gemeinwesen getroffen werden, die sie betreffen.

Partizipation
Es ist dafür zu sorgen, dass die betroffenen Bürgerinnen und Bürger konsultiert und verstärkt in die sie betreffenden Entscheidungen sowie ganz allgemein in das Leben ihrer Gemeinschaft einbezogen werden.

Verantwortlichkeit
Es muss eine neue strukturierte Form der Zusammenarbeit zwischen den gesetzlich zuständigen Ämtern/Institutionen entwickelt werden, um auf den entsprechenden Entscheidungsebenen konkrete Lösungen zu finden, die den Bedürfnissen der Bevölkerung Rechnung tragen.

Effektivität
Die Ressource, die die Gemeinde an den Bürgerinnen und Bürgern hat, ist besser zur Geltung zu bringen, damit diese zur Bewältigung der gesellschaftlichen Herausforderung zum Erfolg der verschiedenen sie betreffenden Maßnahmen und zum Funktionieren des Gemeinwesens von morgen beitragen können.

Kohärenz
Es ist eine umfassende Strategie zu entwickeln, in der die verschiedenen Politiken und die jeweiligen Entscheidungsebenen entsprechend koordiniert sind.

Das Wesen dieses Paradigmenwechsels liegt in seiner grundlegenden Neuakzentuierung im Verhältnis von Staat (Bund, Land, Kommunen), Wirtschaft und Zivilgesellschaft. Dabei geht es nicht darum, Verantwortung von einem auf den nächsten Akteur zu verschieben.

Eine veränderte Aufgabenteilung ist nur der erste Schritt zur Lösung. Wichtiger ist eine neue Form der gezielten und produktiven Zusammenarbeit dieser drei gesellschaftlichen Sektoren.

Für dieses angestrebte zusätzliche Steuerungsinstrument, die sektorenübergreifende Kooperation, müssen Politik und Verwaltung ihre Rolle neu definieren. Diese muss sich darauf konzentrieren, Beteiligung und Selbstverantwortung zu stärken, aber nicht mehr alles selbst initiieren und umsetzen zu wollen. Damit ändert sich auch der traditionelle Aufgabenkatalog der Verwaltung. Die neuen Gestaltungsfreiräume müssen durch hinzutretende Akteure gefüllt werden, die damit mehr gesellschaftliche Verantwortung übernehmen.

Zentrale Voraussetzung für die Übernahme von Verantwortung und Mitgestaltung sind transparente Strukturen unter den Gesichtspunkten von Kommunikation, Partizipation und Legitimation. Die Strategien von „Good Governance“ setzen auf

- die Gewinnung tatkräftiger Kooperationspartner durch Klarheit der Ziele;
- den Respekt und das wechselseitige Vertrauen der Partner;
- die Enttabuisierung wichtiger Themen durch Öffentlichkeitsarbeit;
- die Offenheit der weiteren Teilnehmer;
- die externe Kontrolle durch Offenlegung zentraler Informationen;
- die Glaubwürdigkeit und Akzeptanz der Kooperationen durch Legitimität;
- die Veränderung im jeweiligen Rollenverständnis als Teil der Gesamtgesellschaft (Pröhl 2002).

Die „Good Governance“-Strategien erweisen sich neben dem Politikwechsel einer Kultur des „Hoheitlichen“ zu einer Kultur der Beteiligung und Selbstverantwortung in der (Er-)Findung von neuen Steuerungsinstrumenten. Der Kulturwechsel verlangt ein gesellschaftspolitisches Leitbild und seine Umsetzung in ein neues methodisches Repertoire.

Die politische Vision von Leitzielen bedarf der Weiterentwicklung und das heißt vor allem der Übersetzung in strategische Ziele, die nicht von der Politik oder Verwaltung allein, sondern als Gemeinschaftsaufgabe auf allen Koproduktionsebenen zu formulieren, abzustimmen und festzulegen sind. Die Verwaltung bündelt durchaus im Sinne von Vorleistung auf der administrativen Ebene die einzelnen Fachkompetenzen der Ämter, um Querschnittskompetenz zu entwickeln und Transparenz und Bürgernähe bezogen auf die Integrationshilfen und die Sozialraumorientierung zu schaffen. Die Verwaltung entwickelt Methoden der Kooperation, um Leitlinien, operative Ziele und Zeitpläne für deren Verwirklichung festzulegen. Sie entwickelt quantitative und qualitative Indikatoren zur Auswahl und zum Vergleich lokaler Angebote als Instrument der Evaluierung, Bewertung und Prüfung. Auf der sozialräumlichen Ebene können soziale Hilfen, Maßnahmen, Projekte als flexible und lebensweltnahe Angebote organisiert werden. Es müssen neue Akteure und Initiativen zur Beteiligung gewonnen werden, die sonst nicht erreicht wurden bzw. die sich in der Vergangenheit nicht als Akteur zur Verbesserung der sozialen Situation verstanden haben.

Eine derart gestaltete Politikstrategie zur Zusammenarbeit bietet Vorteile für alle Beteiligten. Dies zum Beispiel durch

- die Erweiterung der Perspektive für Alternativlösungen;
- die Möglichkeit zu kostengünstigeren und bedürfnisgerechteren Problemlösungen durch die direkt Betroffenen;
- die Unterstützung für die eigenverantwortliche Lebensweise und die individuelle Entfaltung im Sinne des Gemeinwohls;
- die Erweiterung der Mitgestaltungsmöglichkeiten für betroffene Gruppen, die bislang ihre Erfahrungen im Entscheidungsprozess nicht einbringen konnten;
- die Förderung eines Konfliktlösungsmanagements durch die Kommunikationsfähigkeit der Beteiligten in ihrer Region;
- die Förderung der sozialen Kompetenz der Beteiligten;
- die Bewältigung von Problemen, die ansonsten wirtschaftliche Aktivitäten beeinträchtigen würden;
- die Ermöglichung von Wissenstransfer zum gegenseitigen Vorteil.

Koproduktionsprozesse sind deswegen keine Prozesse, bei denen die Unterschiede zwischen den Akteuren (öffentlichen, freien und privaten) nivelliert/aufgehoben werden. Die Begrifflichkeit Sozialer Arbeit als Koproduktion meint einen Lern- und Entscheidungsprozess, bei dem unterschiedliche Akteure gemeinsam an der Lösung eines Ziels arbeiten. Dies setzt allerdings nicht nur auf der inhaltlichen, sondern auch auf der organisatorisch-strukturellen Ebene eine spezifische Art der Kooperation voraus: Netzwerkarbeit.

4. Netzwerkarbeit als Methode Sozialer Arbeit

Die „Großzügigkeit", mit der der Begriff des „Netzwerks" oder der „Netzwerkarbeit" im öffentlichen Diskurs zur „Sozialen Stadt" und „E & C" verwandt wird, hat zu einer Unschärfe oder vielleicht sogar Beliebigkeit dieses Begriffes geführt. Nicht jede Form der Zusammenarbeit, nicht jede Form der Beteiligung im Sinne von formalisierten Entscheidungsabläufen ist schon dadurch Netzwerkarbeit, weil die Akteure dies für sich reklamieren.

Netzwerkarbeit unterscheidet sich von der bundesrepublikanischen Tradition des Korporatismus, der durch seine festen institutionellen Arrangements der Kooptationen der verschiedenen Interessen und der Herausbildung einer formalisierten und reglementiert wirkenden Bürokratie gekennzeichnet ist. Netzwerke sollen hier so verstanden werden, dass sie zeitlich befristete, wenig formalisierte Strukturen aufweisen und dass in ihnen eine Vielzahl von Akteuren in flexibler, dynamischer Art und Weise kooperieren – allerdings durchaus in klaren, gemeinsam verbindlichen und abgestimmten Formen (Bertelsmann Stiftung 2002).

Netzwerke bringen Akteure aus dem öffentlichen Sektor, der Zivilgesellschaft und der Wirtschaft zu einem bestimmten Problemfeld zusammen. Netzwerke bestehen aus Gruppen, die bislang häufig gegeneinander und aneinander vorbei gearbeitet haben. Netzwerkarbeit als Methode hat die Aufgabe, Wissen und andere Ressourcen der verschiedenen Akteure zusammenzutragen, in einen neuen übergreifenden Kontext unterschiedlicher Problemwahrnehmungen und Interessen einzubringen, ggf. zu überbrücken und über Sektorengrenzen hinweg neue Lösungsansätze zu entwickeln. Nur wenn alle Beteiligten an einem solchen Netzwerk diese Rolle antizipiert und ihr zugestimmt haben, kann überhaupt von „Netzwerkarbeit" gesprochen werden.

Eine so definierte Netzwerkarbeit lässt sich mit vier Eigenschaften beschreiben:

Interdependenz

Die Zusammenarbeit im Netzwerk beruht auf der Prämisse, dass aufgrund wechselseitiger Abhängigkeit keiner der beteiligten Akteure allein in der Lage ist, tragfähige und nachhaltige Lösungen zu entwickeln.

Interaktion
Kennzeichnend für die Beziehungen in einem Netzwerk ist die grundlegende Norm, dass sozialer Austausch zu einem sofortigen oder späteren Gegenaustausch führt. Dies bedingt ein hohes Maß an Vertrauen in das Netzwerk und in seine Akteure.

Flexibilität und Ergebnisoffenheit
Netzwerke umfassen ein weites Spektrum organisatorischer Formen und Strukturen, die sich im Verlauf des Kooperationsprozesses anpassen. Sie funktionieren im Rahmen eines integrierten Lern- und Adaptionsmechanismus.

Komplementarität statt Kooptation
Netzwerke bewahren und leben von der Unterschiedlichkeit der Teilnehmer und den daraus resultierenden produktiven Spannungen.

Netzwerke können damit neue politische Beteiligungsmöglichkeiten an Politikprozessen schaffen und angesichts des Fehlens direkter demokratischer Strukturen Partizipation und Transparenz verbessern. Netzwerke können aber nur so transparent und verantwortlich sein, wie es die Beteiligten selbst sind. Die Bemühungen um Transparenz und Legitimität müssen daher durchaus im Sinne einer Zukunftsinvestition von den jeweiligen Akteuren betrieben und praktiziert werden. Die Vereinbarung eines verbindlichen Verhaltenskodexes kann hier eine hilfreiche Rolle spielen.

Netzwerke zeichnen sich notwendigerweise durch Machtasymmetrien aus, das heißt, sie spiegeln die bestehenden Unterschiede der Akteure und ihre unterschiedliche Ressourcenausstattung wider. So kann es sein, dass einzelne Akteure aufgrund fehlender Ressourcen erst gar nicht in die Lage kommen, ihre Stimme in den Netzwerken geltend zu machen. Netzwerkarbeit ist kein „Konsensbetrieb" – allerdings auf einer Lösung der gemeinsamen Basis ausgerichtet – und kann aufgrund ihrer wenig formellen und horizontalen Struktur Frustrationen bei den Akteuren durch Entscheidungsblockaden herbeizuführen, zumal die Netzwerkarbeit nicht die traditionellen parlamentarischen Legitimationsketten von politischer Verantwortung ersetzt. Dennoch sind Konflikte über Macht, Verteilung von Ressourcen, Zugang zu „starken" Partnern u.Ä. durchaus normale Prozesse. Im Netzwerk erscheint es wichtig, Konflikte durch gemeinsame Kommunikation und Reflexion zu thematisieren und aktives Konfliktmanagement zu betreiben.

Netzwerkarbeit funktioniert nicht ohne den Kulturwechsel zu „Good Governance" und bedarf der Ausstattung mit Ressourcen. Netzwerke bedürfen angemessener Investitionen in die Prozessstandards. Bisher gibt es allerdings wenig allgemein verbindliche Normen, die Netzwerkprozesse im Allgemeinen auszeichnen. Die Rolle von Quartiersmanagement oder Jugendhilfemanagement gibt in diesem Zusammenhang erste Hinweise auf Mindeststandards, die als Entscheidungshilfen für eine Beteiligung an Netzwerken dienen könnten. Die Erfahrungen aus „E & C" und „Soziale Stadt" zeigen, dass Evaluierung und Rückbindung der Ergebnisse zentral für die Qualität der Arbeitsergebnisse von Netzwerken sind. Zur politischen Legitimation spielt dabei die „Expostlegitimierung" von Netzwerken eine entscheidende Rolle. Diese Expostlegitimierung kann durch eine unabhängige Evaluation und eine breite öffentliche Debatte der Ergebnisse oder durch die Diskussion der Ergebnisse in den parlamentarischen Gremien erfolgen.

4.1 Netzwerkarbeit als Lernprozess

Netzwerkarbeit steht unter der Spannung, dass alle Beteiligten ihre Interessen und Erkenntnisse in diesen Prozess einbringen und gleichzeitig in überschaubarer Zeit greifbare Ergebnisse erzielen. Um Netzwerke in Zukunft als Methode besser nutzen und ihr Potential auch ausschöpfen zu können, sollten öffentliche und private Institutionen ihren Beitrag zur Netzwerkarbeit als einen eigenen Lernprozess begreifen, organisieren und einbringen. Dieser Wandel der Organisationskultur ist zentrales Element von Netzwerkarbeit. Es sind Schnittstellenkompetenzen gefragt. Akteure in Netzwerken müssen zwischen verschiedenen Sektoren und Akteursgruppen auf verschiedenen Ebenen vermitteln und Koalitionen bilden, ferner Fähigkeiten besitzen, eigene Kompetenzen und Ressourcen realistisch einschätzen und kontinuierliche „Netzwerkpflege" betreiben zu können. Netzwerkarbeit als kooperatives Lernmodell verlangt deswegen, um unnötige Duplizierung von Aufgaben zu vermeiden, die Begleitung gezielter Kennenlern-, Fortbildungs- und Qualifizierungsprozesse, z.B. durch

- Hospitationen zwischen verschiedenen Organisationen und den Handlungs- und Politikfeldern der jeweiligen Akteure;
- Aus- und Weiterbildungsprogramme;
- flachere Hierarchien;
- größere Transparenz;

– ressortübergreifende Strategien der Programmplanung und Budgetierung verbunden mit einer besseren Koordination zwischen den einzelnen Organisationen.

Netzwerkarbeit hat so das Potential für eine verbesserte Politikgestaltung. Sie kann neue Sichtweisen von Problemen auf die Agenda setzen, sie bietet die Chance ein neues Bewusstsein für komplexe Zusammenhänge zu entwickeln und politisches Kapital zu mobilisieren.

4.2 Unterschiedliche Aufgaben und Funktionen von Netzwerkarbeit

Netzwerke haben je nach Phase oder Aufgabenstellung eine unterschiedliche Charakteristik und einen dementsprechenden „Reifegrad". Sie erfüllen, entweder in spezifischen Netzwerkaufträgen voneinander unterschiedlich oder mit einer zeitlichen Aufgabenstellung ausgestattet, folgende Funktionen:

Verhandlungsfunktion
Hier lautet die Aufgabe/der Auftrag, in systematischer Weise alle relevanten Akteure in die Politikprozesse einzubinden, um neue Standards und Normen (Leitziele) zu formulieren, um einen unbefriedigenden Status quo zu überwinden. Sie dienen der Auflösung gegenseitiger Blockaden durch Einbeziehung (nicht nur repräsentative Besetzung) der relevanten Akteure. Diese Funktion eines Verhandlungsnetzwerks ist zumeist zu Beginn eines neuen Politikansatzes vorherrschend. Darin liegt aber auch der begrenzte Nutzen der Ergebnisse solcher Verhandlungsnetzwerke.

Koordinationsfunktion
Die Aufgabe/der Auftrag zur Koordination setzt das Sammeln und Verbreiten von Wissen, die Identifizierung gemeinsamer Handlungspotentiale sowie die bessere Koordination und Abstimmung von Verhandlungsstrategien in den Mittelpunkt dieser Netzwerkarbeit. Ihr Auftrag liegt in der Ressourcenbündelung und in der Schaffung von Synergien zwischen den beteiligten Sektoren. Die Koordinationsleistung ist das Ergebnis eines vorher stattgefundenen Lernprozesses. Diese Netze können dazu beitragen, Strukturen und Angebote zu überprüfen, die Fehlleitung von Ressourcen zu erkennen und eine bedarfsgerechtere Angebotsstruktur herbeizuführen.

Implementierungsfunktion
Hier hat die Netzwerkarbeit die Funktion, innovative Mechanismen zur Umsetzung bereits entwickelter Politikstrategien voranzutreiben bzw. formulierten Politikzielen eine handlungspraktische Umsetzung durch Projektimplementierung zu bieten. Den zivilgesellschaftlichen Akteuren kommt hierbei auf der lokalen Ebene eine zentrale Rolle zu. Sie helfen, Projekte an die örtlichen Bedürfnisse anzupassen und übernehmen damit eine wichtige Brückenfunktion.

4.3 Methodische Defizite, ungeklärte Standards

Der Versuch der Begriffsbestimmung einer neuen „Politikmethode – Netzwerkarbeit" steht unter der Schwierigkeit, dass Netzwerkarbeit sich in ihrem Kern der Standardisierung als technokratisches Steuerungsinstrument zu entziehen scheint und überdies die Frage nach der Legitimität von Netzwerken von der Bedeutung und Wirkung her eine zentrale, aber in der Praxis nicht immer eine entsprechende Beachtung findet. Gesichert scheint, dass die Voraussetzungen von Netzwerkarbeit als neue Methode einer zivilgesellschaftlichen Politikstrategie von Seiten der „öffentlichen Hände" – Politik und Verwaltung – geschaffen werden müssen. Diese Voraussetzungen haben den Charakter einer „Investition" in neue Formen von Bürgergesellschaft, Eigenverantwortung, Selbsthilfe und sozialem Engagement. Ihre zentrale Aufgabe/Funktion ist die Herstellung von Offenheit und Transparenz sowie die Bereitschaft, Entscheidungsfindung und den Einsatz von öffentlichen Ressourcen in solche Netzwerke zumindest zeitweise zu delegieren. Netzwerke haben dann Aussicht auf Erfolg, wenn wichtige Managementfunktionen (Vertrauen schaffen, Verantwortung übernehmen, Führung leisten, Schnittstellen bilden, Koordination ermöglichen, Akteure einbinden, Prozess- und Kundenorientierung vorantreiben, Erhöhung der Innovations- und Lernfähigkeit der Akteure ermöglichen, hohe und rasche Anpassungsfähigkeit an veränderte Umfeldanforderungen, Kooperationen wagen, Legitimität sichern, Evaluierung der Ergebnisse sichern) aktiv wahrgenommen werden.

5. Anregungen zur Fortführung der politischen Debatte zur Bürger-/Zivilgesellschaft und des fachlichen Diskurses zur Sozialräumlichkeit

5.1 Stärkung der Zivilgesellschaft – die europäische Dimension der nationalen Debatte

Die politische Debatte zur Stärkung der Bürger- bzw. Zivilgesellschaft wird auf nationaler, aber zunehmend auch auf europäischer, transnationaler Ebene geführt. Die Enquete-Kommission „Zukunft des Bürgerschaftlichen Engagements" (Deutscher Bundestag 2002a) hat im Juni 2002 ihre Arbeit abgeschlossen und den Bericht an den Bundestagspräsidenten übergeben. Der Bericht setzt sich mit dem Leitbild einer Bürgergesellschaft auseinander, die geprägt ist durch Selbstorganisation, Mitgestaltungsmöglichkeiten und Gemeinwohlverantwortung.

In den Bereichen Sport, Kultur, Soziales, Gesundheit, Schule, Vereine, Unternehmen, Gewerkschaften bietet der Bericht der Enquete-Kommission eine Art Bestandsaufnahme/Situationsbeschreibung, gibt Handlungsempfehlungen und macht Vorschläge zur Reform des Gemeinnützigkeitsrechts – über die Verbesserung des Versicherungsschutzes bis zu einer allgemeinen steuerfreien Aufwandspauschale.

Durch den demographischen Wandel wird der Bevölkerungsaufbau so grundlegend verändert, dass neben den quantitativen Veränderungen eine Reihe qualitativer Umstrukturierungen des gesellschaftlichen Gefüges erforderlich sein werden. Die Arbeitsstrukturen werden sich ändern, ebenso die Familienstrukturen. Der demographische Wandel wird in viele Bereiche des menschlichen Lebens ausstrahlen, wobei die Konsequenzen noch nicht im Einzelnen absehbar sind, denn dieser demographische Wandel vollzieht sich in einer Zeit des wirtschaftlichen Wandels. In Verbindung mit den rapiden technologischen Veränderungen führt dies zu grundlegenden sozialen Veränderungen für die Familie, für die Gesellschaft, für die Wirtschaft und den Arbeitsmarkt, für die sozialen Sicherungssysteme wie für die Politik insgesamt (Deutscher Bundestag 2002b). Sie verweist uns insbesondere auch auf die europäische Dimension.

Der Sachverhalt einer zunehmenden gegenseitigen Abhängigkeit in der Sozial- und Beschäftigungspolitik spiegelt sich im Vertrag von Amsterdam (1997) wider durch die Eingliederung des Sozialprotokolls (Artikel 136-145) und den Titel zur Beschäftigung (Artikel 125-130), gemäß dem die Mitgliedstaaten die Förderung der Beschäftigung als Angelegenheit von gemeinsamem Interesse betrachten.

Der Europäische Rat hat im März 2000 in Lissabon der Sozialpolitik innerhalb der Europäischen Union eine gleichrangige Bedeutung neben der Wirtschafts- und Beschäftigungspolitik zugemessen. In den Schlussfolgerungen von Lissabon heißt es:

> „Im Einklang mit dem Subsidiaritätsprinzip wird nach einem völlig dezentralen Ansatz vorgegangen werden, so dass die Union, die Mitgliedstaaten, die regionalen und lokalen Ebenen sowie die Sozialpartner und die Bürgergesellschaft im Rahmen unterschiedlicher Formen von Partnerschaften aktiv mitwirken."

Die neue „offene Methode der Koordinierung", die bereits im Bereich der Beschäftigung verbindlich eingeführt wurde, soll so der Kommission und den Mitgliedstaaten helfen, auch ihre Sozialpolitik auf der Basis des Austauschs bewährter Praktiken zu verbessern. Rat und Kommission vereinbarten gemeinsame Leitlinien und Ziele sowie Zeitpläne zur Erreichung der Ziele. Ausgehend von diesen Zielen erarbeitet jeder Mitgliedstaat einen nationalen Aktionsplan. Die Beobachtung der Fortschritte anhand von gemeinsamen Indikatoren erlaubt einen Vergleich der nationalen Strategien (Diamantopoulou 2002). Das Weißbuch der Europäischen Kommission zum Thema „Good Governance" der EU liefert folgende Beschreibung: Die „Methode der offenen Koordinierung" wird fallweise angewandt. Sie fördert die Zusammenarbeit, den Austausch, bewährte Verfahren sowie Vereinbarungen gemeinsamer Ziele und Leitlinien von Mitgliedstaaten, die manchmal wie im Falle der Beschäftigung und der sozialen Ausgrenzung solcher Aktionspläne von Mitgliedstaaten unterstützt werden. Diese Methode beruht auf einer regelmäßigen Überwachung der bei der Verwirklichung dieser Ziele erreichten Fortschritte und bietet den Mitgliedstaaten die Möglichkeit, ihre Anstrengungen zu vergleichen und aus den Erfahrungen der anderen zu lernen.

Die „offene Methode der Koordinierung" setzt auf die freiwillige Kooperation der EU-Mitgliedstaaten. Sie ist rechtlich unverbindlich, aber öffentlichkeitswirksam, da der Grad der Zielerreichung durch den Vergleich sichtbar und damit begründungspflichtig wird. Entsprechend sensibel hat der Deutsche Bundesrat im Jahr 2001 (Bundesrat 2001) gegen die Ausdehnung der „Methode der offenen Koordinierung" auf EU-Ebene seine Bedenken formuliert. Der Deutsche Verein für öffentliche und private Fürsorge hat im Juni 2002 in seiner

Schrift „Anforderungen des Deutschen Vereins an die künftige Durchführung der offenen Methode der Koordinierung“ (Deutscher Verein für öffentliche und private Fürsorge 2002) diese Bedenken aufgenommen und Forderungen an die Bundesregierung für die Durchführung künftiger Verfahren erhoben.

Sowohl auf europäischer wie auf nationaler Ebene scheint es dennoch einen breiten Konsens zu geben, dass die Vision einer zukünftigen Bürgergesellschaft oder europäischen Zivilgesellschaft keineswegs die Privatisierung aller Lebensrisiken bedeutet. Auf europäischer Ebene wird das Prinzip der Subsidiarität, der nationalen Eigenständigkeit und Eigenverantwortlichkeit bestätigt, und auf nationaler Ebene wird die Verantwortung staatlicher Institutionen auf Bundes-, Länder- und kommunaler Ebene betont, sich nicht aus ihrer öffentlichen Verantwortung für einen Kernbereich gleicher Qualitätsstandards und für eine möglichst breite Zugänglichkeit für die Mitglieder der Gesellschaft zu stehlen.

Das Interesse der Kommission um eine Bürgergesellschaft bezieht sich insbesondere darauf, das Dreieck zwischen staatlichen Institutionen, den Adressatinnen und Adressaten/Nutzerinnen und Nutzern/Bürgerinnen und Bürgern und den Anbietern/Trägern sozialverantworteter Dienstleistung neu zu bestimmen, Mitverantwortung von Adressatinnen und Adressaten/Nutzerinnen und Nutzern/Bürgerinnen und Bürgern sowie Organisationen der Bürgergesellschaft in öffentliches und privates Handeln einzuplanen und zu stärken (Mobilisierung und Pflege des sozialen Kapitals). Zivilgesellschaft zeichnet sich durch Teilhabe und Partizipation aus, d.h. sie verlangt die Beteiligung an Entscheidungsprozessen mit ausgewiesener Entscheidungskompetenz, Dezentralisierung und lokal angepassten Entwicklungen (Kommission der Europäischen Gemeinschaften 2001). Sie zielt auf die Durchsetzung allgemein verbindlicher Standards, die Entwicklung von Vertrauensbeziehungen und die Berücksichtigung von Gemeinschaftsbindungen, die Akzeptanz und Nähe zu spezifischen Teilkulturen und Communities sowie eine Entscheidung nach Abstimmung mit dem lokalen Umfeld.

Das Ziel der Solidarität und eine Aktivierung der Bürgerinnen und Bürger hat nur dann Aussicht auf Erfolg, wenn Politik, Institutionen, Organisationen und Netze es unterstützen und fördern. Zu den Netzen gehören vor allem Vereine, soziale Initiativen, Projekte und Stiftungen. Die Wertschöpfung des Engagements kommt durch Dialog, Kommunikation und soziales Verhalten zustande. Sozialkapital wird zwischen Personen lokalisiert; nicht an ihnen. Es kommt sozialräumlich vor und kann lokal gemessen werden. Erwerbsarbeit, Eigenarbeit und Bürgerarbeit müssen durchlässiger werden. Der Wechsel zwischen den Tätigkeitsfeldern soll durch die Flexibilisierung des Zeitansatzes und eine Aufwertung der Tätigkeit außerhalb der Erwerbsarbeit erreicht werden.

Die zivilgesellschaftliche Debatte geht von der Prämisse aus, dass die ökonomische Leistung jedes Einzelnen andere Leistungen voraussetzt (Bildung, soziale Leistung, neben- und nachberufliche Leistungen). Auch für Zuwanderer und Ausländer bietet die Form der sozialen Bürgerschaft bessere Möglichkeiten der Integration an, weil sie die Teilnahme an öffentlichen Aufgaben mit sich bringt. Die Intention sozialer Politik lautet: Ergebnisorientierung. Diese Ergebnisorientierung setzt darauf, die Probleme zu lösen und nicht zu institutionalisieren; d.h. Städte und Systeme zivilgesellschaftlich zu stärken und nicht zu subventionieren. Hier ist auch die Verbindung zu „E & C" zu finden.

5.2 Übersetzung der Politikziele in politikgesteuertes Verwaltungshandeln, Förderprogramme und Finanzierungsrichtlinien

Die allgemeinen Politikziele wie Bekämpfung von sozialer Ausgrenzung, Erwerb von Zukunftskompetenzen, Stärkung von Eigenverantwortung und sozialem Engagement bedürfen der Übersetzung auf die kommunale, lokale Ebene. Deren neue Politikziele lauten:

- höhere Bürgerzufriedenheit mit lokalen Dienstleistungen und Planungsprojekten (Akzeptanz);
- stärkere Teilnahme der Bürger an der demokratischen Willensbildung und Revitalisierung der kommunalen Demokratie (Demokratisierung);
- Stärkung der Hilfsbereitschaft der Bürger untereinander (Solidarität);
- Entlastung der kommunalen Haushalte durch Bürgerbeteiligung (Effizienz);
- bessere Politikergebnisse im Sinne der politischen Zielsetzungen (Ergebnis- und Lösungsorientierung);
- Vernetzungs- und Planungskompetenz (Teamorientierung, Gemeinsinn).

Politik und Verwaltung haben diese Politikziele als neue Leitbilder vorzugeben, Initiativen zu ergreifen, die zu einer Neufestlegung eines abgestimmten kooperativen Mixes von Verantwortlichkeiten zwischen den Beteiligten führen. Politik und Verwaltung haben einen Kernbereich von Standards und Qualitätsmerkmalen festzulegen, die bei öffentlicher Förderung unverzichtbar sind. Die neuen Handlungsstrategien versuchen einen Wechsel von der bisherigen Inputsteuerung (über so genannte Haushaltsansätze) zu einer Outputsteuerung, d.h. es kommt zunächst auf die richtige Reihenfolge der zu bearbeitenden Fragestellungen an.

- Was wollen wir erreichen? (Ergebnisse und Wirkungen)
- Was müssen wir tun? (Programme und Produkte)
- Wie müssen wir es tun? (Prozesse und Strukturen)
- Was müssen wir einsetzen? (Ressourcen)

Diese outputgesteuerte Reihenfolge der zu bearbeitenden Fragen bezieht die aus den „Good Governance"-Strategien bekannten zentralen Dynamisierungselemente mit ein, nämlich Wettbewerb, Kooperation, Bürgerbeteiligung, Evaluation.

Der Formulierung von Schlüsselindikatoren zur Kontrolle und Überprüfung der erzielten Ergebnisse und Wirkungen kommt dabei eine Hauptrolle zu. Wie kommt man zu Indikatoren? Indikatoren sind Hinweise, Erscheinungsformen, die beobachtet bzw. gemessen werden können. Die ausgewählten Indikatoren müssen die Qualität aufweisen, die Erreichung der formulierten Ziele zu dokumentieren, zu beschreiben und abzugrenzen, so dass sie in anderen Handlungsfeldern, anderen Regionen, anderen sozialen Brennpunkten ebenfalls beobachtet, beschrieben und gemessen werden können.

Politik und Verwaltung kommt deswegen die wichtige Aufgabe zu, Förderprogramme und Finanzierungsrichtlinien zu entwickeln, die dort, wo eines der konstituierenden Elemente (Erfolgskontrolle durch Vergleich/unternehmerische Orientierung, sozialstaatliche Zielsetzung sowie bürgerschaftliche Beteiligung) als unterentwickelt gelten kann, Anreize zu deren Stärkung bieten.

Förderprogramme und Finanzierungsrichtlinien sollten weiter die Kraft zur Innovation stärken, indem sie es z.B. durch Fonds ermöglichen, mit neuen experimentellen Praktiken Erfahrungen zu sammeln.

Dabei sollten die „neuen Steuerungsmodelle" aus den letzten Jahren so weiterentwickelt werden, dass sie nicht länger als zur Bürgerbeteiligung konkurrierende, sondern vielmehr als dazu komplementäre Elemente fungieren können. So kann die Beteiligung der Adressatinnen und Adressaten, der Nutzerinnen und Nutzer, der Bürgerinnen und Bürger nicht nur als Recht, sondern als Verpflichtung der sozialen Angebote formuliert werden (Evers/Rauch/Stitz).

5.3 Den Reform-/Modernisierungsprozess durch „Win-Win-Lösungen" sichern

Der 11. Kinder- und Jugendbericht über die Lebenssituation junger Menschen und die Leistungen der Kinder- und Jugendhilfe in Deutschland hat in beeindruckender Weise die Bedingungen des Aufwachsens in dieser Gesellschaft beschrieben und verlangt ein verändertes Ineinandergreifen von privater und öffentlicher Verantwortung. Er begründet seine Forderung nach einem neuen Verständnis von öffentlicher Verantwortung für das Aufwachsen von Kindern und Jugendlichen wie folgt:

> „Staat und Gesellschaft müssen Lebensbedingungen von Kindern und Jugendlichen so gestalten, dass die Eltern und die jungen Menschen für sich selbst und füreinander Verantwortung tragen können. Im Hinblick auf die Lebensbedingungen von Kindern und Jugendlichen verlangt die Modernisierung des Sozialstaats einen Perspektivenwechsel von den Bemühungen um die Reform der Sozialversicherungssysteme hin zu einer politischen Gestaltung und Sicherung der sozialen Infrastruktur für Kinder, Jugendliche und ihre Familien" (Elfter Kinder- und Jugendbericht 2002, S. 42).

Der Bericht endet mit den Empfehlungen, die für den hier dargelegten Zusammenhang von besonderer fachlicher Bedeutung sind. Diese Empfehlungen stellt die Kommission unter den Überschriften „Teilhabe und Zugang", „Anerkennung des Anderen", „Neuer Generationenvertrag", „Ausbildungs- und Beschäftigungsgarantie", „Ganztagsangebote der Bildung und Betreuung für alle Kinder", „Die Ausgaben folgen den Aufgaben", „KJHG: Umsetzungsdefizite abbauen und Weiterentwicklung vorantreiben", „Fachlich regulierter Wettbewerb", „Leistungen bürgerfreundlich gestalten", „Fachlichkeit und Fachkräfteangebot" in den Zusammenhang einer Jugendpolitik, die sich als Querschnittsaufgabe aller Politikbereiche versteht. Sie leitet aus den Ergebnissen, insbesondere aber auch aus den Empfehlungen einen Reform- und Modernisierungsanspruch ab, der auf die Traditionen und die Stellung der frei-gemeinnützigen Träger, die Stellung des kommunalen Jugendamtes und der Jugendhilfeausschüsse Bezug nimmt.

Die 8. Empfehlung „Fachlich regulierter Wettbewerb" trifft ein Kernproblem:

> „Die Aufgaben des Jugendamtes sollten auf Planung, Entscheidung, Evaluation und Controlling konzentriert werden. Das Jugendamt hat im Kontext seiner Gesamtverantwortung für die Kinder- und Jugendhilfe die Rahmenbedingungen für den ‚fachlich regulierten Qualitätswettbewerb' der freien Träger zu gewährleisten und durch geeignete Steuerungsinstrumente sowie subsidiär durch eigene Leistungen die Standards der Leistungserbringung zu sichern" (ebd., S. 262)

Die frei-gemeinnützigen Träger sind soziale Träger von öffentlich verantworteter Dienstleistung und einer Mehrzahl von Zielsetzungen verpflichtet. Ihr übergreifendes Merkmal ist ihr ausgewiesener Gemeinwohlbezug.

Die Forderung nach einer modernen Leistungsorganisation, die sich am tatsächlichen Bedarf und am Ergebnis orientiert, bedeutet für die „frei-gemeinnützigen Träger" als Anbieter, dass sie Marktelemente, wie z.B. Ergebnisorientierung/Produktorientierung, Kosten-Nutzen-Darstellung, Evaluation und Qualitätskontrolle als Leistungsstandards einbringen, d.h. sie werden zukünftig einen unternehmerischen Organisations- und Handlungsstil entwickeln müssen, der auf ein beträchtliches Maß an personal- und produktbezogener finanzieller Entscheidungsfreiheit angewiesen ist (Brocke 2002b).

Die frei-gemeinnützigen Träger müssen im Rahmen der Beteiligungsverfahren bewusst die Nutzung und die Kultivierung von sozialem Kapital in ihr Handlungskonzept, in ihre Angebote integrieren.

Sie haben ihre Kompetenz zu den regionalspezifischen Teilkulturen und Communities nachzuweisen und die Akteure des lokalen Umfelds, die Adressatinnen und Adressaten in ihre Arbeits- und Entscheidungsprozesse einzubeziehen (Netzwerkstruktur).

Diese Umsteuerung von der traditionell versäulten oder zielgruppenbezogenen Angebotsstruktur der frei-gemeinnützigen Trägerschaft in eine neue Form von öffentlich verantworteter Dienstleistung ist nur möglich, wenn parallel zu den neuen Politik- und Steuerungsinstrumenten faire Regeln für die Umverteilungsprozesse (Vorteile und Lasten), die jede Modernisierungs- oder Reformmaßnahme begleiten, entwickelt werden.

Es geht um die Entwicklung sogenannter „Win-Win-Lösungen", die sich in den Förderprogrammen und Finanzierungsrichtlinien niederschlagen müssen. „Win-Win" deshalb, weil der jeweilige Nutzen für die beteiligten Akteure (öffentliche Hand, Adressatinnen und Adressaten, Träger sozialer Dienstleistungsangebote) benannt und miteinander abgewogen werden muss. Die Anpassung bzw. Reform oder

Modernisierung der eigenen verbandlichen oder Trägerstrukturen muss deshalb begleitet werden durch mehr Budgetautonomie, die Bereitstellung von Experimentierfonds, die Anerkennung der tatsächlichen Kosten mit Dienstleistung (Verwaltung, Qualitätsmanagement, Personalentwicklung), die Bereitschaft, diese Kosten als förder- bzw. finanzierungsfähig anzuerkennen und nicht zuletzt durch die politische Klarheit, dass Einsparungen durch die neuen Dienstleistungsformen in den sozialen Zweck reinvestiert werden dürfen und nicht automatisch, als „Bestrafung für die Zukunft", eingespart werden.

Literatur

Bertelsmann Stiftung (2002): Transparenz – Grundlage für Verantwortung und Mitwirkung; siehe www.bertelsmann-stiftung.de

Bundesministerium für Familie, Senioren, Frauen und Jugend (1999, 2001, 2002): Entwicklung und Chancen junger Menschen in sozialen Brennpunkten („E & C"). Programmpapiere; siehe http://www.bmfsfj.de und http://www.eundc.de

Brocke, H. (2002a): Bildung und soziale Ausgrenzung. In: Stiftung SPI: Jahresbericht; siehe www.stiftung-spi.de

Brocke, H. (2002b): Soziale Arbeit als Koproduktion. 10 Empfehlungen zur Nachhaltigkeit kommunaler Strategien sozial(räumlicher) Integration. 2002, „E & C"-Journal Nr. 7; siehe www.eundc.de

Deutscher Bundesrat (2001): Bundesrat gegen Ausdehnung der Methode der „offenen Koordinierung" auf EU-Ebene. Pressemitteilung 43

Deutscher Bundestag (2002a): Schlussbericht Enquete-Kommission „Zukunft des Bürgerschaftlichen Engagements". Drucksache 14/8900

Deutscher Bundestag (2002b): Schlussbericht der Enquete-Kommission „Demographischer Wandel – Herausforderungen unserer älter werdenden Gesellschaft an den Einzelnen und die Politik". Drucksache 14/8800

Deutscher Verein für öffentliche und private Fürsorge (2002): Anforderungen des Deutschen Vereins an die künftige Durchführung der offenen Methode der Koordinierung. Stellungnahme Juni 2002/1

Diamantopoulou, A. (2002): Europäisches Sozialmodell: Vorteil für alle. In: Das Parlament Nr. 8

Elfter Kinder- und Jugendbericht (2002), hrsg. vom Bundesministerium für Familie, Senioren, Frauen und Jugend. Berlin

Europäische Kommission (2001): Europäisches Regieren: Ein Weißbuch. KOM 2001

Evers, A./Rauch, U./Stitz, U. (Hrsg.) (2002): Von öffentlichen Einrichtungen zu sozialen Unternehmen. Böckler Stiftung

Holtkamp, L./Bogumil, J. (2001): Die Bürgerkommune und die Interessenslagen der kommunalen Entscheidungsstruktur. Expertise der Regiestelle „E & C"; siehe www.eundc.de

Kommission der Europäischen Gemeinschaften (2001): Weißbuch der Europäischen Kommission „Neuer Schwung für die Jugend Europas". KOM 2001

Krautzberger, M./Richter, B. (2002): Die Soziale Stadt – Neuorientierung in der Stadtentwicklungspolitik und in der Sozialarbeit. In: Theorie und Praxis der Sozialen Arbeit, 1

Pröhl, M. (2002): Good Governance für Lebensqualität vor Ort. Bertelsmann Stiftung 2002

Stiftung SPI (2000): Angebot „Soziale Arbeit als Koproduktion“, siehe www.eundc.de

Stiftung SPI (2002a): Arbeitshilfen für Antragsteller KuQ; siehe http://www.kundq.de

Stiftung SPI (2002b):“... und raus bist Du?“, Angebot Stiftung SPI, KuQ –

Kompetenz und Qualifikation für junge Menschen in sozialen Brennpunkten, 2002; siehe http://www.kundq.de

Arno Heimgartner

Bürgerschaftliches Engagement trifft Sozialraum

Der folgende Beitrag bringt die Dimensionen „Sozialraum" und „bürgerschaftliches Engagement" zusammen und kippt sie in eine analytische Presse. Als zentrale Prüfthemen dienen Ideologieanfälligkeit (ideologische Frage), Empirietauglichkeit (empirische Frage), Akzeptierbarkeit (die Potentialfrage) und Erfolgszuschreibung (funktionelle Frage). Der Reiz des Aufeinandertreffens besteht darin, dass die beiden Dimensionen – auf der einen Seite ein Orientierungsparadigma der Sozialen Arbeit, auf der anderen Seite eine gesellschaftspolitische Variante – auf zwei unterschiedlichen Plattformen des Sozialen zu finden sind.

1. Cantors Erbe (ideologische Frage)

Eine erste grundlegende Gemeinsamkeit von bürgerschaftlichem Engagement und Sozialraumorientierung besteht darin, dass beide häufig in einer motivierenden Diskussion auftreten: als Appell zum bürgerschaftlichen Engagement und als Aufforderung zur sozialräumlichen Orientierung. Beide treffen aber auf Bestehendes und „weil es nicht darum gehen kann, dass jetzt alles neu und anders wird und dass das, was bisher gewesen ist, eigentlich unzulänglich sei" (Hamberger 2001, S. 16), stellt sich mit der Akzentuierung des einen die Frage, was mit dem anderen geschieht: ein Problem der Mengenlehre also.

Die *additiven* DenkerInnen gehen davon aus, dass ein Mehr an bürgerschaftlichem Engagement zu anderen Formen von Sozialer und politischer Arbeit (z.B. hauptamtliche Arbeit, Arbeit in der Familie, Schwarzarbeit, staatlich verpflichtete Arbeit) und ein Mehr an sozialräumlicher Arbeit zu den anderen Orientierungen an verschiedenen

Einheiten Sozialer Arbeit (z.B. Arbeit mit Einzelpersonen, mit Gruppen, mit Familien, mit Szenen, im Milieu) kommt. Haupt kann zu diesen DenkerInnen in der Sozialraumdiskussion gezählt werden, wenn er meint:

> „Wir sollten uns stärker auf einen sozialräumlichen Ansatz in der Jugendhilfe orientieren und nicht nur auf individuelle Jugendhilfe, was aber nicht bedeutet, dass individuelle Jugendhilfe überflüssig wird, sie ist nach wie vor dringend notwendig" (Haupt 2001, S. 30).

Die *substituierenden* DenkerInnen wiederum nehmen an, dass bürgerschaftliches Engagement andere Arbeitsformen (etwa hauptamtliche Arbeit) und sozialräumliche Arbeit andere Orientierungen (etwa Arbeit mit Familien) reduzieren bzw. reduzieren könnten. Die Sorge, dass dieser Umbau auch zu einem Abbau führen kann, wird dadurch genährt, dass das bürgerschaftliche Engagement (insbesondere für den aktivierenden Staat – vgl. Kantel 2002; Dahme/Wohlfahrt 2002a) jedenfalls kurzfristig günstiger als hauptamtliche Arbeit ist, und eine sozialräumliche Arbeit im schiefen Vergleich mit vielen Einzelbetreuungen jedenfalls auf den ersten Blick weniger Ausgaben verursacht. Zu den intensiven und daher betroffenen Diensten zählt etwa die Sozialpädagogische Familienhilfe oder die Interdisziplinäre Frühförderung und Familienbegleitung. Richter (Richter 2001a: 66) bringt das Beispiel von einem Modell ein, in dem ein Vollzeitmitarbeiter der Jugendarbeit zwei kriminelle Jugendliche betreut. Wolff kann man zu jenen Geplagten der Sozialraumdiskussion zählen, wenn sie fordert:

> „Damit eine sozialräumliche Jugendhilfe aber nicht zu einer kostensparenden Maßnahme für die Kommunen wird und dem Abbau von Jugendhilfeleistungen und letztlich dem Sozialabbau in die Hände spielt, bedarf es gerade der Bündnisse aller Professionellen in der Jugendhilfe, um dies zu vermeiden" (Wolff 2001, S. 14).

Soziale Arbeit befindet sich in einem System von LeistungserbringerInnen – im Fall von bürgerschaftlichem Engagement – und in einem System von unterschiedlichen Bezügen – im Fall von Sozialraumorientierung. Die Auswirkungen des Push eines einzelnen Elementes werden erst durch das Einordnen in ein System mit einer binnenstrukturellen Verteilung (z.B. von Geld – vgl. Dahme/Wohlfahrt 2002b) sichtbar.

In Termini der Mengenlehre kann man behaupten, dass das Element „sozialräumlich orientiertes Agieren" in mindestens zwei Mengen vorkommt. *Erstens* streiten diverse Dienste um Ressourcen. Weil soziale Dienste in der Regel in der Paradigmenfrage weder konzeptiv noch empirisch fixiert sind, sondern eher anteilig verschiedene Paradigmen (z.B. individualistisches Vorgehen, sozialräumliches Wirken) verfolgen, geht es dabei um einen interpretativen, wenig standardisierten Vergleich von etwa schwerpunktmäßig einzustufenden Diensten (z.B. Beratungszentrum, Stadtteilarbeit). *Zweitens* besteht eine Aufteilungsaufgabe innerhalb eines Dienstes. Die „Koppelung von Subjekt- und Sozialraumorientierung" (Wolff 2001, S. 9) ist auch in eine einzelne Arbeitsplatzbeschreibung integrierbar. StreetworkerInnen im Bezirk Bruck/Mur arbeiten etwa beratend (z.B. per Handy), in Gruppen (z.B. Reitgruppe, Musikgruppe), aufsuchend (z.B. in Parks), animativ (z.B. in Wohnsiedlungen) und in Netzen der lokalen und regionalen Sozialprojekte (z.B. in Arbeitskreisen) (vgl. Heimgartner 2001).

2. Das Gelände (empirische Frage)

Inhaltlich nachbarschaftliche Pools werden trotz unterschiedlicher Traditionslinien auf der Seite der Professionellen mit Gemeinwesenarbeit, stadtteilbezogener Sozialer Arbeit und soziokultureller Animation, auf der Seite der BewohnerInnen mit Partizipation, bürgerschaftlichem Engagement, Ehrenamtlichkeit und Freiwilligenarbeit vorausgesetzt (vgl. Moser u.a. 1999; Oelschlägel 2001; Schnurr 2001; Pankoke 2002).

Als methodologisch und politisch relevante Prämisse hinsichtlich der empirischen Greifbarkeit von Sozialräumen sei vorausgeschickt, dass – ähnlich dem phänomenologischen Deutungsbegriff „Lebenswelt" – Sozialraum im Folgenden als subjekt-geladenes Konstrukt behandelt wird. Diese Auffassung steht in Opposition zu einer quasi-rationalen und administrierbaren Festlegung mittels Autoritäten. Während in der Regel Sozialraum seitens der AkteurInnen aufgeschlüsselt wird, nimmt sich Reutlinger (2002) die (gesellschaftliche) BeobachterInnen-Perspektive vor, besonders wenn es ihm um die politische Unsichtbarkeit von Jugendlichen geht.

Wichtig erscheint die Unterscheidung zwischen einem *individuellen*, einem *kollektiven* und einem *generellen* Sozialraum: Erster Ankerpunkt ist der dynamisch praktizierte Sozialraum des Einzelnen (z.B. individueller Streifraum, soziale Landkarte). Nicht selten werden auch für den Einzelnen viele Sozialräume zu bündeln sein, um einen metaartigen, möglicherweise in sich gespaltenen, *individuellen* Sozialraum zu bilden. Um den *kollektiven* Sozialraum einer Gruppe abzubilden, bedarf es neben methodischer Zugänge bereits integrierender Überlegungen, die mit wachsender Heterogenität an Bedeutung zunehmen. Es sind sehr viele Gruppen denkbar, anhand derer sich Sozialräume konstruieren lassen. Mädchen und Jungen, Jugendliche und Erwachsene, Singles und Familien kreieren ihre eigenen sozialen Räume. Will man thematische Substrukturen vermerken, gilt es Flächen danach zu differenzieren, ob Menschen darin wohnen, arbeiten, sich vergnügen usw. Von machtpolitischem Interesse ist dabei besonders der *mögliche* Sozialraum. Dies entspricht der Auffassung von Böhnisch, dass es insbesondere für Jugendliche nicht um geschützte Container geht, sondern um „ein Aneignen und Gestalten von Räumen" (Böhnisch 1997, S. 149). Für Personen, die gerade unterwegs sind (z.B. MigrantInnen, Flüchtlinge), müsste auch so etwas wie ein *bewegter* Sozialraum entwickelbar sein. Der *generelle* Sozialraum fasst diese verschiedenen Raumkonstrukte ein und wird als informelles Konsensgebilde unter dem Einfluss einer Sozialdynamik und mit all seinen Abweichungen von den individuellen Vorstellungen normgebend festgelegt. In empirischen Arbeiten wird er meist in Form einer geographisch begrenzten Nahwelt-Fläche (Stadtteil, Region etc.) aufgenommen (z.B. Scheipl u.a. 2000).

Die *Form und die Beweglichkeit* des Sozialraumes ist im Auge zu behalten. Freilich tut sich die Diskussion um und die Arbeit im Sozialraum schwer, nicht in durchgehenden und stabilen Räumen zu denken. Aber es geht an den vernetzten Lebenswelten vorbei, konzeptorientiert zu stutzen und einzufrieren. So ist das Sozialräumliche mitunter pointillistisch oder in gesprengelten Flecken, die mit dünnen Strichen verbunden sind, zu denken.

Eine authentische, sozialräumliche Abbildung wird sich einen bimodalen Fahrplan zum Vorbild nehmen, der im *Klein- und Großräumlichen* (bzw. im sozialen Mikro- und Makroraum) navigieren hilft. Die Beschränkung auf einen kleinräumlichen Ansatz greift zu kurz. Die Spezialisierung des Raumes und die hohe Mobilitätserwartung sind Grundbedingungen bzw. -übel kleinräumlicher Sozialer Arbeit und erst in einem großräumlichen Agieren gestaltbar. Ein spezialisierter Nahraum bietet den nötigen Fundus an sozialpolitisch relevanten Vernetzungselementen nicht. Selbst Innenstädte tendieren dazu, ihre bunte Mischung zu verlieren (vgl. Oelschlägel 2002). Wer sich, wie Feldkeller es tut, auf die Suche nach einer „ökonomischen und kulturellen Vielfalt" (Feldkeller 2001, S. 73) macht, braucht sich nicht radikal auf den Nahraum beschränken. Und wenn auch – wie Häußermann entschärft –

Segregation „nicht per se ein Problem" (Häußermann 2001, S. 42) ist, ist eine Einstimmung auf räumlich individualisierte Stadtteile auch nur dann zu ertragen, wenn sie eben nicht als Ghettos gedacht sind, sondern als pulsierende und durchlässige Mitochondrien.

Auch das bürgerschaftliche Engagement will empirisch erst gefasst sein. Das empirische Interesse stößt auf eine Verästelung in soziale, kulturelle und politische Subwelten (z.B. Bürgerinitiativen, ehrenamtliche Mitarbeit, Arbeit in Tauschzirkeln, Sozialdienst, Praktika) und begegnet Überlappungen mit Mischformen (z.B. Selbsthilfe, Nachbarschaftshilfe). Die organisatorischen Umsetzungen – Projekte, Werkstätten, Mitgliedschaft, Einzelaktionen – prägen den atmosphärischen Charakter. Besonders der Grad an Bestimmbarem (Inhalt, Aufgabe, Zeit, Ort), die Überschneidungen mit hauptamtlicher Arbeit und die dafür vorgesehenen Analyse- bzw. Entscheidungsszenarien variieren beträchtlich. Dauer (kurzfristig, unbefristet, lebenslang usw.) und Formen (befürworten, mitreden, abstimmen, kontrollieren, realisieren) relativieren die Beteiligung wesentlich (vgl. Schnurr 2001) und bedingen bei qualitativen Sprüngen empirisch begründete Diskussionsgrenzen.

Auch wenn sich empirische Arbeiten in der Regel von Querformen distanzieren (z.B. Schwarzarbeit, ungesicherte Beschäftigungsverhältnisse, familiäre Arbeit, Überstunden), ist die Gültigkeit generalisierender, quantitativer Studien durch die definitorischen Unwegsamkeiten begrenzt (vgl. Beher u.a. 1998; Heimgartner 2000). Unter den definitorischen Versuchen lassen sich analytische und exemplarische finden.

In der *analytischen* Diskussion stehen wenige handfeste Differenzierungsmerkmale (z.B. Bezahlung, materielle Gegenleistung, Verpflichtung) einer größeren Zahl an interpretativen und ideologisierbaren Sujets gegenüber (z.B. Ehre, Freiwilligkeit, Fremdhilfe). Der dehnbare Charakter der genannten Dimensionen lässt sich etwa so diskutieren: Die Kritik am Ehrgefühl lässt sich daran festmachen, dass es auch durch bezahlte Arbeit erlangt werden kann. Freiwilligkeit ist angreifbar, weil einerseits Arbeiten allgemein als freiwillig aufgenommen gelten können, andererseits bürgerschaftliches Engagement aus sozialem Druck oder mangels alternativer Optionen (z.B. bezahlter Arbeit) als unfreiwillig betrachtet werden kann. Fremdhilfe wiederum ist in interaktiven Beziehungen anteilig als selbstbezogenes Handeln zu sehen und selbstbezogenes Handeln (etwa als Bildung oder Regeneration) rechnet sich für die Gemeinschaft. Lakemann steht zu einer wertebasierenden Annäherung und mokiert sich, wenn er „‚Werte' oft mit ‚Geldwerte' verwechselt" (Lakemann 2002, S. 125) findet.

Die *exemplarische* Rede von Engagement suggeriert, dass sich das Geschehen um Prototypen rankt. Etzioni, dem man auf der konservativ-autoritativen Flanke einiges an Gewicht in der Kommunitarismus-Debatte zuschreiben kann (vgl. Kessl 2001), agiert exemplarisch und bringt als ein Beispiel engagierten Handelns: „Als ich dann in einem Vorort von Washington, D.C., wohnte, mähte ich anfangs meinen Rasen nicht sehr häufig. Ein Nachbar fragte mich höflich, ob er mir ‚einen guten Gärtner empfehlen' solle" (Etzioni 1988, S. 38). Geht man von diesem Beispiel aus, würde man jedes Gespräch von Jugendlichen als Engagement bezeichnen müssen, da dies ein flexibel einsetzbares, soziokulturelles Beteiligen an der gemeinsamen Lebenswelt mit relevanten BezugspartnerInnen repräsentiert. Engagement vermehrt sich dadurch inflationär, verliert an Diskriminierungswert und erinnert in der Stilisierung an Amanshausers (1993) Erzählung von der Window-Art, in der schließlich jeder Fensterblick zum Kunstwerk wird.

Sozialraum stellt ein empirisch anwendbares Konstrukt dar, dessen historische Entwicklung sich schon nahezu immer angewandt und theoretisch abgespielt hat (vgl. Hinte 2002a; Reutlinger 2002). Allerdings wäre es wünschenswert, wenn sich in Zukunft die Sozialraumdiskussion stärker auf die genannten Feinstrukturierungen einlassen würde. Bürgerschaftliches Engagement tendiert hingegen dazu, unter empirischem Druck zu zerfließen. Die professionellen Methodenkonzepte wie Aktivierung, Animation, Beteiligung oder Empowerment, die in Ansätzen auf Engagementideen aufbauen, haben sich daher vor dieser soziokulturellen Nimbusbildung zu bewähren, die dem bürgerschaftlich engagierten Handeln zukommen kann. Für die Diskussion wäre es günstig, vermehrt konkretisierende Rückbindungen anzubringen.

Da die Orientierung am Sozialraum und „bürgerschaftliches Engagement" in der Diskussion nicht selten gemeinsam auftreten, besteht die Gefahr, dass die Begriffe inhaltlich verschwimmen:

a) Gefahr der Vermischung I: Sozialraumorientierung bezieht sich nicht nur auf die private bzw. intermediäre Struktur

Bruhns und Mack haben recht, wenn sie meinen, dass „das Projekt soziale Stadt nur gelingen kann, wenn die Menschen in den Quartieren an ihm mitarbeiten" (Bruhns/Mack 2001, S. 12). Aber die Gesamtarbeit im Sozialraum ist nicht nur als bürgerschaftliches Engagement zu denken und die Inputvergrößerung ist nicht nur unidirektional zu fördern – gleichsam als Shift von privat zu intermediär. Der

Staat und der Markt sind ebenfalls in die Verantwortung zu ziehen und bei Missständen in die Mangel zu nehmen.

Unter sozialräumlicher Vernetzung ist eben nicht nur das ohnehin klientel-anheimelnde Zusammenkommen von Professionellen der Sozialen Arbeit und BewohnerInnen zu sehen. Es geht um eine *soziale* Vernetzung der Sozialprojekte und -einrichtungen und deren Kooperationspartner (Schule, Exekutive, Justiz, Medizin etc.), es geht um eine *politische* Vernetzung etwa mit Bürgermeister und Gemeinderäten oder wie es Hopf (Hopf 2001, S. 275) nennt, um eine Verzahnung des lokalen Engagements mit der Stadtpolitik und Staatspolitik, es geht um eine *intermediäre* Vernetzung mit Vereinen, es geht um eine *wissenschaftliche* Vernetzung mit Bildungs- und Forschungseinrichtungen und es geht um eine *wirtschaftliche* Vernetzung mit Betrieben im Sinne eines wirtschaftlichen backing.

Bedenken kursieren nicht nur dort, wo Personen mit bürgerschaftlichem Engagement zu viel aufgehalst wird, sondern Kopfschütteln über ein unnötiges Roll-back setzt auch dann ein, wenn bürgerschaftlich engagierte Personen Aufgaben übernehmen, für die bereits bessere Systeme existieren – professionellere, demokratischere, vorausschauendere, stabilere. Auch wenn Projekte bürgerschaftlichen Engagements durchaus als Experimentierfeld für alternative Modelle (z.B. Tauschzirkel, Selbsthilfemethoden) zu würdigen sind, ist längerfristig angesichts möglicher gesellschaftlicher Zerfallstendenzen stets auf eine Zusammenführung von Engagement und Administration zu achten – bzw. ist auch der Staat als ein ziviles Vorhaben zu definieren.

b) Gefahr der Vermischung II: Bürgerschaftliches Engagement ist nicht nur sozialraumorientiert

Erstens realisiert sich bürgerschaftliches Engagement vielfach in Diensten, die individuell zugeschnitten und vorgegeben sind (z.B. Besuchsdienste, Hilfe für kranke Kinder). *Zweitens* artikulieren sich (und überraschen bisweilen) Kooperationen bürgerschaftlichen Engagements auch dadurch, dass sie Widerstände formulieren und Aktivitäten in einem global bedeutsamen Zusammenhang setzen (z.B. Demokratie für Burma, Klimawandel, Anti-Globalisierung) – und dies zunächst ungeachtet einer etwaigen (externen) Bewertung des Wohnbereichs. Nur bei einem rein kognitiv ausgelegten Verständnis von Sozialraum sind solche Tätigkeiten als sozialraumorientiert zu klassifizieren. *Drittens* stürzt sich bürgerschaftliches Engagement nicht nur auf sozialräumlich relevante Themen im engeren Sinn. Projekte (z.B. zu Astronomie,

Wachtelzucht) passieren zwar im sozialen Miteinander, es wirkt aber überzogen, ihren Focus als sozialräumliches Anliegen zu definieren. Als inhaltlich disloziert kann auch ein bürgerschaftliches Kokettieren mit einem eher destabilisierenden Aufbruch ins Irrationale betrachtet werden. Das naive Abtauchen in klischeehafte Simplifizierungen oder chaotische Zerwürfnisse hat wenig mit sozialräumlichem Agieren zu tun.

3. Über die Zumutbarkeit (Potentialfrage)

Projekte, die sozialräumlich angelegt sind, folgen in der Regel nicht strukturellen Gestaltungskonzepten, sondern werden reaktiv auf die räumliche Massierung von Problemen geschaffen. Mit den sozialen Brennpunkten, an dessen Feuer- und Löschkonnotationen sich etwa Häußermann (Häußermann 2001, S. 38) reibt, oder den schwierigen bzw. problembehafteten Lebensräumen hält auch in der Sozialraumdebatte die tendenziell abwertende Selektion Einzug, die es gilt, entsprechend evaluativ zu legitimieren.

Generell können soziale Angebote (a) strukturell, allgemein und flächendeckend eingerichtet werden oder (b) defizitorientiert, problemorientiert und kriseninterventierend betrieben werden:

- Ad (a) Die flächendeckende Installation kann wiederum als Defizitvermeidung (präventiv) oder aus einem soziokulturellen Verständnis (konzeptiv) angelegt sein. Die Bevölkerung wird nicht diskriminierend involviert, kritisch lässt sich der Aspekt der Sozialpädagogisierung der Gesellschaft diskutieren.
- Ad (b) Die Defizitperspektive bedarf der Klärung des Cut-off-point; d.h. es braucht Kriterien, die Selektion, Intervention bzw. Animation rechtfertigen.

Die Analyse des Sozialraumes für eine Markierung als sozialer Brennpunkt kann *extern* oder *unter Beteiligung* der Bevölkerung durchgeführt werden. Die externe Zuschreibung ist zu kritisieren, weil sie vorgibt, das Sozialräumliche von außen zu verstehen. Es kann bezweifelt werden, dass es gelingen kann das Sozialräumliche zu verstehen, ohne die Beteiligung derer, um deren Sozialraum es geht, die gleichsam den Sozialraum permanent kreieren. Es wäre aber ebenfalls eine direktive und zudem methodisch nicht einlösbare Prämisse, Beteiligung im Sinn einer reflektierenden Analyse bzw. im Dienste eines Clearing des Sozialraumes vorauszusetzen. Es kann über Personen nicht verfügt werden, dass sie als Reflexionsmedien der eigenen Lebenssituation dienen. Hopf nimmt an, dass „Menschen in Not und Bedrückung, die voll mit ihrem Überleben zu tun haben, nicht gerade öffentlich engagiert und politisch aktiv sein werden" (Hopf 2001, S. 265).

Als Indikatoren von Sozialräumen werden häufig systembezogene Kennzahlen diskutiert: zum Beispiel hohe Arbeitslosigkeit, insbesondere Jugendarbeitslosigkeit, schiefe Altersentwicklung, Verkehrsbelastung, niedriges Durchschnittseinkommen bzw. hohe Anzahl an armutsgefährdeten bzw. von Armut betroffene Familien, viele Gewaltvorfälle, hohe interne Kriminalitätsrate, hohe Anzahl von schlecht ausgestatteten Wohnungen. Seltener werden subjektive und interaktive Dimensionen eingebracht. Kiss-Surányi (2002) sammelt beispielsweise in ihrer qualitativen Analyse neun Integrationsprobleme: Sprachbarrieren, fehlende Zukunftsperspektiven, psychische Belastung durch Emigration, Schwierigkeiten mit der westlichen Lebensart, Abgrenzung von den Nachbarn, familiäre Gewalt, Alkoholkonsum, Verhaltensauffälligkeiten, Delinquenz.

Obwohl die steirische Variante zu Richters „Wir leben auch nicht in Städten wie Chicago" (Richter 2001b, S. 20) – etwa „Weiz ist nicht Berlin" – zutrifft, stärkt das Soziale-Brennpunkt-Konzept soziokulturellen Aktivitäten (Modeschau, Fußballspiel, Theaterstück etc.) den Rücken. Dies kann dazu verführen, die Baseline-Bestimmung von Sozialräumen (und späteren sozialen Brennpunkten) möglichst drastisch und wenig akzeptierend ausschauen zu lassen, um Projekte ansiedeln zu können.

Die Beteiligung an Aktivitäten bürgerschaftlichen Engagements kennt zwei zu bewältigende Sorgen: *Die Sorge um die Unerreichbarkeit* und *die Sorge im Fall der Erreichbarkeit.*

a) Die Sorge um die Unerreichbarkeit

Bei aufwändigeren Verfahren wird sich als eine mögliche Unzulänglichkeit die Auswahl der beteiligten Personen zeigen. Zeitliche und finanzielle Ressourcen sowie persönliche Kompetenzen und soziale Lebensmodelle erzeugen üblicherweise unzusammenhängende Lebensmodi und Mikroorte, auf die BewohnerInnen eines geographischen Raumes – quasi durch die sozialen Fliehkräfte – verstreut sind. Da kann es passieren, dass

> „gerade die Bevölkerungskreise, die man erreichen und für die man etwas verändern wollte, weiter ausgegrenzt bleiben. Denn welcher Sozialhilfeempfänger und Arbeitslose, welche alleinerziehende Mutter kann sich schon ehrenamtlich für die Stadtentwicklung engagieren" (Hamberger 2001, S. 18).

Die gesellschaftliche Alltagsrealität mit ihren Hierarchien, Bildungsdifferenzen und Besitzverhältnissen lässt sich aber nicht mir nichts, dir nichts für soziale Foren umbrechen.

Lebenslagen, die zu einem Versteckt-Sein und zu motivationalen bzw. faktischen Versperrungen verleiten (z.B. psychische Krankheit, Verwahrlosung), lassen sich kaum durch eine allgemeine Mobilisierung überbrücken. Auch eine Verdrängung zwischen von öffentlichem Rückzug und Isolation bedrohten Gruppen (z.B. jüngere Ältere versus ältere Ältere) gefährdet die Ausgewogenheit der Beteiligung.

Einige Sozialraumansätze praktizieren kurze Checks, um die Stichprobe der beteiligten Personen jedenfalls ausgewogen und zielgruppenorientiert zu halten. An solchen Analysen, soweit sie sich als sozialraum- und beteiligungsorientiert verstehen, wird der Vorwurf der externen Oberflächlichkeit – wie ein Gecko an Glasoberflächen – haften. Aus dem Lehrsatz von Moser u.a. „Animation, Partizipation und Demokratie bilden eine Trias" (Moser u.a. 1999, S. 19) leitet sich ab, dass singuläre Befragungen und einmalige bedürfnisklärende Mobilisierungsversuche, die nicht in einen gestaltenden Prozess eingebunden sind, wenig nachhaltig auf die lokale Situation zurückspiegeln. Eine einmalige, zugehende Einbindung von marginalisierten Gruppen garantiert zwar deren Nennung, bringt aber politisch keinen Umschwung.

Die mögliche Unerreichbarkeit betrifft nicht nur marginalisierte Gruppen, sondern auch etablierte Institutionen können Verschlossenheit demonstrieren. Im Sinne einer allgemeinen Vernetzung sind Potentiale und Grenzen von Institutionen in den verschiedenen Sektoren auszumachen – Politik, Wirtschaft, Medizin, Bildung usw. Vom ansehnlichen Status quo von Schulen in Deutschland, die als Bildungsinstitutionen als erstes gefordert sind, sich als Zentren einer Community Education zu begreifen, berichten etwa Lipski/Kellermann (2002). In Österreich (vgl. Vyslouzil/Weißensteiner 2000) und in der Schweiz (vgl. Drilling 2001) sind beispielsweise deutlich weniger Schulsozialarbeitsprojekte eingerichtet.

b) Die Sorge im Fall von Erreichbarkeit

Die drei folgenden ForscherInnen problematisieren unbezahltes Engagement aus der Gender-Perspektive: Backes wundert sich, wie „unverblümt heute längst veraltete Lebensideale für Frauen und Familien mit Sparinteressen, Rationalisierung der Sozialen Arbeit, Erwerbslosigkeit und den gesellschaftlichen Krisen in Verbindung gebracht werden" (Backes 1987, S. 80). Funk spricht in Zusammenhang mit ehrenamtlicher Arbeit „von einer Ausnutzung von Weiblichkeit als Grundlage einer Gesellschaftsordnung" (Funk 1996, S. 126) und Schmidt nimmt „eine heimliche Leitlinie" (Schmidt 1987, S. 3) wahr, die Männern bezahlte Arbeitsplätze zuweist und Frauen das soziale Ehrenamt.

Die Annahme von unbezahlter, für die Gesellschaft relevanter Arbeit – und als solche kann bürgerschaftliches Engagement in vielen Fällen gesehen werden – ist für Personen, deren Existenz ungesichert ist, problematisch. Da „von mangelnder Teilhabe in Bezug auf den Beruf Soziale Arbeit für Frauen weder historisch noch aktuell die Rede sein kann" (Maurer 2001), verschlingt ein Transfer von bezahlter zu unbezahlter Arbeit im Sozialbereich vor allem Frauenarbeitsplätze, um die Arbeit inklusive einem gewissen Einbruch wiederum vorrangig an Frauen zu verteilen. Die ungerechte Verteilung von bezahlter und unbezahlter Arbeit für die Gesellschaft wird damit zementiert.

Als Beispiel sei eine Frau aus der Studie von Heimgartner (2000) erwähnt, die nach drei Jahren der Karenz zur Kinderbetreuung ihre ehrenamtliche Tätigkeit aufnimmt, nachdem sie vergeblich eine bezahlte Arbeit sucht. Das Engagement für die Gesellschaft kann Lebensverläufe auch vereinnahmen. „Soziale Bewegungen, Initiativen und Projekte formierten sich als Gegenmodelle zu entmündigenden und autoritären Konzepten, die zumeist die Betroffenen nicht in den Blick nahmen", wie Wolff (2001, S. 8) erwähnt; genauso können aber auch bürgerschaftliche Initiativen ein Verwickeln auslösen, das für den Einzelnen oft nicht durchschau- und bewältigbar ist. Der Schutz vor Ausnutzung kollidiert mit Bildungs- und Beteiligungsinteressen und erfordert daher eine terminologische Differenzierung, eine zeitliche Konkretisierung und eine in der Orientierung unterstützende Begleitung. Die vielfältigen Zusammenhänge zwischen bürgerschaftlichem Handeln und Arbeitsmarkt erfordern einen reflektierten Umgang: Aufbau von bezahlter Arbeit, bezahltes Personal agiert bürgerschaftlich, Integration in den bezahlten Arbeitsmarkt durch bürgerschaftliches Engagement, Verhinderung von bezahlter Arbeit durch bürgerschaftlichen Widerstand bzw. Übernahme der Arbeit und unter anderem auch bezahlte Arbeit für die Begleitung von bürgerschaftlichem Handeln (vgl. Heimgartner 2000).

Auch für den Professionellen (StadtteilarbeiterIn, StadtteilmanagerIn, MediatorIn usw.) sind die Rahmenbedingungen bisweilen nicht angemessen. Häufig begrenzt finanzierte und manchmal konkurrierende Sozialprojekte stehen möglicherweise soliden Traditionen in Sozialräumen gegenüber. Dadurch sind Bruchlandungen nicht auszuschließen: Instrumentalisierung, Irreführung, naive Parteilichkeit.

Bereits die Wahl des dringlichen Themas, an dem sich das Engagement entzünden kann, kann den Vorstellungen Externer zuwiderlaufen. So erhitzen Würstelstand, Hundepark oder Hausmeisterin die Gemüter. Auch wenn darauf verwiesen wird (z.B. Moser u.a. 1999; Hinte 2002b), mögliche Banalitäten des Alltags ernst zu nehmen, sei bremsend vermerkt, dass Beteiligung nicht zwingend zu einem fachlichen Niveaugewinn führt. Demokratische Strukturen können eben nicht zwingend einen Ergebnisvorsprung bewirken, sehr wohl sichern sie aber eine höhere Prozessqualität.

Eine Kette an Bedenken und Bedingungen führt dazu, dass ehrenamtliche Mitarbeit von zahlreichen LeiterInnen von Sozialeinrichtungen abgelehnt wird. Die häufigsten Argumente gegen ehrenamtliche Mitarbeit sind Ansprüche an Professionalität, Bezahlung und Verbindlichkeit, mangelnde organisatorische Ressourcen, befürchtete Wertminderung der Arbeit und die Frauenlastigkeit des sozialen Ehrenamtes. Allerdings ist die Zahl der Einrichtungen, die ehrenamtliche Mitarbeit ablehnen, nicht identisch mit der Zahl der Einrichtungen ohne ehrenamtliche MitarbeiterInnen, sondern etwa ein Drittel der Sozialeinrichtungen ohne ehrenamtliche Mitarbeit lehnt ehrenamtliche Mitarbeit gänzlich ab (vgl. Heimgartner 2000).

4. Über die Behutsamkeit (funktionelle Frage)

Projekte mit Konzepten, die Sozialraumorientierung oder bürgerschaftliches Engagement enthalten, sind keine Fertig-Produkte. Sozialraumorientierung hat etwa für Bruhns und Mack den Anspruch nicht „geschlechts-, generations- und kultur- bzw. ethnizitätsspezifisch" (Bruhns/Mack 2001, S. 11) zu sein. Gerade Böhnisch weist aber darauf hin, dass „die Geschlechtstypik des räumlichen Jugendverhaltens in der Praxis zu oft übergangen wird" (Böhnisch 1997, S. 149). Richter handelt mit sich selbst, wenn er davon ausgeht, dass prinzipiell Programme nicht diskriminieren sollen, aber als Ausnahme „besondere Programme für ausländische Jugendliche" (Richter 2001a, S. 70) verlangt.

Deinet (2002) interpretiert den Sozialraum als Bildungsraum. Die Bedingungen und der soziale Prozess – die sozialen Werkstätten, die Selbsthilfegruppen, die Foren, die Treffen, die Arbeitskreise, die Meetings, die Auseinandersetzungen – sind dementsprechend zu evaluieren. Annäherungen an symmetrische Gespräche (z.B. Artikulieren von Eigenzielen, Problematisierungen) oder Distanzierungen von einer gewohnheitsbedingten selbst gestellten Aufgabe (z.B. Erarbeiten von Optionen, Enttabuisierungen, beigetragene Handlungen) sind vor- und wahrzunehmen. Über den Prozess hinaus zählen die nachhaltigen, sozial-klimatischen Erfolge (z.B. soziale Netzwerke). Nach Walther/Stauber (2002), die die Dringlichkeit von Handlungsspielräumen im biographischen Kontext erläutern, wäre etwa Zugänglichkeit ein Erfolg.

Soziale Einflussnahmen werten nicht per se das Sozialleben auf. Der Wunsch nach Emanzipation, so dass sozialraumorientierte Soziale Arbeit die soziale Infrastruktur nachhaltig, also auch nach dem Rückzug der SozialarbeiterInnen verbessert, tritt nicht selbstverständlich ein. Es kommt zu Adaptationsphänomenen, die zur Folge haben, dass sozialraumorientierte Projekte nur solange die Infrastruktur verbessern, wie sie im Feld vertreten sind. In einem Kleinstadtprojekt hatten Jugendliche beispielsweise die Möglichkeit, sich sozial zu engagieren und für die geleisteten Stunden Angebote der Stadt (z.B. Bad, Skilift) in Anspruch zu nehmen. Nach einer Startphase zog sich der Initiator zurück. Dies hatte zur Folge, dass das Projekt einschlief (vgl. Winter 2002).

Manchmal stellen sich Handlungsableitungen ein. Es werden Ampeln aufgestellt, Radwege eingerichtet, Spielplätze gestaltet, Fußgängerzonen geschaffen und Streetball-Plätze beleuchtet (vgl. Jaeckel 2001). Einladend klingt Hintes Beispiel einer „Dorferrichtung“:

> „Am Samstag kamen etwa 60 Personen, bewaffnet mit allen möglichen Baumaterialien, und begannen, völlig ungeordnet und ohne Plan, irgendetwas zusammenzuzimmern. Ehe man sich versah, hatten die Kinder, unter Mithilfe von einigen Jugendlichen und Erwachsenen, 10 solide Holzbuden gebaut. Innerhalb von vier Stunden stand ein ganzes Dorf. Wie das alles geschah, kann heute keiner mehr sagen: die Kinder fingen einfach an zu zimmern, viele Jugendliche kamen hinzu, angelockt durch die Menschenmenge, und sahen, dass das Zimmern Spaß machte. Und sie bauten mit“ (Hinte 1990, S. 191).

Auch wenn sich ein großes Vertrauen in Stadtteil-, Gemeinwesen- und Soziokulturarbeit entwickelt hat (z.B. Oelschlägel 2002), ist fairerweise zu vermerken, dass manchmal im breiten Praxisfeld der gewünschte

Erfolg ausbleibt und sich Enttäuschung und Rückzug breit machen. Einprägsam bleibt Hopfs bildlicher Satz über den gescheiterten Versuch der Beruhigung einer vielbefahrenen Hauptverkehrsstrasse: Sie „kamen nicht einen Zentimeter weiter" (Hopf 2001, S. 275). Es tun sich in der Regel schnell Barrieren auf, wenn Ziele sich über die Gestaltung von Schulhöfen und Grünanlagen erheben. Von einer Streetworkerin stammt das folgende Negativbeispiel eines basisdemokratischen Versuchs mit Jugendlichen:

> „Wir haben gesagt, sie müssen sich selbst überlegen, wie sie zu dem kommen könnten. Und dann ist tatsächlich von ihnen die Idee gekommen, eine Unterschriftenliste zu machen und Unterschriften zu sammeln dafür in ihrer Siedlung. Und dann haben wir das aufgeteilt. Also der ist dafür zuständig, also einen Verantwortlichen suchen, damit der wirklich, damit sich einer betroffen fühlt, der das dann macht. Und die sind leider nie mehr aufgetaucht. Also das ist halt auch so, also da – ja, wir haben sie dann nie mehr getroffen" (Heimgartner 2001).

Der Grad an Lenkung, den quasi-autonome Sozialnetze vertragen bzw. der ihnen gut tut, bleibt umstritten. Autonomie ist angesichts permanenter sozialer Interaktionen ein Idealbegriff und besitzt eher eine Peilfunktion als eine Limitierungsvorgabe. Arnold (2001) nähert sich der ungelenkten Selbstorganisation an. In seinem Stadt-Modell illustriert er die zahlreichen Freiheitsgrade der Nicht-Regulation. Hinte (2002b) geht von einem Abtasten der Problemlagen aus, in dem das Wollen (und nicht das Wünschen) geklärt wird. „Jemanden dort abholen, wo er sich befindet" ist ihm ob des direktiven Inhaltes nach eigenen Worten zu einem „Drecksacksatz" geworden. Wolff steht jedenfalls zu einer „Einmischungspolitik" (Wolff 2001, S. 14). Zu bedenken ist, dass die gesellschaftliche Realität nicht nur im Kompromiss zwischen dem Gewähren von autonomen Lebenskonstruktionen und der Allokation soziokultureller Interventionen dirigiert wird, sondern dass stets „ein Rückfall in Strafdenken und in Primitivlösungen droht" (Iben 1992, S. 9).

Literatur

Amanshauser, G. (1993): Zur Entstehungsgeschichte der Window-Art. In: Österreichische Erzähler des 20. Jahrhunderts. München, S. 419-424

Arnold, H. (2001): Strukturwandel der Arbeitsgesellschaft und Sozialpolitik (Vortrag). Tagung – Grenzen des Sozialraums – Menschen und soziale Brennpunkte

Backes, G. (1987): Frauen und soziales Ehrenamt. Zur Vergesellschaftung weiblicher Selbsthilfe. Augsburg

Beher, K./Liebig, R./Rauschenbach, Th. (1998): Das Ehrenamt in empirischen Studien – ein sekundäranalytischer Vergleich. Stuttgart

Böhnisch, L. (1997): Sozialpädagogik der Lebensalter. Weinheim/München

Böhnisch, L. (2001): Anomie. In: Otto, H.-U./Thiersch, H. (Hrsg.): Handbuch der Sozialarbeit/Sozialpädagogik. Neuwied, S. 52-60

Bruhns, K./Mack, W. (2001): Einleitung. In: Bruhns, K./Mack, W. (Hrsg.): Aufwachsen und Lernen in der sozialen Stadt. Opladen, S. 9-18

Dahme, H.-J./Wohlfahrt, N. (2002a): Aktivierender Sozialstaat. In: Neue Praxis (2002)1, S. 10-32

Dahme, H.-J./Wohlfahrt, N. (2002b): Sozialraumbudgetierung – Sparprogramm oder Innovationsimpuls? In: Theorie und Praxis der Sozialen Arbeit (2002)4, S. 268-274

Deinet, U. (2002): Der „sozialräumliche Blick" der Jugendarbeit – ein Beitrag zur Sozialraumdebatte. In: Neue Praxis (2002)3, S. 285-296

Drilling, M. (2001): Schulsozialarbeit – Antworten auf veränderte Lebenswelten. Bern

Etzioni, A. (1998): Die Entdeckung des Gemeinwesens. Das Programm des Kommunitarismus. Frankfurt a.M. (The Spirit of Community Rights, Responsibilities, and the Communitarian Agenda. New York 1988)

Feldkeller, A. (2001): Stadtentwicklung und Soziale Arbeit – Aufgaben der kommunalen Planung. In: Bruhns, K./Mack, W. (Hrsg.): Aufwachsen und Lernen in der sozialen Stadt. Opladen, S. 73-90

Funk, H. (1996): Weibliches Engagement im Patriarchat. In: Müller, S./Rauschenbach, Th. (Hrsg.): Das soziale Ehrenamt. Weinheim/München, S. 119-126

Hamberger, M. (2000): Lebensweltorientierte Jugendhilfe und das Arbeitsprinzip der Sozialraumorientierung. In: Jugendhilfe im Sozialraum. EREV Schriftenreihe (2000)1, S. 16-32

Haupt, P. (2001): Entwicklung und Chancen junger Menschen in sozialen Brennpunkten – Ein Programm. In: Bruhns, K./Mack, W. (Hrsg.): Aufwachsen und Lernen in der sozialen Stadt. Opladen, 2001, S. 27-36

Häußermann, H. (2001:)Aufwachsen im Ghetto – Folgen sozialräumlicher Differenzierung in den Städten. In: Bruhns, K./Mack, W. (Hrsg.): Aufwachsen und Lernen in der sozialen Stadt. Opladen, S. 37-52

Heimgartner, A. (2000): Ehrenamtliche bzw. freiwillige Arbeit in Einrichtungen Sozialer Arbeit: Forschungsbericht. Universität Graz

Heimgartner, A. (2001): Beachtetes Streetwork – eine empirische Analyse von Streetwork Bezirk Bruck/Mur. (Evaluationspapier ISOP). Graz

Hinte, W. (1990): Non-direktive Pädagogik. Wiesbaden

Hinte, W. (2002a): Sozialraumorientierung – den eigenen Tunnelblick mit der Weite des Raumes verwechseln? In: Theorie und Praxis der Sozialen Arbeit (2002)5, S. 365-372

Hinte, W. (2002): Aktivierung und Beteiligung in der Stadtteilarbeit (Vortrag und Workshop). Graz: Cafe Palaver

Hopf, W. (2001): Die Verweigerung politischer Beteiligung in problembelasteten Stadtquartieren – Abstinenz oder Protest. In: Bruhns, K./Mack, W. (Hrsg.): Aufwachsen und Lernen in der sozialen Stadt. Opladen, S. 265-276

Iben, G. (1992): Vorwort zur 2. Auflage. In: Iben, G./Drygala, A./Bingel, I./Fritz, R. (Hrsg.) Gemeinwesenarbeit in sozialen Brennpunkten. Weinheim/München

Jaeckel, M. (2001): Familien und lebenswerte Städte – zur sozialen Lage von Familien in der Stadt. In: Bruhns, K./Mack, W. (Hrsg.): Aufwachsen und Lernen in der sozialen Stadt. Opladen, S. 91-100

Kantel, D. (2002): Die repressive Pädagogik des aktivierenden Sozialstaats – Das Beispiel Arbeitslosigkeit. In: Theorie und Praxis der Sozialen Arbeit (2002)1, S. 4-11

Kessl, F. (2001): Teilnahme ohne Teilhabe? In: Neue Praxis (2001)2, S. 129-145

Kiss-Surányi, I. E. (2002): Soziale Desintegration in „Stadtteilen mit erhöhtem Entwicklungsbedarf". In: Sozialmagazin (2002)5, S. 14-23

Lakemann, U. (2002): Bürgerschaftliches Engagement. In: Theorie und Praxis der Sozialen Arbeit (2002)2, S. 125-131

Lipski, J./Kellermann, D. (2002): Schule und soziale Netzwerke. Erste Ergebnisse der Befragung von Schulleitern zur Zusammenarbeit allgemein bildender Schulen mit anderen Einrichtungen und Personen. DJI München

Martin, E. (2001): Sozialpädagogische Berufsethik. Weinheim/München

Maurer, S. (2001): Soziale Arbeit als Frauenberuf. In: Otto, H.-U./Thiersch, H. (Hrsg.): Handbuch der Sozialarbeit/Sozialpädagogik. Neuwied, S. 1598-1604

Moser, H./Müller, E./Wettstein, H./Willener, A. (1999): Soziokulturelle Animation. Luzern

Munsch, C. (2000): Entwicklung und Vernetzung sozialer Projekte im Stadtteil – Das Beispiel „Sprungbrett" in Riesa. In: Jugendhilfe im Sozialraum. EREV Schriftenreihe (2000)1, S. 95-103

Oelschlägel, D. (2001): Gemeinwesenarbeit. In: Otto, H.-U./Thiersch, H. (Hrsg.): Handbuch der Sozialarbeit/Sozialpädagogik. Neuwied:, S. 653-659

Oelschlägel, D. (2002): Aktuelle Probleme der Stadtentwicklung in Europa. In: Soziale Arbeit (2002)9, S. 336-341

Pankoke, E. (2002): Ehren-Amt und Bürgerkompetenz: Freies Engagement als soziales Kapital. In: Theorie und Praxis der Sozialen Arbeit (2002)3, S. 214-221

Reutlinger, Ch. (2002): Vom Aneignungshandeln zum Schreiben von unsichtbaren Bewältigungskarten. In: unsere jugend (2002)9, S. 363-374

Richter, I. (2001a): Die achte Todessünde der Bildungspolitik – Die Vernachlässigung sozialer Brennpunkte. In: Bruhns, K./Mack, W. (Hrsg.): Aufwachsen und Lernen in der sozialen Stadt. Opladen, S. 53-72

Richter, I. (2001b): Begrüßung zur Tagung. In: Bruhns, K./Mack, W. (Hrsg.): Aufwachsen und Lernen in der sozialen Stadt. Opladen, S. 19-23

Scheipl, J./Pfoser, B./Leodolter, M./Kern, S. (2000): Eine kleinräumliche Sozialraumanalyse. Forschungsbericht der Abteilung für Sozialpädagogik der Universität Graz

Schmidt, R. (1987): Mikroanalyse ehrenamtlicher Altenarbeit im Gemeinwesen. Sozialkommission. Berlin

Schnurr, S. (2001): Partizipation. In: Otto, H.-U./Thiersch, H. (Hrsg.): Handbuch der Sozialarbeit/Sozialpädagogik. Neuwied, S. 1330-1345

Thiersch, H. (1992): Lebensweltorientierte Soziale Arbeit. Weinheim/München

Vyslouzil, M./Weißensteiner, M. (2000): Schulsozialarbeit in Österreich. Sozaktiv. Wien.

Walther, A./Stauber, B. (2002): Yo-yo's at work – ein europäisch-vergleichender Blick auf Handlungsspielräume junger Frauen und Männer. In: Neue Praxis (2002)3, S. 268-284

Winter, B. (2002): Tausche Engagement gegen Fun & Action. Soziales Engagement Jugendlicher am Beispiel eines Beteiligungs- und Tauschmodells. (Diplomarbeit) Universität Graz

Wolff, M. (2000): Orientierung am Sozialraum, an der Lebenswelt, am Gemeinwesen, am Lebensfeld, am Stadtteil? In: Jugendhilfe im Sozialraum. EREV Schriftenreihe (2000)1, S. 6-15

Chantal Munsch, Maren Zeller

Die Bedeutung des Stadtteils für Jugendliche Ein rekonstruktiver Zugang zur Belebung des Diskurses um sozialraumorientierte Erziehungshilfen

Einleitung

Sozialraumorientierung in der Kinder- und Jugendhilfe wird zur Zeit vielerorts als Ansatz der regionalen Reorganisation diskutiert (vgl. Merten 2002; Münder 2001). Bei der Diskussion um Sozialraumbudgets, um Vernetzung verschiedener Einrichtungen, die im gleichen Gebiet tätig sind, um die Einbindung bürgerschaftlichen Engagements, um Kriminalprävention und Stadtplanung droht die Perspektive der AdressatInnen aus dem Blick zu geraten. Häufig wird das Konzept der Sozialraumorientierung auf eine Einteilung von physischen Räumen in Verwaltungs- und Zuständigkeitsbezirke oder Regionen reduziert und dabei leicht vergessen, dass der Sozialraum ein „gelebter und erfahrener" Raum (Thiersch 1999, S. 31) ist, den Menschen immer wieder neu gestalten und sich auf unterschiedliche Weise aneignen (Reutlinger 2003).

Vor diesem Hintergrund möchten wir mit unserem Beitrag den Blickwinkel öffnen für die vielfältigen Weisen, mit denen Jugendliche den Stadtteil, in dem sie wohnen, erfahren und für die verschiedensten Sozialräume, die sie sich auch über den Stadtteil hinaus erschließen. Wir möchten auf diese Weise dazu anregen, den Diskurs um Sozialraumorientierung wieder auf denjenigen um Lebensweltorientierung zu beziehen und damit „den Menschen mit seinen individuellen und sozialen Ressourcen", in den „gegebenen Strukturen, Verhältnissen und Bewältigungsmustern" (Hamberger 2000, S. 20f.) in den Mittelpunkt zu rücken.

Dazu benötigen wir eine rekonstruktive Perspektive, der es „um das Verstehen und die Interpretation der Wirklichkeit als einer von handelnden Subjekten sinnhaft konstruierten und intersubjektiv vermittelten Wirklichkeit geht" (von Wensierski/Jakob 1997, S. 9). Diese

Rekonstruktion bezieht sich dabei nicht nur auf das Handeln und die Deutungsmuster, mit denen Menschen „als Akteure in sozialen Situationen und Interaktionen Wirklichkeit herstellen und behaupten" (ebd.), sondern ebenso auf die gesellschaftlichen Strukturen, innerhalb derer sie agieren und die sie mit ihrem Handeln reproduzieren.

Im folgenden Beitrag werden verschiedene Facetten jugendlicher Sozialräume zueinander in Bezug gesetzt. Diese unterschiedlichen Bedeutungen von Sozialraum haben wir aus der Analyse narrativer Interviews gewonnen, welche wir im Rahmen des Bundesmodellprojektes INTEGRA[1] geführt haben. InterviewpartnerInnen waren Jugendliche, die im Rahmen von flexiblen, integrierten und sozialräumlich orientierten Erziehungshilfen betreut wurden.[2] Wir haben sie in diesen Interviews gebeten, uns ihre Geschichte in Bezug auf die erhaltene Erziehungshilfe im Kontext ihres Lebens zu erzählen. Durch den Vergleich ihrer verschiedenen Sozialräume wird zum einen die unterschiedliche Relevanz des Stadtteils, in dem die Jugendlichen wohnen und betreut werden, deutlich. In diesem Zusammenhang wird die Frage nach den im Sozialraum vorhandenen und im Rahmen von Erziehungshilfen zu nutzenden Ressourcen neu aufgeworfen. Zum anderen zeigt sich, dass die Anforderungen an sozialräumlich orientierte Erziehungshilfen über die Finanzierung und räumliche Organisation hinausgehen und nach einem Verständnis für die unterschiedlichen Bedeutungen von Sozialraum auf dem Hintergrund der individuellen Lebensgeschichten der AdressatInnen verlangen. Deutlich wird weiterhin, dass die Sozialräume der Jugendlichen von den spezifischen Bewältigungsaufgaben in diesem Lebensalter geprägt sind.

Ein zentrales Thema unserer Darstellung ist die Bedeutung von „Kumpels" für die jeweiligen Jugendlichen. Diese Fokussierung auf

---

1 Das Bundesmodellprojekt INTEGRA (Laufzeit: 10/1998 – 9/2003) hatte zum Ziel, die Reform der Erziehungshilfen in Richtung auf eine *integrierte*, *flexible* und *sozialräumliche* Angebotsstruktur in ursprünglich fünf, später vier Modellregionen zu fördern, zu qualifizieren und in Hinblick auf die Frage nach der Übertragbarkeit der „Reformideen" auf andere Regionen zu evaluieren. Das Besondere am INTEGRA-Projekt ist, dass es nicht nur um die Förderung einzelner interessanter Reformprojekte geht, sondern dass die beteiligten Kommunen (Celle, Dresden, Erfurt, Frankfurt (Oder) und der Landkreis Tübingen) sich vorgenommen haben, ihr gesamtes Erziehungshilfeangebot im Sinne der genannten Ansätze umzustrukturieren (vgl. Koch u.a. 2002, S. 11).

2 Alle hier verwendeten Interviews stammen aus ostdeutschen Plattenbau-Siedlungen.

Gleichaltrige entspricht zum einen dem Stellenwert, den die Jugendlichen in ihren Interviews der Thematik der „Kumpels" eingeräumt haben. Zum anderen möchten wir auf diese Weise einen Aspekt von Sozialraum thematisieren, der in der Diskussion um sozialraumorientierte Erziehungshilfen neben dem der Kooperation mit anderen Institutionen des Stadtteils (beispielsweise Schule, Kindergarten, Vereine) häufig vernachlässigt wird.

Der folgende Beitrag ist in zwei Teile gegliedert. Im ersten Teil vergleichen wir verschiedene Facetten, die den Stadtteil als unrelevanten oder belastenden Sozialraum beschreiben. Als Kontrast dazu stellen wir im zweiten Teil verschiedene Bedeutungen von „Kumpels" als Ressource im Stadtteil vor. Diese verschiedenen Erlebensweisen von Sozialraum werden mit dem pädagogischen Handeln/pädagogischen Setting der erhaltenen Hilfe in Bezug gebracht. Dabei wird deutlich werden, dass die Sozialräume von Jugendlichen im Rahmen der Hilfen zur Erziehung unterschiedlich wahrgenommen werden, bzw. dass diese z.T. keinen Zugang zu ihnen finden. Im Anschluss an diese Beispiele wird schließlich im Fazit dieses Beitrags auf Ansatzpunkte für sozialraumorientierte Erziehungshilfen verwiesen.

Raus aus dem Stadtteil – der Stadtteil als unrelevanter oder belastender Sozialraum

Zunächst möchten wir darauf verweisen, dass der Stadtteil für bestimmte Jugendliche in sozialraumorientierten Erziehungshilfen als ein sie belastender oder für sie unrelevanter Sozialraum empfunden wird. Ihre Sicht lässt sich daher mit dem Begriff *Raus aus dem Stadtteil* [3] zusammenfassen, der – je nach individueller Lebensgeschichte – unterschiedliche Facetten beinhaltet, die im Folgenden dargestellt werden.

Hanna (17) beschreibt den Stadtteil (ostdeutsche Plattenbausiedlung), in dem sie aufgewachsen ist und jetzt im betreuten Jugendwohnen untergebracht wurde, als *„verkommen"* und sieht in ihm keine Zukunftsperspektiven bezüglich einer Ausbildung. Sie denkt, dass der Ruf des Stadtteils als ein *verkommener* auch den Ruf der Einrichtung, von der sie betreut wird, negativ beeinflusst:

---

3 Die kursiv gesetzten Begriffe stellen Kategorien dar, die sich aus unserer Auswertung ergeben haben und die verschiedene Facetten des Erlebens von Sozialraum verdeutlichen.

> „Der Stadtteil ist einfach mal verkommen, sag ich mal. Ja, und das wirft auch ein schlechtes Bild auf [die Einrichtung] sag ich mal. … Also ich finde das nicht schön, wenn ich da jetzt ankomme und das sieht dann so dreckig vor der Haustüre aus oder so … Ach, ich denke mal, also hier hat man eh keine Zukunft."

Für Hanna sind ihr Freund und dessen Eltern ganz wichtige Bezugspunkte, mit denen sie fast ihre komplette Freizeit verbringt. Sie erlebt den Stadtteil, in dem sie wohnt, als Kontrast zu der Wohngegend der Eltern des Freundes und dem Wohnort des Freundes selbst (er absolviert eine Ausbildung in einer nahen Großstadt). Durch sie kommt sie in Kontakt zu einem anderen Milieu. Sie will ein *besseres Leben* (Aufstieg, Statuswechsel), es sich selbst und anderen (ihrer Mutter, die im gleichen Stadtteil wohnt) *„zeigen"*, dass sie es *„schafft"*. Sie hat den Wunsch, dass die Jugendhilfe ihr auch in dieser Hinsicht Chancen bieten sollte, indem sie sie bei ihrer *Emanzipation aus dem Herkunftsmilieu* unterstützt. Hanna, die nach mehreren Eskalationen keinerlei Kontakt mehr zu ihrer Herkunftsfamilie hat, kann in der ‚Wohnortnähe' zu ihrer Herkunftsfamilie keinerlei Bedeutung für sich erkennen. Im Gegenteil, sie würde lieber von einer Einrichtung in einem *weniger verkommenen* Stadtviertel betreut werden, um die *Emanzipation aus ihrem Herkunftsmilieu*, die sie bereits mit dem Absolvieren eines gehobenen Bildungsabschlusses als erste in ihrer Familie und den guten Kontakten zu der Familie ihres Freundes begonnen hat, auch äußerlich, also anhand der Wohnsituation zu demonstrieren. Der Stadtteil, gesehen als an das Herkunftsmilieu gekoppelter Sozialraum, hat für sie insofern eine zentrale Bedeutung, als sie sich permanent von ihm abzugrenzen versucht.

Wenn die Einrichtung, die Hanna betreut, auch diesem Wunsch nach einem anderen Wohnort nicht nachkommen kann – sie hat den Anspruch, Kinder und Jugendliche nicht nur wohnortnah, sondern auch milieunah aufwachsen zu lassen – so unterstützt sie doch ihren Wunsch nach *Emanzipation aus dem Herkunftsmilieu* auf eine andere Weise. Hanna erhält über das Kooperationsnetz der Einrichtung einen Praktikumsplatz in einer sozialen Einrichtung. Gleichzeitig bietet ihr die Einrichtung an, als Betreuerin auf einer Ferienfreizeit mitzuwirken. Es wird ihr also ein Rahmen für ihre berufliche Förderung geboten und ihre Suche nach einer beruflichen Perspektive unterstützt. Diese Unterstützung nimmt Hanna an und bewertet sie als positiv.

Eine völlig andere Facette von einem für sich *selbst erschlossenen Sozialraum* zeigt uns die Erzählung von Andreas (17, Betreuung in einer eigenen Wohnung). Der Stadtteil ist für Andreas erst einmal ein Raum, in dem für ihn *nichts los* ist, in dem Sinne, dass es für ihn und seine Freunde keine Möglichkeiten/Angebote zum Weggehen gibt. Gleichzeitig beschreibt er sich als jemanden, der sich sehr gerne mit Computern beschäftigt, Fernsehen schaut oder Videospiele mit Freunden spielt. Er ist Mitglied in einem internationalen Clan und trainiert mehrmals wöchentlich die Strategien verschiedener Spiele online. Andere Spiele spielt er bei sich zu Hause direkt mit *Kumpels*, die er dazu einlädt. Die Computerwelt bzw. das Netz scheinen seine Welt, der virtuelle Sozialraum für ihn zu sein, um ihn reiht sich alles andere. Die Jugendhilfe hingegen bzw. sein Betreuer scheinen – so schildert es uns Andreas – mit diesem Sozialraum nichts anfangen zu können bzw. erkennen ihn nicht als einen relevanten an.

An einem dritten nochmals ganz anders gearteten Beispiel möchten wir zeigen, wie der Stadtteil als ein belastender Sozialraum erfahren wird und zwar als ein Ort, an dem man Stigmatisierungsprozessen ausgesetzt ist. So erzählt Angel (18, betreutes Jugendwohnen), die seit ihrem 14. Lebensjahr unterschiedliche Drogen konsumiert, als wie belastend sie es erlebt, dass sie im Stadtteil bzw. in der ganzen Stadt jeder kenne und um diese Drogenabhängigkeit wisse. Aus diesem Grund will sie eigentlich aus dieser Stadt nur *„weg"* und hat sich einen Freundeskreis in der entsprechenden Szene einer Großstadt aufgebaut:

> „Ich habe ein chaotisches Leben und damit kennt mich jeder wie ein bunter Hund hier … Ja, durch das viele Feiern halt. War halt viel auf Drogen und hier in (Stadt) in jeder Disko gewesen und da kannte ich alle Türsteher, alle Barkeeper, alle Inhaber und all die, die gefeiert haben und die ganzen Stammgäste. Und die kennen wieder die und dadurch kennst du jeden oder jeder kennt dich. Du kennst ja gar nicht alle, aber die kennen dich … Das ist schon schrecklich, aber in (Großstadt) ist das nicht so … Hier will ich weg – weg, weg, weg!"

Von dem Sozialraum *Drogenszene der Großstadt* verspricht sie sich Freiheit, wenngleich sie auch die Problematik erkennt, dass die Drogen sie gesundheitlich *„kaputt machen"*. Angel hat sich somit einen Sozialraum erschlossen, den sie selbst als *ambivalent* erlebt und der nicht nur mit den Werten und Normen der betreuenden Einrichtung im Konflikt steht, sondern auch mit den konkreten Regeln des betreuten Jugendwohnens, an die sie sich – aus ihrer Sicht – nach all dem, was sie bereits erlebt hat (u.a. geschlossene Psychiatrieaufenthalte, Eingesperrtsein etc.) nicht halten kann. Die Jugendhilfe bekommt also zu dem für Angel sehr wichtigen Sozialraum, der Drogenszene, aufgrund ihrer Wertevorstellungen keinen Zugang. Hinzu kommt, dass die Großstadt weiter weg liegt und ihre Clique dort nicht in dem regionalen ‚Einzugsbereich' der sie betreuenden Einrichtung liegt, also auch kein einfacher räumlicher Zugang zu schaffen ist. Letztendlich findet sich für Angel innerhalb der Jugendhilfe keine Lösungsmöglichkeit mehr für eine weitere Betreuung, sie wird zu ihrem 18. Lebensjahr aus der Maßnahme entlassen.

Die Beispiele von Hanna, Andreas und Angel verdeutlichen stellvertretend, wie Jugendliche aus sehr unterschiedlichen Gründen den Stadtteil, in dem sie wohnen, als unrelevant oder belastend erleben. Alle drei haben es jedoch geschafft, neue Beziehungen aufzubauen bzw. sich einen neuen Sozialraum zu erschließen. Während dieser neue Sozialraum von Hannas BetreuerInnen positiv gewertet wird, haben die BetreuerInnen zu den anderen Sozialräumen von Angel bzw. Andreas keinen Zugang. An dieser Stelle ist es wichtig, darauf hinzuweisen, dass es in den Interviews auch Hinweise darauf gibt, dass es nicht allen Jugendlichen gleich gut gelingt, sich einen neuen Sozialraum zu erschließen. Einige Jugendliche ziehen sich zurück und haben zumindest zeitweise nur noch sehr wenige soziale Kontakte.

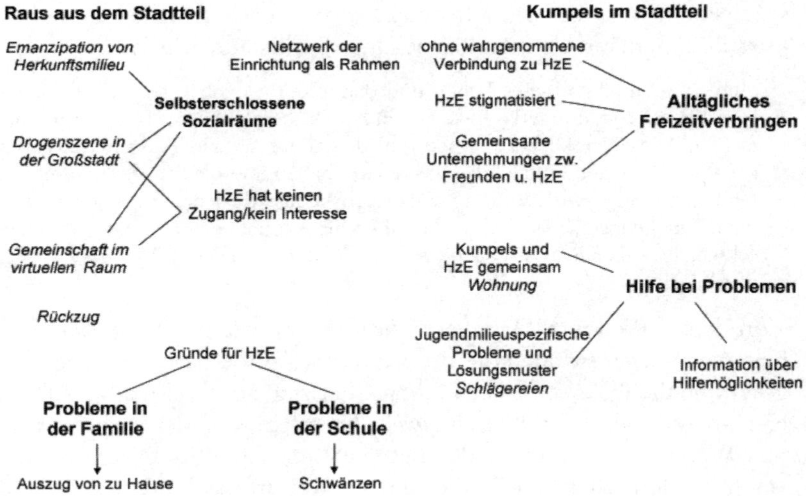

Chantal Munsch, Maren Zeller: Bundesmodellprojekt INTEGRA

Kumpels im Stadtteil – eine Ressource, die von den Akteuren der Erziehungshilfen sehr verschieden wahrgenommen wird

Während der Stadtteil von einigen Jugendlichen als belastend empfunden wird, erzählen andere von wichtigen Beziehungen in ihrem Stadtteil. Im Zentrum der als positiv erlebten Beziehungen stehen oftmals die *Kumpels*. Ralph (17, betreut in der eigenen Wohnung) beschreibt das folgendermaßen: „Ich habe hier einen Haufen Freunde und daher möchte ich hier auch gar nicht weg, wenn man so will."

Die *Kumpels* sind für ihn der Grund, wieso er in diesem Stadtteil wohnen bleiben möchte, obwohl es ihm dort – abgesehen von ihnen – nicht besonders gut gefällt. Er hat zum einen überlegt, in einen anderen Stadtteil zu ziehen, um den Kontakt zu seiner Mutter, die hier wohnt und von der er sich zu lösen versucht (s.u.), abzubrechen. Zum anderen ist für ihn in der Stadt und auch in dem Stadtteil *nichts los*:

> „Stadt an sich ist langweilig. Also, wenn man hier eine Weile wohnt, dann möchte man hier zwar nicht mehr weg. Aber, ich meine, wenn jetzt jemand neu herzieht – Also ich würde keinem raten, herzuziehen. Wenn es nicht aus Arbeitsgründen ist. Aber, weil so ist es richtig langweilig geworden. Ist nichts mehr los hier. Das ist tote Hose, auf Deutsch gesagt."

Im Folgenden möchten wir zwei zentrale Facetten der Bedeutung der Kumpels im Stadtteil darstellen. Zum einen werden die Kumpels in vielen Interviews im Rahmen von *alltäglichem Freizeitverbringen* geschildert. Während dabei kaum Probleme thematisiert werden, werden sie zum anderen gerade als *Hilfe bei Problemen* geschätzt.

Was a*lltägliches Freizeitverbringen* mit *Kumpels* bedeutet, wird z.B. anhand der Schilderung von Armin (14, z.Z. in Einzelbetreuung) deutlich. Er erzählt:

> „Also drunter wohnt gleich meine Freundin. Also ich geh bei uns aus der 57 raus, lauf durch den Hof, lauf hinten um die Ecke und schon bin ich da. ... Dann laufen wir runter zur 5. Grundschule, dort holen wir noch mehr Kumpels ab. Und danach geht die ganze Clique hoch in den Jugendclub. Da können wir halt auch dort Schlagzeug spielen und so."

Beim *alltäglichen Freizeitverbringen* treffen sich die Jugendlichen regelmäßig in ihrer Umgebung, um gemeinsam „abzuhängen", Fahrrad zu fahren, Computer zu spielen usw. Dabei ist der geographische Raum, z.B. der Jugendclub oder der Wohnblock mit den Unternehmungen mit den *Kumpels* verwoben, beide lassen sich nicht voneinander trennen. Die Probleme, welche die Jugendlichen im Rahmen von Hilfen zur Erziehung bearbeiten, spielen bei diesen Unternehmungen kaum eine Rolle, es handelt sich vielmehr um ein meist unproblematisiertes Zusammensein.

Wenn dieses *alltägliche Freizeitverbringen* bzw. die *Kumpels* für die betreuten Jugendlichen von so großer Bedeutung sind, dann stellt sich die Frage, wie sie in die Hilfen zur Erziehung eingebunden sind. Die Verbindung zwischen der erhaltenen Hilfe und den *Kumpels* wird von den einzelnen Jugendlichen sehr unterschiedlich dargestellt. Während die einen keine Verbindung wahrnehmen oder eine solche gar nicht möchten, freuen sich andere darüber, dass sich die *Kumpels* und ihre BetreuerInnen kennen und mögen.

Ohne von ihm wahrgenommene Verbindung zu den Hilfen zur Erziehung schildert Armin sein *alltägliches Freizeitverbringen*. Während er sich in diesem Zusammenhang als jemanden darstellt, der viele andere Jugendliche kennt und viel mit ihnen unternimmt, beschreibt er sich im Rahmen der Erziehungshilfe als jemanden, der versucht, seine Aggression in den Griff zu bekommen. Interessant ist in diesem Zusammenhang, dass die Betreuerin von Armin ihm Zugang zu wichtigen Freizeitaktivitäten (Musik und Sport) ermöglicht hat. Er erwähnt dies jedoch nur sehr am Rande und berichtet ansonsten mit großem Stolz und Enthusiasmus von ihnen, ohne eine Verbindung zur Erziehungshilfe darzustellen.

Andreas (s.o.) trennt beide Bereiche bewusst voneinander. Er möchte nicht, dass seine Freunde von der Erziehungshilfe erfahren, die er als stigmatisierend erlebt. Er denkt, dass Menschen, die Jugendhilfe in Anspruch nehmen, „allgemein ein bisschen zurückgeblieben [sind]. Oder halt krank irgendwie auch“.

Ralph (17, betreut in der eigenen Wohnung) schildert demgegenüber viele gemeinsame Unternehmungen zwischen seinen Freunden und seinen BetreuerInnen:

> „Na ja und da waren wir mal, da sind wir alle mal zusammen mit [meinem Betreuer] damals, also hat er gesagt, er will bowlen gehen und da habe ich gesagt: ‚Na ja kann ich kann ich ein paar Kumpels mitbringen?‘ Da sagt er: ‚Na ja das wollte ich dich sowieso fragen. Damit ich deinen Freundeskreis mal kennen lerne.‘ Und dann habe ich ein paar Kumpels mitgenommen und da sind wir bowlen gegangen zusammen. Also das hat richtig Spaß gemacht. Die haben sich auch miteinander unterhalten und über Computer und weiß ich, die haben da richtig losgelabert. Also war o.k. Das war lustig. War cool. ... Also die kommen alle wunderbar mit ihm klar und er auch mit meinen Kumpels, also.

Mit [meiner neuen Betreuerin] jetzt auch. Die kennt auch ein paar von meinen Freunden schon. Die sagt auch: ‚Die sind alle voll in Ordnung.' Und genau so sagen die das auch."

Eine Erklärung für den recht engen Bezug zwischen den BetreuerInnen und den *Kumpels* von Ralph liegt in dem Problem, das er mit seinen BetreuerInnen und seinen Kumpels gemeinsam bewältigen möchte. Dies verweist zugleich auf die zweite Bedeutung, welche die *Kumpels* neben dem *alltäglichen Freizeitverbringen* für die Jugendlichen haben können: Sie schätzen sie als *Hilfe bei Problemen*. Ralph redet in diesem Zusammenhang von „guten *Kumpels*, die zu einem halten". Im Folgenden möchten wir anhand von zwei Beispielen (Ralph und Mike) schildern, welche Probleme Jugendliche mit ihren *Kumpels* zu lösen versuchen und welche unterschiedliche Rolle die Erziehungshilfe dabei spielen kann.

Ralph hat „es zu Hause nicht mehr ausgehalten", da seine Mutter „ein Alkoholproblem hat" und er „die Vaterrolle" übernehmen musste. Er zog deswegen zunächst zu einem *Kumpel* und hat anschließend versucht, über das Jugendamt eine eigene Wohnung zu bekommen. Zusammen mit den *Kumpels* und den BetreuerInnen einer Jugendhilfestation richtet er diese Wohnung ein und versucht selbständig zu leben. In seinen Schilderungen der in diesem Zusammenhang erfahrenen Hilfe sind die SozialpädagogInnen und die *Kumpels* nicht klar zu trennen. Am Ende des Interviews fasst er zusammen:

„Bloß ohne Hilfe hätte ich das nicht geschafft! Bin ich ganz ehrlich. Ist egal von welcher Seite. Ob nun von der Jugendhilfe oder von Kumpels. Das ist einfach Wahnsinn gewesen. Weil wenn man, wenn man jemanden gefragt hat, hat der gesagt: ‚Ja, ich komme, ich helfe dir.',,

Mike (17, im betreuten Jugendwohnen) hat mit anderen Problemen zu kämpfen, bei denen er die Unterstützung seiner *Kumpels* braucht. Er erzählt:

„Zum Beispiel wenn das Stress mit so einem Typ gibt, der mich nach einer Zigarette fragt, und ich sage, ich habe keine, weil das vielleicht meine letzte ist: Manchmal sage ich das nur, weil ich keinen Bock habe, eine rauszuholen. Und er sagt Taschenkontrolle und na ja, will mir dann eine auf die Schnauze hauen, dann gehe ich nicht zu den Erziehern sondern, äh, sondern gehe erst mal zu einem Kumpel. Frage was es da, was es da gibt und so und dann und ob er mir da mal helfen kann und dann hilft er mir."

Diese Übergriffe auf der Straße spielen in seiner Erzählung eine sehr wichtige Rolle und er stellt seine Lösungsstrategie und die dazu notwendigen Ressourcen im Interview ausführlich dar. So benötigt er je nach Problemfall einen oder mehrere *Kumpels* mit mehr oder weniger Körperstärke. Manche Probleme kann man „erst mal mit Worten" zu lösen versuchen, andere verlangen nach „Schlägen". Während die SozialarbeiterInnen in Ralphs Erzählung ihm gemeinsam mit seinen *Kumpels* helfen, scheinen sie aus Mikes Sicht bei der von ihm geschilderten Art von *jugendmilieuspezifischen Problemen und Lösungsmustern* keine Rolle zu spielen.

Der Vergleich dieser zwei Beispiele könnte dazu führen, zwischen so genannten „guten" und „schlechten" Kumpels zu unterscheiden, je nachdem ob sie ‚im Sinne der BetreuerInnen' unterstützend wirken. Mikes Geschichte zeigt jedoch, dass seine Kumpels ihm auch den Zugang zur Erziehungshilfe ermöglicht haben.

> „Das hab ich von einem Kumpel erfahren, weil der hat mir gesagt, du kannst, wenn du so viel Stress hast, mit deinen Eltern, dann kannst du auch in den [Notaufnahme] reingehen, damit du erst mal ein bisschen Abstand hast, für einen Monat oder so, und na ja. Es hing dann auch an mir. Hab ich gefragt, wo es ist, und dann sind wir mal hingegangen in der Freizeit, und dann ... irgendwann wo es mir wieder zuviel wurde, hab ich einfach meine Sachen gepackt und bin los."

Dieser *Kumpel* hat zum einen Mikes Schwierigkeiten in seiner Familie wahrgenommen und hat ihn anschließend nicht nur über die Notaufnahmestelle informiert, sondern er ist mit ihm auch hingegangen, um sie ihm zu zeigen.

Die Beispiele von Armin, Ralph und Mike verdeutlichen, welche unterstützende Funktion *Kumpels* im Stadtteil für die Jugendlichen haben können. Sie können dabei, ähnlich wie die neu erschlossenen Sozialräume im ersten Teil dieses Beitrags, je nach Funktion einen sehr unterschiedlichen Stellenwert im Rahmen von Erziehungshilfen einnehmen.

Im Anschluss an diese Beschreibung der Rolle der *Kumpels* für die befragten Jugendlichen möchten wir nur kurz darauf hinweisen, dass die beiden Bereiche Familie und Schule in den Geschichten der befragten Jugendlichen eine andere Rolle spielen als die *Kumpels*. So sind zumeist „Probleme" in der Familie und/oder in der Schule Auslöser für die erhaltene Erziehungshilfe. Den in diesen Bereichen auftauchenden Schwierigkeiten versuchen einige Jugendliche zu entfliehen, indem sie sie räumlich meiden – sie laufen von zu Hause weg, versuchen auszuziehen, schwänzen die Schule – oder sich innerlich zurückziehen. Im Rahmen der Hilfe wiederum, werden in fast allen Schilderungen Probleme in diesen beiden Bereichen bearbeitet, wobei Eltern und Lehrkräfte mit einbezogen sind.

Fazit

Die dargestellten Facetten der Sozialräume von Jugendlichen zeigen, dass der Stadtteil eine unterschiedliche Bedeutung für die verschiedenen Jugendlichen hat, die nur auf dem Hintergrund der je individuellen Geschichte der Jugendlichen verstanden werden kann. Während der Stadtteil von den einen als unrelevant oder belastend erlebt wird und sich die Jugendlichen z.T. neue Sozialräume erschließen können, die wenig mit diesem Stadtteil zu tun haben, birgt er für andere wichtige soziale Ressourcen. Eine zentrale Rolle spielen dabei die *Kumpels*, sowohl im *alltäglichen Freizeitverbringen* als auch zur Bewältigung biographisch wichtiger Probleme.

Für sozialraumorientierte Erziehungshilfen bieten sich hier verschiedene Ansatzpunkte: Zum einen verdeutlichen diese Beispiele, dass die Hilfen sich neben der vieldiskutierten Kooperation mit Schulen und anderen Institutionen auf die Clique, die *Kumpels* einlassen müssen, wenn sie ihre Hilfe an den Sozialräumen der Jugendlichen orientieren wollen – wobei gleichzeitig die Gefahr einer allumfassenden Kontrolle über das Leben der Jugendlichen droht und darauf geachtet werden muss, dass sie sich ihre Freiräume bewahren können.

Zum zweiten verweisen die skizzierten Beispiele auf die Frage, wer die Ressourcen im Sozialraum der Jugendlichen definiert. Die Jugendlichen suchen sich für die Probleme, die sie in ihrer jeweiligen biographischen Situation bewältigen müssen, diejenigen Ressourcen, die in ihrer Lebenswelt einen Sinn ergeben – dabei kann es sich durchaus um Problemlösungsmuster handeln, die den herrschenden gesellschaftlichen Werten und Normen widersprechen. In diesem Fall scheint eine Kooperation zwischen den *Kumpels* und den Hilfen zur Erziehung zumindest in den Augen der Jugendlichen eher schwierig.

Drittens verdeutlicht die Darstellung der verschiedenen Sozialräume die Gefahr, dass Erziehungshilfen solche Sozialräume ausblenden, zu denen sie aufgrund der räumlichen Entfernung und/oder der kulturellen „Fremdheit“ keinen Zugang haben.

Wollen Erziehungshilfen sich nun an den Sozialräumen ihrer AdressatInnen orientieren, so verdeutlichen diese Beispiele, können sie sich weder auf den Stadtteil noch auf die Kooperation mit Institutionen und Organisationen beschränken. Sie müssen sich vielmehr auf die Deutungs- und Handlungsmuster und die Lebensgeschichte ihrer AdressatInnen einlassen, auf deren Hintergrund diese ihre Sozialräume gestalten. In diesem Sinne beinhalten sozialräumlich orientierte Erziehungshilfen neben organisationsbezogenen Fragen immer auch einen lebensweltorientierten Blickwinkel. So konzipierte sozialräumliche Erziehungshilfen verweisen auf eine sozialpädagogische Ausbildung und professionelle Rahmenbedingungen, die ein Verständnis der Lebenswelt der AdressatInnen, den Aufbau einer dazu notwendigen Vertrauensbeziehung und die Reflexion der eigenen sozialpädagogischen Arbeit auf diesem Hintergrund ermöglichen.

Literatur

Hamberger, M. (2000): Lebensweltorientierte Jugendhilfe und das Arbeitsprinzip der Sozialraumorientierung. In: EREV, 41. Jg., Heft 1, S. 16-32

Koch, J. u.a. (2002): Mehr Flexibilität, Integration und Sozialraumbezug in den erzieherischen Hilfen. Zwischenergebnisse aus dem Bundesmodellprojekt INTEGRA. Frankfurt a.M.

Merten, R. (2002): Sozialraumorientierung. Zwischen fachlicher Innovation und rechtlicher Machbarkeit. Weinheim/München 2002

Münder, J. (2001): Sozialraumorientierung und das Kinder- und Jugendhilferecht. In: Sozialpädagogisches Institut im SOS-Kinderdorf e.V. (Hrsg.): Sozialraumorientierung auf dem Prüfstand. München, S. 6-124

Reutlinger, C. (2003): Jugend, Stadt und Raum. Sozialgeographische Grundlagen einer Sozialpädagogik des Jugendalters. Opladen

Thiersch, H. (1999): Flexible, integrierte und sozialraumorientierte Hilfen – Schwachstellen und Perspektiven. In: Dokumentation zum Fachtag: flexibel? integriert? sozialraumorientiert? – Eine trägerübergreifende Standortbestimmung der (erzieherischen) Hilfen im Landkreis Tübingen, S. 25-40

Wensierski, H.-J. von/Jakob, G. (1997): Rekonstruktive Sozialpädagogik. Sozialwissenschaftliche Hermeneutik, Fallverstehen und sozialpädagogisches Handeln – eine Einführung. In: Jakob, G./Wensierski, H.-J. von: Rekonstruktive Sozialpädagogik. Konzepte und Methoden sozialpädagogischen Verstehens in Forschung und Praxis. Weinheim/München, S. 7-22

Autorinnen und Autoren

Lothar Böhnisch, Prof. Dr., Leiter des Instituts für Sozialpädagogik, Sozialarbeit und Wohlfahrtswissenschaften an der TU Dresden

Hartmut Brocke, Direktor der Stiftung Sozialpädagogisches Institut „Walter May“, Berlin

Ulrich Deinet, Dr., Vertretungsprofessur für Didaktik/Methodik der Sozialpädagogik an der Fachhochschule Düsseldorf

Arno Heimgartner, Univ.-Ass. Mag. Dr., Institut für Erziehungswissenschaft der Universität Graz

Fabian Kessl, Dr., Fakultät für Pädagogik, AG 8: Sozialarbeit/Sozialpädagogik der Universität Bielefeld

Susanne Lang, Dr., freiberufliche Sozialwissenschaftlerin und Lehrbeauftragte, Mitglied der Forschungsstelle für interkulturelle Studien e.V. (FiSt) an der Universität zu Köln

Wolfgang Mack, Dr., Wissenschaftlicher Referent am Deutschen Jugendinstitut, München

Susanne Maurer, Prof. Dr., Institut für Erziehungswissenschaft der Philipps-Universität Marburg

Chantal Munsch, Dr., Wissenschaftliche Mitarbeiterin an der Arbeitsstelle für Praxisberatung, Forschung und Entwicklung – apfe e.V. – an der Evangelischen Hochschule für Soziale Arbeit Dresden

Christian Reutlinger, Dr., Wissenschaftlicher Mitarbeiter am Institut für Sozialpädagogik, Sozialarbeit und Wohlfahrtswissenschaften an der Technischen Universität Dresden

Eric van Santen, Dr. Wissenschaftlicher Referent am Deutschen Jugendinstitut, München

Werner Schefold, Prof. Dr., Fakultät für Pädagogik, Institut für Pädagogische Praxis und Erziehungswissenschaftliche Forschung, Lehrgebiet Sozialpädagogik an der Universität der Bundeswehr München

Wolfgang Schröer, Prof. Dr., Fachbereich Erziehungs- und Sozialwissenschaften, Institut für Sozial- und Organisationspädagogik der Universität Hildesheim

Mike Seckinger, Dr., Wissenschaftlicher Referent am Deutschen Jugendinstitut, München

Stephan Sting, Prof. Dr., Institut für Erziehungswissenschaft und Bildungsforschung der Universität Klagenfurt

Florian Straus, Dr., Geschäftsführer des Instituts für Praxisforschung und Projektberatung, München

Hans Thiersch, Prof. em, Dr. Dres. h.c., Institut für Erziehungswissenschaft der Universität Tübingen

Franziska Wächter, Dr., Wissenschaftliche Referentin am Deutschen Jugendinstitut, München

Benno Werlen, Prof. Dr., Institut für Geographie der Friedrich-Schiller-Universität Jena

Maren Zeller, Dipl.-Päd., Stipendiatin der Landesgraduiertenförderung Baden-Württemberg (Universität Tübingen), Promotionsstudium am Graduiertenzentrum für Qualitative Bildungs- und Sozialforschung der Universitäten Magdeburg/Halle